Ralph Giordano

An den Brandherden der Welt

Ein Fernsehmann berichtet

Rasch und Röhring Verlag

Die Zitate aus »Die Verdammten dieser Erde« von Frantz Fanon in der Übersetzung von Traugott König mit freundlicher Genehmigung des Suhrkamp Verlages, Frankfurt am Main

CIP-Titelaufnahme der Deutschen Bibliothek

Giordano, Ralph:
An den Brandherden der Welt : ein Fernsehmann berichtet / Ralph Giordano. – Hamburg : Rasch u. Röhring, 1990
ISBN 3-89136-297-8

Erweiterte Neuausgabe des 1984 bei S. Fischer erschienenen Buches »Die Spur – Reportagen aus einer gefährdeten Welt«
Umschlaggestaltung: Studio Reisenberger, Hamburg
Umschlagfoto: stern / Anders
Satzarbeiten: Fotosatz Otto Gutfreund, Darmstadt
Druck- und Bindearbeiten: Clausen & Bosse, Leck
Printed in Germany

All denen im Westdeutschen Rundfunk Köln und im
Sender Freies Berlin, die daheim oder unterwegs auf den Drehreisen
in Europa, Asien, Afrika und Amerika zu den Voraussetzungen
dieses Buches beigetragen haben

Inhalt

Vorwort 9

Blitzlichter – Momentaufnahmen 31

Slums – Hinterhof der Menschheit 45

Prolog 45
Europäischer Auftakt: Der Klecks am Clyde (Glasgow) 45
Christus kam nur bis Eboli (Neapel) 52
Sieben Thesen zum Thema Harlem (New York) 61
Memento Africae (Lagos und andere) 72
Paradies und Inferno (Rio de Janeiro) 78
»Stinkmenschen« (Santiago de Chile) 86
Das Haus der sterbenden Obdachlosen (Kalkutta) 92
Epilog 97

Indische Skizzen 104

»Kleiner Diamant« Chote Lal 104
Die Parias und die Liebe 118
»Deutschland, Deutschland über alles!« – in Indien 121

Camilo Torres – Dialog mit einem Toten 129

Prolog 129
Der Priester 131
Der Reformer 143
Der Rebell 157
Das Ende 169

»Heia Safari«
Erfahrungen mit einer Fernsehsendung I 176

»Die armenische Frage existiert nicht mehr«
Erfahrungen mit einer Fernsehsendung II 193

Hunger – Herausforderung auf Leben und Tod 229

Begegnungen 258

Brasilien: Der »Jesus von Recife« 258
Rhodesien: »No black rule for our lifetime!« 266
Sardinien: »Wer vom Meer kommt, will uns bestehlen« 291
Portugal: »Und da soll ich den Juden herauskehren?« 318

Von der großen Angst und der großen Hoffnung . . . 339

Prolog 339
Die weiße Gefahr – Hypothek unserer Tage 340
Flüchtlinge – Odyssee unserer Tage 352
Folter – Schmach unserer Tage 377
Epilog 388

O Marseille! O Dorumertief! 393

Vorwort

1.

Der Anruf kam aus Berlin: Man wolle mich über ein soeben von mir erschienenes Buch interviewen. Wenn ich einverstanden sei, solle ich mich da und da auf dem Gelände des Norddeutschen Rundfunks Hamburg einfinden. Ich wunderte mich, daß als Treffpunkt nicht die Rothenbaumchaussee, sondern Lokstedt ausgemacht war. Ganz selbstverständlich war ich davon ausgegangen, daß es sich um ein Hörfunk-Interview handelte. Tatsächlich jedoch sah ich mich vor eine Fernsehkamera der »Ost-West-Redaktion« gesetzt... Man schrieb April 1961.
Nach dem Interview sagte Hans-Ullrich Barth, der verantwortliche Redakteur: »Ich habe da seit langem eine Idee für eine Sendung. Wollen Sie mir dabei helfen?«
Auf meinen Einwand, ich hätte keine Ahnung von dem Metier, winkte er ab: »Das hatte keiner von uns, als er hier zum erstenmal auftauchte.« Von Stund an blieb ich beim Fernsehen. So werden Lebensweichen gestellt.
Siebenundzwanzig Jahre später, im Januar 1988, zwei Monate vor meinem 65. Geburtstag und seinem offiziellen Abschied, wurde im 1. Programm der ARD die Sendung »Der perfekte Mord – Wie die Nazirichter freigesprochen wurden« ausgestrahlt. Es war meine hundertste – und letzte, am Ende einer Zeitspanne, die mich von 1964 bis 1988 unterwegs sah für den Westdeutschen Rundfunk Köln und dazu, von 1970 bis 1979, für den Sender Freies Berlin. Meine TV-Lehrjahre aber absolvierte ich in Lokstedt, beim Norddeutschen Rundfunk Hamburg, von 1961 bis 1964. Dort auch hatte ich eines von zwei entscheidenden Erlebnissen als Fernsehmann, gleich zu Beginn des neuen Berufs, an den ich durch besagten Interview-Zufall geraten war.

2.

Es geschah am ersten Tag, in den damals noch provisorischen Baracken, die als Schneideräume dienten (eine Szenerie, deren Bescheidenheit keine Ähnlichkeit hatte mit dem heutigen Lokstedter NDR-Manhattan, das auch die alptraumhafteste Vision nicht vorausahnen konnte). Die staubige Luft war erfüllt von einem zuvor nie gehörten Geräusch, einer rasenden Fistelstimme, die durch Räume und Gänge gellte, im Super-Diskant, komisch und erschreckend zugleich – im Schnellgang durchgejagte Tonbänder, von irgendwo und überall her. Darüber aber zeigte der Monitor, ein kleines Bildfenster, fortwährend Bewegtes. Ich verharrte.

Die Situation ist bezeichnend: Der journalistische Anlernling, vom Wort kommend – Buch, Zeitung, Radio –, steht vor einer ihm völlig unbekannten Apparatur. Erst allmählich begreift er, daß er es mit einem Hauptwerkzeug des Fernsehens zu tun hat, dem Schneidetisch, seinen Tellern für die Film- und Tonrollen, seinen Knöpfen, Tasten, Hebeln – und einer geradezu ans Überirdische grenzenden Fähigkeit: Druck der Cutterin – und der Film läuft vor, erneuter Druck – und der Streifen läuft zurück. Abermalige Bedienung beschleunigt den Ablauf ins Groteske. Derselbe Hebel, jedoch in die andere Richtung – und die Figuren bewegen sich so langsam, wie du es mit deinen eigenen Gliedern nie schaffen würdest. Dann ein kleiner Tipper – und aus den lebenden Bildern wird die Starrheit eines Fotos.

Im Laufe des Tages erweitern sich die Erfahrungen vor dem Monitor. Einheimische Manager, afrikanische Potentaten, lateinamerikanische Diktatoren, berühmte Personen der Geschichte ebenso wie unbekannte – sie müssen tun, was du von ihnen verlangst! Du kannst mit den lebenden und toten Großen dieser Erde, vor denen Millionen Menschen gezittert haben oder noch zittern, machen, was du willst. Du läßt sie rückwärts marschieren und dann wieder vorwärts; danach stoppst du sie so, daß ein Bein läppisch in der Luft vereist. Mir ist ein Beispiel besonders im Gedächtnis haftengeblieben – das Mao Tse-tungs. Der damalige Abgott der Chinesen, auf dem Bildschirm angehalten mit der dümmlichsten Miene von der Welt... die du in der Verzerrung des Momenthaften so lange verharren lassen kannst, wie es dir Spaß macht. Das gleiche kannst du aber auch mit den Kleinen dieser Erde machen, die hier nun plötzlich genauso stark oder schwach sind wie die

Mächtigen – du hast sie alle gemeinsam in deiner Hand. Der journalistische Anlernling erkennt mit Herzklopfen: Am Schneidetisch übst du die Weltherrschaft aus. So sitzt er also an diesem ersten Tag seiner Bekanntschaft mit dem Fernsehen mucksmäuschenstill da und sagt gar nichts. Denn natürlich hat er verstanden, daß hier nicht nur Komik waltet.

Das zweite Ereignis, das eine ähnlich exemplarische Betroffenheit in mir auslöste, erlebte ich einige Jahre später in Lima, der Hauptstadt Perus, während eines mehrmonatigen Drehaufenthalts in Südamerika. Das Team aß zu Abend, in einem ziemlich ungemütlichen, zugigen Restaurant und auf äußerst unbequemen Stühlen – Kameramann, Kamera-Assistent, der Toningenieur und ich. Links, sehr nahe, schwangen die beiden Flügel einer Klapptür. Rechts, in einer Ecke, röhrte ein eingeschaltetes Fernsehgerät – ein Hollywood-Streifen mit spanischen Untertiteln. New Yorker Milieu, elegante Wagen, gedämpfte Musik, vornehme Atmosphäre. Kissenschlacht in einer Luxuswohnung der Fifth Avenue, neckisch – Hauptdarstellerin und Hauptdarsteller gaben sich als Frischvermählte.

Da tauchte über der Klapptür der schwarze Schopf eines etwa zehn- bis zwölfjährigen Peruaners auf. Einen der Flügel zwischen Achsel und Arm geklemmt, an der Außenseite hängend, so daß der Kopf drüberweg, die Füße aber drunter hervorschauten, streckte der Junge brüsk und ohne Umschweife die freie Hand in unsere Richtung aus, die wir ihm am nächsten waren – er wollte Nahrung. Was jetzt kam, hat sich mir mit zeitlupenhafter Eindringlichkeit erhalten. Der Junge griff nach der zugereichten Butter, öffnete das Stanniolpapier mit den Zähnen, stopfte sich die Klümpchen in den Mund und schnappte nach einer Scheibe Brot. Aß Butter, Brot, Butter – und entdeckte dann den Fernsehapparat in der Ecke des Restaurants. Die schon halb zum Mund geführte Hand blieb unbeweglich in der Luft schweben.

Und so verharrte der Junge, das volle Gewicht von der einen Achsel über dem Flügel der Klapptür getragen. In dieser hängenden, überaus anstrengenden und sicherlich auch schmerzhaften Haltung starrte er, einer steifen Puppe gleich, auf den Bildschirm. Nichts an ihm lebte, außer den aufgerissenen, huschenden Augen. Körperliche Drangsal, die Nöte der Schwerkraft, ja sogar der Hunger – vergessen. Vergessen, weil es nichts gab auf der Welt als diese Flimmerkiste da hinten. Die halb zum Mund geführte Hand schwebte immer noch in der Luft. Bis der

Wirt den Jungen vertrieb, fluchend und offenbar des Irrglaubens, wir hätten uns belästigt gefühlt.
Die ersten Schauder über Macht und Manipulierfähigkeit des noch ungewohnten Mediums liefen mir also schon früh kalt den Rücken herunter. Damals wie heute noch verblüffen mich die nahezu unbegrenzten Möglichkeiten, die das Fernsehen denen, die es handhaben, in die Hand gibt. Der erste Schrecken paarte sich mit der ersten und bis heute wichtigsten Erkenntnis: Ohne die Kontrolle durch eine humane Gesellschaft hätte sich die Moderne mit dem Fernsehen eine politische Mordwaffe geschaffen, eine elektronische Atombombe. Sind der Manipulierfähigkeit des Fernsehens überhaupt Grenzen gesetzt? Kann dieses in alle Himmelsrichtungen expandierende, dieses ober- und unterirdisch explodierende Medium mit der gefährlichen Überzeugungskraft des Bildes nicht alles beweisen, was bewiesen werden soll?
Maos geronnenes, beliebig abrufbares Grinsen und der kleine Peruaner an der Klapptür – selten sind mir Problematik und Gefahren des Fernsehens drastischer und symbolischer vor Augen geführt worden. Die frühe Warnung blieb unvergessen.

3.

Ich habe als Fernsehmann in zwölf europäischen und fünfundzwanzig asiatischen, afrikanischen und lateinamerikanischen Ländern gearbeitet.
Es war ein Leben wie auf Flügeln, in des Wortes buchstäblicher und übertragener Bedeutung. Ein Stichwort – ob Hunger, Slums, Flüchtlinge oder Camilo Torres –, und ich konnte mit dem Team in die Welt hinausfliegen, um eine Idee zu materialisieren, sie einzufangen, sichtbar zu machen. Das schaffte tatsächlich einen Zustand phantastischer Schwerelosigkeit. Gleichzeitig aber war dieses Dasein oft genug nur als Aufgabe zu ertragen, da das Gesuchte und Vorgefundene immer wieder auch höllenhafte Züge trug. Letztlich war es eine ununterbrochene Begegnung mit Weltproblemen, von denen die zweite Hälfte des Jahrhunderts gezeichnet ist, schwere Hypothek für das kommende. Von wenigen Ausnahmen abgesehen, liegen die Schauplätze des Buches in Asien, Afrika und Lateinamerika. Dort, wo Europa berührt wird, ist es das Europa der Dritten Welt. Und der eine Fall, bei dem die USA ins Spiel kommen, behandelt das explosivste sozialpolitische Problem die-

ser Gesellschaft, das der schwarzen Amerikaner – was ebenfalls kein Zufall ist.
Das thematische Schwergewicht ergibt sich aus einer heillosen Veranlagung des Verfassers – seiner Anfälligkeit für Schwache und Verfolgte, seiner Hinneigung zu Minderheiten und Bedrohten. Dies wahrscheinlich aus dem einfachen Grunde, weil er selbst einmal, seiner jüdischen Mutter wegen, in einem äußerst eindrucksfähigen Lebensalter verfolgt und bedroht worden war – nämlich von seinem zehnten bis zu seinem zweiundzwanzigsten Lebensjahr, also genau die Spanne von 1933 bis 1945 ... Ich kann mich nur an Arbeiten machen, die mich human fordern, anderen stehe ich hilflos gegenüber. Mich muß eine Idee entzünden, sie muß mein dramatisches Temperament, mein Lebensgefühl treffen. Das mag seinem Wesen nach unabhängig vom geographischen Schauplatz sein und kann sowohl für Nähe als auch für Ferne gelten. Aber es sind die himmelschreienden, von der Vorherrschaft des weißen Mannes und der ungerechten Weltwirtschaftsordnung der Industrieländer verursachten und erhaltenen Zustände in der Dritten Welt, die einer Veranlagung wie der meinen in Hülle und Fülle entgegenkommen. Ich übersehe nicht Armut und Ungerechtigkeit bei uns, ebensowenig wie die Herzlosigkeit, von der sie hervorgebracht werden und der das Elend in der Überfluß- oder Zweidrittelgesellschaft seine Dauer verdankt. Aber die Hochindustrien haben für die Benachteiligten ein soziales Polster, das die Dritte Welt nicht kennt. Wo heute noch nicht, werden ihre Nöte morgen die des simplen Überlebens sein. Das Schicksal der Menschheit wird sich orientieren an den Massen Asiens, Afrikas und Lateinamerikas. Ihr Wohl und Wehe ist nicht in unseres, sondern das unsere in ihres eingebettet. So malen sich gegen Ende des 20. Jahrhunderts, das diesmal auch das des Jahrtausends ist, die Prioritäten unserer Epoche.
Von ihnen ist mein Buch geprägt.

4.

Mir war da draußen schon sehr bald klar geworden, daß von dem ungeheuren Reichtum an Erlebnissen und Begegnungen in aller Welt nur ein Teil, ein Ausschnitt durch meine Fernseharbeit widergespiegelt werden konnte. Gefesselt an das jeweilige Thema, an seinen roten Faden und die häufig zu knappe Sendedauer, aber auch an den Zwang, trotz allem subjektiven Engagement dem Wesen des Dokumentarfilms entsprechend nicht zu persönlich zu werden, stellten sich natürliche Grenzen der Mitteilung über den Bildschirm ein. So summierte sich in mir immer mehr entsetzt oder beglückt erfahrene Wirklichkeit, die keine publizistische Verarbeitung fand, verdichtete sich im Laufe der Jahre die Gewißheit, daß neben dem unmittelbaren TV-Werkstück etwas ganz Selbständiges einherlief, das vom Wort übernommen werden mußte.

Dies ist also kein Buch über das Fernsehen, sondern eines, das durch das Fernsehen möglich geworden ist, durch meine Arbeit in ihm. Es geht deshalb auch nicht um Technisches, Elektronisches, nicht um Video und Kabel, interne Machtkämpfe, Insider-Stories. Es geht von der ersten bis zur letzten Zeile um meine Begegnungen und Erlebnisse mit Menschen, mit ihren großen und ihren kleinen Problemen in vielen Ländern – und um die oftmals grandiosen Landschaften, in denen sie leben.

Was sich auf diesen Seiten Fernsehautor oder -dokumentarist nennt, ist meine Fassung des Berufes. Ich sage das, den Tatsachen gemäß, um die Abschreckung nicht zu verallgemeinern – meine Selbsteinschätzung richtet sich durchaus gegen die eigene Person. Im uferlosen Spektrum der Gattungen zähle ich zu jener unerträglichen, die möglichst alles allein machen will und Arbeit an andere nur dort delegiert, wo es sich nicht umgehen läßt. Dieser Zeitgenosse wählt die Drehorte selbst aus, die Drehobjekte, fliegt oder fährt überall mit hin, und zwar als der Teil des Teams, der von sich behauptet, in seinem Kopf liefen »alle Fäden zusammen« ... Er fällt der Cutterin die ganze Schnittdauer über auf die Nerven, und er schreibt nicht nur den Text, sondern er spricht ihn – von Zitaten abgesehen – auch selbst.

Obwohl es so aussehen könnte, tut er all das keineswegs in der Absicht, seine gesamte Umgebung gegen sich aufzubringen. Vielmehr sieht er keine Alternative, das Werkstück anders zu erobern. Dabei darf der Begriff Fernsehautor oder Dokumentarfilmer nicht zu dem Irrtum verleiten, damit läge schon eine genaue Berufsdefinition vor. Denn wer sich derart betitelt, der muß nicht nur Publizist und Journalist, Historiker, Soziologe und Politiker, Philosoph und Feuilletonist sein, sondern, nach meinen eigenen leidvollen Erfahrungen, auch Bergsteiger, Möbelpacker, Beichtvater, Marathonläufer, Chauffeur (dies oft genug mit den Eigenschaften eines Rallyefahrers) und notorischer Frühaufsteher.

Vor allem aber muß er verrückt sein, verrückt nach Bildern: das brechende Glotzauge eines großen Fisches auf dem Markt der peruanischen Hafenstadt Callao; der Dreschgalopp von vier im Kreise rotierenden Pferden über eine Naturtenne – Schreie, Peitschengeknall, der heisere Atem der dampfenden Tiere, und im Hintergrund, von der chilenischen Seite her, das gewaltige Gebirgsmassiv des Aconcagua! Das Gesicht einer alten Frau in den Slums von Neapel, mit langer Brennweite von fern gefilmt, unter der Verhärmung immer noch die Ahnung der einstigen Schönheit, jetzt verdeckt von der wogenden Passantenschar, dann wiederauftauchend, näher kommend, verschwindend – la mamma, der familiäre Humus der Mittelmeervölker. Und der Auszug von fünfzig, sechzig Albanern, europäischen Moslems, aus der Moschee von Prizren, Jugoslawien, jeder Kopf ein Michelangelo!
In diesem Beruf muß man verrückt sein nach Bildern.
Aber – ob an Deck des Flugzeugträgers »Franklin Delano Roosevelt« der 6. US-Flotte vor Kreta, taub vom Höllenlärm der donnernd startenden und landenden »Phantom«-Maschinen; ob auf dem Dach eines Aufnahmewagens im Straßendschungel von Hongkong-Kowloon; ob unter inbrünstig betenden Kimbanguisten, schwarzen Christen an der Mündung des Kongo-Flusses, eingehüllt in die schwere Wolke ihrer entrückten Gläubigkeit; oder auf einer Paßstraße in Nepal angesichts von Lastträgern mit dem breiten Stirngeschirr: Immer hatte ich ein geradezu übermächtiges Bedürfnis, davon all denen zu erzählen, die es nicht selber miterleben, miterleiden, mitgenießen konnten.
Fernsehen ist ein fatales, ein wundervolles, so abstoßendes wie unersetzliches, vor allem aber ein flüchtiges Medium. Was in Monaten harter Arbeit geleistet worden ist – einmal gesendet, ist alles vorbei. Nur ein Tupfer inmitten der Inflation optischer Eindrücke zwischen den ersten und den letzten Tagesnachrichten, wirkt auch die beste Dokumentation günstigstenfalls als dumpfer Stoß im Zuschauer nach. Mag der Name eines Autors zu einer Art Markenartikel geworden sein, die einzelne Sendung, selbst die eindrucksvollste, hat den Charakter des rasch Vergänglichen. Daran ändern auch Wiederholungen nichts, weil für sie das gleiche Prinzip gilt. Ich aber hatte zuviel erlebt und gesehen, um es anerkennen zu können.
Es gab einen ganzen Katalog von Motiven, um zu schreiben.

5.

Dies ist ein Buch, dem jeder touristische Aspekt fehlt. Denn wohin wir auch kamen – wir folgten einer Spur. Wohin es uns auch immer trieb – auf ihrer Fährte waren wir den Dingen sofort unter der Haut. Es wurde keine Stunde, kein Tag verloren. Wofür wir ausgezogen waren, danach fahndeten wir sofort nach unserer Ankunft. Und meist, nicht immer, entdeckten wir, was wir suchten: Gläubige in Lumpen vor den Goldaltären der Basiliken von Mexico City und Bogotá; Turkana-Kinder an den Ufern des Lake Rudolph, Schwedenmilch aufleckend; Reiter im Hinterland des brasilianischen Recife, Cangaceiro-Silhouetten auf Berggraten; beizender Yak-Dunst tibetanischer Flüchtlinge am Fuße des Himalaja; noch unter weißer Vorherrschaft – das dumpfe Schweigen schwarzer Rhodesier vor unserer frechen Kamera; und die Nilpferdpeitsche im tansanischen Bagamoyo, grauer, eisenharter Kiboko . . .

Stets folgten wir einer Spur. Ihr Terror fiel dich schon zu Hause an, verlor sich auf dem Nonstop-Sprung Athen–Bangkok, Dakar–Rio, Frankfurt–Nairobi – und hatte dich wieder auf dem Flügelboot über dem eiskalten Smaragdgrün des Titicacasees. Sie trieb mich vor die lastende Herrlichkeit der Sonnenpyramide von Teotihuacan, durch die Menschendschungel von Hongkong-Kowloon und stoppte uns an der nächtlichen Barriere eines afrikanischen Flusses ohne Fährmann.

Die Spur – das heißt Schlaflosigkeit, Erschöpfung und aller Staub dieser Welt in deinem Haar, Blutleere im Hirn, wenn du endlich ein Bild erjagt, ein anderes verloren hast. Sie zerrt dich in die Slums zwischen Glasgow und Lagos, São Paulo und Harlem, stößt dich in die Eingeweide der chilenischen Kupfermine El Teniente und an die Ausbildungsstätten US-geschulter Contras Südamerikas, ehe sie dich vor das kämpferische Herz einer kolumbianischen Mutter führt, deren Sohn als Guerilla-Priester gefallen ist.

Die Spur – das ist der Stoff, das Thema, die Idee, die filmisch einzufangen du ausgezogen bist und mit deren Ballast du nun hochbeladen zurückkehrst an den heimatlichen Schneidetisch, wo die Materialwoge über deinem Kopf zusammenzuschwappen droht und ihre Forderung, zu gestalten, dich erdrosseln will, so daß deine Phantasie dir nur noch eine Fata Morgana, ein Glück, eine Erlösung vorgaukelt – aufzugeben und einen vernünftigen Beruf zu ergreifen.

Die Spur – das ist der Kitt aus Zelluloid, Schweiß, Hysterie und Lärm, sind tausend Mosaiken zu je zehntausend Erinnerungssteinchen, eine Million Bildfelder und eine Billion Möglichkeiten, sie aneinanderzureihen, sind Heimweh und Fernweh in einem und zwei Dutzend verendeter Kameras rund um den Äquator.
Die Spur – ist das Gesetz!

6.

»Habent sua fata libelli«, sagte der Lateiner – Bücher haben ihre Schicksale...
Dieses auch.
Denn es ist schon einmal erschienen, 1984, im S. Fischer Verlag, Frankfurt am Main. Aber wenn ich es so schreibe, stimmt es auch wieder nicht, und zwar in zweifachem Sinne. Einmal, weil die Neuausgabe, die der Leser vor sich hat, nicht vollständig identisch ist mit dem Vorläufer (ich komme noch im einzelnen auf die Änderungen), dann aber auch, weil die Erstausgabe das Licht der Öffentlichkeit nie wirklich erblickt hat. Das nimmt wunder, weil zwei Jahre zuvor, 1982, meine Hamburger Familien- und Verfolgtensaga »Die Bertinis« erschienen war und große Aufmerksamkeit erregt hatte. Es war deshalb nicht ganz abwegig, sich ein abermaliges Interesse für Autor und Stoff zu erhoffen. Diese Erwartung erfüllte sich jedoch nicht. Das Buch kam über eine Erstauflage nicht hinaus, und wenn der Autor heute auf seine schriftstellerische Arbeit angesprochen wird, so werden, neben den »Bertinis«, genannt: »Die zweite Schuld oder Von der Last Deutscher zu sein« und »Wenn Hitler den Krieg gewonnen hätte – Die Pläne der Nazis nach dem Endsieg« – nicht aber »Die Spur – Reportagen aus einer gefährdeten Welt«. So der Titel der Erstausgabe eines Werkes, das nun abermals erscheint, weil ich der Meinung bin, daß es sein bisheriges Schicksal nicht verdient hat. Deshalb ließ ich mir die Rechte von S. Fischer zurückgeben. Nicht, daß ich nun mit diesem Verlag maule oder den Beleidigten spiele. Ich stelle den Frankfurtern vielmehr in Rechnung, daß das Jahr 1990 meine Autorschaft in einer günstigeren Position sieht, als sie es sechs Jahre zuvor war. Gleichwohl bleibt die Tatsache bestehen, daß das bisherige Fatum der »Spur« nach der festen Überzeugung ihres Verfassers unverdient ist und also korrigiert werden sollte.

Dies um so mehr, als sich nahezu die gesamte Thematik nicht nur als höchst dauerhaft erwiesen hat, sondern aktueller denn je sein dürfte. Ob es sich um die Schilderung solcher globalen Großprobleme handelt wie den drohenden Umschlag des Welthungers von der chronischen Unterernährung in den absoluten und tödlichen Nahrungsmangel für Millionen, die katastrophale Verstädterung in Asien, Afrika und Lateinamerika, die Landflucht also mit den immer würgenderen Slumringen langsam erstickender Metropolen, um die nicht abreißende Odyssee wachsender Flüchtlingsströme durch regionale Kriege, durch Nahrungsmangel und Gewaltregime oder um das persönliche Dasein überschaubarer Gruppen, wie das der sardischen Hirten und indischer Kleinbauern: Nichts von alledem hat inzwischen auch nur ein Quentchen seiner sozialen Sprengkraft und politischen Tragik eingebüßt. Eher hat beides auf erschreckende Weise zugenommen.

Was sich jedoch gewandelt hat, und zwar von Grund auf, ist die Minderung des klassischen Ost-West-Gegensatzes durch die historische Tat der Perestroika in der Sowjetunion, die ihrerseits die Voraussetzung war für den Zusammenbruch des stalinistischen Systems in den ehemaligen Satelliten-Staaten am Rande der einstigen Vormacht und für den überraschenden und immer noch unglaublichen Weg so lange unterdrückter Völker in die Demokratie, eingeschlossen die DDR.

Hier scheint nun tatsächlich so etwas auf wie die Morgenröte einer neuen Zeitrechnung in der Geschichte der gequälten Menschheit, bei allen Lasten, ja Mehrlasten, die der Untergang jenes verrotteten Systems für Europa und die Welt bedeuten wird. Hier mögen nun endlich auf der nördlichen Halbkugel die längst überfälligen Vorbedingungen geschaffen werden, um die globalen Zentralaufgaben in Angriff zu nehmen, von denen der Rest unseres Jahrhunderts und das ganze kommende bestimmt sein werden: den Nord-Süd-Gegensatz aufzuheben und gleichzeitig zu verhindern, daß sich die Menschheit den ökologischen Ast absägt, auf dem sie sitzt.

Im Zusammenhang mit dieser Entwicklung hat es einige Änderungen im Text gegeben, sowohl Auslassungen wie Ergänzungen. Thematisch herausgenommen worden sind jene Teile der Erstfassung, die sich mit der deutschen Frage und ihrer Problematik befaßten, sei es, weil sie inzwischen überholt waren, oder sei es, weil ich mich mit ihnen in meinem Buch »Die zweite Schuld oder Von der Last Deutscher zu sein« und anderen Veröffentlichungen intensiv befaßt habe.

Als einziges geschlossenes Kapitel dazugekommen ist das über den Völkermord an den Armeniern im Osmanischen Reich während des Ersten Weltkrieges 1915/1916, gerechtfertigt sowohl von der ungeheuerlichen Tragödie her als auch von den politischen Ereignissen um die Sendung herum. Gerechtfertigt ebenfalls von der biographischen Bedeutung, die der organisierte Untergang so vieler Hunderttausender Menschen eines anderen Volkes für mich als Überlebenden der jüdischen *shoa* gewonnen hat. Ich habe die armenische Tragödie vollständig in mein Leben integriert und für meine politische und publizistische Arbeit annektiert. Sie steht gleichberechtigt neben den anderen großen Themen meiner Lebensauseinandersetzung mit Nationalsozialismus, Faschismus und Stalinismus.

Um dem Buch einen neuen Start zu geben, ist der alte Titel geändert worden. Nicht daß er schlecht gewesen wäre, aber unersetzlich war er auch nicht. Und da, so hoffe ich, diese Arbeit in ihrer abgeänderten Form nun erfährt, was dem Vorgänger versagt geblieben war, nämlich das Licht der Öffentlichkeit zu erblicken, so ist auch der neue Titel legitim.

Diese Erläuterungen und Bekenntnisse der weiteren Lektüre also vorausgeschickt. Denn für Etikettenschwindel gäbe es weder einen Grund noch eine Entschuldigung.

7.

Ich habe mich nie an meinen Beruf als Fernsehmann gewöhnen können, an seine Freude und sein Entsetzen. Wie denn auch? Ich bin ganz unfähig, meine Fassungslosigkeit zu verbergen, mein Staunen über die publizistische und geographische Weite, die mir diese Jahrzehnte schufen, die schier uferlosen Möglichkeiten, die sich mir schöpferisch boten. Wie könnte man sich daran gewöhnen: am Vormittag noch Frühstück in Mitteleuropa, am Nachmittag schon ein wahres Potpourri orientalischer Düfte auf dem Basar von Alt-Jerusalem. Wie könnte man sich, innerhalb von zwei Stunden, gewöhnen an den bizarren Gegensatz zwischen der Skyline Frankfurts und den Gassen, Winkeln und Treppen der Kasbah von Algier? Das kennen andere auch? Nicht doch! Nach Israel ging es, zwanzig Jahre vor der Intifada, um der Zeitbombe der arabischen Minderheit wegen, und nach Algerien, um zu untersuchen, wie heftig die geistigen Wunden, die der französische Kolonialismus den Kolonisierten geschlagen hatte, noch nach zwanzig Jahren bluteten. Ich wiederhole: Diesem Buch fehlt jeder touristische Aspekt. Wie denn auch anders? Ende letzter Woche noch Besuch beim Kölner Patenkind – rosig, blond, überblaue Augen in dem jauchzenden Gesichtchen. Kräftige Nahrung, Spielzeug nach Herzenslust, mit dem älteren Schwesterchen ein helles Zimmer, in dem es sanft duftet nach Milch, frischer Kinderwäsche, holden Süßigkeiten. Und über allem ein Elternpaar, wie man es sich liebevoller nicht denken könnte. Schon am Montag aber, nach durchflogener Nacht, in Bogotá, der Hauptstadt Kolumbiens, jener Achtjährige auf seinem angestammten Schlafplatz, den nackten Steinfliesen der Avenida Jimenez, wenige Schritte von unserem Hotel entfernt: neben einem Wettbüro liegend, in das es hinein- und aus dem es herausströmt. Inmitten des lärmenden, heftig hupenden Verkehrs hält das Kind den Kopf mit einer unbewußten Geste des rechten Unterarms geschützt.

Wie könnte man sich daran gewöhnen?

Die Auswahl des Gesehenen, Erlittenen und Genossenen aus dem unerschöpflichen Reservoir des Erlebten habe ich nach einem einzigen Kriterium getroffen: der Unvergeßbarkeit. Und zwar in einer Reihenfolge und Anordnung, die wohl nach thematischen und regionalen Zusammenhängen erfolgt sind, denen jedoch kein ausgeklügeltes Muster oder System zugrunde liegt. Denn es ist die Vielfalt des Unvergeßbaren, die dieses Buch diktiert hat – organisiert durch die Einheit des Verfasser-Standorts, unabhängig von welcher Weltecke auch immer, und gelenkt von der Hoffnung, daß keines, kein einziges seiner Kapitel den Leser langweilen wird.

Dabei, noch einmal, kann und will ich Fassungslosigkeit nicht verbergen. Traumziele, die Halluzinationen sehnsüchtiger Jugend, plötzlich greifbar geworden, zum Ansehen, Anfassen: Gaurisankar, der Himalaja-Gipfel – schon lange vor dem ersten selbstgelesenen Abenteuerbuch als Bild von der Größe dreier Briefmarken über dem noch analphabetischen Herzen gehütet! Tanganjika-Territory – leuchtende Beigabe einer Zigarettenschachtel, als vier Glimmstengel noch zehn Pfennige kosteten: Azur eines Himmels in Moll, im Vordergrund der schlanke Hals einer Giraffe, hinten, geheimnisvoll, der Kilimandscharo. Und die »Grüne Hölle«! Und Indien! Und Rio, Rio!

Und das alles wahr, wirklich, sichtbar – wie sollte man sich daran gewöhnen?

8.

Ganz summarisch kann ich sagen: weil wir als Deutsche kamen, hatten wir es leichter, wo immer wir in Asien, Afrika und Lateinamerika auch filmen wollten – leichter jedenfalls als andere Europäer oder gar als Amerikaner. Die unterschiedliche Behandlungweise war ebenso auffällig wie durchgehend, und sie hing natürlich zusammen mit den jeweils politisch-historischen Verflechtungen, an denen Deutsche keinen Anteil hatten.

Die Bevorzugung hatte jedoch noch andere Gründe, wenn auch ebenso eindeutige. Deutschland – da wurde nicht groß unterschieden zwischen Bundesrepublik und DDR – Deutschland, das war in den Augen der Unterprivilegierten überall der Strahlemann unter den Völkern, das große Aufstehbeispiel, die Wundervollbringer, die es geschafft hatten, aus Blut und Ruinen einen mächtigen, prosperierenden Staat wiederaufzubauen, mit industriellen Markenzeichen, die überall auf der Welt anerkannt sind.

Diese Bewunderung war ein Produkt von unklaren Ahnungen, um nicht zu sagen naiver Ignoranz, vor allem aber einer bestimmten Erwartungshaltung, vor der einem angst und bange werden konnte, wenn sie sich in ihrer ganzen Irrationalität entblößte. Das geschah mir im peruanischen Hinterland, am westlichen Rand der Urwaldregion, in der Nähe von Iquitos. Wir waren dorthin geflogen, um die *carretera marginal* zu filmen, eine Straße von der kolumbianischen Grenze quer durch das Land bis zur bolivianischen. Die riesige Trasse konnte gelten als eines jener Prestigeprojekte von Regierungen in fernen Metropolen, die sinnlos und vergeudet waren: Da die Straßendecke nicht asphaltiert wurde, würde sie auf langen Strecken von der nächsten Tropensintflut davongeschwemmt werden. Schon während der Drehzeit bekamen wir etliche Kostproben davon.

Es war dann auch der Regen, der uns für ungewisse Zeit in dem Urwaldnest einschloß. Und während dieser Periode nun kam eines Nachmittags unser Regierungsbegleiter zu mir – eine junger Mann, ohne Aufsichtsfunktionen, soll gesagt sein, ein wirklicher Helfer, und wißbegierig und neugierig dazu. Er druckste eine Weile herum, dann aber platzte es aus ihm heraus. »Ich muß dich etwas fragen, etwas, das mir schon lange auf der Seele liegt und auf das ich endlich Antwort haben muß: Warum könnt ihr Deutschen alles? Warum seid ihr die Reichsten auf der Welt, mit zwei Autos in jeder Familie und zwei Häusern, jeder von euch? Wieso habt ihr es geschafft, als erste die Atombombe zu bauen und die besten Autos, die größten Schiffe und die sichersten Flugzeuge? Wieso schafft ihr das und wir anderen nicht? Woher nehmt ihr die Kraft und die Fähigkeiten dazu? Das ist es, was ich wissen möchte, wissen muß!«

So sprach er, der aufgeweckte und doch so grenzenlos realitätsferne Peruaner, nahe vor mir und berstend unter dem Druck seiner Wißbegierde nach dem Schlüssel der Weisen ... Natürlich konnte ich ihm den nicht reichen, weil es ihn nicht gibt, von der irrationalen Ausgangsposition der Fragen einmal ganz abgesehen. Ich hatte aber auch Skrupel, ihm sein unrealistisches Deutschlandbild zu stürzen und es auf den Boden wahrer Beschaffenheiten herunterzuholen. Ich versuchte es, doch gelungen ist es mir nicht. Er ging auf meine vorsichtigen Korrekturversuche einfach nicht ein. Und als wir bald darauf freikamen, weil der Regengott mit uns Nachsicht hatte und die Piste wieder Start und Landung zuließ, da hat er mich vor dem Abflug nach Lima noch einmal dasselbe und genauso dringlich gefragt, wenn auch mit gleicher Entgegnung meinerseits. Hinfort machte er den Eindruck, als hielte er mich für einen Mann, der nur sehr wenig von seinem eigenen Land und Volk verstanden hatte.

Das änderte allerdings nicht das mindeste daran, daß er nach wie vor bereit war, alles für uns zu tun, vierundzwanzig Stunden am Tag, ja, sich für uns umzubringen, wenn nötig. Seine Bewunderung war grenzenlos, und er war unfähig, sie zu verbergen. Durch sie haben wir manches Bild in die Kamera bekommen, das uns sonst entgangen wäre. Weil wir aus Deutschland waren, hatten wir es als Fernsehleute leichter. Das war eine fundamentale Wahrheit dieser Jahrzehnte.

Doch es muß auch immer Glück im Spiele sein – ohne Glück geht es nicht.

Ein seltener Schatten, ein bestimmtes Licht – die Sonne vor dem stählernen Rohgerüst der modernen Kathedrale von Brasilia, exakt am richtigen Himmelspunkt abgepaßt, um einen lange nicht wiederholbaren Strahleneffekt einzufangen.

Die Schafherde in Chile, die gegen bestimmte Viren geimpft wurde, das *dipping* Hunderter von Rindern im Osten Kenias, eingetaucht in eine medizinische Brühe, die sie vorbildlich schützt gegen Zecken und Ungeziefer – Szenen, die sich schon beim Studium des Stoffes in der Hei-

mat förmlich aufgedrängt hatten. Plötzlich lagen sie vor einem, in voller Drastik, ungezwungen, nicht planbar.
Glück muß im Spiele sein.
Das richtige Musikmotiv zu finden für das kurze Leben und den grausamen Tod des Patrice Lumumba, erster Regierungschef der unabhängigen Republik Kongo, später Zaire, oder für das weiß aufflammende und dann ganz plötzlich in sich zusammenfallende Feuer einer Che-Guevara-Biographie.
Ferner: ankommen zum richtigen Datum! Wie bei jenem Film über das Problem Zypern, wo Griechen und Türken auf der geteilten Insel unter dem Vorwand historischer Feierlichkeiten an zwei aufeinanderfolgenden Tagen jedes Jahr wieder zu einer Demonstration ihrer Militärmacht ausholen, ein optisches Macho-Fest vor dem lauernden Hintergrund traurigster Friedlosigkeit. Um es aufzunehmen, muß man am 28. und 29. Oktober auf der Insel sein. Wir waren es – ohne vorherige Kenntnis des Schauspiels.
Glück muß im Spiele sein.
Aber das darf hier nicht mißverstanden werden als himmlischer Lohn für irgendwelche bekannten oder unbekannten Verdienste. Man hat es, oder man hat es nicht. Glück, Kamera-Glück, Autor-Glück, ist überhaupt keine kalkulierbare Größe, die als Posten im Organisationsplan einer Sendung erscheinen könnte, sondern eine erfahrbare irdische Gnade. Es ist ein Element mit Monsun-Charakter – es kann ausbleiben, es ist kein Verlaß darauf. Aber gerade das macht die Phantastik aus, wenn es dann doch erscheint.
Mir ist es oft erschienen. Und das übertrifft dann alles. Die Erfüllung keiner noch so klar durchdachten und energisch durchgeführten Vorbereitung könnte je den inneren Triumph ersetzen, der sich noch jedesmal einstellte, wenn die kapriziöse Laune des großen Zufalls von rechts oder links, von hinten oder von vorn, von oben oder von unten, lärmend oder still, sanft oder gebieterisch, in jedem Falle aber huldvoll lächelnd vor die Kameralinse tänzelte ...
Dieses Buch will neben der Last und der Bürde, die es aufgezeichnet hat, den Eindruck von etwas wunderbar Widerfahrenem nicht leugnen.

Namentlichen Dank möchte ich den Schlüsselpersonen meiner Fernseh-Biographie abstatten: dem 1983 verstorbenen Hans-Ullrich Barth vom Norddeutschen Rundfunk Hamburg, der mir die TV-Stafette in die Hand drückte; Jürgen Rühle vom Westdeutschen Rundfunk Köln, der mir das Tor zur Welt aufstieß; Claus-Ferdinand Siegfried, der mich die ersten acht Jahre begleitet hat; Peter Pechel, Peter Schultze und Eberhard Kruppa vom Sender Freies Berlin, die mir zehn Jahre lang ein zweites Standbein sicherten, und Friedrich Freiherrn von Sell, der 1980 als Intendant des Westdeutschen Rundfunks eine Entscheidung traf, die meine Arbeit von äußerem Druck befreite.

Nachwort im Vorwort

Ich werde den Leser dieses Buches aber nicht blauäugig in problematische Fernen entlassen, ohne auf eine spezielle Misere bei uns zu Hause hingewiesen zu haben.

An den Schluß dieses Welt-Buches gehört ein Wort der zornigen Kritik, der nagenden Sorge und der lastenden Trauer – des schlimmen Zustandes wegen, in dem sich das Medium befindet, um das es hier geht und das über eine so lange Lebensspanne hin das meine war: das Deutsche Fernsehen, genauer, seine öffentlich-rechtlichen Anstalten! Denn das schönste Geschenk, das den Deutschen nach dem Untergang des Dritten Reiches gemacht worden ist, das moderner westlicher Demokratiepraxis entstammende Rundfunk- und Fernsehsystem nach BBC-Muster, es ist dabei, zugrunde gerichtet zu werden: Das wundervolle Präsent wird immer daseinsgefährdender stranguliert von einer wahren Übermacht innerer und äußerer Feinde!

Der innere Feind hat mehrere Gesichter. Einmal das einer Bürokratisierung, die im Laufe der Jahrzehnte erschreckende Ausmaße angenommen hat und heute längst die eigentliche Herrschaft über das Programm ausübt. Dann aber auch das der Schere im Kopf von Programm-Machern, die Witterung des vorauseilenden Gehorsams, der ohne offizielle Sprachregelung weiß, was von oben gewünscht wird und opportun ist.

Diese Haltung wird provoziert und gefördert von einem äußeren Feind, dem ebenso unverschämten wie statuten- und verfassungswidrigen Zugriff der Parteien auf das öffentlich-rechtliche Instrument und seine staatsferne Bestimmung, mit der unvermeidlichen Folge einer Proporz-Praxis, die nicht nach Begabung und Talent, sondern nach der politischer Zugehörigkeit fragt.

Mit diesen trojanischen Rössern in den Eingeweiden von ARD und

ZDF sehen sich die Öffentlich-Rechtlichen in wachsendem Maße den Angriffen eines Urfeindes ausgesetzt, der sie von Anfang an erbittert bekämpft hat und fester denn je entschlossen ist, ihnen den Garaus zu machen. Ich spreche nicht von *dem* bundesdeutschen Konservatismus, wohl aber von seiner mächtigen Kernfraktion.

Ihr war die Initialzündung des Systems nie geheuer gewesen, in den Augen dieser Konservativen litt das öffentlich-rechtliche System schon an einem schweren Geburtsfehler: Es war erklärt antifaschistisch, progressiv-liberal, bewußt human und jeder Art von Versöhnlertum gegenüber Nationalsozialismus und Faschismus abhold. Hier wehte der Geist des britischen Gründervaters Sir Hugh Carlton Greene, des großen Mannes der ersten Szene, mit einem Axel Eggebrecht in seinem Hamburger NWDR-Hauptquartier neben sich – Spuren, die bis in unsere Gegenwart reichen. In diesem Sinne standen nicht alle, wohl aber weite Teile des öffentlich-rechtlichen Systems bald schon in Gegensatz zur übrigen Gesellschaft, unterschied sich die veröffentlichte Meinung in allen Grundfragen politischer Ethik sichtbar von der Stammtisch-Mentalität eines großen Teils der öffentlichen Meinung, steckte ein tiefer Dorn im Fleische der bundesdeutschen Restauration und ihrer konservativen Herrschaft.

Der »Geburtsfehler« war dann auch der Antrieb für den ersten Bundeskanzler Konrad Adenauer (und alle, für die dieser Name stellvertretend war), als Gegenmodell ein staatliches Fernsehen errichten zu wollen – ein Attentat auf die Staatsferne des bestehenden Systems, das jedoch durch höchstrichterlichen Spruch vereitelt wurde. Was als unbeabsichtigte Folge herauskam, war das ZDF, das Zweite Deutsche Fernsehen, das dann 1963 als Zentralanstalt in Mainz ebenfalls dem verabscheuten öffentlich-rechtlichen System einverleibt werden mußte. Daß hier nicht die gleiche historische und politische Hebamme gewirkt hatte wie bei der ARD, das ließ sich allerdings nie verleugnen. Die Arbeitsgemeinschaft der Rundfunkanstalten Deutschlands stand immer ein wenig links vom hörfunklosen ZDF, jedenfalls wenn man die ARD-Neun insgesamt nimmt. Wobei nicht unterschlagen werden darf, daß sich einige, vornehmlich südlich des Mains gelegene Sender stets redliche Mühe gaben, die Mainzer Zentralanstalt rechts zu überholen.

Die nächste Etappe der konservativen Zerstörungsarbeit, nach dem mißlungenen Versuch eines Staatsfernsehens, bestand in der Aushöhlung von innen her – im Austausch möglichst vieler »roter« Stühle ge-

gen »schwarze« (mögen solche Farbbestimmungen auch ungenau sein – sie haben sich bei uns eingebürgert und reflektieren über das Parteipolitische hinaus eine bestimmte Wirklichkeit, weshalb sie beibehalten werden sollen). Dieser Abschnitt war überaus erfolgreich – mit organisierten Karrierebrüchen (wie, als klassischer Fall, der der römischen ARD-Korrespondentin Franca Magnani durch den Bayerischen Rundfunk), Versetzungen Aufmüpfiger, Verwarnungen Ungehorsamer und Degradierungen Mißliebiger. Ein Prozeß, der die ARD in anderthalb Dekaden, etwa von Mitte der sechziger bis Anfang der achtziger Jahre, weit nach rechts verschob, ohne daß das Ziel der konservativen Zerstörer jedoch restlos erreicht worden wäre. Es gab immer noch »linke« Enklaven, Uneingeebnetes, widerborstige nicht- oder anti-konservative Nischen, gar ganze Sender, die als »rote« zu denunzieren die Schwarzen innerhalb und außerhalb der Anstalten nicht müde wurden.
Spätestens seit Ablösung der sozialliberalen Koalition durch die christlichliberale von 1982, der »Wende« also, begriffen die Öffentlich-Rechtlichen, daß sie um ihre Existenz zu kämpfen hatten – und kamen, was schon genug aussagt, um eine Bestandsgarantie ein. Der stimmte zwar, nach langem und starkem föderativen Widerstand der konservativ regierten Bundesländer, das Bundesverfassungsgericht zu, ein endgültiges Machtwort aber war damit trotzdem nicht gesprochen. Denn wohl wird nun der Bestand der Öffentlich-Rechtlichen höchstgerichtlich garantiert, nicht jedoch ihre Entwicklung! Die aber ist allemal mit Finanzen verknüpft, und was das betrifft, so haben die Konservativen mit den »Zwangsgebühren«, wie sie das verhältnismäßig bescheidene Zuschauerentgelt zu nennen belieben, einen Nasenring von unvergleichlicher Effizienz in Händen, die Strangulation des »Gewährens oder Verweigerns«: Die Gebühren können eingefroren oder erhöht werden, ganz nach dem Gusto der konservativen Länderregierungen. Da dennoch, nach allen Erfahrungen, dieses Würgeisen nicht ausreicht für die volle, die blanke Machtübernahme in den öffentlich-rechtlichen Anstalten, setzen die Schwarzen auf eine andere, ungleich mächtigere, auf *ihre* Waffe: auf die privaten TV-Anbieter, auf das kommerzielle Fernsehen. Mit ihm soll das Zerstörungswerk gelingen . . .
Ich weiß, wovon ich rede, bin ich doch, als überstimmter Hochhausbewohner, ohne mein Verschulden verkabelt, und das seit Jahren. Ich kriege alle Privatsender und kann mir ein Urteil erlauben. Ganz allgemein wäre zu sagen: Was immer die Privaten bringen, die Öffentlich-

Rechtlichen senden es auch, oder doch das meiste, eingeschlossen manch Unsägliches. Vieles aber, sehr vieles, was ARD und ZDF bringen, werden die Kommerziellen nie senden. Wenn ich von meinen eigenen Kriterien als Fernsehmann ausgehe und von den Sendungen, die ich hergestellt habe, so wäre davon im Kommerz-TV so gut wie nichts gebracht worden. Hätte es nur Private gegeben, ich hätte nicht die geringste Chance gehabt. Und das gälte auch für manche anderen Kolleginnen und Kollegen.

Von einigen Ausnahmen abgesehen (z. B. »Spiegel-TV«), die so untypisch sind wie ein weißes Schaf unter lauter schwarzen und die damit unweigerlich in Alibi-Rollen gedrängt werden, ist von den privaten TV-Anbietern nichts anderes als das zu erwarten, was wir schon kennen: ein möglichst werbewirksames Programm.

Worauf es ankommt, ist das »Betriebsergebnis«, die »Gewinnmaximierung«, also exakt das, wovor die Verfassung die Öffentlich-Rechtlichen bewahrt hat. Das »duale System«, wie bei uns die Existenz beider genannt wird, es wird von den Privaten und ihrer politischen Lobby keineswegs als eines der Koexistenz betrachtet. Die Parole heißt: erst Verdrängung der Öffentlich-Rechtlichen, dann ihre Auslöschung. Die Entwicklung dahin ist in vollem Gange, und sie wird, vorerst auf dem Sektor des Sports, bereits mit den harten Bandagen einer Finanzkraft ausgefochten, der ARD und ZDF nichts entgegenzusetzen haben. Der große Trend heißt, bisher noch auf den Sport begrenzt, Exklusivberichte.

In diesem Zusammenhang haben sich die Zerstörer des öffentlich-rechtlichen Systems etwas ganz Besonderes ausgedacht, und zwar unter dem Deckmantel einer Politik, die scheinbar gegen die private Exklusivität gerichtet ist. Das Stichwort lautet: Kurzberichterstattung. Um seinen infamen Hintersinn, seinen Etikettenschwindel an einem allgemeinverständlichen Beispiel zu belichten: Wenn einer der Privaten bei einem der großen internationalen Tennisspiele bis zum Exklusivbericht hochgepokert hat, dann sollen ARD und ZDF wenigstens den Matchball von Boris Becker oder einer anderen Koryphäe bringen dürfen! Und das feiern dann die Erfinder der Kurzberichterstattung als eine Errungenschaft gegenüber den Privaten. Tatsächlich wird mit diesem Almosen für die Öffentlich-Rechtlichen nichts anderes getan, als die Tendenz des Kommerz-TV zum Exklusivbericht zu fördern, und zwar – Fußball natürlich eingeschlossen! – auf den publikumswirksam-

sten Sektoren. Diese Entwicklung – »Geld gegen Verfassungsrechte« – braucht nicht beim Sport zu verweilen, sondern kann auf jedes andere Informationsgebiet ausgebreitet werden.
Es ist völlig klar – hier wird das bedroht, was von den politischen Verfechtern und materiellen Inhabern der Privaten immer als Charta ihrer Existenzberechtigung ins Feld geführt wird: die Meinungsvielfalt und deren pluralistische Unversehrtheit!
Angesichts dieser Situation verhalten sich die Öffentlich-Rechtlichen keineswegs wie der Vogel vor der Schlange, sondern wie ein Vogel, der geradewegs dem Rachen der Schlange zustrebt – und das, obwohl sich die Privaten noch im embryonalen Zustand befinden. Denn schon jetzt drehen ARD und ZDF kräftig an der Nivellierungsschraube nach unten, orientieren sie sich immer offener an der Heiligen Kuh der Privaten, den Einschaltquoten, sind also drauf und dran, aus Angst vor dem Tod Selbstmord zu begehen. Zynischer Schluß der konservativen Zerstörer aus dieser Nachahmungsbereitschaft: Wenn es keinen Unterschied mehr gäbe zwischen Privaten und Öffentlich-Rechtlichen, dann gäbe es auch keine Existenzberechtigung mehr für ARD und ZDF.
Was aber wird erst geschehen, wenn aus dem heutigen Embryo ein strammer Bursche geworden ist? Dieser Biographie sehen die Zerstörer des öffentlich-rechtlichen Systems mit großen Hoffnungen entgegen.
Hier ist, bezogen auf einen hochwichtigen Einflußbereich unseres gesellschaftlichen Lebens, die Rede von dem dauerhaftesten Unglück unserer Geschichte, dem offenbar unsterblichen deutschen Konservatismus, den ich den Schädiger der Nation nenne (wobei der Angriff auf das demokratische Rundfunk- und Fernsehsystem nur ein Ausschnitt der Destruktionen ist).
Seine Strategie dabei ist langfristig. Zwar will er alles, nicht nur einen Teil, weiß aber sehr wohl, daß die Zerstörung von ARD und ZDF nicht von heute auf morgen zu erreichen ist. Nach meiner Einschätzung gibt sich der Konservatismus für sein Ziel noch einmal die gleiche Zeit wie für seinen gescheiterten Versuch, durch Aushöhlung und Stuhlwechsel ein im konservativen Sinne staatstreues Rundfunk- und Fernsehsystem zu errichten, also noch einmal etwa 25 Jahre.
Dies sind die beiden Phasen des Zerstörungswerkes. Derzeit befinden wir uns am Ende der ersten und damit am Beginn der zweiten, der endgültigen.
Ein Naturgesetz ist ihr Gelingen jedoch nicht. Eine offene Gesellschaft

wie die unsere hat da ihre Tücken. Dennoch fällt es schwer, Optimist zu bleiben, jedenfalls dem, der die öffentlich-rechtlichen Häuser kennt – den Reglementierwillen der Verwaltung, die Programmabstinenz ganzer Etagen, die Tendenz zur »kleinen Form«, die Beiträge immer kürzer, immer abgehackter werden läßt – bis das verbale und optische 90-Sekunden-Einheits-Graffito erreicht sein wird... Dazu kommt die Sparwut, teils erzwungen aus der organisierten Finanznot durch den Nasenring der »Zwangsgebühren«, die Verweigerungs- oder Gewährungswillkür, teils von einer kreativitätsfeindlichen Bürokratie vorgeschoben.

Der Frust in den Häusern ist entsprechend. Betroffen sind nicht die Anpassungsfähigen, sondern die Fähigen, jene, in denen schöpferische Energie lebt. Sie sind dabei zu resignieren. Dazu sind nicht alle, wohl aber etliche der Anstalten durch die sogenannte Prognose für neue Kräfte so gut wie dichtgemacht. Freie Mitarbeiter dürfen nur einen Bruchteil des Monats arbeiten, um so die Voraussetzungen zu unterlaufen, die zu einer Festanstellungsklage führen könnten. Wenn man auch zugeben muß, daß Arbeitsgerichtsurteile und deren pauschale Befürwortung durch gewerkschaftliche Organisationen zu inflationären und oft genug unberechtigten Masseneinstellungen geführt haben – die panikartigen Reaktionen der Häuser und ihre administrativen Verfestigungen haben die Tore für den Nachwuchs so gut wie geschlossen. Das bedeutet: Das einflußreichste Medium unserer Epoche in Gestalt der Öffentlich-Rechtlichen schottet sich weitgehend gegenüber dem natürlichen Zufluß an Begabungen und Talenten ab, vergeht sich also an der Kulturnation und liefert damit dem privaten Kommerz-TV (das seine eigene, ihm gemäße Talentauslese mit Zeitverträgen ohne alle Festanstellungsgefahren betreibt) weitere Argumente gegen ARD und ZDF.

Dieses Nachwort im Vorwort ist eine Warnung und eine Aufforderung zugleich. Den Kampf um das öffentlich-rechtliche Rundfunk- und Fernsehsystem haben nicht nur die Fernsehleute zu führen. Er muß zusammen mit den Zuschauern geführt werden oder jedenfalls dem Teil von ihnen, dem vor der Bildschirm-Ödnis der TV-Gegenwart, mehr aber noch vor der erkennbaren Zukunft graust. Meine Erfahrungen mit Zuschauern und Hörern gehen dahin, daß sie besser sind als jener Ruf, in den sie die Programmverantwortlichen mit seichtester Kost zu besten Zeiten und unmöglicher Plazierung anspruchsvollerer Sendungen zu den schlechtesten Zeiten gebracht haben. Ich bin immer noch so

kühn zu behaupten, daß wir im Kampf um die Erhaltung des großartigen Instruments der Öffentlich-Rechtlichen die halbe Nation auf unserer Seite hätten – was für deutsche Verhältnisse sehr viel bedeutet ... Und vielleicht wird diesmal ja die bessere Hälfte siegen.
Es wäre ganz und gar gegen meinen Willen, wenn das vorliegende Buch so etwas wird wie der Schwanengesang auf Fernsehlaufbahnen, die sich in dieser Form nicht mehr wiederholen können. Und das nicht etwa, weil es an Begabungen und Talenten mangelte, sondern weil kreativitätsfeindliche Strukturen deren Entfaltung verhindern.
Dieses Buch ist deshalb auch der persönliche Aufruf des Autors, ein System zu erhalten, das das Wunder seines publizistischen Lebens ermöglicht hat.

Hamburg, September 1990 *Ralph Giordano*

Blitzlichter – Momentaufnahmen

Jäh stoppt der Wagen vor dem Sturz auf die felsgeriegelte Wüstensohle, Überraschung des plötzlichen Abgrunds, Fallgrube auf dem Wege nach Eilath
– Negev-Krater bei Mizpe Ramon, Israel

*

Farbschriller Zusammenprall zweier feindlicher Klimazonen, hoch aus der Luft über Uganda erspäht: der tropische Regenwald des Kongo, zweitausend Kilometer vom atlantischen Westen her siegreich, dieser kontinentale Grünpelz verdurstet hier mit unzähligen, weit ausgeworfenen Tentakeln bräunelnd in der triumphierenden Steppe Ostafrikas

*

In Kamerun, nachts, zwischen Edea und Duala, auf der noch sonnenwarmen Asphaltdecke hockend. Rechts und links der Straße das große Tropenkonzert, Afrikas grelles Urwaldorchester. Bis schließlich alles übertönt wird von dem rhythmischen, unerschöpflichen, sich sekundengenau wiederholenden, trommelfellsprengenden Gezirp einer einzigen Zikade

*

Schimmerndes Filigran vor der blinkenden Kulisse eines künstlichen Sees, schneeig in der gleißenden Mittagssonne, wie ein Stich in die Augen, weißer Traum der Serra dos Pireneus
– der *Palast der Morgenröte,* Sitz des Präsidenten, Brasilias *Palacio d'Alvarado*

*

Kenia.
Kühle Lodge, leicht abfallender Hang zum Wasser, Vögel in Scharen, fliegend oder schwimmend; Baumstümpfe, scharf abgezeichnet gegen bizarre Wolkengebilde eines dämmernden Himmels; Tertiär-Panorama, Kohlezeit-Landschaft
– Abend am Naivasha-See

*

In den Anden, nördlich von Cuzco.
Neben der schlammigen Straße, die Füße in grotesk-weiten Schuhen, ein Indio-Kind; drei Jahre alt, lumpenbedeckt, großäugig, stumm, ohne die Lider auch nur einmal niederzuschlagen
– dieses Gesicht hat nie zu lächeln gelernt

*

Macao, Portugals alte Enklave in Fernost.
Auf dem Balkon des Bischofssitzes: im Norden, weit hinten, aber noch mit bloßem Auge erkennbar, Chinas rotbeflaggte Landesgrenze. Im Süden die sonnenglastige Unendlichkeit der See, unterbrochen nur von den Insel-Höckern Taipa und Kaulun
– und aus dem Garten unter der Empore steigt hoch der betörende Duft unsichtbarer Blüten

*

Gran Chaco, Paraguay.
Schwirrende Lassos, hechelnde Hunde, Staubschwaden, am Zaun Indios neben flachsblonden Kindern. Brüllendes Vieh, von weißen Männern niedergeworfen und am Boden gehalten; offene Feuer, heißes Eisen auf rauchendes Fell gepreßt
– mennonitische Hirten glühen ihren Rindern Brandstempel auf

*

In der Nähe von Muea.
Maisfelder – ein bewässertes Stück Afrika breitet seinen Segen aus: Grüne, Frische, Tau, das erste zarte Korn herrlich schmeckend. Im Hintergrund, mit ragenden Eiszacken, der große Spender *Mount Kenya.* Wie trunken stapfe ich tiefer zwischen die Stauden, sicher, an diesem Morgen schon die Hälfte dessen, was ein ganzes Menschenleben an vollkommenem Glücksempfinden überhaupt bereithalten kann, soeben erfahren zu haben

*

Aus der Beckenbrühe steil auftauchend, den schweren Kopf, das naßglänzende Fell einen Augenblick wie aufgestützt unter dem Pazifikspiegel; zwei, drei, fünf der mächtigen Körper auf einmal an der Oberfläche, die Barthaare gesträubt, die Augen glotzend, schwankend zwischen Gier und Selbsterhaltung neben den eisernen Bordwänden der Fischdampfer, von denen herab es Abfälle regnet
– Seelöwen mitten im Hafen von Valparaíso

*

Zwei Stunden südlich von Beer Sheva.
Krumme Bäumchen, niedrige Umzäunung aus Steinen, Schafe, ein Brunnen, davor der alte Beduine: umblökt, mit rudernden, ziehenden Armen über das runde Loch gebückt, schöpfend und gießend, gießend und schöpfend, wieder und wieder, nur das gemeißelte Gesicht von dem alles bedeckenden Burnus freigegeben
– Altes Testament, Zeit der Erzväter, wäre da nicht der Eimer aus Plastik gewesen

*

Überall herabschießende, fallende Vögel, pfeilschneller Absturz, scheinbar totale Flugunfähigkeit, ein aerodynamisches Wunder: der Schnabel zerspellt die harte Haut des Meeres, das Gefieder taucht, dann langsamer, schwerfälliger, schlingender Auftrieb, wild zappelnde Beute, glänzende Fischleiber in dem fremden, feindlichen Element
– Nachmittag an der Hafenmole von Paita, Nordperu

New York, 9 Uhr früh.
Ich biege vom Hotel Taft in die 51. Straße, gehe sie langsam hinunter. Büro-Anmarsch. Die Mienen so verhangen wie der Himmel über Manhattan. Nirgendwo ein Lächeln. Ampeln: »Walk« – »Do not walk«. Ringsum Hasten, Laufen, Trippeln, merkwürdig dumpf. Dann der Broadway, kahle Animierfassaden, fahler noch als die Reeperbahn bei Tageslicht. Nirgendwo ein Lächeln. Hoffnungslos mache ich mich zurück auf den Weg zum Hotel.
Da plötzlich, hinter einer riesigen Glasscheibe, Buntdruck, die erste menschliche Begegnung an diesem amerikanischen Morgen
– das düster-sensible, wunderbar-morbide, das tragisch-belebte Gesicht der französischen Filmschauspielerin Jeanne Moreau

*

Saigon.
Barrikaden, Sandsäcke, die Läufe von Maschinenpistolen. Befestigte Straßenecken, Kreuzungen, Toreingänge, Häuserdächer. Überall Soldaten, klein, martialisch, sehr bei der Sache – die Tet-Offensive des Vietcong ist in frischer Erinnerung.
Seit einer halben Stunde fahren wir auf der Suche nach Drehmotiven durch die unruhige Stadt, und seit einer halben Stunde plagt mich der Zwang, den Gegenstand in meiner Hand loszuwerden, weil er mich stört und nutzlos ist. Endlich scheint mir die Gelegenheit günstig, ich hole aus zum Wurf durchs offene Fenster – da fällt mir unser vietnamesischer Begleiter schreiend in den Arm: »Bist du wahnsinnig? Hier wird sofort auf jeden geschossen, der etwas durch die Luft wirft!«
Stumm lege ich die leere Büchse Coca-Cola unter meinen Sitz

*

Steppe südlich von Nairobi.
Im Westen ertrinkt die Sonne hinter Ostafrikas rotvioletten Horizonten, Pastelltöne, Zauberfarben.
Links der Straße nach Tansania eine Herde hartrippiger Rinder. Ein kreisender Hund. Ein Hirte, dürr, witternd, vornübergebeugt, bewegungslos wie ein Standbild in der Shukak-Robe der Massai.
Dann erblicke ich den Stock.

Der Hirte hält ihn in der rechten Hand, ein Stab von etwa einem halben Meter Länge, oben verdickt, nach unten sich langsam verjüngend.
Vergessen sind die sinkende Glutpracht im Westen, der rotviolette Horizont, die Zauberfarben, Ostafrikas abendliche Pastelltöne. Ich sehe nur noch diesen Stock: vielen Generationen von Massai-Hirten durch die Hände gegangen und davon so blank, wie keine Maschine ihn je hätte fertigen können, gelblich und unsagbar einfach, von fast magischer Schönheit in seiner polierten Würde
– wie ein hunderttausend Jahre vom Meer liebkoster Kiesel

*

Hotel Soaltee, ein wenig außerhalb von Katmandu, Nepals Hauptstadt. Abends in der Bar das obligate, süffige »Ginger-Beer«, britischer Export und entgegen seinem Titel süß und alkoholfrei.
Hinter dem Tresen, unnahbar, fremdartig, magnetisch, das raunende Dunkel einer achtzehnjährigen Nepalesin.
Am dritten Abend fragt sie: »Europe?«
»Europe!«
»Germany?«
»Germany!«
Sie schlägt die Augen nieder, stockt, als hielte sie den Atem an. Sie will etwas sagen, wendet sich aber mit einer winzigen Bewegung ab.
Am fünften Abend wispert sie: »Morgen, sieben Uhr im Park.«
»Sieben Uhr.«
Die Kulisse des Rendezvous: im Norden ein überdimensionaler Dolomiten-»Rosengarten«; gegen Süden, der Urwaldregion des Tarai zu, schon Finsternis. Die Uhr zeigt fünf Minuten vor sieben.
Als sie kommt, sind die Feuer auf den Gipfeln der Sechs- und Siebentausender längst erloschen. Aber die Lampen des Hotelportals weit hinten strahlen hell genug, um das erwartungsvolle, sehnsüchtige, aufgeregte Gesicht noch weich zu beleuchten.
»I like Europa, I like Germany – nimm mich mit, bitte, nimm mich mit!«
Die Fingerspitzen ihrer rechten Hand liegen federleicht auf meiner Schulter.
Dunkle Blume in einem fernen Park am Fuß des Himalaja, dunkle Blume Nepals . . .

Hongkong, Victoria, Lee Garden's Hotel.
Ich drücke in meinem Zimmer auf einen Fernsehknopf. Was ich *sehe*, beschwört sogleich heimatliche Bildschirmerinnerungen, vertraute Serien-Gesichter. Aber was ich *höre*, klingt zu unglaublich, es trifft einen zu unvermutet, um sich damit allein abfinden zu können. Und so bitte ich – per Telefon und mit Bewegungen, deren Behutsamkeit meinen prekären Zustand nur zu deutlich verraten – Kameramann, Assistenten und Ton-Ingenieur mit erstickter Stimme auf mein Zimmer.
Kaum sind sie eingetreten, da liegen sie auch schon, mit mir, auf dem Fußboden, wimmernd vor Lachen, prustend und schnaubend, tränenden Auges und völlig ungläubig auf die Mattscheibe starrend – denn die braven und die schlechten Amerikaner, Banditen und Sheriffs, die Cowboys und die Ladies und die Geschäftemacher rund um das weißhaarige Urbild des US-Farmers, den gütigen Mittelpunkt, das sieghafte Prinzip von »law and order« samt Söhnen und treuem Gesinde: der alte Cartwright, der dicke Hoss und sein hübscherer Bruder, sie alle sprechen, drohen, schreien, fluchen, maulen da im höchsten Falsett
– *Bonanza auf chinesisch*

*

Südliches Peru.
Rückfahrt aus der Urwaldregion von Quilabamba, immer höher, ins Gebirge hinauf, Wildbäche strömen quer über die unbefestigte Straße zu Tal, von wo manchmal, etliche hundert Meter tiefer aufgeschlagen, die Wracks abgestürzter Lastwagen blind und rostig herübergrüßen.
Hinter dem Steuer ein rastloser, stummer, sich total isolierender und ungeheuer fahrtüchtiger Indio – aber der Eisriese da vor uns, ein Kompaß der Natur, scheint eher nach Westen zurückzuweichen. Wenn überhaupt, nähern wir uns ihm auf unendlichen Schleifen nur schildkrötenhaft langsam, schneckengleich, wie auf dem Rücken eines motorisierten Faultiers.
Dabei ist der Chauffeur ein Artist – Erdrutsche über die Straße hin, Gesteinsbrocken, Geröll. Reißendes Wasser schießt hervor, Gegensteuerung auf die Felswand zu, um nicht in den Abgrund getrieben zu werden – und wir hielten einst schon die Liechtensteiner Rüfen für gefährlich!

In den Tälern, an den Hängen, klein, geduckt, einsam – Anden-Höfe. Felder, schmale Streifen, Kartoffelanbau, Frucht kalter Zonen.
Höher, immer höher, den Rückzug des Eisriesen einzuholen, zu überholen. Endlich widerspiegelt sich in einem Bergsee das weiße Haupt, stiebt unser Wagen durch sein Gletscherwasser, das in langen Rinnsalen abläuft – wir sind auf der Paßhöhe.
Im Osten und Süden die Kette der Kordilleren, ein einziges Königspurpur, kronengezackt, schneegepudert, übermütige Verschwendung irdischer und kosmischer Schönheit.
Hinab dann, hinunter, über den Urubamba und die letzte mächtige Felsbarriere
– tröstlich wirft Cuzco sein fernes Licht

*

Afrika-Potpourri:
– Zur Linken die Usambaraberge, auf der roten Piste vor mir, staubschleudernd, der Landrover. Plötzlich, hinter ihm steil aufschießend aus den Schwaden und krampfhaft in sie zurückfallend
– eine angefahrene Schlange

– Noch im Weichbild der Großstadt: drei Weibchen, voller Mißachtung für die motorisierte Einkreisung. Es wird gerufen, geschnalzt, gebalzt – auf Deutsch, Englisch, und in mehreren asiatischen Dialekten. Umsonst. Erst als in etwa zweihundert Meter Entfernung ein Gnu vorbeigaloppiert, recken sich die gelben Hälse, werden die Ohren spitz, glühen die Lichter lohäugig auf
– Löwinnen im Nationalpark bei Nairobi

– Zwischen Moshi und Arusha, Steppe. Windleichte Antilopen; schwere Springböcke; dunkelmäulige Gnus; Zebras, zierlich und prallbäuchig zugleich; Elefanten, wie graue Findlinge verstreut. Und über allem, eine Laune der Natur, fast sechstausend Meter hoch aus der Ebene ausgeworfen, nun gegen Abend endlich befreit von dem eifersüchtigen Wolkenvisier eines langen Tages, Ostafrikas gigantische Vulkan-Beule mit dem ewigen Eiterkopf
– Seine Majestät, der Kilimandscharo
– Rift-Valley, Teil der ungeheuren Senke vom Toten Meer über die

ostafrikanischen Seen bis hinab nach Rhodesien. Hier in Kenia wird von ihrem östlichen Rand tief unten eine gewaltige Mulde sichtbar, die Arbeit eines Riesenhobels, der dort entlangfurchte, grub, aushob, gigantische Delle in der Erdrinde, durchschnitten von dem dürren Band der Hauptstraße Nairobi–Nakuru–Kampala, das irgendwo am westlichen Rand hochklettert.
All das bleibt ohne jede Eindruckskraft auf die schwarzen Teenager, die, wohl wissend um den obligatorischen Stopp der staunenden Besucher aus Übersee, an dieser Stelle anbieten: hölzerne Statuen, Untersätze aus buntem Bast, ausgefranste Tierfelle, Süßigkeiten aus der Ära des babylonischen Hammurabi, geklaute Streichhölzer, Vogelfedern, Autoreifen ohne Profil, Gräser-Buketts und – weiß der Teufel wo und wie hier gekühlt – Eis am Stiel . . .

*

Invalidendom zu Paris, nachts. Bei den Dreharbeiten für die Doppelsendung »Soldaten« übernimmt das WDR-Team ein paar Stunden das Regiment.
Gruft-Klima, Hall-Effekte, der erhabene Sarkophag mit *seinen* sterblichen Überresten soll aus einer für gewöhnliche Besucher unerreichbaren Perspektive gefilmt werden: von unten, von der Basis des Heiligtums, der nur durch Überklettern der steinernen Barriere zu gewinnenden Plattform
– Napoleon I., dem Ersten Deutschen Fernsehen wehrlos ausgeliefert!
Wie ganz anders geht es an dieser Stätte tagsüber zu. Überwältigte Lehrerinnen vor wispernden Schulklassen; nebenan, im Armee-Museum, Heerscharen einheimischer Besucher vor *seinem* Totenbett aus St. Helena; an der Wand, über dem alten Schreibpult, das Gemälde geschlagener Größe, der kleine Mann dumpf vor sich hinbrütend über die Wechselfälle der unberechenbaren Weltgeschichte; die Tabaksdose, das ausgestopfte Leibroß . . .
In langen Sälen der hochgesteckte, schwere Standartenwald, das Gold der Wappenadler, die Galerie der von *ihm* eingeführten oder vom Ancien régime übernommenen Orden und Ehrenzeichen, ein wahrer Dschungel aus Gold, Emaille, Silber und Buntmetall. Schließlich, Personifizierung soldatischer Begeisterung für *ihn*, die zentrale Plastik, der

Grenadier, das Gewehr hochgerissen, der ganze Mann auf den Zehenspitzen wippend, den Mund weit offen – »Vive l'Empereur«!
Ringsum ebenso offene, wenn auch äußerst gegenwärtige Münder, letzte Bestätigung *seiner* Unvergeßlichkeit für viele Franzosen auch im letzten Viertel unseres Jahrhunderts noch. Sein Charisma hat keinen Schaden genommen, man watet immer noch, eingestandenermaßen oder nicht, in seinem Dunstkreis, mit dem Gefühl, an *seinem* Ruhme, an *seiner* Größe teilzuhaben durch das Band der persönlichen Bewunderung. Man muß das erlebt haben, um es zu glauben.
Jetzt, gegen Mitternacht, nachdem die von den Kollegen des ORTF herbeigeschleppten Riesenscheinwerfer eingeschaltet sind, gehe ich vor Drehbeginn noch einmal nach oben, auf den Rundgang, das erhabene Bild von dort zu studieren. Und da, in dem überhellen Licht, kommt es sozusagen an den Tag, wird von hier grell sichtbar, was regulären Besuchern – und der Aufsicht! – unter weit weniger ausgeleuchteten Verhältnissen wohl gnädig vertuscht sein mag, anders läßt sich das Phänomen jedenfalls nicht erklären: denn auf der Oberfläche des mächtigen, scheinbar aller Schwerkraft trotzenden Sarkophags aus finnischem Rotmarmor liegt eine dicke, schorfige Schicht von – *Staub*

*

Schöne Menschen überall: auf der Dizengoff Tel Avivs, Sabbatabend, wenn Israels strotzende Jugend auf die große Promenade geht; auf dem steinernen Platz vor der *Moneda*, dem Regierungssitz in Santiago, morgens, wenn die ziseliertesten Profile der Welt den Bussen entsteigen und Chiles junge Mädchen den Büros der City zustreben; auf der Nathan Road in Hongkong-Kowloon, Chinesinnen, so zierlich, daß man sich erstaunt fragt, wo die wohlgeformten Proportionen eigentlich Platz finden; eine wahre Ballung körperlicher Vollkommenheit gar am Strand der Avenida Atlantica von Rio de Janeiro – hellhäutige Göttinnen, huldvoll für einen Tag auf Erden wandelnd, und provozierend modellierte dunkle Faune, Statuen aus Fleisch und Blut – schöne Menschen überall.
Und doch, in all den Jahren, nur *vier* Begegnungen, die nie länger zurückliegen werden als gestern.

Auf der Straße, an einer Kreuzung, ein Junge – wir lassen unsere Apparaturen und Geräte sinken.
Das Haar fällt voll und tief in die braune Stirn, der Mund – von Leonardo da Vinci; die Wangen schmelzgeglättet, das ganze Gesicht von einer Symmetrie, wie sie einem Kontinent innerhalb einer Generation nur ein einziges Mal gelingen kann. Die Erscheinung ist wissend und unwissend zugleich, an der Schwelle zum Jüngling, ohne die Landschaft der Kindheit schon wirklich hinter sich gelassen zu haben. Wir entdecken sie – wie noch bezeichnenderweise zwei andere dieser vier Begegnungen – in der flüchtigen Phase höchster Vollendung: vor dem Desaster der Pubertät und der sexuellen Bewußtheit, in einem Stadium, das später nie wiederkehrt.
Er steht da, herausfordernd und frei zugleich, unbefangen reagierend auf die staunenden Fremden, voller Mädchenhaftigkeit, und doch schon männliche Ahnung.
Tadzio aus Thomas Manns »Tod in Venedig« – hierher verschlagen, wiederauferstanden, physische Wirklichkeit im brasilianischen *Recife*!

Haifa – Filmarbeit in einem jener israelisch-arabischen »Clubs«, die es dort, trotz allem, immer noch gibt.
SFB-Kameramann Dieter Hoffmann zieht von einem Raum zum andern, äugt, sucht, dreht – Kinder, sieben bis zehn Jahre alt, Juden und Araber, Mädchen und Jungen, über Bücher gebeugt, aber nach unserm Eintritt nur noch halb bei der Lektüre. Und da, unter all der scheuen Neugierde, die scheueste; unter all den feuchten Augen die feuchtesten; unter all den Samtwimpern die samtigsten: du versinkst, du tauchst, du gehst unter in der Nacht dieses himmlischen Gesichtsovals
– trampelnder Aufbruch aus dem sonnengedörrten Hedschas; das Damaskus Harun al Raschids unter einer verheißungsvollen Mondsichel; Hundegebell, Stallduft, malmende Kamelmäuler, pompöse Romantik einer syrischen Großkarawanserei vor tausend Jahren! Tuareg-Erinnerungen aus Stummfilmzeiten – schwarze Hengste, spritzende Hufe auf dem Kamm geschwungener Dünen, Kampf zweier wehrhafter Rivalen mit schönschäftigen Vorderladern, Sieger der von Statur kleinere
– unvergeßliches Lockenantlitz, atemverschlagende Gravur, Fatima, oder wie immer du heißen magst, winzige arabische Lieblichkeit – was wußtest du schon von Thomas Wolfe, der in »Schau heimwärts, Engel«

schrieb: »Dank solchen Fusionen werden Menschen wohl immer imstande sein, Menschen zu lieben.«

In einer katholischen Mädchenschule, Elf- bis Zwölfjährige. Eine darunter sofort herausgehoben, schwebend, den Gesetzen der Schwerkraft nicht unterworfen – Wladimir Nabokovs »Dämonkind«: das Haar flach zurückgekämmt, das schmale Gesicht mit den sanft gezogenen Augenwinkeln ganz getragen von dem schimmernden Gerüst hoher Backenknochen. Die Witterung für männliche Neugierde ist bereits voll ausgebildet. Ohne daß die junge Vietnamesin die Balance verliert, gelingt es ihr, sowohl dem Unterricht mit aufmerksamer Würde zu folgen als gleichzeitig auch das aufregende Interesse der Fremden an der eigenen kleinen Person geschickt zu kontrollieren. Ein später aus dem 16-mm-Film gewonnenes Bilderquartett verrät die weibliche Taktik noch genauer als die Zeitlupe am Schneidetisch: Blick aufs Heft, halb hochgesehen, Blick zur Nachbarin. Dann, auf dem Rückweg zum Heft, im Gleiten, bei gleichmütigstem Ausdruck, volläugige Vergewisserung, ob sie noch Mittelpunkt der geheimen Beziehungen sei...
Vietnamesische Julia, Südostasiens Schöne Helena vor dem großem Kampf der Geschlechter, unbekannte Knospe – was ist aus dir geworden?

Im Hause des ruandesischen Botschafters zu Kampala, Uganda. Einige Deutsche, ein paar Briten, eine Handvoll Diplomaten schwarzafrikanischer Staaten, man geht oder steht im Park herum – Cocktailparty unter Äquatorsternen.
Der Hausherr ist von gedrungener Gestalt, ein *Hutu*, also Angehöriger jener kleingewachsenen bäuerlichen Mehrheit, die Anfang der sechziger Jahre in Ruanda die fünfhundertjährige Vorherrschaft der hochgewachsenen, viehbesitzenden *Watutsi* in einem Blutbad ertränkte.
Da tritt die Frau des Botschafters aus dem Haus, hochgewachsen, die herrliche Figur in ein langes, aber eher enthüllendes Gewand gekleidet – eine *Watutsi*!
Sie ist stumm, ohne unhöflich zu wirken; ihre Haut – dunkles Geschmeide; ein Frauenkopf wie aus schwarzem Marmor gehauen. Gesten und Bewegungen sind von einer Hoheit, die nicht einstudierbar ist. Sie schaut nicht ein einziges Mal auf, und niemanden an. Männliche Bewunderung, männliche Begehrlichkeit gewöhnt wie die Atem-

luft, Huldigung selbstverständlich erwartend – halb gewährt, halb abgewehrt. Sigmund Freud: »Anatomie ist Schicksal.«
Erst nach einer ganzen Weile bekomme ich wieder ein Ohr für das Höllenkonzert der tropischen Insekten ringsum.

Auf dem Fluge

– von Rio nach Santiago de Chile:
Tief unten die lange, nasse Grenze zwischen Brasilien und Paraguay, der gewaltige *Paraná*: rostbraun, mit grünen Inseln im Strom. Und dort, endlich, gischtumhüllt und doch selbst von hier oben, aus 11000 Meter Höhe, noch als gigantischer Katarakt zu erkennen
– die dschungelgesäumten, ins Flußbett gefressenen, tosenden Fälle des Iguazú

– von São Paulo nach Guayaquil:
Am nördlichen Horizont, über tausend Kilometer hingegleißt, eine einzige helle Anstrengung der Atmosphäre, die Dunkelheit zu zerschmettern – Äquatorgewitter:
– als schlügen die Flammen eines lodernden Amazoniens hoch in den brasilianischen Himmel

– von Frankfurt nach Nairobi:
Anfangs nur die fahle Andeutung eines zutrauenslosen Lichtes, dann dunstige, schmale Helle; darauf Rosa, Lila, Blau und Türkis, jede dieser Farben bald kräftiger, bald schwächer. Schon, schmetternde Ankündigung, die ersten Protuberanzen, und endlich, von prallstem Rot, auffahrend, die Wüste feurig verwandelnd
– Helios über der ewigen, endlosen, bräunlichen Sandregion des Sudan

– von Duala nach Paris:
Zwischenlandung in Fort Lamy. Du hast die Maschine zu verlassen und willst doch sogleich in sie zurück: die Südsahara trifft dich mit ihrem infernalischen Gluthauch so, daß du glaubst, dein Blut koche augenblicklich, gäre, werfe Blasen.
Dabei eben noch von oben – flach und trübe zwar, aber doch wohl naß und deshalb kühl? – der Irrtum des Tschadsees
– Kolonialismus konnte also auch für Kolonialisten Strafe sein

– von Antofagasta nach Asunción:
Parallel zur Küste des Pazifiks das strichgerade, asphaltdunkle, schnurschmale Band der »Panamericana«, der großen Straße zwischen Alaska und Feuerland. Östlich davon gelbe, braune und brandrote Furchen und Schründe, sandverwehte Pfade, lavaverplombte Vulkankegel, riesige Salzflächen wie die trübe Milch erblindeter Augen, eine einzige Wasserlosigkeit bis tief hinein nach Argentinien
– die Wüste *Atacama*

– von Katmandu nach Delhi:
Im Norden, majestätisch, stumm, überwältigend, die Hochgipfelinflation des Himalaja. Je weiter sich die Maschine von der nepalesischen zur indischen Hauptstadt südwestlich entfernt, desto funkelnder breitet sich das Gletschergeschmeide in Ost-West-Linie aus: Mount Everest – Himalchuli – Annapurna – Daolagiri – Nanda Debi, Juwelen in der namenlosen Pracht dieses Eisdiadems.
Bis kurz vor Delhi das »Dach der Welt« langsam, ganz langsam am Horizont erst schmilzt und dann verdunstet

– von Asunción nach Rio:
Der *shoeshine-boy* auf dem Flughafen von Asunción, sieben Jahre alt: wirbelnde Bürste, Augenaufschlag, Schuhwichse mit den Fingerspitzen aufgetragen, dann das Tuch – drei Wischer rechts, Handklaps, drei Wischer links, Handklaps!
Es geht so schnell, daß man nicht erkennen kann, ob er die Innenflächen der Hände oder die Handballen gegeneinanderschlägt. Sein Ehrgeiz: beide Schuhe gleichzeitig zu bearbeiten. Wirbelnde Bürste – Wischer rechts – Handklaps! Augenaufschlag – Schuhcreme auf Fingerspitzen – Wischer links – Handklaps! Augenaufschlag, Bürste, Wischer, Handklaps . . .
An einer Stelle verfärbt sich mein heller Strumpf auf einer Fläche von Erbsengröße – Nacht, Weltende, Begräbnis eines Lebenden. Die Verdüsterung des kleinen Gesichts hebt sich erst auf, als der *shoeshine-boy* sein Honorar nachzählt

– von Guayaquil nach Mexico City:
Hochtal von Anahuac, schon rötlich bestrichen von der Ahnung des Sonnenaufgangs. Der weiße Kegel des Popocatepetl, links der Iztacci-

huatl, die »Schlafende Frau« der mexikanischen Indios, aus der winzigen Jet-Mücke in allen anatomischen Einzelheiten klar erkennbar: Langhaar, Profil, Busen, flacher Leib, ausgebuckelte Kniescheiben und die senkrechten Füße der Liegenden.
»Die Weißen Götter« rufen sich ins Gedächtnis zurück, Eduard Stukkens immer wieder hervorgeholtes Buch über den Untergang der Azteken, das Ende ihres Kaisers Moctezuma, die Feuerfolter Guautemocs, die grausige Eroberung Mexikos durch Hernando Córtez! Nun purzeln einem nur so Namen und Orte des historischen Geschehens und seiner Poetisierung ins Gedächtnis: Tlascala, Huitzilopochtli, Quetzalcoatl, Iztapalapan, Xochimilco! »Kreideschmetterling«, die »Gefiederte Schlange« und »So sprach Rodrigo Rangel«! Der See von Texcoco, und Tenochtitlán, die unvergleichliche, dammverbundene Stadtperle mitten darin, mit ihren teocalli, den Opferpyramiden ...
Zwanzigtausend Menschen sollen bei der Einweihung der größten Pyramide, zu Zeiten der Herrschaft von Moctezumas Vater, geschlachtet worden sein, Gefangene aus Kriegen, die um dieser Gefangennahme willen vom Zaun gebrochen wurden. Denn das Volk von Anahuac war heimgesucht von der einen entsetzlichen Furcht: daß ohne diese Blutopfer die Sonne nicht aufgehen und die Welt in ewige Nacht versinken werde. Und so wurden denn, öffentlich und von den Azteken bejubelt, die Gefangenen über die Opfersteine geworfen und von vier Priestern an Armen und Beinen festgehalten, während ein fünfter mit dem Obsidianmesser, dem scharfen iztli, die Brust öffnete und das zuckende Herz herausriß.
Wir sind siebentausend Meter hoch. Unten liegt, noch im Schlaf, das Tal von Anahuac. Seit der Zerstörung des Aztekenreiches, seit 1521, ist dort unten niemand mehr auf diese Weise umgekommen.
Und da, noch während dieses Gedankens, quillt gebläht, glühend geschwellt, die Sonne des neuen Tages über den zackigen Silhouetten der östlichen Kordilleren, der Sierra Madre Oriental, hoch ...
Grund genug, sich angesichts des aztekischen »Irrtums« die Frage zu stellen, was religiöser Glaube in den Händen der Mächtigen, vom Totem-Fetischismus bis zu den Monotheismen unserer Tage, von beidem eigentlich mehr hervorgebracht hat: Leid oder – Friede auf Erden?

Slums – Hinterhof der Menschheit

Prolog

Kanisterheime, Erdhöhlen, Särge voll aussätzigen Lebens, Rendezvous der leeren Mägen, Barackenwüsten, der Phosphor verschimmelnder Adelsreservate.
Vogelscheuchen von Stadtlandschaften – am Clyde, am Hudson, am Niger. Röhren als letzte Zufluchtstätten, die gekrümmten Bewohner scharenweise belagert von Kalkuttas Geiern.
Lateinamerikas schmutzstarrende »Warteräume«, wo Frauen und Mädchen ihre Kinder für nichts gebären als den Barriada- und Favela-Tod der Seuchen, der Schwindsucht und des nagenden Hungers. Die Schorflawinen an den *moros*, den Hängen von Rio de Janeiro; der Würgegriff aus Gestank und Krankheit um Lima, Wohnhöllen ohne Wasser, Licht und sanitäre Anlagen längs der schmalen, tiefen Schlucht des Rimac; Bogotás faulender Süden; Altiplano – die unendliche Verlassenheit der Peripherie von La Paz.
Wir hatten vorher gewußt: dies wird keine Erbauungsreise. Aber wir hatten nicht gewußt, daß wir, mitten im Frieden, einen Kriegsschauplatz kennenlernen würden – das soziale Ghetto unserer Epoche, die Krätze auf der Haut der globalen Armut, spät erschienen auf der Krisenkarte des internationalen Bewußtseins, vielleicht schon zu spät
– den Hinterhof der Menschheit, Slums in aller Welt!

Europäischer Auftakt: Der Klecks am Clyde (Glasgow)

Landung in Harwich mit der Autofähre, Unterkunft ein wenig landeinwärts in einem Märchen aus Tausendundeiner englischen Nacht, einem jener alten Schlösser, nun Hotel, mit exquisiter Küche und dezentem Personal. Der *early morning tea* wurde serviert von einem taufrischen Girl, das zu keinem andern Zweck das bettwarme Zimmer betrat, außer daß es die Fenster ganz öffnete, ehe es entschwand: Ströme von meernahem Ozon, dazu der Blick auf eine Landschaft von eigentümlicher Schönheit. Weite Wiesen, Hecken, Waldinseln, in der Ferne Alleen – Wasserfarben, kein Öl, unverwischbar in der Erinnerung.

Das alles schon hier zu Anfang wie organisiert, um den heftigsten Kontrast zu unserem Zielort *Glasgow* zu schaffen, das wir auf der dreispurigen Autobahn in einer Gewalttour von wenigen Stunden erreichten. Unser Hotel in der Jamaica Street lag direkt gegenüber einem Inbegriff der Häßlichkeit – dem Hauptbahnhof dieser schottischen Industriemetropole, der Central Station. Nicht daß andere, kontinentale Eisenbahnknotenpunkte ansprechender wären – aber wer hatte die Statik dieser schwarzen Qualmqualle dort drüben berechnet, wer das Riesenskelett auf dem Reißbrett entworfen, ohne von der monumentalen Geschmackswidrgikeit des Bauwerks nicht schon vor dessen Errichtung erschlagen worden zu sein?

Daß die Central Station geradezu eine architektonische Rose war gegenüber der städtischen Sumpfpflanze, die wir filmen wollten, wußten wir noch nicht.

Erst am Morgen des nächsten Tages ging es ein paar hundert Meter, parallel zum Flusse Clyde, die gleichnamige Straße hinunter, dann rechts über die Victoria-Brücke – und schon befanden wir uns am Rande einer Welt, die nur aus schwarzem Grau, oder grauem Schwarz, zu bestehen schien. Vor uns lag ein gewaltiger Klecks von Häuserblocks, das größte Slumviertel des Vereinigten Königreiches, herausgehoben selbst aus dieser vom Industriestaub der letzten hundertfünfzig Jahre dunkel gebeizten Stadt zwischen dem Firth of Clyde und dem schottischen Hochland

– die *Gorbals* von Glasgow!

Groß geworden im Norden Hamburgs, in Barmbek, bis es 1943 in Flammen aufgegangen war, habe ich die ersten neunzehn Lebensjahre in einem Stadtteil zugebracht, dessen äußere Erscheinung vollkommen jener Wertschätzung entsprach, die seiner Arbeiterbevölkerung damals von der übrigen Gesellschaft entgegengebracht wurde. Ich erinnere mich nur zu gut an die steinerne Öde, die pflanzliche Kahlheit und die

stark riechenden Treppenhäuser; an die Selbstdiskriminierung vieler durch Suff, Kriminalität und menschliche Kargheit; an die stillosen Häuserfassaden und den schmalen, erschütternden Trost eingezäunter Vorgärten.
Die Gorbals aber machten den Alptraum der Kindheit und der ersten Jünglingsjahre sofort zu einer Idylle aus fernem Zuckerguß und romantischer Verspieltheit. Erst hier, in diesem Rechteck zwischen der Eglinton- und der Bridge Street im Westen, dem River Clyde im Norden und Osten, und der Bahnlinie zwischen Hutchesontown und Govanhill im Süden, erst hier trat mir die offenste Verachtung für das Proletariat entgegen: Glasgow C 5, wie die Postanschrift lautete, die viele Bewohner des Bezirks vorzogen, um nicht sogleich als Gorbal-Beheimatete ausgemacht zu werden . . .
Schmale, dunkle Gänge führten in die Hinterhöfe. Dort trennten Gitter die einzelnen Grundstücke, stellenweise anzusehen wie hohe Laufkäfige von Raubtieren im Zirkus. Metallstangen, an denen Kinder turnten, denen die Schönheiten Schottlands so unbekannt waren wie die Palmen der Fidschi-Inseln. Stakete als Reck- oder Barrenersatz; herabgefallene Dachbalken als Wippen über verrosteten Tonnen; Pfützen, deren Wasser auf dem Hofbelag nicht ablaufen konnte, als Planschbekken. Andere Spielplätze inmitten verrotteter Fabrikgebäude und verkommener Lagerhäuser, einer davon besonders denkwürdig: Sandboden, darauf eine breite Rutsche, die Attraktion der Stätte, unermüdlich poliert von den Hosenböden der Jungen und den Kleidchen der Mädchen. Die Älteren – was hier vierzehn, fünfzehn Jahre bedeutet – bewiesen vor den Augen hellwacher Altersgenossinnen ihren Mut, ihre Kraft und ihre Kaltblütigkeit an langen Seilen – soweit wie möglich schwingend, manche dabei nur von einem Arm, ja von zwei Fingern gehalten: So werden Hordenführer erkoren! Mittellosigkeit im Kampf um spielerische Abwechslung – alte Reifen, ungefüge Klettergeräte, schlecht verschalte Sandkisten; Holzverschläge, in denen kindliche Zeichnungen ausgestellt waren; rührende Roller. Das alles wie mit Steinzeitwerkzeugen zusammengeklotzt, narbig, metallos, Schöpfungen des vorindustriellen Zeitalters.
Und doch stand da rings um uns etwas ungeheuer Dauerhaftes, Widerstandsfähiges, dessen Verfall den Materialkern noch nicht erreicht hatte. Wer in die Gorbals mit der Vorstellung kam, Slums seien immer und überall Bruchbuden, die von den Launen der Natur beliebig umge-

worfen werden könnten, um ebenso leicht wieder aufzuerstehen, der sähe sich hier eines Besseren belehrt. Thistle, Florence, Camden Street – ganz offenbar war es nicht auf Sparsamkeit angekommen, als sie errichtet wurden! Hospital, Nicolas, Portugal, Surrey Street, und wie sie alle hießen – die mächtigen Mauern schienen wie für die Ewigkeit hochgezogen.

Tatsächlich spiegeln die Gorbals einen Abschnitt aus einer anderen, aus Glasgows »großer« Zeit wider – der Zeit des Triumphes der Kohlewirtschaft, der Eisenverhüttung, des Schiffs- und Maschinenbaus. Hier hatten Bürger und Großbürger gewohnt, die Kapitäne der ersten industriellen Revolution. Sie hatten sich darin eingerichtet, bis ihre Enkel in komfortablere, lichtere, vornehme Gegenden der wachsenden Stadt ziehen konnten, heraus aus den großen Wohnungen in isolierte, parkumstandene Familienhäuser, wo Reichtum, Glanz und Erfolg besser zur Geltung kamen.

In das Vakuum aber hatte sich das menschliche Arbeitsvieh des 19. und 20. Jahrhunderts gedrängt, die hohen Fluchten nun in Wohnstallungen verwandelnd, in Parzellen, die seither weder ausgebessert noch verschönert wurden. Immerhin hatten viele Männer aus den Gorbals wenigstens Arbeit, wenn auch schlecht bezahlte. Die erste Krise der Kohle und Werften in den zwanziger und dreißiger Jahren unseres Jahrhunderts, ein weltweiter Paukenschlag, traf Glasgows Grundindustrie schwer. Bis heute noch ohne rechten Anschluß an das Zeitalter der Chemie und der Kunststoffe, hat es sich in Wahrheit davon nie mehr erholt. Gruben und Helligen beschäftigen nur noch einen Bruchteil der Arbeiter, Ausrüster und Zubringer von einst. Wir haben in den Gorbals an jeder Straßenecke Jugendliche filmen können, die unermüdlich dem schottischen Nationalsport frönten – Fußball, und zwar nachdem die Fabriken die Frühstücks- oder Mittagspause abgeheult hatten: Arbeitslose.

»John is the king of fuck«

Vom Dach eines Hochhauses am Rande der Gorbals folgte die Kamera den eleganten Kurven einer Möwe, die offenbar nie wieder landen wollte. Da flog sie hin über hundert- bis hundertfünfzig Jahre alte Steinbrocken auf unzerstörbaren Fundamenten, über diese ganze Hypothek der Verrottung, die Summierung menschlicher Mißachtung, die zu schleifen und neu zu bebauen Milliarden Pfund Sterling kosten würde. Sie flog dahin über leere Straßenflanken; über eine Inflation an unbenutzten Parkmöglichkeiten, weil das Auto hier keineswegs so selbstverständlich war wie anderswo; über den schwarzgebeizten Klecks von Wohnsauriern und über die Frage, ob die Kinder dieser Kinder da unten dermaleinst woanders schaukeln, rutschen, hanteln würden.

Zurück auf die Erde, näher heran an die Wände, auf die unfreiwillig müßige Erwachsene und phantasievolle Teenager ihre Zeichen gesetzt hatten: skelettartige Tiere, Strichmenschen mit kreisrunden Köpfen; Namen halbstarker Anführer, Runen einer flüchtigen Hierarchie, die Geologie der Straßenherrschaft – jüngste Schicht, in mannshohen Lettern: »John is the king of fuck.« Mit anderen Worten: John kann »es« am besten . . .

Dazwischen politische Agitation, nationalistische Ausrufezeichen, Englandfeindliches, Solidarisches mit Ulster und Wales, aber ohne Nachdruck und Engagement, mehr aus Freude am Malen und passiver Wut. Dann wieder Losungen, die einen stocken ließen – hingeknallt von der Sehnsucht nach dem Ende, dem Schlußstrich für alle und alles, dem verdienten und längst fälligen Jüngsten Gericht, der Erlösung vom Diesseits. Hier schlug sich eine Art steinerner Wandzeitung der individuellen Verzweiflung auf, äußerste Hilferufe an eine Umgebung, die selbst viel zu hilfsbedürftig war, um human reagieren zu können. So entstand seltsam Fiebriges hier, Erstickungssignale, vielleicht im Dunkeln an die Mauer geworfen und trotz des gegenteiligen Inhalts oft wohl nichts anderes als die letzte Hoffnung auf Antwort.

Die Bilder tanzten weiter vor meinen Augen, wenn ich in unserm dünnwandigen Hotel gegenüber der Central Station einzuschlafen versuchte, obwohl Glasgow doch keineswegs nur aus Slums besteht und ich inzwischen seine ganze Fläche kennengelernt hatte, von Knightswood bis Provan, von Maryhill bis Cathcart, von Woodside bis Park. Aber die Gorbals waren stärker als alles andere, sie hatten sich festgefressen, eingefräst, hatten sich mir ins Blut gemischt: die entsetzliche Parzellierung der Wohnungen in Familienenklaven; der Anblick bereits geräumter Häuser, wie geschunden, abgezogen, ausgeweidet in ihrer stummen, nervenentblößten Tür- und Fensterlosigkeit. Die verschlampten Mütter und Großmütter, mit beiden Armen breit auf die Simse gestützt. Und die Kinder in den Hinterhöfen, sich unbeobachtet

fühlend, wenn wir aus den dunklen Gassen heraus filmten – seltsam altklug ihre Bewegungen, hohl ihre Schreie und Rufe, hallend zurückgeworfen von den hohen Häuserfronten. Kleine Jungen und Mädchen, ganz vertieft in ihr Spiel mit dem Unrat der Armut – einige, die an Staketen turnten, andere, die über Pfützen sprangen oder auf der Erde hockten, verloren um sich blickend – *und doch so wunderbar anzusehen, so rührend, so schön*!
Hier lauerten Gefahren – »schöne Bilder« über ein häßliches, stinkendes, schmerzendes, atemabdrückendes Thema! Würde die optische Lyrik, die kunstvolle Kameraperspektive wirklich *hinter* die scheußliche Realität treten? Oder würde die Linse die bewußtlose Wahrheit der Slumkinder umfälschen in Anmut, in niedliche Natürlichkeit? Ein falsches Textwort später, nur eine einzige verkehrte Wendung – und die Wirklichkeit würde sich verflüchtigen wie Äther an der Luft, und die Bilder des Grauens, so künstlerisch aufgenommen, schlügen um in bloße Ästhetik.
Wir waren gleich am Anfang der Drehreise gewarnt.

Das Fiasko von Blackhill

Glasgow hat große Anstrengungen gemacht, mit dem Erbe seiner Slums fertig zu werden. Die Pläne für die abbruchreifen Viertel, nicht nur für die Gorbals, sind seit langem gedruckt, und manches ist inzwischen niedergerissen worden. Die Kosten sind jedoch so hoch, daß die ursprünglichen Termine – zehn Jahre für die Sanierung eines Viertels – nicht eingehalten worden sind. Dennoch hat sich die Stadtverwaltung ans Werk gemacht. Mächtige Maschinen arbeiten, und wo sich einst die Gorbals dehnten, reckt sich nun mancher Neubau, oft mit einem Dutzend Stockwerken und mehr, ein Anblick, der nicht gerade aufheiternd wirkt.
Aber auch sonst hat der Aspekt der Sanierung wenig Erheiterndes an sich. Die ausgesiedelten Bewohner werden meist nicht in ihre alte Gegend zurückkehren können, da die Mieten der neuerbauten Häuser für sie viel zu hoch sind. Die Stadtverwaltung war sich dieser Problematik schon vor Jahrzehnten bewußt und hatte sich zwischen den beiden Weltkriegen auf ein Experiment eingelassen, das den exmittierten Slumbewohnern eine gemeinsame neue Heimstatt geben sollte – Blackhill. Es wurde ein vollständiges Fiasko!

Der Bezirk liegt drei Meilen nördlich vom Zentrum Glasgows, zwischen Riddre Park Cemetry und den Gas Works von Provan, und ist nur mit Bewohnern aus ehemaligen Slums belegt worden. Mit dem Ergebnis, daß sich die Siedlung innerhalb kürzester Frist in einen Superslum verwandelte! Hier werden einem auch nur für wenige Minuten unbewachten Wagen die Räder abmontiert, kommen Einbrüche so häufig vor, daß die Versicherungsgesellschaften sich weigern, mit den Ladenbesitzern Verträge abzuschließen, sind Müllabfuhr und Polizei nahezu unbekannt.

In den Gorbals hatten wir fast staunend die Erfahrung einer nichtaggressiven Armut gemacht. Weder wir noch unser Gerät waren auch nur ein einziges Mal in Gefahr gewesen. Aber hier in Blackhill fühlten wir uns bedroht.

Es ist ein Viertel, das einen das Gruseln lehren kann – fahl, nackt, abweisend, klebrig-schmutzig. Und die Acre Hill Street schien der höchste Ausdruck dieser lokalen Verkommenheit überhaupt. Jugendliche im Rinnstein oder vor den Haustüren hockend, lederbewehrt, von äußerstem Mißtrauen gegen alles Fremde und einer bösartigen, witternden Neugierde. Vor allem trafen wir hier auf eine unvorstellbare Teilnahmslosigkeit gegenüber dem eigenen Schicksal – aus nur allzu berechtigtem Mangel an Vertrauen in die Umwelt, aus fehlender Selbstachtung, aus der Unfähigkeit, sich zu artikulieren. Von Geburt an Geschöpfe dieses neuen Slums hätten sie wahrlich übermenschlicher Kräfte bedurft, um auch nur auf das Niveau der herkömmlichen Armut emporzuklimmen. Für die meisten Bewohner von Blackhill wird selbst sie eine unerreichbare Sozialstufe bleiben.

Unvergeßlich die endlose Fahrt, auf der Josef Kaufmann die trostlosen Häuserfassaden der Acre Hill Street aus dem verhängten Wagenfenster filmte: Blackhill war der einzige Ort auf unserer Weltreise, wo wir die Kamera verstecken mußten, wenn wir das Viertel mit gesunden Gliedern und unversehrter Ausrüstung verlassen wollten.

Die Zeitungen der schottischen Großstadt sind periodisch voll von den Schilderungen des Elends, des Verbrechens und der Hoffnungslosigkeit von Blackhill. Dieses Viertel, dieser organisierte Epigone eines originären Slums, bietet den Beweis, daß der einfache Wechsel des Wohnortes, die bloß geographische Verpflanzung von Slumbewohnern nur ein erster Schritt auf dem langen Marsch in ihre Resozialisierung sein kann, dem andere folgen müssen; daß der Einzug in Neubauten allein weder

die Gewohnheiten noch die Mentalität von Grund auf ändern und besiegen kann; daß auch das modernste Viertel immer wieder rasch in Schmutz und Chaos versinken würde, wenn nicht ein hartnäckiges und durch keine Rückschläge zu erschütterndes Bildungs- und Erziehungsprogramm das Problem von der Wurzel her anpackt.
Wir haben danach in Glasgow vergeblich Ausschau gehalten.

Christus kam nur bis Eboli (Neapel)

Links, weit hinten und doch empfindlich nahe, die golfbeherrschende Drohung des Vesuvs, von dem jedermann hofft, daß der Vulkan gerade jetzt, zur Unzeit der eigenen Anwesenheit, nicht Feuer und Asche speie. Südlich, im Dunst, die höckerige Insel-Silhouette von Capri, ein wenig östlich Sorrents köstliche Ahnung. Zu unseren Füßen aber die prachtvollste Konzentration mittelalterlicher Baukunst nach dem pompöseren Rom: all die *palazzi* und *teatri*, die *fontane* und *chiese*, *piazze* und *castelli*! Man lausche nur auf die Namen jener Festungen und Großplätze, Dome und Springbrunnen, Theater und Paläste: Donn' Anna und San Carlo, Santa Chiara und Piedigrotta, dell' Ovo und San Elmo – Klänge, die einem förmlich im Ohr zergehen wollen, noch ehe sie das Trommelfell erreicht hätten.
Vom *Capodimonte* aus, der Nationalgalerie hoch droben, liegt drunten eine der wunderbarsten Stadtlandschaften nördlich des Äquators: die Via Caracciolo, Europas Copacabana, die breite Uferstraße mit der *Rotonda*; das molengeschützte Hafenbecken, *Avamporto*, mit den weißen Schiffsleibern an der *Stazione elicotteri e marittima.* Davor der wuchtige, herrlich verbaute, mehrstilige Wächter, das *Castelnuovo* – diese ganze von Cervantes bis Goethe, von Shelley bis Taine entzückt gepriesene *italianitá* in einem! Sie ist, von weitem, immer noch da.
Natürlich, wer an diesen Golf reist, der will nicht informiert werden über das Ausmaß der Trachom-Erkrankungen oder über die Kindersterblichkeit südlich von Rom – und auch nicht nördlich davon. Wer sich hierher aufmacht, der will sich vielmehr ergötzen an der Orgie von Barock, an der Patina von Monumenten, deren Bauherren die Bourbonen und die Anjous waren; an den Statuen solcher Schutzheiligen wie Santa Patrizia und San Gennaro; an der italienischen Gewandtheit, Bewahrtes und Neues wie nirgendwo sonst miteinander zu vermischen,

so daß die Beton-Stelen der Hotels und Hochhäuser hier tatsächlich weniger abscheulich wirken.
Natürlich, wer hierher kommt, der erwartet eine unerschöpfliche Sonne, die Neapels grandiose Schätze funkelnd bestrahlt – hier ruht die Asche des römischen Dichters Vergil, hier klingen zauberhaft die Cavatinen, hier ist das Staunen der Nation, hier ist Enrico Caruso geboren, gestorben und begraben!
Natürlich, nach einem Streifzug durch den *centro storico*, Neapels historischen Kern, kommen viele auch in die lichtlosen *quartieri bassi* in Hafennähe, wirft mancher dieser eingeflogenen oder herangerollten Einwohner aus Sidney und Fulda, aus Pretoria und Bristol, aus Oklahoma und Montreal einen Blick auf die Elendsviertel des Palonetto Santa Lucia oder die Reviere hinter den Tribunali und an der Porta Capuana. Und geht rasch davon, Gruseln und Mitleid im Herzen, was nicht ganz unverständlich ist, denn der Anblick ist danach.
Immerhin sind *sie* jedoch gekommen, haben sich nicht schrecken lassen von den Horrornachrichten der internationalen Boulevardpresse, die, was Neapel betrifft, nicht übertreiben kann, da die Realität jede Phantasie übertrifft.
Ja, diese Anderthalb-Millionen-Stadt ist die Hauptstadt der italienischen Arbeitslosigkeit, das Zentrum des Rauschgiftes, der Drogensucht und des Schmuggels, des Diebstahls und der Prostitution – und der *camorra*.
Die Slums von Neapel aber sind das große, das unerschöpfliche Nachwuchsreservoir für die höchste Kriminalität auf der Halbinsel.

Hier war alles anders als in Glasgow, die Menschen, der Himmel, die Atmosphäre, die Farben und die Horizonte. Nur eines schien verwandt – die *spagnoli* genannten Slumviertel Neapels sind womöglich noch stabiler als die Gorbals!
Hier, wo ironischerweise ebenfalls, wie dort oben in Schottland, die Ärmsten der Armen Einzug in einstige Nobeldistrikte gehalten haben, sind die Mauern, die Quadern, die protzigen Torbögen und festungsartigen Steinklötze so fest gebaut worden, wie das Geschlecht der spanischen Bourbonen sich die Dauer seiner Herrschaft auf italienischem Boden irrtümlicherweise erhofft hatte. Aber wenn auch der Traum der fremden Fürsten längst ausgeträumt ist, Garibaldi doch schließlich obsiegt hat, Mussolinis Faschismus verjagt worden ist und die Monarchie

der Piemontesen abtreten und der demokratischen Republik Italien Platz machen mußte – Neapels ehemalige Adelsreservate selbst böten, falls überhaupt je ihrer touristischen Attraktion wegen ernsthaft an Abriß gedacht worden ist, den energischsten Widerstand – verschimmelnd, heruntergekommen und unsterblich.

Die *quarteri bassi* hingegen bestehen aus ebenerdigen Wohnhöhlen, feucht und muffig, wurmstichige Familienunterkünfte auf engstem Raum, von hohen Schiffsdecks schon vom Hafen aus einzusehen.

Noch heute gibt es in den *bassi* rund dreißigtausend Wohnungen ohne hygienische Einrichtungen. Wenn es regnet, stehen viele dieser Behausungen unter Wasser. Dort leben immer noch Menschen, die seit Jahrzehnten ihre Notdurft unter freiem Himmel auf den Höfen verrichten. Auch unter der langjährigen Administration neapolitanischer Kommunisten haben sich die Verhältnisse nicht gebessert.

In den Gassen oberhalb der Via Roma, ohne amtliche Drehgenehmigung. Wir erhielten sie erst genau am Tage unserer Abreise . . .

Der tägliche Karneval der Hausfrauen – hochgehißte Wäschestandarten, die hellen Textilsegel, von Dach zu Dach gespannt, wehend, großflächig, so daß man sich unwillkürlich fragt, in welchen Riesenbecken der winzigen Wohnungen die Stücke eigentlich gesäubert worden seien.

Öffentliche Vorbereitung eines Mittagsmahls – vom Tisch in einem kleinen Vorhof troff es nur so herab, rot, blutrot, tomatenrot! Kinderhände patschten in den Sud, Frauen unterhielten sich in einer Lautstärke, als wollten sie sich gegenseitig in die Haare fahren, obwohl es doch um nichts anderes ging als ganz alltäglichen Klatsch. Nachbarn ringsum, aus den Fenstern hängend, kommentierend, lamentierend, gestikulierend.

Die Kartenspieler an der Ecke Via San Matteo und Via Speranziella! Da saßen sie im Unterhemd, stundenlang klopfend, zwischen den Beinen eigene und fremde *bambini*. Um ein Haar, und unser Aufenthalt hätte ein vorzeitiges Ende wegen Totschlags genommen – was ein bißchen übertrieben ist: Unser Toningenieur hatte, in seine Berufsausübung versunken rückwärts gehend, eines dieser Kinder versehentlich gerammt und umgestoßen. Nur die langanhaltende Beschwörung meines sizilianischen Großvaters durch mich konnte Schlimmeres als entsetzliche Zornesausbrüche des rasenden Erzeugers verhüten.

Der Alte, der die Straße vor seinem kleinen Laden fegte – jeder wußte weit und breit um diese Zeit: jetzt holt Ottavio seinen Besen.
Und dann unser hartnäckiger Begleiter in diesem Viertel der *bassi* – der jugendliche Maisverkäufer! Am ersten Tag war er uns nur vom Vico Montecalvario bis zum Vico Lungo de Gelso gefolgt. Am nächsten und allen kommenden aber bot er uns seine gekochten Kolben, nachdem wir den Fehler gemacht hatten, einige davon zu kaufen, so unverdrossen an, bis wir sie buchstäblich nicht mehr riechen konnten und die Entdekkung Amerikas verfluchten, von woher dieses Korn nach Europa gelangt war.
Der Junge war neunzehn Jahre alt, aber nie über das Castel San Elmo hinausgelangt. Er konnte an den Fingern einer Hand abzählen, wie oft er in seinem Leben das Quartier verlassen hatte. Die Via Roma auf der einen, und der Corso Vittorio Emanuele auf der andern Seite schienen für ihn keine Hauptstraßen zu sein, sondern breite, unüberwindliche Grenzflüsse.
Stationäres Dasein inmitten einer Umgebung von nie dagewesener Mobilität – das ist eines der Charakteristika für die Situation vieler Slumbewohner.

Christus kam nur bis Eboli ...
Dieser Titel eines bald nach dem Ende des Zweiten Weltkrieges veröffentlichten Klassikers unserer Zeit über die uralt-ewige Not Süditaliens hat bis heute nichts von seiner Aktualität eingebüßt. In den Bergen Lukaniens, auf der Apulischen Kreidetafel, in den Silas Kalabriens und auf Sizilien weiß ein jeder, daß man für den Norden Italiens, für das berstende Turin, das dröhnende Mailand, das übermotorisierte Bologna, für die ganze *zona industriale* zwischen Po und Tiber, Brenner und Rom, immer noch nicht viel mehr ist als der illegitime Verwandte, der Schande bereitet und den glorreichen Namen des leider gemeinsamen Vaterlandes nach innen und außen verunglimpft. Der globale Gegensatz zwischen der entwickelteren nördlichen und der weniger entwikkelten südlichen Erdhalbkugel hat sein Spiegelbild auch in Europa. Der *mezzogiorno*, das Italien südlich von Rom, oder südlich von Eboli, was keinen großen Unterschied macht, ist ein klassischer Teil davon, und die *cassa di mezzogiorno*, soviel kann heute ohne Abstriche gesagt werden, nichts als ein zusammengebrochenes Entwicklungsprojekt innerhalb einer nationalen Gesellschaft, die nur zur Hälfte den Sprung in die

zivilisatorischen und technologischen Möglichkeiten und Notwendigkeiten unseres Zeitalters geschafft hat.
Die Slums von Neapel aber sind ein zentraler Ausdruck dieser Tragödie.

Das Ausmaß der seelischen Verkrüppelung, das wir dort angetroffen haben, war schreckenerregend. Bereitschaft zur Unterwürfigkeit, bei gleichzeitig tief feindseliger Grundhaltung gegenüber jeder Obrigkeit und allem Fremden; das Gefühl der eigenen Minderwertigkeit aus erwiesener Ohnmacht, neben einer allzeit bereiten, schlaflosen Aggressivität; persönliche Schuldempfindungen ohne erkennbares Motiv, einfach weil die Ursachen des Dauerelends unbekannt geblieben sind und deshalb schließlich in sich selbst gesucht werden. »Warum gerade *ich*?« Das war die Frage, auf die wir unzählige Male gestoßen sind, wenn es uns gelang, mit einem Slumbewohner in ein ernsthaftes Gespräch zu kommen – was häufig genug geschah, aber weit seltener als schroffe Ablehnung war. Mehr noch als anderswo in diesem Land mit dem eingeboren dramatischen Lebensgefühl ist in den neapolitanischen Slums der *spagnoli*-Bezirke und der *bassi* eine Form von Fatalismus anzutreffen, die Krankheit, Gebresten, Schmerz und frühen Tod als unabwendbar anerkennt, ist hier eine Philosophie zu Hause, Halm zu sein, der sich biegt, ohne geknickt zu werden – aber Auflehnung gegen den Wind, gegen Sturm?
Innerhalb der hemisphärischen Diskriminierung Süditaliens durch den Norden kommt es noch einmal zur lokalen der Slums. Aber gerade das ist es, was sie im Selbstverständnis ihrer Bewohner auch zu einem schützenden Kokon macht, statt zum Herd der Sozialrevolution zu werden, wie Slums in anderen Gegenden der Welt. Das Leben spielt sich trotz seiner Armseligkeit wie hinter einem bergenden Wall ab, was keine unzulässige Romantisierung bedeutet, sondern dort Wirklichkeit als empfundenes Bewußtsein ist. In Neapel haben wir erlebt, daß der Slum für seine Bewohner auch so etwas wie Heimat sein kann. Hier sind alle Arbeiten schon einmal verrichtet worden, alle Worte gesprochen, alle Grenzen berührt. Hier ist den Bewohnern jeder Stein bekannt, jedes Gesicht, jede Fliese und das Licht aller Stunden des Tages und der Nacht.
Zur allgemeinen Abgrenzung der Region durch den entwickelteren Teil des Landes, aber auch durch den eigenen Stolz des Süditalieners gegen-

über dem Norden lebt in den Elendsvierteln von Neapel ein starkes Gruppengefühl, das sich gegen alle und alles außerhalb der unmittelbaren Slumsphäre richtet – ein mächtiger Faktor für ihre materielle und ideelle Konservierung.
Das *terremoto* vom 23. November 1980 hat diese Beobachtung nur noch einmal bestätigt.

An jenem Tag wurden weite Teile Süditaliens zwischen dem Tyrrhenischen und dem Adriatischen Meer von einem schweren Erdbeben heimgesucht, das Zigtausende Menschen obdachlos machte und auch Neapel mit Wucht traf: Das Jolly-Hotel mit seinen zweiunddreißig Stockwerken soll um fünf Meter geschwankt haben.
Sechzig Sekunden genügten, um die Struktur ganzer Stadtteile zu vernichten und hundertzwanzigtausend Neapolitaner ihres Daches über dem Kopf zu berauben, darunter viele Slumbewohner. Die Distrikte, in denen die unterprivilegierten Schichten wohnen, sind besonders baufällig und leisteten deshalb den heftigen Erdstößen nur geringen Widerstand. Seither gehören zum Stadtbild hölzerne Stützgerüste, die es zwar hier und dort schon vorher gab, die nun aber vielerorts zum quartierbestimmenden Bild geworden sind.
Nun hätte sich denken lassen, daß die Einwohner der *spagnoli-* und *bassi*-Bezirke nur zu freudig die Gelegenheit beim Schopfe packen und sich auf die Höhere Gewalt der Natur berufen würden, um endlich zu neuen, besseren Lebens- und Wohnbedingungen zu kommen. Indes war das Gegenteil der Fall.
Von Anfang an sträubten sich die Bewohner der neapolitanischen Slums vehement, aus ihren räudigen und nun noch gefährlicheren Vierteln evakuiert zu werden. Aus Furcht, räumen zu müssen, unternahmen sie die phantasievollsten Versuche, die durch die Erdstöße verursachten Mauer- und Deckenrisse vor den staatlichen Kommissionen zu verstecken, indem sie die sichtbaren Merkmale des *terremoto* entweder mit Tapeten verklebten oder einfach verschmierten. Legion sind jene Bewohner, die sich konstant weigern, ihre einsturzgefährdeten Behausungen zu verlassen, und zwar aus einer mehrfach motivierten Angst: einmal, in eine ihnen fremde, feindliche und sozial verständnislose Umwelt, in ganz andere Viertel der Stadt oder gar außerhalb von ihr verschlagen, also auch aus ihrem gewohnten Kokon-Milieu vertrieben zu werden; dann aber auch, im Falle einer Sanierung nie mehr in

ihre durch Modernisierung und Restaurierung um vieles teurer gewordenen Wohnungen zurückkehren zu können. Diese Doppelfurcht hat Tausende und aber Tausende Slumbewohner Neapels veranlaßt, sich lieber der Gefahr auszusetzen, in ihren angeschlagenen Verliesen auch ohne Erdbeben doch noch von einstürzenden Mauern oder Decken erschlagen zu werden, als das Entsetzen bleibender Entwurzelung hinzunehmen. Wogegen sich ohnehin viele, deren Behausungen restlos zusammengestürzt waren, nicht wehren konnten. Die meisten jedoch sind geblieben – unter Bedingungen, die jenen vor dem Erdbeben manchem bereits verklärt erscheinen wollen.

Dazu kommt für Neapel noch eine weitere Last, die für die *bassi* allerdings ihre Dialektik hat, da sie einerseits den Wiederaufbau verzögert, wenn nicht gar verhindert, gleichzeitig aber auch vielen, vor allem jungen Slumbewohnern die einzige Aussicht auf Verbesserung ihres festgelegten Elendsloses bedeutet – die *camorra*!

Diese bereits in den Stadtchroniken des Neapel im 14. Jahrhundert auftauchende patriarchalische Organisation, der die Bevölkerung mehr vertraute als der Polizei und der Justiz, ist, wie die verwandte Mafia sizilianischen Ursprungs, längst zu einer gnadenlosen Erpresser- und Mordmaschinerie geworden, der nichts gilt als der eigene Vorteil. Von der einstigen Regelung privater und sozialer Konflikte zwischen Herrschenden und Beherrschten zugunsten der Machtlosen; von der Vertretung bürgerlichen Widerstands gegenüber der Willkür erst allgewaltiger Feudalherren, dann aber auch den Ansprüchen eines sich allmächtig gebärdenden Staates ist nichts übriggeblieben. Die *camorristi* der um die Unterweltmacht kämpfenden Familien schlachten sich nicht nur gegenseitig in notorischen Abständen ab, sondern knallen auch ohne jedes Gefühl Unschuldige und völlig Unbeteiligte, die ihnen bei der Verfolgung ihrer kriminellen Ziele zufällig in die Quere kommen, erbarmungslos nieder.

In unserer Gegenwart ist die *camorra* keine einheitliche Verbrecherorganisation mehr. Die Gier auf gewaltige Gewinne durch den Zugriff auf staatliche Lire-Milliarden, die zum Nutzen der Öffentlichkeit vorgesehen waren und sind, hat zur Zersplitterung der *camorra* in mehrere Banden geführt, von denen die »Nuova camorra organizzata« die schlagkräftigste, also die tötungswilligste ist. Unabhängig von diesem Zerwürfnis jedoch erscheinen sie der Allgemeinheit wie eine unbesieg-

bare Kraft, die sich neben Verwaltung, Justiz, Parteien, Kirche, Gewerkschaften, Unternehmen und Staat als ein gleichrangiges Machtzentrum installiert hat. Es gilt als sicher, daß ein Großteil der Mittel, die Rom für den Wiederaufbau der vom Erdbeben zerstörten Teile Neapels zur Verfügung gestellt hat und stellen wird, in die Kassen dieser Gangsterorganisation floß und fließt.
Ein erheblicher Teil der *camorristi* aller Banden kommt aus den bassi, aus den Slums von Neapel. Ihre Stickluft bringt immer wieder Jugendliche hervor, die glauben, nichts zu verlieren zu haben, und deren Verzweiflung und Aussichtslosigkeit die Drahtzieher fest in ihre Nachwuchspläne einkalkuliert haben. Also hat die *camorra* auch keinerlei Interesse daran, die Slums beseitigen zu helfen.
Christus kam nur bis Eboli …

Das »Wunder« des *mezzogiorno*

Es gibt für mich zwei unvergeßliche neapolitanische Erinnerungen.
Die erste: Zwischen unseren Leihwagen-Chauffeuren, beide Bewohner des Palonetto Santa Lucia, bestand ein sonderbares Ritual. Es äußerte sich darin, daß der eine den andern zu übervorteilen suchte, ohne ihm und uns gegenüber in den Verdacht des Egoismus, der Mißgunst und des Neides zu kommen. Worum es ihnen bei dem Umgang mit Fremden offenbar ging, war so etwas wie eine *Balance*, das heißt die gleichmäßige Verteilung von Vergünstigungen und Nachteilen, die ihnen widerfuhren, aber doch so, daß in Mißachtung des ungeschriebenen Ehrenkodex jeder versuchte, den andern kräftig auszustechen.
Im Zuge dieser unproduktiven Eifersucht kam es zu einer Szene von fast schmerzlicher Symbolik, wie sich die Aggression der Armut nach innen, statt nach außen kehrt. Einem von uns war eine leere Reisetasche abhanden gekommen, ein Ding, das die Fluggesellschaften als Werbung verteilen. Der Verfall der Beziehungen zwischen den beiden Wagenlenkern aber ging über jede bisher gewahrte Etikette hinaus. Beide schritten mit der gleichen Gravität, der gleichen Mimik und der Gestik von beleidigten Ehrenmännern auf ihre Vehikel zu, rissen die Kofferraumhauben auf und wanderten darauf von ihrem Gefährt zu dem des andern – auf daß man sich von der eigenen Unschuld überzeugen konnte. Bis zu unserer Abreise wechselten sie kein Wort mehr miteinander, obwohl sie seit dreißig Jahren Freunde waren, Nachbarn, Ge-

fährten von Kind an – nicht wir verdächtigten sie, die Reisetasche an sich genommen zu haben, sondern sie sich selbst.

Die zweite Erinnerung: Eines Morgens, früh um drei Uhr, wurde ich in meinem Hotelzimmer durch starke, langandauernde Geräusche über mir wach. Es hörte sich an, als würden schwere Gegenstände quer über den Fußboden geschleift, hin und her, um dann hochgehoben und mit vollem Gewicht fallen gelassen zu werden.

Auf meine konsternierten Vorhaltungen hin erklärte mir der Mann an der Rezeption entschuldigend, es handele sich bei dem Gast um einen einheimischen Geschichtsprofessor, der jeden Monat aus seiner großen Wohnung in Posilipo ziehe, um reihum die Hotels Neapels zu beehren, also einmal hier, einmal dort absteige. Zwischen 24 und 6 Uhr früh pflege er dann, wo immer er sich aufhalte, Möbel zu rücken, offenbar der Sinn und der Zweck seiner Einquartierung. Ursache zur Beunruhigung bestehe jedoch nicht – es handele sich um einen armen Irren, der jedoch immerhin zahlungskräftig sei.

Diese Erklärung, ohne den geringsten Versuch, den Höllenlärm über mir abzustellen, trieb mich hinaus in die Nacht, in Richtung auf die Porta Capuana zu. Noch jetzt roch es dort, wo tagsüber die wasserbesprühten Stände mit der Vielfalt der *frutti di mare* aufgestellt waren, durchdringend nach Fisch, Muscheln und Seetang.

Und dann erblickte ich, irgendwo in der Nähe des gewaltigen Torbogens, durch ein unverhülltes Parterrefenster das Paar – einen Mann und eine Frau, beide älter, beide vor einer Art Stubenaltar kniend und in tiefes Gebet versunken, inbrünstig, mit geschlossenen Augen und bebenden Lippen, gegen vier Uhr morgens –, betend auf ein Wunder wartend!

Für mich aber besteht das einzige Wunder des *mezzogiorno* darin, daß er und sein schauerlichstes Symbol, die Slums von Neapel, jene Gesellschaft, die sie hervorgebracht hat und erhält, nicht längst schon in die Luft sprengten.

Genau das jedoch droht, nach meiner Auffassung an einer anderen Stelle, in einem anderen Slum, durch kein Wunder mehr aufgehalten werden zu können.

Sieben Thesen zum Thema Harlem (New York)

1.

Männer, die in Scharen herumstehen, sämtlich Schwarze, tatenlos, ständig wie im Wartezustand. Schwarze Frauen auf Treppen und an Fenstern, träge, keine hastige Bewegung. Die Kinder dieser Eltern dagegen wie Gummibälle, wilder als alles, was dir in Europa begegnete, besinnungslos anarchisch. Eine dunkle Baseballmannschaft auf einem primitiven Feld zwischen zwei feuerleiterverunzierten Hinterhausfassaden. Der Ball hüpft, springt, rollt vor meine Füße – die ganze Mannschaft hält inne und schaut mich an ...
Das eigentlich Unheimliche an der Situation war nicht die Gefahr, die hier überall lauert, wenn man fremd ist, nicht die Gewalttätigkeit, die jederzeit ausbrechen kann. Das eigentlich Unheimliche war, wie bekannt einem Harlem vorkommen will, wenn man ihm zum erstenmal in Wirklichkeit begegnet. Hat man das nicht alles schon hundertmal gesehen, in »Wochenschauen«, in Spielfilmen, auf dem Bildschirm?
Nur eines konnte man sich nicht vorstellen, auch wenn man es über die Medien erblickt hatte – die Fülle hier, die Dichte! Es gibt in weiten Teilen Harlems keinen menschenfreien Meter. Voll auch Keller und Dächer, Schulter-an-Schulter-Gefühl, Enge, Atemnot, die nervöseste Belebtheit der Welt. Hunderttausende von Schwarzen auf dreieinhalb Quadratkilometer zusammengepfercht, die allgemeine Sterblichkeit, die Mordquote, die Kindersterblichkeit, die Kriminalität und die Rauschgiftquote um ein Vielfaches höher als in New York City. Wollte man die gesamte Bevölkerung der USA, also rund zweihundertfünfzig Millionen Menschen, ähnlich konzentriert unterbringen wie die Bewohner von Harlem, das halbe Stadtgebiet von New York würde ausreichen.
Ist es wahr, daß es den Central Park gibt, Manhattans grüne Lunge, ganz nahe sogar? Die 110. Straße, die Nordfront der Anlage, ist Harlems Südflanke. Hier noch weite Flächen, Farben, Bäume, Luft zum Atmen, Distanz zum Nachbarn – und wie zum Hohn das Geschmeide der vornehmen Fifth Avenue, weit einsehbar. Dort aber, nur ein paar Schritte weiter, ein menschlicher Termitenhaufen mit eigenen Gesetzen.

Welches Bild böte Harlem, wenn sich die Tuberkulose und die chronische Unterernährung, der Alkoholismus und die Rauschgiftsucht plakativ ausweisen könnten? Was, wenn diese Pestbeule auf dem organischen Schorf der USA nur ihre Kapitalverbrechen in einer Riesengraphik sichtbar machen würde? – von hier vergleichsweise kleineren Delikten wie Einbruch, Diebstahl, Überfall und Vergewaltigung gar nicht zu reden. Und wenn für jedes dieser Delikte insgesamt je ein Ziegelstein auf den andern gesetzt werden würde? Die höchsten Bauwerke der Welt sähen sich in Kürze degradiert wie tief unten gebliebene Bemühungen ohnmächtiger Architekten.
Auch in der Bronx, auch in Brooklyn kann sich einem der Magen umdrehen, stimmt – aber hier ist zuviel Sprengstoff auf einem Haufen, sind zu viele Menschen in einem schmutzigen Bezirk zusammengepreßt, als daß es *gutgehen* könnte – denn das könnte immer nur heißen: Ruhe für die Weißen!
Erste These: Harlem – das darf, kann und wird nicht gutgehen!

2.

Dir wird in Harlem heiß, und da du weiß bist, kannst du fliehen – hinein in den Roosevelt Drive oder, nach der anderen Seite, in die St. Nicholas Avenue. Du kannst fliehen in dein Hotel – der Fernseher kann ja ausgeschaltet bleiben. Du kannst fliehen, wohin du willst, keiner wird dir sagen: stopp! Denn du bist weiß.
Du kannst vor Harlem fliehen, und das wird das Problem – für mich. Auch schwarze Anerkennung ändert nichts daran. »Du selbst magst o.k. sein, kein Wort gegen dich persönlich, in Ordnung, ich glaub' dir deine Geschichte. Wir haben dafür ja eine Witterung, wie die Hunde. Aber«, und ein schwarzer Finger stieß gegen meinen weißen Unterarm, »der Gegensatz bleibt trotzdem.«
»Welcher Gegensatz?« fragte ich trotzig, in voller Kenntnis der Antwort, und wie ohnmächtig und gelähmt gegenüber ihrer gelassenen, erfahrungsgehärteten, grenzenlosen Tatsächlichkeit.
»Das ist es, was die Weißen eigentlich nicht ausstehen können, chap«, zwei Finger zogen das Fleisch vom Handrücken hoch, »meine Haut, die *schwarze* Haut!«
Du schweigst, nicht allein, weil Harlem so übermächtig um dich herum steht, sondern weil keine Theorie, keine Ideologie, kein Argument ge-

gen diese Erfahrung aufkommen könnte. Du schluckst und erstickst an solcher Wahrheit. Das ist auch schon alles, was du augenblicklich an Solidarität zu leisten vermagst.
Diese Wahrheit hat für mich eine persönliche Tiefenschicht. Als ich zehn Jahre alt war, wurde mir von Staats wegen erklärt, ich sei meiner jüdischen Mutter wegen unrein. Von dieser Stunde an hatte der Rassismus des Hakenkreuzes mich in die Hölle der lückenlosen Entrechtung, der absoluten Machtlosigkeit und der permanenten Furcht geschickt – für volle zwölf Jahre, von denen ich nichts vergessen habe noch je vergessen könnte. Verfolgt sein, aus rassischen Gründen, in ständiger Erwartung eines phantasievollen Gewalttodes für Eltern, Geschwister, Verwandte und mich selbst – das ist die bestimmende Erfahrung meiner Biographie. Sie hat mein Lebensgefühl geprägt, alle humanen Kriterien gezeugt und ein für allemal mein Verhältnis zu jeder Art von Rassendiskriminierung und politischer Unterdrückung festgelegt. Das war es, was dann später, unterwegs in der Welt, den Kontakt zu Farbigen selbstverständlich machte, Entscheidungen für sie, Parteilichkeit. Ich habe überall in Asien, Afrika und Lateinamerika in diesem Sinne Bruderschaft gefunden.
Aber in Harlem?
Harlem hat mich nicht akzeptiert. Harlem hat in mir das profunde, für mich traditionelle Gefühl der Gleichberechtigung mit den Verfolgten von heute, die natürliche Zugehörigkeit zur Gemeinschaft der Unterdrückten, Leidenden, aufgehoben. Harlem hat meine Unbefangenheit zerstört: es suggerierte mir ein schlechtes Gewissen!
Zweite These: Weil du Weißer bist, fühlst du dich in Harlem nicht gleichberechtigt!

3.

Die neue Zeitrechnung der schwarzen Ghettos in den USA wurde im August 1965 eingeläutet – von *Watts*. Niemand hatte je zuvor den Namen dieses Viertels in Los Angeles vernommen, niemand in der Welt draußen kannte es vor dem furchtbarsten Ausbruch schwarzer Wut seit den bürgerkriegsähnlichen Rassenunruhen von Detroit 1943, den bis dahin schwersten in der Geschichte Nordamerikas.
Watts – in diesem schlimmsten Slum Kaliforniens hatten in überfüllten Wohnungen hausende schwarze Wanderarbeiter aus dem Süden ihre

eigenen Unterkünfte angezündet, hatten geraubt, geplündert, gebrandschatzt. Der Distrikt sah aus wie nach einem Tausend-Bomber-Angriff. Ausgelöst worden war die Explosion durch ein Nichts – die Festnahme zweier betrunkener Kraftfahrer, eine alltägliche Sache. Die Wut hatte nur auf einen Vorwand gelauert.

Watts – Bilder des Schreckens und der Gewalt an einer Stätte, die schon im Frieden Kriegsschauplatz war. Nun aber rasend prügelnde Uniformierte; Schießduelle von Straßenecken und Dächern her; Blutflecken überall auf dem Asphalt; Feuersäulen, die über ganzen Straßenzügen zusammenschlugen; Schwarze, mit erhobenen Armen, von der Polizei gegen Mauern gestoßen; tagelang der peitschende Knall von Schüssen. Die Bilanz der Kämpfe zwischen bewaffneten Gruppen von Slumbewohnern, Polizisten und Nationalgarde – 35 Tote, 900 Verletzte, 4200 Verhaftete.

Watts – das war keiner der üblichen Ghetto-Aufstände mehr, wie die USA sie bis dahin seit langem kannten, hingenommen und abgetan wie die zyklischen Hurrikane aus der Karibik. Das war die schwarze Revolte gegen die Borniertheit, Gleichgültigkeit und Ratlosigkeit der weißen US-Mehrheit, mit einem von ihr importierten Problem fertig zu werden; es war der Aufschrei gegen den Zusatz des Bibelspruches »Liebe deinen Nächsten wie dich selbst – *ausgenommen die Neger*!«

Watts – das war die schwarze Kriegserklärung an das Dogma des weißen Durchschnittsamerikaners, daß es kein unverschuldetes Elend gebe – ausgenommen natürlich den eigenen Bankrott. Es war die Kriegserklärung gegen die herrschende Mentalität, die Verantwortung unerträglicher Zustände an die Opfer dieser Zustände zu delegieren.

Aber Watts hatte Harlem nichts von seiner zentralen Bedeutung auf der Skala der schwarzen US-Ghettos genommen. Die Geschichte dieses Stadtteils von New York bestätigt eine beständig zunehmende innere Spannung, die für Gegenwart und Zukunft nichts Gutes erwarten läßt.

Auch Harlem hat, wie die Gorbals Glasgows und die *spagnoli*-Bezirke Neapels, einst »bessere Tage« erlebt. Dieser nördliche Zipfel Manhattans, in der Mitte des 17. Jahrhunderts von holländischen Siedlern als »Nieuw Haarlem« gegründet und 1873 als erste Vorstadt über die lange Verbindungsstraße des Broadway der Metropole New York eingemeindet, war bis zu Beginn unseres Jahrhunderts das Refugium weißer Besitzbürger. Sie verließen Harlem in dem Maße, wie immer mehr

Schwarze dort einzogen und Harlem nach dem Ersten Weltkrieg zu einer Art Ghetto machten. Immerhin blieb es bis zum Ausbruch des Zweiten Weltkrieges für viele Weiße so etwas wie ein Ort mit romantischem Charakter, in den man abends zur Zerstreuung eilte. Berühmte Orchester, wie die schwarzen *bands* von Duke Ellington im »Cotton Club« und Cab Calloway im »Apollo«, trugen zu diesem Ruf bei, der uns heute wie eine Idylle aus der Vorzeit anmuten will.
Nach 1945 kamen dann, ebenfalls ethnisch diskreditiert und sozial benachteiligt, viele spanisch sprechende US-Bürger, vor allem aus Puerto Rico, nach Harlem, in dessen Ostteil sie sich heute drängen, auch »Spanisch Harlem« genannt. An dem dominierenden Schwarz des Viertels ändert ihre Anwesenheit nichts.
Seit der Mitte des 20. Jahrhunderts verkam Harlem mehr und mehr, bis es gegenwärtig den Anblick eines unheilbar Kranken bietet. Es ist nachweisbar, daß die großen Bewegungen der schwarzen Amerikaner, die so manches an deren Status quo ante verändert haben, daß die mächtigen christlich-politischen Strömungen des ermordeten Martin Luther King und seiner Nachfolger, daß die Bemühungen tatkräftiger und bereitwilliger Bürgermeister New Yorks, die Anstrengungen von US-Regierungen, gesetzliche Voraussetzungen für die Verbesserung der schwarzen Bevölkerung zu schaffen – daß all dies zusammen und über die vergangenen Jahrzehnte hin bei den Bewohnern von Harlem – und ähnlichen Stätten im Großstadtgürtel der nördlichen USA – so gut wie nichts verfangen hat.
Die Zeit tut ihre Wirkung, die Jahresringe nehmen zu. Ich habe Harlem empfunden wie eine Höllenmaschine, in der es unaufhörlich tickt. Ich bin nicht bereit, mich von den Errungenschaften einer verhältnismäßig kleinen schwarzen Schicht, die sich selbst gern als »Mittelklasse« bezeichnet, ablenken zu lassen. Das schwarze Proletariat der USA ist, und das auf lange Sicht, das übermächtige Hauptproblem, ohne daß Anstrengungen für eine entscheidende und qualitative Änderung seiner Lebenssituation auszumachen wären. Das ist es, was den Druck im Kessel der US-amerikanischen Rassengesellschaft ständig erhöht. Ihr vorherrschendes Stigma ist der Antagonismus zwischen weißer Mehrheit und schwarzer Minderheit geblieben.
Dritte These: Im Übergangsstadium vom latenten zum offenen Rassenbürgerkrieg befinden sich die USA gegen Schluß unseres Jahrhunderts am Ende der latenten Periode!

4.

Ich kenne schwarze US-Bürger, die diese Ansicht für zu pessimistisch halten, andere, die ihr zustimmen. Tatsache ist, daß die Westside von Chicago, die schwarzen Slums von Cleveland und San Francisco seit Watts in das Feuer geblasen und die Glut der Revolte geschürt haben – wie Harlem.

Seit Mitte der sechziger Jahre gehört der Belagerungszustand in schwarzen Slums zum amerikanischen Sommer wie die Musikumzüge mit den Hanteln und Beine schwingenden, kurzberockten Mädchenkompanien in zahlreichen Bundesstaaten aus lokalen oder nationalgeschichtlichen Anlässen.

Das Schwergewicht des Rassenkampfes hat sich von den Plantagen der Südstaaten, wahrscheinlich endgültig, in den Norden und den Westen der USA verlagert – dorthin, wo die Slums der Großstädte mehr als 50 Prozent der schwarzen Amerikaner beherbergen, wenn dieser Euphemismus gestattet ist.

Sieh dich um in Harlem – da sind sie, die Enkel und Urenkel der Schwarzen, die einst von Georgia und den Carolinas heraufkamen, über die Tennessee-Linie, in das Kanaan ihrer glühenden Hoffnungen, die Nordstaaten, die unter dem großen Lincoln in einen Krieg zu ihrer Befreiung ausgezogen waren ... die alten Lügen der US-Geschichte! Über hundert Jahre später dann das ehrliche Bekenntnis eines weißen Rassisten auf dem Soldatenfriedhof Arlington bei Washington, eines Mannes, der mich in der Uniform eines Polizeileutnants durch den Grabkreuz-Dschungel kutschierte und plötzlich vor einem Mal aus dem Bürgerkrieg stoppte: »Für die Befreiung der *Neger*! Eine Etikette, an die niemand je glaubte, weder damals noch heute ...«

In unserer Epoche wird die Quittung für die große Lüge ausgestellt. Nirgends werden die Forderungen »Freiheit – jetzt!« und »Arbeit – jetzt!« so drohend und so kategorisch erhoben wie in den schwarzen Slums der Nordstaaten. Niemand sollte sich durch ein paar geruhsamer als sonst verlaufene Sommer täuschen lassen.

Vierte These: Die schwarzen Ghettos, verschwistert und verschwägert mit der allgemeinen Massenarmut von über fünfzig Millionen weißen US-Bürgern, sind der wundeste Punkt der Innenpolitik!

5.

Die Metastasen der schwarzen Elendsviertel, über den ganzen Kontinent zwischen Atlantik und Pazifik gesprenkelt, haben ihren Zentraltumor ganz offensichtlich in der amerikanischen Gesellschafts- und Wirtschaftsstruktur selbst. Es gibt sonst keine Erklärung für den hochbrisanten Zustand, daß das Blut der Nationalökonomie, der Lebensstrom des Sozialproduktes, die Säfte von Waren, Geld und Dienstleistungen, zahlreiche Glieder, ja ganze Körperteile dieses Organismus entweder nie oder nur selten erreichen. Zwischen den riesigen Schichten der weißen Mittelklasse und der proletarischen Mehrheit der Schwarzen steht diese oben bereits genannte Zahl von einer halben Hundertmillion Amerikaner, die den Schwarzen nichts anderes voraushaben als ihre Hautfarbe – die Puffergemeinde der »armen Weißen«, das hellhäutige Lumpenproletariat, heute so reaktionär und rassistisch wie in der »vom Winde verwehten« Vergangenheit.

Bundesgenossenschaft, Partnerschaft gibt es zwischen armen Weißen und armen Schwarzen nicht – bei gleicher Klassenlage entscheidet rassische Überheblichkeit. Ein enormes Hilfspotential zur Lösung sozialer Probleme, die für beide gelten, liegt brach.

Auch diese Konfrontation, deren Ende nicht abzusehen ist, trägt zur Verfestigung der schwarzen Slums bei, neben der Diktatur der Zahlen.

Waren Mitte der sechziger Jahre bereits rund 500 Milliarden Dollar nötig, um die größte Slum-Sanierung der Menschheitsgeschichte durchführen zu können, so müßte heute mit dem Vielfachen dieses überholten Betrages gerechnet werden. Der Abstand zwischen Aufwand und Mitteln wird immer größer – die Expansion der Slums würde immer mehr und mehr öffentliche Gelder zu ihrer Beseitigung erfordern. Da der nationale Reichtum nach allen Regeln und Erfahrungen jedoch in den gleichen Händen bleibt und da Profit und Zuwachs das ökonomische Gesetz der Gesellschaft sind, ist die Aussicht auf Beseitigung der Slums in überschaubarer Zeit unrealistisch.

Fünfte These: Das ökonomische Prinzip der US-Gesellschaft kann das Problem Harlem, und was es symbolisiert, nicht lösen – und ein anderes Prinzip, das es vermöchte, wird nicht sichtbar!

6.

Dennoch gibt es Dan Murrow.
Ich habe in Harlem nach ihm gesucht, ihn aber nicht gefunden. Was ich über ihn weiß, das weiß ich aus einem amerikanischen Fernsehfilm, der mich mehr erschüttert hat als jeder andere, den ich bisher über Slums gesehen habe.
In Harlem, 111. Straße, prügeln schwarze Jungen im Alter von fünfzehn bis achtzehn Jahren wie verrückt aufeinander ein. Sie holen weit aus und dreschen, was die Muskeln hergeben. Aber es fällt niemand um, auch wenn die Hiebe noch so hageldicht Kopf und Körper treffen. Die jungen Männer vertrimmen sich gegenseitig mit fest zusammengedrehten, bis zu anderthalb Meter langen Stangen aus – Zeitungspapier!
Der dieses Ventil für überschüssige Kraft und Aggressionen öffnete, ist ein Mann in mittleren Jahren, Vater zweier Kinder, Weißer – er hatte sich und anderen eine Frage gestellt, und er wird die Antwort geben. Welche?
Ein unvergeßliches Bild: Dan Murrow geht mit einem Schwarzen durch Harlem. Der Junge kann zwanzig, aber auch älter sein, die genaue Bestimmung fällt schwer – er ist klein, verwachsen, fast ein Liliputaner. Dan Murrow ragt neben ihm wie ein Riese auf. Man kann nicht hören, worüber sie sprechen, das Gemurmel ihrer Stimmen dringt dumpf herüber, der Schritt ist schnell. Plötzlich nimmt der Schwarze den Arm des Weißen und legt ihn um die eigene Schulter – die Kamera hat das festgehalten, diese fünf Sekunden aus dem endlosen, unglaublichen Alltag eines weißen Sozialpflegers in New York-Harlem.
Dan Murrow wohnte mit seiner Frau und zwei kleinen Töchtern über den Dächern des schwarzen Ghettos, in einer Wohnung, von der aus er auf eine breite Plattform treten und auf das wimmelnde, brodelnde Viertel herabblicken konnte.
Harlem hat seine eigenen Gesetze, und Dan Murrow kannte sie alle. Die Sorge des Älteren um die Süchtigkeit des jüngeren Bruders, den Ehrenkodex einer *gang*, deren Mitglieder bereit sind, füreinander das Leben zu lassen, um Nichtigkeiten, wie Weiße sagen würden; den unablässigen Zwang eines jeden hier, sich gegen alle anderen zu behaupten – die zentripetale Wendung der Armut nach innen.

Harlem hat seine eigenen Gesetze, und Dan Murrow kannte sie alle – auch das des Alkoholismus.
Vor ihm am Straßenrand steht ein Schwarzer mit einer mächtigen Mullbinde um den Kopf. Nur ein stark verschwollenes Auge ist sichtbar. Der Vermummte, offenbar das Opfer einer schweren Schlägerei, sieht aus wie ein Kater, der während der Brunft in die Fänge eines halben Dutzends eifersüchtiger Artgenossen geraten und dabei nur zufällig am Leben geblieben war.
In der rechten Hand hält er eine halbvolle Flasche, auf dem Rücken. Dan Murrows schwarzer Begleiter versucht es zuerst. Aber der Verbundene will nicht. Er weicht zurück und umklammert die Flasche noch fester. Da greift Dan Murrow nach ihr, verfehlt sie aber. Einen Augenblick scheint es, als wolle ihr Besitzer ihm die Flasche auf den Kopf schlagen, ein noch rechtzeitig kontrollierter Reflex. Dan Murrow versucht es ein zweites Mal, verfehlt sein Ziel wieder, bleibt aber stehen und streckt die Hand aus. Der Verletzte beginnt zu stammeln, er stottert, wendet sich ab und kehrt dabei Dan Murrow den Rücken zu – sacht entwindet der ihm die Flasche.
Um das zu können, mußte er fünf Jahre unter Schwarzen in Harlem leben.
Während der Dreharbeiten zu diesem Film, aus dem ich hier einige Szenen wiedergebe, erreichte den Sozialpfleger die Nachricht, daß seine Behörde ihn abberief, in einen andern Teil der Metropole, in eine andere Stadt, vielleicht sogar in einen andern Bundesstaat – es war noch offen. Dan Murrow wußte nur, daß er von hier Abschied zu nehmen hatte, nach sechzig Monaten oder 260 Wochen oder fast 2000 Tagen und Nächten. Abschied von einem stinkenden, schwärenden, verfallenen Viertel New Yorks, einer offenen, gräßlichen Wunde von Not, Zynismus und Furcht – Abschied von Harlem, 111. Straße.
Dazu geht Dan Murrow in ein Haus, in dessen Parterrewohnung eine grauhaarige Frau am offenen Fenster sitzt. Sie rührt sich nicht, als er ihr die Hand auf die Schulter legt und sie dann wieder verläßt. Beide haben kein Wort gesprochen. Als er herauskommt, zieht er ein paar Mal kräftig durch die Nase hoch. Dabei gibt Dan Murrow einen Laut von sich, der sich anhört wie ein schnaubendes deutsches »Ach«.
Die alte Frau sitzt wie versteinert am Fenster.
Die Möbel der Familie Murrow sind mit Hilfe von Freunden aus der Dachwohnung auf einen Lastwagen verfrachtet worden. Frau

und Töchter sitzen schon im Führerhaus. Dan Murrow bleibt noch draußen.
An eine Hauswand gelehnt – ein junges Paar. Was verbindet es mit dem weißen Sozialpfleger? Der Mann stemmt die Hände in die Hosentaschen, als seien sie dort festgeschnallt. Fünf Jahre lang hat er jeden Morgen Dan Murrow die Rechte gegeben – jetzt will der gleich gehen und nicht wiederkehren? Das Mädchen sitzt auf einem niedrigen Ascheimer, sagt irgend etwas und schlägt plötzlich die Hände vors Gesicht. Dan Murrow stellt sich zu ihnen. Es klingt, als seien ihre Kehlen rostig.
Der Wagen wartet mit laufendem Motor. Dan Murrow an der Haube zwischen einem halben Dutzend Schwarzen. Sie legen sich die Arme um die Schulter, reißen sie rasch wieder weg, als hätten sie bereits zuviel Gefühl gezeigt, schauen in eine andere Richtung, heben einen Fuß hoch, lehnen sich zurück, ziehen die Luft durch die Zähne. Erst jetzt, im letzten Augenblick, verliert der Weiße die Beherrschung – er kippt nach vorn über.
Das trug sich zu in Harlem, und es wird Menschen so lange bewegen, wie dieses Filmmaterial durchhält.

Dan Murrow hatte sich Amerikas große Frage – die Frage zwischen Schwarz und Weiß – gestellt. Und er hatte in Geduld und voll jener geheimnisvollen Kraft, die keinen Namen kennt, die Antwort gefunden. Sie lautet: »Es wäre möglich...« Ein Trost, eine Verheißung ist sie jedoch nicht, denn:
Sechste These: Dan Murrow ist das Gegenbeispiel des weißen Durchschnittsamerikaners!

7.

Der Wettlauf zwischen Reform und Revolte, auch zwischen schwarzen Reformern und schwarzen Anhängern der Gewalt, wird sich weiter zuspitzen, und die spezifische Problematik der Dritten Welt, die Unterentwicklung, wird hier eines ihrer aufrührerischsten Banner pflanzen – im stärksten und reichsten Land der Ersten Welt!
Dabei wird es das interne Problem der schwarzen Mittelschicht geben. Intern, weil die Schwarzen es vor allem unter sich auszumachen haben. Denn im Gegensatz zu ihren Klasseninteressen, die zum weißen Esta-

blishment tendieren, wird diese Schicht von ihm nicht akzeptiert. Es ist wahr, daß heute mancher schwarze Bürgermeister, andere Amtspersonen, ja sogar schwarze Offiziere hohen Ranges aus der Mittelschicht kommen. Sie hat sich ihre eigene Lebenssphäre geschaffen, hat sogar ihre eigenen Medien, und das mag, in einem größeren soziologischen Zusammenhang, zur Emanzipation der schwarzen US-Bürger nicht unbeträchtlich beitragen. Dennoch wird die schwarze Mittelschicht auf lange Sicht ein Zwerg zwischen dem riesigen Reservoir des schwarzen Proletariats und der noch unvergleichlich mächtigeren weißen Mittelklasse bleiben.
Was Harlem anbetrifft, gibt es im Zusammenhang mit Angehörigen der schwarzen Mittelschicht übrigens eine delikate Arabeske.
An einigen seiner Ränder ist das verkommene Viertel dabei, ein neues Bild zu gewinnen. Ich meine nicht die Gegend um die Edgecombe Avenue allein, wo heute wohlhabende Schwarze leben – auch in anderen Bezirken Harlems schichtet sich sichtbar zwar nicht die Rasse, wohl aber die Klasse um. Dort ziehen zunehmend Schwarze ein, die umgerechnet etwa dreitausendfünfhundert Mark und mehr im Monat verdienen, und sie sind es, die dort eine Art Privatisierung vornehmen. Das bringt ein paar Farbtupfer in die graue Öde, wozu auch Jazz-Altmeister Lionel Hampton mit seinen beiden Apartmentblocks beigetragen hat. Man könnte noch den Malcolm-X-Block an der 146. Straße erwähnen. Eigentumswohnungen, die von ihren Besitzern wie ein Augapfel gehütet werden. Ginge das so weiter, ergäbe sich eine Perspektive für Harlem, die einer gewissen Note von Perversität im soziologischen Sinne nicht entbehrte, insofern es in seine dritte Phase und zweite Häutung wüchse – nämlich aus dem Refugium weißer Besitzbürger der Gründungszeit Harlems über die Verslumung mit schwarzer Bevölkerung hinein in die Nobelsanierung durch schwarze Bewohner, die sich den Teufel darum kümmerten, in welchen anderen Slums die exmittierten Rassegenossen landeten.
Aber während es ganz ungewiß ist, ob es so kommt, ist es gewiß, daß der bisherige Stand dieses Zuzugs an der Grundproblematik Harlems nicht das geringste geändert hat.
Ich zweifle keinen Augenblick daran, daß die USA eine radikalere Etappe des Rassenkampfes vor sich oder schon betreten haben als alle vorangegangenen. Ich habe nicht alles geglaubt, was ich in Harlem gehört habe – und außerhalb Harlems über dasselbe Thema –, aber ich

werde nie die Entschlossenheit jenes farbigen Amerikaners vergessen, der mir ohne jede äußere Bewegung versicherte, daß ein Teil des Kampfes um Gleichberechtigung mit den Weißen mit automatischen Waffen bis zu Maschinengewehren, ja panzerbrechenden Geschossen ausgetragen werden würde, wenn nicht morgen, dann übermorgen.
Das ist einige Jahre her, und die Prophezeiung hat sich nicht erfüllt. Was gar nichts über ihre Endgültigkeit besagt. Sie ist mir im Ohr geblieben, als wenn ich sie gestern erst vernommen hätte.
Nach einer gewissen Übersicht über die internationale Slum-Situation durch eigene Erfahrungen und Beobachtungen halte ich die schwarzen Slums der US-Großstädte für den aggressivsten, ungeduldigsten, erbittertsten und kampfstärksten Flügel der Weltarmut! Ohne die Explosivkraft der Slums in anderen Teilen des Globus unterschätzen zu wollen – mit diesem Gewitter über den USA ist nichts zu vergleichen, was Asien, Afrika und Lateinamerika zur Szenerie beisteuern könnten, gar nicht zu sprechen von den daran gemessen eher pazifistischen Elendsquartieren Europas.
Der hochorganisierte Produktionsapparat der mächtigsten aller warenerzeugenden Nationalstaaten, die immer arbeitsteiligere Hochindustrie der USA – sie würden sich gegenüber einer Armut, die aus dem zentripetalen Stadium in das zentrifugale fände, weit anfälliger erweisen als es paternalistisch und im technologischen Sinne zurückgebliebene feudale oder halbfeudale Ordnungen in der Dritten Welt je sein könnten.
Siebte These: Die Gesellschaft der Vereinigten Staaten von Nordamerika, wie wir sie kennen, könnte an Harlem und allem, was es symbolisiert, scheitern!

Memento Africae! (Lagos und andere)

Lagos, Hauptstadt der Föderativen Republik Nigeria.
Auf der Strecke vom Flughafen in die Metropole. Die Farben lokaler Märkte, vorherrschend Gelb und Orange; viel Hausa-Physiognomie unter die negroide gesprenkelt; die hundert verschiedenen Textilien der westafrikanischen Weiblichkeit – sie ist die bunteste von allen; die wie skalpierte Parterre-Architektur der Vororte; das grelle Angebot von unzerstörbaren Plastikgütern, genau wie in San Francisco oder Ham-

burg; hier und da, immer noch, die Unverschämtheit europäischer Gesichter als Werbe-Idole in einem afrikanischen Land; und über allem, pestilenzartig, ein fürchterlicher Geruch . . . woher?
Bevor wir eine Antwort erhalten, werden wir unerwartet Zeugen einer Einweihung an der Peripherie der großen Stadt, die auf drei Inseln gelegen ist, aber den Eindruck macht, als wenn sie an einer riesigen Flußmündung errichtet wurde. Eine neue, gewaltige Brücke ist gespannt worden – offizielle Zeremonie, mit Bürgermeister, Ministern, den allmächtigen Militärs. Tusch, Ansprachen, Gespreize – das flatternde Band wird von einer Schere zerschnitten, die eine tannenschlanke Jungfrau artig gereicht hatte. So oder ähnlich hätte vom äußeren Ablauf her auch ein besonders wichtiges Stück Bundesautobahn eröffnet werden können. Danach allerdings brächen die Vergleichsmöglichkeiten zusammen. Denn als die hohen Herren, der Staat und sein Gefolge, eben abgezogen waren, wurde von der seltsam erregten Menge ein in richtiger Vorahnung jämmerlich meckerndes Zicklein angeschleppt, niedergeworfen und neben einem Pfeiler nach allen Regel der Baals-Kunst geopfert – erst das aus der aufgeschnittenen Kehle hervorstürzende Blut würde dem stolzen Bauwerk den wahren Segen bringen . . .
Für unser Vorhaben entpuppt sich die Brücke als vorzüglicher Standort: Da drunten bearbeiten an gewaltigen Zubern und Becken Hunderte, nein Tausende von Nigerianern gleichzeitig ihre kümmerliche Kleidung, Hemden, Hosen, Jacken, die Männer mit nacktem Oberkörper, die Frauen mit bloßen Schultern. Die Kameraobjektive, »lange Tüten«, machen jede Pore, jeden Schweißtropfen sichtbar. Wallende Schwaden, der Geruch scharfer Laugen, spiegelnde Haut, Kinder, die ihre Exkremente in irgendeinen Winkel setzen, die fassungslose Neugierde von Gesichtern, die unsere Kamera auf sich gerichtet entdecken – öffentlicher Waschtag am Rande der Slums von Lagos!

Aber hinunter von der Brücke, hinein in das Chaos aus Holz, Pappe, Wellblech und leeren Kanistern – der Boden fast zu heiß selbst für den beschuhten Fuß, das tropische Küstenklima feuchtschwer, wie die Dämpfe aus einem Geysir. Schwärme von Insekten, kreischende Musik, Geschrei, Staub. Von hier brechen sie auf, Tag für Tag in die City, auf der Suche nach der Erfüllung ihrer inständigen Sehnsucht: Arbeit, um sich etwas kaufen zu können – irgendeine Arbeit, denn gelernt haben sie nichts. Und dann kehren sie doch nur unverrichteter Dinge an den dreckstarrenden, von Hunger beherrschten Ausgangsort zurück. Unter den Bedingungen dieses monotonen, zermalmenden Daseins, das jeden auf sich selbst zurückwirft, wird eine gemeinsame und immerhin sinnvolle Beschäftigung wie die große Wäsche zu einem sozialen Ereignis, einem gesellschaftlichen Fest, zum Sonntag in den Slums von Lagos.

Sie gehören zu den schlimmsten Afrikas. Hier gibt es keine Kanalisation, keine Elektrizität und keine Wasserleitung, aber wahre Halden von Abfall. Eine Zeitlang hatte die Militärregierung Nigerias in wütenden Leitartikeln zum Kampf gegen den Schmutz aufgerufen, mit patriotischen Parolen und unter beschwörenden Drohungen – vergebens. Für die Selbsthilfe scheint es zu spät zu sein.

Und dann stoßen wir auf die Quelle jenes Gestanks, der uns schon auf dem Wege in die Hauptstadt unerträglich in die Nase gestochen hatte, sich hier aber nun so komprimiert, daß wir kaum atmen können: In langen Gräben stauen sich die Fäkalien, der ganze Ausscheidungssud der Slums sammelt sich in diesen offenen Rinnen zu einer Brühe, die Blasen wirft wie ein brodelnder Vulkan aus seiner erhitzten Tiefe.

Das Gleichnis paßt, seine Symbolik markiert den Stand der ungeheuren Wohnungslosigkeit auf der beunruhigenden Skala afrikanischer Soziologie, nicht nur in Lagos und in Nigeria, sondern in zahlreichen anderen Städten und Staaten des Schwarzen Erdteils. Dabei zählt Lagos noch zu den relativ wohlhabenden Gemeinwesen – es soll die größte Verkehrsdichte haben in ganz Afrika, so wird stolz gemeldet, obschon das bedeutet, daß sich täglich bis zu 40 000 Autos über die beiden Brükken in die City und wieder aus ihr heraus quälen. Eine räumliche Ausdehnung ist kaum möglich, die Insellage verbietet sie. Nach offiziellen Schätzungen leben in Lagos heute rund zwei Millionen Menschen, nach inoffiziellen und viel wahrscheinlicheren Rechnungen jedoch dreieinhalb Millionen, ein erheblicher Teil davon in den Slums.

Genaue Zählungen lassen sich dort nicht durchführen, auch nicht von einem rigorosen Militärregime und seinen herrisch-rücksichtslosen Beauftragten. Vor den Slums versagt die staatliche Autorität, hier wie anderswo.

Die hemmungsfreie Übervölkerung von Lagos zeugt eine Kriminalität, die keinerlei wirksame Kontrolle mehr zuläßt. Jedes Jahr verschwinden ungezählte Menschen in dem unergründlichen Bretter- und Bruchbu-

dengewirr der Hauptstadt, ohne je wieder aufzutauchen. Es heißt, daß nicht wenige von ihnen Mordritualen bestimmter Animisten zum Opfer fallen, für die Leichen Fetischcharakter haben. Europäer wagen sich selten oder nie in die Slums, und auch wir konnten es nur in Begleitung von Regierungspersonen tun.
Die Öl-Milliarden Nigerias zeigen dort keine Wirkung, übrigens hinsichtlich des gesamten Stadtbildes nicht. Es war die in der Metropole selbst erscheinende Tageszeitung ›Nigeria Herald‹, die folgende zeitgenössische Bilanz zog:
»Lagos ist die schmutzigste, lausigste und unangenehmste Stadt Westafrikas. Und das schlimmste ist: sie hat alle Chancen, es zu bleiben.«
Was erst recht für ihre Slums gilt.

Ich hatte seit Mitte der sechziger Jahre auf vielen Drehreisen Gelegenheit, afrikanische Slums zu studieren – auch wenn es andere Themen waren, für die wir ausgezogen waren. Eines war dabei bald schon klar geworden: daß diese entsetzlichen Elendsballungen einen kontinentalen Sachverhalt signalisieren – eine Landflucht von unvorstellbaren Ausmaßen!
Von der großen Stadt magisch angezogen haben die Neuankömmlinge bei deren Anblick, dem Stern ihrer dörflichen Träume, einen Moment innegehalten – an der Peripherie von Nairobi, Dakar, Kampala, Kinshasa oder Daressalam. Dann sind sie dort in den Slums untergekrochen, irgendwo, manchmal bei Freunden und Verwandten, die schon früher eingetroffen waren, manchmal allein und verlassen wie herrenlose Hunde, um die sich niemand kümmert.
Sie kommen aus Busch, Steppe und Urwald, von einem ganzen Bündel von Massenmotiven getrieben: weil sie sich dem tödlichen Einerlei des Dorflebens entziehen und seinen strengen Bräuchen und Sitten entfliehen wollen; weil die von der Primitivwirtschaft ruinierte Fruchtbarkeit des heimischen Bodens sie zur Abwanderung gezwungen hat; weil leicht zu erwerbende Kommunikationsgeräte, allen voran billige und empfangsstarke Transistorapparate, der ländlichen Jugend ein verführerisches, irreales Bild des Stadtlebens vorgaukeln, angenehmen Broterwerb und kostenlose Vergnügungen, Schule, Bildung, ärztliche Versorgung, Motorisierung, Einkaufsmöglichkeiten – Vorstellungen, die sich sehr rasch als unerfüllbar erweisen, der traditionellen Bedürfnislosigkeit des ländlichen Afrikaners aber ein jähes Ende setzen. Der Zerfall

der Träume bewirkt übrigens nach allen Beobachtungen nur in seltenen Fällen eine Rückwanderung an den Ausgangsort – die Landflucht trägt irreversible Merkmale.
Zu ihren bereits genannten Motiven kommt hinzu, daß heutzutage jedermann, der in die Stadt drängt, die Grenzen seines eigenen Siedlungs- und Wandergebietes gefahrlos überschreiten kann. Die großen Dezimierer der Natur und der alten afrikanischen Gesellschaft – wilde Tiere, blutige Fehden unter den Stämmen und Sklavenhandel – sind Geschichte, nicht anders als die lokalen Aufenthaltsverbote der Kolonialmächte, vor allem aber deren Kriege, die, mehr noch als durch Kampfhandlungen, durch indirekte Folgen – Hunger und Seuchen – Millionen Afrikaner das Leben kosteten.
Zur Überbevölkerung, und damit zur Expansion der Slums, trägt ferner bei der Sieg der modernen Hygiene und Medizin über Malaria, Pocken, Würmer und die verheerende Kindersterblichkeit – die Lebenserwartung hat sich triumphal erweitert. Afrika, auf seiner ungeheuren Fläche immer noch verhältnismäßig dünn bevölkert, hat jedoch heute schon einige der dichtestbesiedelten Großstädte der Dritten Welt. Nirgends sonst, ausgenommen vielleicht Hongkong-Kaulun und das Inferno von Kalkutta, hatte ich so sehr das Empfinden eines rettungslosen Menschengewimmels wie in afrikanischen Slums. Es ist klar erkennbar, daß ein beträchtlicher Teil ihrer Bevölkerung von der Geburt bis zum Tode dort leben wird.
Denn auf all das, auf diese ganze Häufung lebensproduzierender und -verlängernder Faktoren, ist der Kontinent nie organisch vorbereitet worden. Und seine Slums brüllen, stinken es in die Welt hinaus:
Memento Africae!
Dieses Wort, das mich zunächst in seiner Doppeldeutigkeit bestürzte, da es ein unabwendbares Schicksal vorauszusetzen schien, wurde von einem Kameruner Akademiker ausgesprochen, einem noch jungen Mann von höchster Bildung und beeindruckender Persönlichkeit, der über afrikanische Slums promoviert hatte. Nach einem langen Gespräch über die Problematik bemerkte er, in Abwandlung des lateinischen Ausspruches »Memento mortuorum« – Gedenke der Toten –, eher beiläufig versunken, mir aber ganz unvergeßlich: »*Memento Africae.*« Als ich, in Erinnerung an das Original, meine Bestürzung nicht verbergen konnte, fügte er rasch hinzu: »Nein, nicht in *dem* Sinne, sondern in diesem – *denk an Afrika!*«

Bis auf den Rest im Süden des Kontinents ist Afrika staatlich im dritten oder gar schon vierten Jahrzehnt eigenverantwortlich. Dennoch wird das nationale Heute immer noch wesentlich vom europabeherrschten Gestern bestimmt. Der gewalttätige Eingriff des Kolonialismus hat eine uralte Verfassung, eine äonenlange Ordnung irreparabel aus den Angeln gehoben, ohne nach seinem Abtritt geeignete Modelle für die Gegenwart und Zukunft hinterlassen zu haben. Der Umbruch erfolgte zudem in einem Tempo, wie es kein anderer Erdteil zu verzeichnen hat. Von den Konferenzen der europäischen Großmächte 1884/85, auf denen sich die etablierten und die potentiellen Kolonialmächte den afrikanischen Kuchen teilten, bis zur Kettenreaktion der jedenfalls formalen Unabhängigkeit Ende der fünfziger, Anfang der sechziger Jahre unseres Jahrhunderts, war es noch nicht einmal ein Lidschlag der Weltgeschichte gewesen.
Die Bevölkerung keines anderen Kontinents, weder die beider Amerika noch die Asiens, hatte so wenig Zeit für ihren Anschluß an die Moderne. Sie wurde fast übergangslos vom Brutofen kolonialistischen Eigeninteresses in die eiskalte Luft eines ungleichen Wettbewerbs mit den Hochindustrien unserer Epoche geschleudert. Die ungeheure Entwicklungsdifferenz läßt auch den rückständigen Nationalwirtschaften Afrikas innerhalb des bestehenden Weltwirtschaftssystems so gut wie keine Chancen, wirklich selbständig zu werden und die Kluft zwischen der industrialisierten nördlichen und der immer noch vorwiegend agrarischen südlichen Erdhalbkugel schließen zu helfen.
Mit den Slums in seinen Großstädten ist eines der schrecklichsten und langwierigsten Kapitel im Buche der modernen Geschichte Afrikas aufgeschlagen worden. Wie schwärende Wunden brechen sie auf – um Lusaka und Addis Abeba, um Algier und Tunis, Kairo und Karthum. Denn das arabisch-berberische, das Afrika nördlich des Urwald-, Steppen- und Savannengürtels, weist die gleichen Vorzeichen der kontinentalen Landflucht auf wie südlich der gewaltigen Barriere der Sahara. Die Situation in dem immer noch von Weißen beherrschten Teil Südafrikas wird in einem anderen Kapitel und Zusammenhang gesondert behandelt werden. Denn natürlich gibt es auch dort Slums.
Was sich vom Hohen Atlas bis zum Tafelberg am Kap der Guten Hoffnung in den Elendsquartieren zusammenbraut, befindet sich in einem Stadium ständiger Ausdehnung. Die Slums wachsen und wachsen, ein riesiges Reservoir beschäftigungsloser Arbeitskräfte. Keine Macht der

Welt aber könnte die Subarmut physisch so in einen Kral einpferchen, daß sie ein für allemal vom Anblick der zivilisatorischen Annehmlichkeiten einer schmalen Nationalbourgeoisie und den Lockungen eines verschwenderischen Warenangebots für die Begüterten und für die Ausländer fernzuhalten wäre. Vielmehr wird sie all das vor ihrer immer begehrlicher werdenden Nase haben, unmittelbar und sehr nahe, ohne sich davon etwas institutionell in das eigene Sozialdasein einverleiben zu können.

Man muß es gesehen, erlebt, errochen haben, um zu begreifen, was das bedeutet – afrikanische Slums... In der Dunkelheit gleichen sie sich alle. Kerzen werfen ihr erbärmliches Licht durch die Ritzen und Spalten baufälliger Behausungen; Petroleumlampen, bereits ein Luxus, blaken durch türlose Öffnungen; dazu, in West- wie in Ostafrika, die sich endlos wiederholenden Rhythmen und Melodien aus den Radios. Von irgendwoher immer jaulende Hunde, Flüche, Kindergreinen, schrilles Frauengelächter und Gestalten, die in stummer Erwartung stehenbleiben, wenn sie einen Weißen inmitten des Verfalls erblicken.

Du verharrst mit ihnen, duckst dich wie in Notwehr, nicht so sehr aus Furcht, sondern weil du Ausschau hältst nach irgend etwas, das dich lehren könnte: Es gibt noch anderes als Gestank und die Katastrophe der Fruchtbarkeit, diese entsetzliche Entwürdigung der Liebe zwischen Mann und Frau zu schließlich nichts als Last, Reue und Resignation.

Und dabei, in einem Slum von Nairobi, passierte es, als ich aufsah in den diamantengefleckten Äquatorhimmel: plötzlich wollte mir der Mond dort oben, in der Vollkommenheit seines leuchtenden Kreises, in seiner fernen antiseptischen Kühle als der Inbegriff der Wohnlichkeit vorkommen...

Memento Africae!

Paradies und Inferno (Rio de Janeiro)

Der Anblick ist in der Tat überwältigender als ein Dichter Verse schmieden, ein Maler den Pinsel führen, geschweige denn Touristenprospekte Anpreisungen erfinden könnten: der Atlantik von der Avenida Vieira Souto her, seine Bläue, seine Jodnebel – Milliarden über den weißen Strand gestäubte Kristallmoleküle; draußen die Wildheit der hohen, an Riffen zerschellenden Wogen – Ipanema!

Auf der anderen Seite eine gemächlichere Dünung mit lang brechendem Kamm, so daß ein endloser Wellentunnel sichtbar wird, ehe die Schwerkraft ihr Recht fordert und ihn ausschwappen läßt gegen die wundervollste Allee der südlichen Erdhalbkugel, die Avenida Atlantica und ihre schneeweiße Front – Copacabana, Praia, Praia do Leme!
Atemberaubend die Menschenpracht an diesen Küsten. Da liegen oder schreiten sie, die »Mädchen von Ipanema«, wie huldvoll zu kurzem Gastspiel auf unserem Planeten verweilende Göttinnen, unnahbar, traumhaft gewachsen, magnetisch. Haut in allen Tönungen, von bronzefarben bis tiefdunkel. Jünglinge, Denkmale männlicher Schönheit, allen voran jener Schwarze dort, breitbeinig über den Sand gespreizt, athletisch modelliert, in hinreißender Unbewußtheit seine eigene Statue. Das alles abgezeichnet gegen eine Metropole, die wie schimmerndes Geschmeide eingefaßt wird von der herrlichsten Bai, der Baia de Guanabara, geziert von Buchten mit so duftenden Namen wie Botofago und Flamengo, brandungsberannt von dem türkisfarbenen Weltmeer, schnittig durchkreuzt von der Autobahn Aterro und majestätisch aufgeteilt von den Tangenten der Avenida Rio Branco, der Presidente Vargas, der Avenida Brasil.
Über dem Ganzen aber, das Ende der Serpentine Estrada do Redentor, die Arme weit ausgebreitet, eine Gotteslästerung in den Dimensionen des brasilianischen Gigantismus, der steinerne Christus von Corcovado: reglos die unglaublichste Topographie segnend, die Perle des Südatlantiks, *Rio,* »a cidade maravilhosa« – »die wunderbare Stadt«!

A cidade maravilhosa?

Auf dem Santos Dumont, dem in die Bucht aufgeschütteten Binnenflugplatz, steige ich an Bord eines Hubschraubers, der von einem jungen Franzosen geflogen wird – in die Metallwespe passen gerade zwei Mann hinein. Sicherheitsgurt festgeschnallt, und ab geht es in die Lüfte, wie die Erfüllung eines Kindheitstraums – flugfähig zu sein und allem irdischen Zugriff fern . . .
Scharfe Kurve nach links, für ein paar Sekunden an meiner offenen Seite nichts als See und Himmel, dann unten der *Zuckerhut* und das Panorama der Guanabara-Bucht, die ihr Entdecker im Januar 1502 irrtümlich für die Mündung eines mächtigen Flusses aus dem Innern des Kontinents gehalten und deshalb »Rio de Janeiro« getauft hatte.

Dann sind wir über Land, über der Stadt, und jetzt wird die Pockenkrankheit da unten in ihrer ganzen Ausdehnung sichtbar, die berühmt-berüchtigten Hügel, die *morro dos cabritos – morro de São João – morro da Babilonia*, zwischen zweihundert und vierhundert Meter hoch gelegen. Wie Aussatz kleben die Slums da und bedecken Hänge und Rundgipfel wie ein beschorftes Haupt.

Aber erst von unten, von nahe, erschlägt es einen!

An der großen Lagune mitten in der Stadt, der Lagoa Rodrigo de Freitas, ragt zum erstenmal eine jener *favelas*, wie sie auf portugiesisch heißen, über mir empor, eine Riesenbeule, ein chaotisches Gewitter menschlicher Ansiedlung: Kaskaden von Hütten, pfahlgestützt, am Berg hoch oder hinab, wie man will, eine über, neben, unter der andern – Bretter-Stalaktiten. Kein einziges verglastes Fenster, nur leere Öffnungen; Wäsche auf abenteuerlich gespannten Leinen; da und dort verschämtes Grün zwischen dem graubraunen Tohuwabohu, und gelegentlich gar ein steinernes Gebäude, nur scheinbares Stützelement in diesem Dschungel feuchtschwammiger Latten. Der Tropenregen hat hier, zyklische Randnotiz der Weltnachrichten, leichte Arbeit – ganze Hänge rutschen ab mit allem, was daran klebt und lebt. Tote, Verwundete, Verschüttete. Wie überall auf der Erde ist auch in Rio das Dasein der Armen gefährdeter.

Von unten, von der Avenida Epitacio Pessoa, wirkt die monströse Verschachtelung fast menschenleer. Das Wabenungetüm da über einem schluckt Bewegung wie der Lamellenwald an einer Studiodecke die Töne – die Immobilität des Elends ist überwältigend!

Aber droben, drinnen, muß es von Leben nur so schäumen. Also hinauf auf den *morro*, hinein in die *favela*. Enge Treppen, aus Stein – hier wird seit langem gehaust. Dann Podeste, von denen es im rechten Winkel weiter aufwärts geht, Stege nach allen Seiten, verwinkelte, schlüpfrige Pfade, immer höher. Frauen kommen uns entgegen, mit Krügen oder Kannen auf den Köpfen und Schüsseln gegen die Hüften gestemmt – Grazie und Anmut auf dem Wege zu dem *einen* Wasserhahn für Hunderte von Familien. Kinder drängen sich, wie immer, vor unserer Kamera – nur jedes achte von ihnen wird vierzig, nur jedes dreißigste sechzig Jahre alt. Einige Mädchen laufen weg, wenn sich die Linse auf sie richtet, andere nehmen eine herausfordernde Miene an, machen obszöne Bewegungen, reißen die Röcke hoch, wackeln mit dem Hintern. Der bestimmende Eindruck – du bist in Afrika, hier, in den Slums

von Rio, bist du in Afrika! Fast alle *favelados* und *faveladas* sind dunkel bis schwarz. Ein helleres Gesicht fällt auf – wie das jener sechzehnjährigen Schönheit, die uns vom Zugang ihrer elterlichen Behausung unverwandt anschaut: stolz und verwundet, abwehrend und neugierig, bitter und lieblich zugleich. Mit dreißig wird sie aussehen wie in Europa fünfzigjährige Frauen.
Plötzlich wird zwischen zwei Baracken der Blick frei nach oben und nach unten. Erst jetzt begreift man die Größe dieser zerbrechlichen und künstlichen Ansiedlungen auf den *morros* von Rio. Erst jetzt, erst hier entdeckt man, wie schnürend die Autoströme auf den beiden Prachtstraßen da unten den Aussatz umzingelt halten, wie nahe der gewaltige Betonfinger ist, der hart neben dem Hang hochgezogen worden ist – teure Mietwohnungen, noch teurere Büroräume.
Aber erst jetzt, erst hier oben entdeckt man auch, daß die Sonne scheint, ewig, wie seit Jahrtausenden, daß die Luft lind und ringsum keineswegs Heulen und Zähneklappern ist, sondern wimmelndes Auf und Ab, wie die Natur des Standortes es gebietet. Dazu Lachen, Schreien, Dünste jeder Art, alle Geräusche des Slum-Topos, Teil jenes kochenden Getöses, das Rio mit seinen Millionen und aber Millionen Einwohnern röhrend, keifend, lallend, summend, hämmernd und singend von sich gibt.

Paradies und Inferno

Es sind diese Ingredienzien, dieses nahe Beieinander von Paradies und Inferno, diese tatsächlich frappierende Fusion von anatomischer, architektonischer und landschaftlicher Schönheit, diese scheinbar friedliche Nachbarschaft von arm und reich, die einer bestimmten Schule bei uns und anderswo, Rio selbst nicht ausgenommen, ebenso stereotype wie perverse Theorien zu entlocken pflegen – daß es ein Brasilien ohne Rassen- und Klassengegensätze gebe, ein fröhliches einander Zugetansein von Wohlhabenden und Unterprivilegierten; eine Gesellschaft, in der der (merkwürdigerweise meist schwarze) Slumbewohner den Inhaber der Luxuswohnung nebenan eher bemitleide statt beneide, trage dieser doch Verantwortung und müsse Miete zahlen, was alles ihm, dem armen *favelado*, zu seinem Glück erspart bliebe. Wenn sozialer Neid, so diese Schule weiter, überhaupt aufkäme in den lichten Breiten, wo »die Bananen wild auf den Bäumen« wüchsen, dann sei es vielmehr der Neid der Millionäre auf die Wunschlosigkeit der Slumbewohner, ihre ehrgeizlose Lebensweise, die Streß und Konkursgefahr überflüssig mache. Man lüde sich gelegentlich sogar zu einem gemeinsamen Essen ein, worauf jeder wieder in seine eigene Welt zurückkehre – der eine in die Freiheit seiner Miete- und Beschäftigungslosigkeit, der andere in seinen reichtumsumdüsterten Wohnpalast. Außerdem, klar, nimmt man alles in allem, wollten die *favelados* und *faveladas* natürlich gar nicht heraus aus ihrem Bruch und Dreck, da sie sich wohlfühlten wie – so wurde es mir gegenüber ausgedrückt – »die Ferkel bei der Muttersau...«

Ich weiß nicht, wie oft mir solche merkwürdigen Ansichten begegnet sind – bei der Lektüre von Reiseschilderungen und Erzählungen, vor allem aber aus dem Munde von Zeitgenossen, die nie einen Slum besichtigt haben, sei es jene immigrierte Polin an der Copacabana, Diplomatenfrau, oder die elegante Witwe aus Rio, die ihre Sozialkunde einer nicht schlecht staunenden Zuhörerschaft in Berlin-Wilmersdorf zum besten gab. Ich weiß nur, daß das hervorstechendste Merkmal dieser verbreiteten Denkart ihre *asoziale Sentimentalität* ist! Mit der Wirklichkeit hat sie nichts zu tun. Zu glauben, daß Armut oder gar die Subarmut in den Slums allein schon deshalb erträglicher sei, weil fast das ganze Jahr über die Sonne scheine, kein Heizmaterial gekauft werden müsse und man dazu in Breiten lebe, wo einem angeblich die Früchte von selbst in den Mund wüchsen, zeigt, gelinde gesagt, nichts an als die eigene Unfähigkeit, in anderen als touristischen Kategorien zu denken. Und Touristen verirren sich bekanntlich kaum in die *morros,* ja nicht einmal in das triste Häusermeer der Zona Norte von Rio, wo mehr als drei Millionen Werktätige wohnen, die von der Zona Sul, der Südzone, keineswegs nur durch die hohe Schwelle des Corcovado getrennt werden, sondern weit mehr durch unsichtbare Barrieren. Paradies und Inferno! Möglich, daß man das Inferno übersieht, wenn man im Paradies lebt. Aber wer im Inferno schmort, dem nützt das Paradies gleich nebenan gar nichts.

Es gibt dafür ein überzeugendes Dokument.

Favela-Epos

»Ich werde ein Stück Zeitungspapier anzünden und die Wände abfegen. So töten die Bewohner der *favelas* die Mücken. Warum hat wohl ein

Armer kein Mitleid mit dem andern? Das einzige, was es in den *favelas* nicht gibt, ist Solidarität ... Heute ist der Geburtstag meiner Tochter. Ich kann keine Feier veranstalten, weil das ebenso schwer wäre, wie die Sonne mit den Händen zu greifen ... Wie schrecklich ist es, sein Kind essen zu sehen und die Frage zu hören: ›Ist noch mehr da?‹ An einigen Tagen beneide ich die Vögel um ihr Leben. Ich glaube, wenn ich auf dem Schlachtfeld wäre, würde niemand davonkommen ... Welch überraschende Wirkung hat doch die Nahrung! Bevor ich aß, sah ich den Himmel, die Bäume, die Vögel ganz gelb. Nachdem ich gegessen hatte, wurde alles vor meinen Augen wieder normal ...«

So schrieb Carolina María de Jesus in ihrem berühmten Epos über das Leben in den *favelas* von São Paulo, dem »Tagebuch der Armut« – mit jedem Wort, jedem Buchstaben darin der asozialen Mentalität der Status-quo-Apologeten die vernichtende Abfuhr durch die Wahrheit erteilend.

Ich bin durch diese und andere *favelas* Brasiliens gestapft mit dem Bild jener mächtigen schwarzen Mutter vor Augen, die immer wieder eines beschreibt: den eigenen Hunger und den ihrer Kinder. Nicht den akuten, das Fehlen jeglicher Nahrung über einen längeren Zeitraum hinaus, als der auf Zufuhr angewiesene menschliche Organismus es ertragen könnte. Nicht den Hunger, an dem schließlich jedes Lachen und die Freude ahnungsloser kleiner Jungen und Mädchen erstirbt, sondern die schleichende Heimtücke ständiger Fehl- und Unterernährung, deren Folgen sich erst später bemerkbar machen – in Krüppelbildung, Siechtum, Wahnsinn.

Ein einheimischer Journalist hatte Carolina María de Jesus in den Slums von São Paulo entdeckt und ermutigt, ihr ohne Publizierungsabsicht begonnenes »Tagebuch der Armut« fortzusetzen. Die Veröffentlichung wurde zu einer nationalen Sensation! Sie bestätigte nicht nur, daß die Klassenharmonie zwischen Slumbewohnern und Millionären unter der alles und alle angeblich einigenden Sonne Brasiliens in das Fabelreich soziologischer Ignoranz und politischer Zweckmythen gehört, sondern auch, wie groß die Kluft zwischen den *favelados* und sämtlichen anderen sozialen Schichten der Nation ist – in einem für Europäer exotischen Land sind Slumbewohner ihrerseits für die anderen Exoten!

Genauso muß Carolina María de Jesus von ihrer »normalen« Umwelt behandelt worden sein, als der Erfolg ihres Buches sie aus der *favela*

riß, sog, schleuderte – für die Erfahrung eines kurzen und unerträglichen Glanzes, dem sie nicht gewachsen war. Und so verschwand sie bald wieder dorthin, woher sie gekommen war.
Ich habe auch diese Gestalt gesucht und nicht gefunden. Wohl aber die Landschaft ihres »Tagebuches« – nicht nur in São Paulo selbst, nicht nur in Rio, sondern auch in den *barriadas* von Bogotá, in den sturmdurchtosten Brettervierteln auf den bolivianischen Andenhängen oberhalb von La Paz, in den *tugurios* und *pueblos nuevos* von Lima, der Krätze am Rimac vor der höhnischen Geschäftskulisse der peruanischen Hauptstadt, und in den *jacales* von Mexico City.
Und insofern war dort auch überall Carolina María de Jesus.

»Go west« – und die Folgen

Es sei vermerkt, daß Rio nicht ohne Tatkraft, aber mit ungewissem Erfolg, daran gegangen ist, die Schande seiner *morros* langsam abzutragen. Aber immer noch ist jeder zehnte *carioca*, wie sich die Menschen der Küstenmetropole nennen, Slumbewohner. Und es gibt ein geradezu entmutigendes Beispiel dafür, wie wirksam slumbildende Faktoren aus der Sozialtradition dieser Gesellschaft nach wie vor sind – *Brasilia*!
Obwohl deutlich als Schöpfung des nationalen Gigantismus zu erkennen, hat die neue Hauptstadt etwas Imponierendes an sich – als Projekt und als Architektur.
Zwölfhundert Kilometer landeinwärts, zwei Flugstunden von der fünfhundert Jahre alles beherrschenden Küstenzone entfernt, mitten in der endlos flachen Öde des Bundesstaates Goias, mutet die Initialschöpfung des Juscelino Kubitschek, die seine Nachfolger nicht mehr stoppen konnten oder wollten, keineswegs wie ein synthetisches Verwaltungsgebilde an, sondern wie ein zwar vorgeschobener, aber durchaus lebensfähiger Posten des nationalen »Go west«-Credo: die erhabene Schale des Parlamentsgebäudes; die einander fast berührenden Stelen des Kongresses, der Platz der drei Gewalten, Supremio Tribunal, die Esplanada do ministerios mit der Straßenbreite des 21. Jahrhunderts, und die Kathedrale, die katholische Kirche mit ihren sechzehn aufgebogenen Riesendornen, eines der erstaunlichsten Gebilde dieser erstaunlichen Stadt. Schließlich, in gewaltigem Halbkreis um Brasilia herum, der künstlich aufgestaute See. Nicht zu vergessen der Fernsehturm,

just an seinem Platze wie geschaffen, um aus der Höhe des Podestes Oscar Niemeyers phantastische Beton-, Metall- und Glaskreationen zu bewundern, gleichzeitig aber auch am Rande Brasilias die unvermeidlichen, vom Atlantik mitheraufgeschleppten, ansteckenden *favela*-Pokken zu entdecken! Nicht, oder noch nicht bestimmend, aber eben doch vorhanden. Selbst hier, wo nationaler Ehrgeiz, die natürliche Ästhetik einer monumentalen und eifersüchtigen Neuschöpfung, die vollgeplante Großzügigkeit der gesamten Anlage sozusagen von sich aus und von innen her auf nichts lieber verzichten würde als auf die gewohnte Schorfperipherie brasilianischer Ballungszentren – auch hier also wieder Slums!

Und keine Hoffnung auf baldige Beseitigung. Auf der Prioritätenskala nationaler Probleme nimmt sie keinen der ersten Plätze ein. Da gibt es ganz andere Sorgen – das Menetekel der schweren Arbeiterunruhen in São Paulo Anfang der achtziger Jahre; die ständige und buchstäbliche Drohung des Hungertodes von Millionen Menschen im Nordosten und eine Staatsverschuldung, die die 100-Milliarden-Dollar-Stufe erreicht hat – neben Mexiko ist Brasilien das Land mit der international höchsten Gläubigerrate.

Was wird?

Frage am Fuße eines *morro*

Am Abend vor dem Abflug stelle ich mich, mit dem Rücken zur Lagoa Rodrigo de Freitas, an den Fuß jenes *morro*, der an das Weltidol Copacabana grenzt. Oben das Bellen knochendürrer Hunde, offene Feuerstellen, Rauch – Armut, erzwungene Untätigkeit und Hunger. Sind das Elemente einer vorrevolutionären Situation? Ich stehe da und fühle, wie diese Frage sich wie von selbst immer lauter stellt, hochsteigt, förmlich aufquillt. Werden diese Slumlawinen eines Tages donnernd niedergehen und durch eine Kettenreaktion in den schmutzverkrusteten Warteräumen Lateinamerikas die soziale Landschaft des Subkontinents von Grund auf verändern? Vielleicht, eines Tages, im Bündnis mit dem unzufriedenen Stadtproletariat und seinen Organisationen, einer Opposition, die offenbar durch keine Diktatur, und währte sie noch so lange, zu besiegen ist? Oder vereint mit den *campesinos*, den ländlichen Massen, der großen, analphabetischen Unbekannten des Riesenlandes?

Ich horche in mich hinein, ohne daß Antwort kommt. Die Frage wird einfach ausgelöst durch die Unerträglichkeit der Zustände.
Ich blicke empor, schaudere vor der Wunde da oben am Hang – und ahne noch nicht, daß die nächste Etappe nicht nur die *favelas* von Rio, sondern alle von uns bisher erlebten Slum-Stationen in den Rang einer »guten Stube« befördern, ja ihren Bewohnern sogar den Status eines gewissen Komforts verleihen wird.

»Stinkmenschen« (Santiago de Chile)

Eine Liebeserklärung zuvor.
Ich bin nach Chile gekommen wie in eine Heimat – keine Ankunft irgendwo sonst in der Welt war vergleichbar mit dieser. Wenn die Maschine nach dem strapaziösen 20-Stunden-Flug von Europa endlich, Argentiniens Pampa hinter sich, das Felsengebirge erreicht hatte; wenn der Jet, zur Rechten das imposante Massiv des Aconcagua, einschwenkte in das Großtal von Santiago und zur Landung auf dem Flughafen Pudahel absank, dann war die Begegnung mit den sympathischsten Antipoden nur noch eine Sache von wenigen Minuten. Es gibt kein Land, das mir vertrauter schien. Aber auch keines, das mich seit eh und je melancholischer stimmte als dieser handtuchschmale, in seiner Nord-Süd-Achse jedoch schier endlos gedehnte Andenstaat, Wirbelsäule des Subkontinents, auf einer Seite das Meer, auf der andern die Berge, vom Eis des Feuerlandes bis zum Wüstenhauch der Atacama, von Kap Hoorn bis Arica – Chile!
Der Blick auf den vom Abendrot betupften Stiernacken der Großen Kordillere vom Westen, von der Straße nach Valparaíso aus; dann, von der Küste her, der rotglühend in den Himmel lodernde Pazifik! Auf der *Panamericana*, der Transkontinentaltrasse beider Amerika, im Nordzipfel des Tales *Longitudina*, der Blick verkehrsgefährdend gefesselt von der ungeheuren Barriere im Osten, ihren Schründen, Tälern, Buckeln, Wölbungen und Wasserfällen. Der einsame Reiter mitten in der Landschaft, sein verschossener Poncho, der hechelnde Hund, die gespitzten Ohren des Pferdes. Der an den Vorderläufen gefesselte Esel auf dem flechtigen Plateau neben einer Hütte, in der dröhnend-schweigsamen Gebirgseinöde dann und wann nur das klagende »Ia, Ia, Ia« vernehmbar. Die schneedekorierte Traurigkeit des Kupferbergwerkes *El*

Teniente, gegen die argentinische Grenze zu, tief in den Anden: treppen- und stiegenerschlossen, von metallenen Unterkünften bestanden, von den farbigen Sicherheitshelmen über den hageren Arbeitergesichtern wie perforiert, und begleitet von dumpfem Grollen aus dem Innern des Kegels wie das Kollern in den Eingeweiden eines Elefanten – Laute des Erzabbaus! Am Himmel eine kriegerische Sonne, die den Schnee auf den steilen Abhängen ringsum wunderbar bläulich färbt. Schließlich das aufschlußreiche Schuhwerk der dreißig *campesinos* auf dem Boden der landwirtschaftlichen Genossenschaft *Pullaly*, Mittelchile, einst herrschaftlicher 10 000-Hektar-Besitz eines vergessenen *hacendado*, ohne Sohlen und Absätze, die Nähte geplatzt, die Kappen zehenfrei, formloses Leder, gleichsam Jahrhunderte alt – es gibt kein Land, das mich melancholischer stimmen konnte als Chile.

Santiago – Saratiago – La Moneda

Und keine Hauptstadt, die mir zärtlicher, weicher vorkommen wollte als Santiago?
Die Berge vom Dachgarten des Hotels *Carrera* her, in der flimmernden Hitze des Sommermonats Januar zum Greifen nahe, als könnte der Steinstaub von hier aus weggeblasen, das Eis höher hinauf mit dem eigenen Atem abgetaut werden. Die Geräusche der City, das Alltagsgetümmel in dem ruhelosen, von Kinos durchsetzten Viertel um die Ladenschluchten *Agustinos* und *Teatinos*, seine Zeitungs-, Bonbon- und Maronenverkäufer. Das Klirren der *harpa*, des chilenischen Nationalinstruments neben der Gitarre – Harfentöne überall, aus Diskotheken, Kneipen, aus offenen Türen und Fenstern. Die *Alameda Bernardo O'Higgins*, chaotische Verkehrsarterie, und an ihrer Flanke die verzauberte Stille der alten Zitadelle *Santa Lucía*. Vom *Cerro San Cristóbal*, abends, drunten das Lichtermeer der Kapitale.
Santiago de Chile! – wenn die Dunkelheit eingebrochen war und das schäbige Antlitz einer Massenarmut verdeckte, die gleich jenseits der Alleen und der Plätze mit ihren Statuen der Freiheitsheroen San Martín und Simón Bolívar beginnt, in einer Stadt, deren Lacklosigkeit mich streng an Tel Aviv erinnerte.
Santiago! – bewacht von der schlaflosen Jungfrau hoch über dem Rio Mapocho, der gewaltigen Mutter-Gottes-Statue, einem Geschenk aus Frankreich, um das sich stets Kolibris tummelten.

Santiago! – gibt es eine Hauptstadt, in der dem Fremden mehr filigrane Weiblichkeit begegnen könnte als zwischen der *Avenida Almirante* und der *Vicuña Mackenna*? Oder sich ihre Zärtlichkeit eindrucksvoller personifizierte als in jener jungen Chilenin, die unser Fernsehteam als Helferin und Beraterin begleitete, um die Hauptstadt sogleich in ein einziges, riesiges Augenpaar zu verwandeln und die Gedanken an die Metropole für immer hoffnungslos zu verbinden mit jenem Augenaufschlag, der einen Ober im Restaurant *Casino*, droben auf dem *Cerro*, kurz vor Mitternacht für die Ausführung einer längst vergessenen Bestellung huldvoll belohnte – *Saratiago*!

Und der weite, steinerne Platz vor Chiles alter *Münze*, im Herzen der Stadt, Regierungssitz – *La Moneda*: ihre Erstürmung im September 1973, bei der Präsident Salvador Allende sein Leben verlor, leitete die Diktatur der Generäle ein.

Ich kann es kurz machen: seither sind mir alle Bilder von dort wie geschwärzt. Trauer hat sie überzogen, das Vertraute sich verflüchigt – wie durch eine zerstörerische Gewalt, die mit Wucht auf eine Wasserfläche schmettert und alles zersplittert, ja auslöscht, was sich zuvor auf ihr widergespiegelt hatte.

Was immer sich seitdem verändert hat, eines nicht: die Slums!

Verlogene Unabhängigkeit

Santiagos Slums haben Platz. Ihre Hütten, Baracken, Verschläge dehnen sich auf weiten, flachen Arealen aus, ganz anders als die gedrängte Masse auf den *morros* von Rio.

Santiagos Slums geben sich übersichtlich, nicht nur von einer Wand zur andern, sondern mit Ausblick. Zuerst muten sie einen an wie eine Stadt im Aufbau, erstes Stadium, wie rasch zusammengehauene Unterkünfte für die Arbeiter und Handwerker – Zwischenspiel, Notbedachungen, abreißbar und leicht zu beseitigen. Wären da nur nicht so viele Kinder.

Kein Zweifel, diese raumverschwendende Anlage ohne individuelle Wasserleitung und ohne Elektrizität, mit ihren ungepflasterten, pfützendurchweichten Wegen, den Pferdefuhrwerken und Motorveteranen, ist eine Dauereinrichtung, und zwar eine besonders deprimierende.

Was ist es eigentlich, das jenseits jeden persönlichen Verhältnisses zu diesem Land und seinen Menschen, jenseits übrigens auch der jeweili-

gen politischen Verhältnisse, deren jedes ablösbar wäre, was ist es, das gerade die chilenischen Slums so besonders niederschmetternd macht?
Südamerika ist nicht Afrika, große Teile des Subkontinents sind ungleich weiter entwickelt, die Infrastruktur ist ausgeprägter. Dazu kommt hier aber noch etwas anderes. Es gibt zwischen dem Karibischen Meer und dem *Estrecho de Drake*, Buenos Aires und Montevideo ausgenommen, nichts, was mich derart an Europa erinnert wie Chile – Häuser, Straßen, Geschäfte, Kleidung, Mode –, wenn auch oft genug wie nachgemacht, ja manchmal gar wie eine schmerzhafte Karikatur. Ich spreche jetzt nicht von jenen, vor allem südchilenischen Gebieten, in denen seit Generationen eine deutschstämmige Immigrantenbevölkerung aus dem vorigen Jahrhundert lebt, die ihre unverwechselbar eigene Note in die kulturelle und soziale Landschaft gebracht hat.
Ob es dieser seltsame Euro-Effekt oder die Zeugenschaft fortgeschrittenerer Entwicklung als in anderen Teilen der Dritten Welt ist, oder beides zusammen – jedenfalls kann sich einem in Chile der Gedanke aufdrängen: Muß diese Armut sein? Sieht es nicht so aus, als sei die Fähigkeit, mit ihr fertig zu werden, durch verborgene Ursachen verfehlt worden? Als wäre es zu schaffen gewesen, wenn der Klimmzug etwas höher, die Anstrengung etwas durchgehaltener gewesen wären?
Gerade das ist der Irrtum.
Chiles Armut steigt institutionalisiert aus der Tiefe seiner fünfhundertjährigen Geschichte auf, eigentlich seit der Konquistador und Araukaner-Schreck Valdivia das Land betrat und für die spanische Krone eroberte. Eine wirkliche Zäsur für das soziale Los des Volkes war die Erringung der nationalen Unabhängigkeit von der Kolonialmacht zu Anfang des 19. Jahrhunderts nicht – es bleibt einem keine andere Wahl, als die seither vergangenen rund hundertsechzig Jahre unter dieser betrüblichen Bilanz zu sehen. Die Masse der Chilenen hat seit eh und je zu den Unterprivilegierten der Erde gezählt, und es kann als sicher gelten, daß diese bleischwere Hypothek durch keine Revolution, keine Gesellschaftsreform, keine Umverteilung von heute auf morgen beseitigt werden könnte. Die Versuche dazu jedoch werden den zukünftigen Verlauf der chilenischen Geschichte bestimmen. Was, in diesem Zusammenhang, die Phasen von Militärdiktaturen betrifft – einmal abgesehen davon, daß es gerade die Funktion der Obristen ist, gesellschaftliche Veränderungen zu verhindern, und ihnen nicht nur alle Fä-

higkeiten, sondern auch jeder Wille zu solchen Veränderungen fehlen: Das faktische Resultat ihrer Herrschaft wird stets nur darin bestehen, den Prozeß der politischen und sozialen Emanzipation zum Stocken zu bringen – Perioden von schwer voraussehbarer Dauer. Eine andere Bedeutung denn als historischer Verzögerungsfaktor sehe ich nicht. Gleichwohl ist das menschliche Leid, das sie verursachen, irreparabel.
Immer aber ist das Stigma der von Juntas beherrschten Gesellschaften die überdurchschnittliche Vernachlässigung der Ärmsten der Armen, die Indolenz gegenüber den Bedürftigen, die Gleichgültigkeit gegenüber den Slumbewohnern.

Und dennoch – in diesen ausgedehnten Bruchvierteln am Rande von Santiago de Chile, wo nie jung gewesene Frauen Wäsche aufhängen und dichte Trauben von Kindern sich vor den gemeinschaftlichen Wasserhähnen (und natürlich auch unserer Kamera) drängten – in diesen Slums gibt es immerhin noch überhaupt das kostbare Naß, gibt es Radioapparate, ja sogar hier und dort Fernsehantennen, gibt es sogar Ideelles, wie Hoffnung, Solidarität, Zukunftskraft, die »Revolution der Erwartung« – alles Realitäten, Begriffe, die jenem Ort fehlen, dessen Unausdenkbarkeit wir uns jetzt zuwenden: der Abfallhalde von Santiago, der Müllgrube der Hauptstadt – und ihren Bewohnern.

»Stinkmenschen«

Das war wie ein letzter Abstieg, wie die Rückkehr zu präzivilisatorischen Daseinsformen.
Da hatten sich menschliche Wesen tunnelartige Einbuchtungen in den gigantischen Auswurf der Millionenstadt gewühlt, hatten sich Höhlen gegraben und darin eingerichtet. Andere hatten Gruben ausgehoben, Behausungen *in* der Erde, in denen sie, unter freiem Himmel, kampierten – höchstens, daß sie ein Stück Dachpappe über das Loch zwischen sich und der hier oft reichlich kalten Ewigkeit deckten.
Sie stocherten herum in dem Unrat, den die Kapitale ausgespien hatte und an ihrem Rande verfaulen ließ. Dahinein stießen sie mit Forken und Schaufeln, kaum, daß die Müllwagen ihren dampfenden, gärenden Inhalt entleert hatten. Wütend rissen sie hinderliche Teile heraus, Sperriges, um dann mit bloßen Händen, vorsichtig wie Archäologen, in

dem Schmutz zu forschen, nach jenem wertvollen Gut, das ihre Lebensgrundlage ist: Papier, Metall, Holz! Von ihrem Verkauf an Zwischenhändler, umgerechnet Pfennigbeträge pro Woche, fristeten sie ihr unfaßbares Dasein – die *Stinkmenschen* von Santiago, wie sie genannt wurden.

Alles an ihnen war grau, ein zähes, nicht abwaschbares Grau. Sie bewegten sich wie überdimensionale Ratten zwischen den Halden, mit scheuen Blicken und dem Gebaren von Geschöpfen, denen Selbstbewußtsein und Selbstachtung unbekannte Begriffe sind.

Ein ungeheuerlicher Geruch lag in der Luft, stieg empor aus dem Müllgebirge und lagerte sich darüber wie eine sichtbare Säule ab. Im Hintergrund aber, im Osten, wurde die schneegekrönte Unbeflecktheit Ihrer Majestät, der *Cordillera de los Andes,* wie ein naturgewachsener Hohn auf dies menschengemachte Elend hier unten erkennbar – es war, als rammte einem der Gegensatz einen Stöpsel in die Luftröhre!

Plötzlich krächzte etwas zwischen den Abfallschluchten, bewegten sich Hände gestisch, öffnete sich ein Mund in einem grauen Gesicht: Einer der *Stinkmenschen,* ein untersetzter Mann mit Schirmmütze, hatte ein Lied angestimmt, in wüstem Spanisch und mit einer Pose, die andeuten wollte, daß dieser Caruso des Mülls einmal bessere Tage erlebt haben mochte.

Ich wartete. Ich wartete, ob das Wort käme, ob es hervorbräche aus der zahnstummeligen Höhlung, schauerlich deplaciert hier, aber unvermeidlich:

»Corazón ... corazón ... corazón ...«

Ich hatte es überall gehört, es war der Begleiter aller Tag- und Nachtphasen, der Liebling des chilenischen Sprachgebrauchs und der nationalen Gefühlswelt:

»Corazón ... corazón ... corazón ...«

Wann immer man, im Auto oder im Hotelzimmer, bei Freunden, Bekannten oder in der Deutschen Botschaft, das Radio einschaltete, klang es einem entgegen, fortwährend wiederholt, in allen Tonlagen und Gemütsverfassungen, laut, leise, flüsternd, bebend, fordernd:

»Corazón ... corazón ... corazón ...«

Wer des Spanischen nicht mächtig war, der fragte sich unweigerlich schon nach wenigen Stunden Aufenthalt in Chile, was das Wort denn eigentlich bedeute, was es mit ihm auf sich habe, diesem »Corazón ... corazón ... corazón ...«

Es bedeutet schlicht das, wovon die Chilenen nach meinen Erfahrungen so viel haben, daß sie unfähig sind, es zu verbergen, selbst wenn sie wollten – *Herz*!
Aber hier, in der Müllhalde von Santiago – nichts. Statt dessen blieben die Töne unvermittelt in der verpesteten Atmosphäre stehen, geronnen, abgebrochen, die Stimme wie zerstört.
Nein, Dante Alighieri, niemand kann dir einen Vorwurf machen: Diese Szenerie konntest du nicht ahnen, als deine Phantasie daranging, das *Inferno* zu gliedern, auszuloten und zu besingen...
Und doch – auch die *Stinkmenschen* von Santiago de Chile und ihre Müllgrube waren noch nicht die letzte Station auf dieser langen Reise durch den Hinterhof der Menschheit. Es gibt eine weitere Hölle, darunter, die allerletzte.

Das Haus der sterbenden Obdachlosen (Kalkutta)

Natürlich war man vorgewarnt, und vielleicht wollte einem deshalb das Stadtungetüm da unten schon beim Anflug vorkommen wie ein verwesender Riesen-Mollusk. Der erste Eindruck nach Verlassen der Maschine bestätigte denn auch, wie berechtigt hier Alarmempfinden ist.
In dem Maschendraht links vom Flughafengebäude hing eine dunkle, reglose Menschentraube. In ihr bewegten sich nur die Augen – Augen, die auf das Feld starrten, auf die außerplanetarischen Wunderwesen, die aus der Ferne hier ankommen und wieder abfliegen, gerade wie es ihnen zu gefallen scheint. Dann, im Gebäude, bei der Paß- und Zollkontrolle, sieht man sich plötzlich, nur durch eine Glasscheibe getrennt, dem Fragezeichen dieser Augenfront gegenüber – die Traube hatte einfach den Kopf gewendet. Ich versuchte, ihr standzuhalten, aber es gelang nicht – denn ich wußte keine Antwort. Und ich fürchte, es gibt keine. Vor Kalkutta verblaßt alles, was du als Europäer vorher auf der Welt gesehen und erlebt hast – alles.

Hooghly-Monster

Kalkutta ist die Katastrophe Indiens.
Als die Briten diese wirtschaftliche und industrielle Metropole 1947 verlassen mußten, beherbergte sie zwei Millionen Menschen. Wenig

später, Ergebnis der indischen Teilung in einen Hindu- und einen Moslem-Staat mit getrennten Territorien und feindlichen Religionen, strömten fast sechs Millionen Flüchtlinge aus Ost-Pakistan, dem späteren Bangla Desh, nach Westbengalen und verwandelten seine Hauptstadt in ein einziges Heerlager der Obdachlosigkeit. Das gleiche wiederholte sich 1971, während des dritten indisch-pakistanischen Krieges, im Zusammenhang mit der Loslösung Ost-Pakistans von West-Pakistan und seiner eigenstaatlichen Verwandlung. Damals zählte Kalkutta, bei wenigen tausend Krankenbetten, schon rund neun Millionen Einwohner. Aber es wuchs noch schneller als die übrigen indischen Großstädte. Heute, da die Regierung erwägt, eine regelrechte Mauer gegen den andauernden Flüchtlingsstrom aus Bangla Desh zu errichten, sind nach eher vorsichtigen Schätzungen etwa fünfzehn Millionen Menschen in Kalkutta zusammengepreßt.

Kalkutta ist die Katastrophe Indiens, und die Howrah-Brücke über den Hooghly ist ihr erster Ausdruck für den Neuankömmling.

Auf der 655 Meter langen Stahlkonstruktion mit dem Gewirr ihrer hohen Stützpfeiler und Verstrebungen schiebt, drängt und wälzt sich Tag und Nacht ein ununterbochener Strom von Menschenleibern, ameisenhaft, wimmelnd, wie ein nicht abreißender, weißgewandeter Hunderttausendfüßler. Er setzt sich keineswegs nur aus Einwohnern zusammen, die von einem Ufer auf das andere überwechseln. Denn unabhängig vom inneren Straßenverkehr und von dem Flüchtlingsstrom aus dem noch ärmeren Nachbarland, ist auch Kalkutta das Ziel und die Hoffnung einer Landflucht, deren Ausmaße jedes Vorstellungsvermögen weit hinter sich lassen. Und da keine Administration ihrer Folgen Herr werden könnte, sehen große Teile der Stadt aus, als seien sie jahrelang nicht verwaltet worden.

Röhren, *busties*, alte Säcke

Dieser Eindruck bestätigt sich vor allem in den Slums von Kalkutta. Sie bedecken, mit Millionen Menschen, einen nicht unbedeutenden Teil der bebauten Fläche und zeigen unterschiedlichen Charakter.

Da sind, am Rande der Stadt, die großen Röhren-Kolonien, Industriegut, irgendwann einmal in ganz anderer Absicht herbefördert, als es seiner jetzigen Funktion entspricht, nämlich Menschen zu beherbergen. Sie können sich darin nur gebückt bewegen, für aufrechten Gang oder Stand ist der Durchmesser zu gering. Daraus schauten mir gekrümmte Gestalten entgegen, stumme Frauen, deren Gesichter maskenhaft, leer, ausgebrannt wirkten, während überall in dem gespenstischen Gelände Krähen und Geier hockten, die an der Anwesenheit der Röhrenbewohner längst keinen Anstoß mehr zu nehmen schienen ...

Da sind die *busties*, jene berüchtigten, über ein weites Gebiet verstreuten Unterkünfte, in denen niemand mehr als einen Quadratmeter zur Verfügung hat. Ihre Bewohner hausen noch gekrümmter als jene in den Röhren, denn die Distanz zwischen Boden und Decke beträgt weniger als einen Meter.

Und da sind die Lumpenquartiere an den großen Ausfallstraßen, über Leinen geworfene alte Säcke, die bis auf die Erde fallen und weder Schutz gegen die Witterung noch gegen fremde Neugierde bieten. Ein Herd aus Ziegelsteinen, ein Gestell aus Brettern für das Kochgeschirr, ein Pflock in der Erde, um die obligate Ziege oder anderes Hausgetier festzubinden – und die »Wohnung« ist fertig: eine Slumvegetation, die sich wie Moos auf feuchtem Boden über Kalkuttas Straßenpflaster ausbreitet.

Dazwischen gibt es immer wieder auch Hütten aus Pappe und anderem leicht vergänglichem Material, die zusammengefaltet und verschnürt werden können – so haben es Diebe schwerer. Denn aus diesen zu Ställen gewordenen Vierteln ziehen jeden Morgen Tausende und aber Tausende vor die Baustellen, die Fabriken und in den Hafen von Kalkutta – in der meist aussichtslosen Hoffnung, Arbeit zu finden.

Alle Sozialerhebungen lassen ziemlich übereinstimmend erkennen, daß die Ankömmlinge vom Lande zuerst noch von einem gewissen Optimismus beseelt sind. Er nutzt sich jedoch in dem Maße ab, wie die Erwartungen Tag um Tag, Woche um Woche, Monat um Monat immer überzeugender enttäuscht werden. Und da der körperliche und seelische Haushalt dieser Menschen ohnehin keine Reserven enthält, erfolgt bald ein Zusammenbruch, aus dem es meist keine Auferstehung mehr gibt.

Viele versuchen deshalb, abermals zu fliehen – diesmal weg von dem Stadtungeheuer. Es ist ein Aufbruch ins Nichts. Denn wer, oft genug von weit her, in die Hauptstadt Ostindiens gezogen war, der glaubte immer noch an ein Ziel. Wer sie verläßt, nicht mehr.

Die meisten aber bleiben, Gescheiterte, denen noch nicht einmal ein

Slumstall zur Verfügung steht, darunter die sogenannten »Pflasterbewohner«, ebenfalls Millionen Männer, Frauen und Kinder, die ohne jede Unterkunft sind, und sei es auch die kümmerlichste. Sie legen sich, wenn es dunkel wird, einfach auf die Steine, dicht an dicht, wie von Kugeln gefällt, den Totenriegen einer ungeheuren Leichenhalle nach der Pest ähnlich.

Mancher ist am Morgen zu schwach, um sich zu erheben. Er wird am selben Platz, wo er sich hingelegt hat, sterben – wie in Indien gestorben wird: langsam, qualvoll, öffentlich, über viele Stunden, ja Tage hin, in tiefer Einsamkeit und ohne jede Mitleidserwartung.

Kalkutta – das ist die Stadt der grausamen Rachegöttinnen *Kali* und *Durga*. Noch in der Morgendämmerung werden durch das Viertel zwischen der *Bhwanipur* und der *Ashutosh Mukherjee Road* Schafe und Ziegen getrieben – Opfertiere! Die Luft ist hier schwer vom Geruch des vergossenen Blutes, der Andrang der gläubigen Hindus groß. Solchen Massenzulauf haben sonst nur noch Sportstadien. Um die Menschenopfer der indischen Gesellschaft aber kümmert sich niemand – ausgenommen eine Stätte, hier, ganz in der Nähe des Kali-Tempels.

Das Haus der sterbenden Obdachlosen

Jeden Tag schwärmen in Kalkutta die Wagen des Städtischen Ordnungsdienstes aus, um die Toten von der Straße aufzulesen, wie leere Flaschen oder Altpapier – Verhungerte, von Krankheit Besiegte oder Opfer der *Goondas*, Lokalgangster, die sich in diesem Babylon des politischen und wirtschaftlichen Freibeutertums gern als Berufsrevolutionäre ausgeben und doch nichts anderes sind als Erpresser und Mörder, oft genug im Dienste von legalen Parteien und Gewerkschaften.

Als der Städtische Ordnungsdienst heute morgen seine fürchterliche Fracht auflud, gaben einige noch schwache Lebenszeichen von sich. Sie wurden dem *Haus der sterbenden Obdachlosen* überantwortet, jenem einzigartigen Asyl einer albanischen Ordensoberin, die unscheinbar aussieht wie eine Maus, von äußerster Wortkargheit ist und eines der größten und standhaftesten Herzen hat, denen ich je begegnet bin – die Nobelpreisträgerin *Mutter Theresa*!

Und hier nun tat sich mir endlich das unterste Geschoß menschlichen Daseins auf – mir allein. Ich war, für ein anderes Thema, ohne deutsches Team nach Indien gekommen, von Hongkong aus, und arbeitete in der Gegend um Delhi mit einem indischen Kameramann zusammen. In einer Drehpause von einigen Tagen war ich ohne Begleitung nach Kalkutta geflogen. Es war wie ein Zwang gewesen – ich wollte es wissen, wollte es sehen.

Und da lagen sie nun auf dem Boden einer großen Halle – letztes Stadium von Tuberkulose, Hungerdelirien, Fieberagonie, das Ende eines ganzen Lebens im Zeichen ständiger Erschöpfung. Wer hier eingeliefert wird weiß, daß er bald sterben muß, aber er weiß nicht, was er zuvor noch erfährt.

Da wurde ein Greis gefüttert. Eine Schwester, junge Europäerin, stützte seinen Kopf. Zwischen zwei Happen versuchte er zu flüstern, holte die Helferin zu sich herab und teilte ihr murmelnd, pfeifend, stoßatmig mit, daß er seit seiner Kindheit nie mehr auf einer weichen Unterlage geruht habe.

Gegenüber übte sich ein anderer Mann mit seiner Pflegerin in englischer Konversation. Die Augen quollen ihm bei der Anstrengung, seine Bildung zu beweisen, aus dem Kopf hervor. Er suchte nach Worten in der ungewohnten, eigentlich schon vergessenen Sprache, in dem hysterischen Bedürfnis, die besseren Tage von einst zu beschwören. Er unternahm immer wieder Anläufe, wobei er einmal leise, dann laut sprach, als müßte ein Stück zerfressener Lunge mit herausfliegen. Dann gab er seinen letzten Versuch um späte Anerkennung röchelnd auf.

Im Halbdunkel der Halle bemühte sich eine Frau, die uralt aussah und doch kaum die Fünfzig erreicht haben mochte, hochzukommen. Schrecklich erregt lallte sie der weißen Schwester etwas zu, aber ohne die Energie, sich verständlich ausdrücken zu können. Sie bekundete ihre innere Erregung dadurch, daß sie die weit aufgerissenen Augen ekstatisch rollen ließ. Mutter Theresa selbst hielt schließlich die zitternden Schultern umfangen – mit der unbeweglichsten Gütigkeit, die ich je im Gesicht eines Menschen entdeckt habe.

Aber die kleine Inderin mit dem Schrumpfgesicht, das immer noch den Adel einstiger Schönheit aufwies, wollte sich nicht geschlagen geben. Sie riß den zahnlosen Mund auf, wieder und wieder – doch es kam kein Laut heraus. Da fiel sie zurück, keuchte, schloß die Augen. Noch ehe die Stunde um war, zählte sie zu den Toten.

Was sie und all die anderen hier im *Haus der sterbenden Obdachlosen* in der Nähe des Kali-Tempels von Kalkutta während ihrer letzten Minuten ungläubig erfahren, ist zu überwältigend, weil sie es nie kennengelernt haben – Hilfe, Güte, Trost, Achtung. Die Mühe, die sie sich nun mit schwindender Kraft geben, ist umsonst. Keiner von ihnen kann der Mutter Theresa und ihren jungen Helferinnen mehr danken für das, was ihnen da widerfährt – es ist zu spät.

Epilog

Slums – Hinterhof der Menschheit.
Diesem dramatischen Titel liegt eine unumkehrbare soziale Tatsache unserer Epoche zugrunde, deren sachliche Fassung gleichwohl das ganze Ausmaß des globalen Fiaskos aufdeckt: *die Verstädterung der Menschheit!*
Der Prozeß hat die ganze Erdbevölkerung erfaßt, also auch den Gürtel der Industrienationen und den einstigen Hegemonialbereich der Sowjetunion. Sie aber sind, ihrem Entwicklungsstand entsprechend, auf den Ansturm besser vorbereitet. Die volle Wucht der Verstädterung trifft die armen Völker Asiens südlich der sowjetischen Kontinentalgrenze, ohne Ausnahme, auch, wenngleich in modifizierter Form, China sowie ganz Afrika und das gesamte Lateinamerika – das sind gut drei Fünftel der Weltpopulation. Dazu, aus UNO-Erhebungen, ein paar trockene und gerade deshalb um so erschreckendere Zahlen, die mit ziemlich geringen Toleranzen nach oben oder unten als wissenschaftlich gesichert gelten können.
Zwischen 1950 und 1980 nahm die Erdbevölkerung insgesamt um 80 Prozent, die der Dritten Welt aber um 100 Prozent zu. Im selben Zeitraum stieg die Stadtbevölkerung in toto um das rund Vierfache, die der Dritten Welt jedoch um das Neunfache. Beherbergten die Städte der Welt 1950 erst 24 von 100 Menschen, so 1980 schon fünfzig, also mehr als das Doppelte. Die Ziffern der Dritten Welt für die gleichen Stichdaten dagegen stiegen von 11 auf 30 – fast eine Verdreifachung der dortigen Stadtbevölkerung.
All diese Zahlen tragen bis zum Jahre 2000 das Gesetz ihrer beträchtlichen Erhöhung in sich.

Die Verstädterung der Dritten Welt hat – mit einem beinahe ausgeglichenen Anteil um je 50 Prozent – zwei Hauptursachen: die Landflucht und den Geburtenüberschuß. Während die Bevölkerung außerhalb der Städte einen durchschnittlichen Zuwachs von (immer noch viel zu hohen) 2,2 Prozent zu verzeichnen hat, beträgt die Rate der Stadtbevölkerung etwa 4 Prozent, die der Slumbevölkerung jedoch 8 bis 10 Prozent! Die Slumpopulation wird also mehr als doppelt so rasch anwachsen wie die übrigen Stadtbewohner in der Dritten Welt. Das aber heißt: Die Expansion der Slums wird zum bestimmenden Faktor des großstädtischen Bildes in Afrika, Lateinamerika und vielen Staaten Asiens. Diese Entwicklung ist durch keine Maßnahme mehr aufzuhalten.

Dabei wird Lateinamerika bis zur Jahrhundertwende die stärkste Industrialisierung, aber auch die größte Verstädterung aufzuweisen haben: Drei Viertel seiner Bevölkerung werden dann in Städten wohnen. Zwei realistische Horrorzahlen: Mexico City wird im Jahre 2000 eine Bevölkerung von etwa 31 Millionen, das brasilianische São Paulo eine von 26 Millionen Menschen haben. Beide Stadtungetüme aber werden, wenn auch die bevölkerungsstärksten, so doch nur zwei von rund vierzig Städten der Dritten Welt mit Einwohnerziffern von über fünf Millionen sein – verglichen mit nur zwölf Städten dieser Größenordnung in der übrigen Welt.

Im Gegensatz zum Europa des 19. Jahrhunderts, dessen industrielle Revolution erst zum Anwachsen der Städte führte, stoßen Landflucht und Bevölkerungszuwachs in der Dritten Welt auf bereits heillos überfüllte Zusammenballungen. Die Verstädterung dort vollzieht sich mit einer Dynamik und mit Begleiterscheinungen von Wohnelend, die das europäische Beispiel aus der Vergangenheit, ungeachtet all seiner unsagbaren Proletariernot, zum regionalen Vorspiel einer interkontinentalen Stadtapokalypse machen.

Dennoch sind Slums in ihrer jetzigen und künftig absehbaren Form nicht gänzlich so etwas wie unvermeidbare Naturereignisse. Jedenfalls ein Teil ihrer Wirklichkeit beruht auf Versäumnissen, für die sowohl die Regierungen in der Dritten Welt selbst als auch die Geber-Staaten von Entwicklungshilfe Verantwortung trifft.

Die überschaubare Phase bekräftigt, daß öffentliches Kapital in den betreffenden Ländern Asiens, Afrikas und Lateinamerikas von der einheimischen Staatsgewalt bevorzugt in den städtischen, vor allem den hauptstädtischen Ausbau von Infrastruktur investiert worden ist – wie Verkehr, Energie, Wasserversorgung, Finanz- und Verwaltungseinrichtungen. Aber durchaus auch in industrielle Prestigeprojekte, zum Ruhme der Regierenden und als Denkmal europäischer oder amerikanischer Liefergiganten. Das hat zu einer weltweiten Vernachlässigung der Landwirtschaft geführt, die nicht die geringste der Ursachen für die allgemeine Landflucht war und ist. Mögen die gröbsten Auswüchse einer verfehlten Entwicklungspolitik erkannt, manche Fehler auch korrigiert worden sein – das Grundmuster von Geben und Nehmen hat sich bisher nicht wahrhaft gewandelt.

Dazu kommt etwas anderes. Ebenso offen wie die Tatsache, daß Entwicklungshilfe oft genug nichts anderes war und ist als staatlich garantierte Subvention der nationalen Exportindustrie, muß die überseeische Nachfolge des Kolonialismus kritisch unter die Lupe genommen werden. Ohne die Mächtigen dort in einen Pauschaltopf werfen zu wollen und die entsprechenden Anreize durch die ehemalige »Muttermacht« zu ignorieren: Die »Neue Klasse«, eine Art einheimischer Bourgeoisie (übrigens auch in Ländern, die sich sozialistisch nennen), macht es in der Tat den Apologeten der weißen Vorherrschaft von gestern nur allzu häufig leicht, mit Fingern auf die Juniorpartner zu zeigen – natürlich nicht, um Mißständen von heute abzuhelfen, sondern um die eigenen Mißstände und Verbrechen von einst zu rechtfertigen.

Wahrheit ist, daß die Verteilung des Mangels in vielen Staaten der Dritten Welt ein System von Korruption, hemmungslosem Selbstinteresse, ja schlicht krimineller Bereicherungssucht hervorgebracht hat, das mit den katastrophalsten sozialen Folgen zu immer neuen Veruntreuungen führt. Aufklärung von Skandalen ist seltener als deren organisierte Niederschlagung, da – unbeschadet makelloser Gegenbeispiele – die Inhaber der staatlichen Gewalt aus naheliegenden Gründen auf sie nicht erpicht sind.

Es wäre unrealistisch, zu erwarten, daß in einer Welt, die für immer mehr Menschen immer weniger Güter, Dienstleistungen und Lebensmittel bereithält, sich solche Verhaltensweisen ändern werden. Die Auswirkungen jedoch bekommen die Ärmsten der Armen, also die Slumbewohner, allemal noch am heftigsten zu spüren.

Auf die Frage, welchen Einfluß Waffenkäufe von Regierungen der Dritten Welt, zum Zwecke des Gebrauchs nach innen oder außen, auf den ohnehin niedrigen Lebensstandard der Bevölkerung haben, wird weiter unten gesondert eingegangen.

Es sind viele Versuche unternommen worden, Slums zu sanieren, und keineswegs immer erfolglos. An ihnen haben oft Slumbewohner selbst teilgenommen. Denn nicht selten sind gerade die Zugewanderten die tüchtigsten und aktivsten Elemente, für deren Tatendrang und Ehrgeiz die ländliche Heimat zu wenig Möglichkeiten bot.
Für derartige Sanierungen zwei Beispiele.
Am Stadtrand von Lima gibt es die sogenannten *pueblos nuevos*, was man mit Neusiedlerviertel übersetzen könnte. Die Bewohner dieser Slums – denn deren Merkmale tragen die *pueblos nuevos* trotz ihrer ungewohnten Bezeichnung dennoch – unterscheiden sich vom Regeltypus durch größeres Selbstbewußtsein, die Voraussetzung für Eigenhilfe. Das Ergebnis: mehr individuelle Wasseranschlüsse, also weniger öffentliche Brunnen als in anderen Slums; mehr Kanalanschlüsse, mehr elektrisches Licht. Die Siedler haben sich eine Organisation gegeben, haben Ausschüsse gebildet, die ihre Interessen vor den Behörden vertreten und verwalten die Finanzen gemeinschaftlich. Da die Staatskassen Perus chronisch leer sind – fast alle Mittel gehen für Löhne und Gehälter der Verwaltung drauf –, können die Bewohner der *pueblos nuevos* von oben wenig oder gar nichts an Hilfe erwarten. Der Haushalt des Andenstaates schließt von Jahr zu Jahr mit einem größeren Defizit ab – für Investitionen oder Sanierungen der Slums bleibt nichts übrig. Im Gegensatz zum Wildwuchs der meisten Elendsquartiere werden die *pueblos nuevos* nach festem Plan auf öffentlichem Grund errichtet, und ihre Bewohner bilden ein bemerkenswertes Beispiel dafür, daß ein Leben im Slum nicht schon automatisch bedeutet, in Apathie und Hoffnungslosigkeit, in Selbstaufgabe und Kriminalität zu versinken.
An der Gesamtsituation der Slums von Lima ändert die Eigeninitiative der *pueblos nuevos* jedoch wenig. Die Metropole, die siebzig Jahre brauchte, von 1880 bis 1950, um von 100000 Einwohnern auf 1 Million zu kommen, hat diese Ziffer in den dreißig Jahren bis 1980 verfünffacht! Nach den Schätzungen der UNO wird die zusammengefaßte Stadtfläche von Lima-Callao bis zum Jahre 2000 etwa 12 Millionen Einwohner zählen.
Um den Anteil der Slumbewohner bis zu diesem Zeitpunkt nicht auf 75 oder gar 80 Prozent der Gesamtbevölkerung anwachsen zu lassen, müßten in den verbleibenden zehn Jahren bis zur Jahrhundertwende rund 1,4 Millionen Wohnungen gebaut werden – ein unerreichbares

Ziel. Von Anfang der siebziger bis Anfang der achtziger Jahre wurden nur 16000 Wohnungen gebaut – und es sieht nicht so aus, als wenn sich dieses schreiende Mißverhältnis zwischen Nachfrage und Angebot verbessern würde, vielmehr steht zu erwarten, daß die Schere künftig noch weiter auseinanderklaffen wird.

Das zweite Beispiel – um die notwendige Optimismusdämpfung zur Übereinstimmung mit der traurigen Wirklichkeit fortzusetzen –: *Kalkutta!*

An etwa 1000 seiner registrierten rund 3000 Slums (so wird jede Ansiedlung bezeichnet, deren Hütten nicht aus dauerhaftem Material gebaut sind und die keine sanitären Einrichtungen haben) wurden Sanierungsversuche vorgenommen, darunter auch in Chetla, wo 2000 Menschen auf einem Areal von knapp zwei Hektar lebten. Auf Anregung von außen hin wurden dort durch Eigeninitiative viele Wege zementiert, Straßenlaternen aufgestellt und über hundert öffentliche Latrinen errichtet. Es wurden Pumpen für Trinkwasser installiert, Duschen, zentrale Müllabladeplätze, Oberflächen-Kanalisierung. Jeder Bewohner, und sei er noch so arm, mußte einen finanziellen Beitrag zu diesen Arbeiten leisten, um so das Gefühl zu erwerben, durch ein persönliches Opfer an den öffentlichen Errungenschaften individuell beteiligt zu sein – psychologisch ein sehr wichtiges Sozialattribut.

Wo die Sanierungsversuche fruchteten – was nicht überall der Fall war –, machten die Lehm- und Bambushütten allmählich Häusern aus dauerhafterem Material Platz. Es wurden Läden eingerichtet, die sich stationär behaupteten und so den improvisierten Charakter eines jederzeit auswechselbaren Standortes verloren, was wiederum den Käufern und Kunden die Empfindungen heimatlicher Stetigkeit vermittelte. Es gibt *busties* in Kalkutta, die stolz sind auf ihr Krankenhaus und in denen sich kleine Handwerksbetriebe fest niedergelassen haben.

An diesen Versuchen zur Slumsanierung sind sowohl einheimische Geschäftsleute wie auch ausländische Entwicklungsorganisationen beteiligt, darunter mit nicht unerheblichen Beträgen die Weltbank.

Es ist nur redlich, solche Bemühungen in einem globalen Überblick von Slums nicht unerwähnt zu lassen. Aber es wäre verhängnisvoll, aus diesen Anstrengungen schon die Hoffnung zu schöpfen, daß sich mit ihnen im Hinterhof der Menschheit etwas Grundlegendes geändert hätte.

Die Tendenz ist vielmehr eindeutig und unleugbar: Die *shanties*, die *busties*, die *favelas*, *barriadas* und *callampas* dieser Erde werden wachsen und wachsen und wachsen ...

Laßt uns schreien!
»Die Armen sind selbst schuld an ihrem Elend – Die wollen es ja gar nicht anders haben – Jeder ist seines Glückes Schmied – Wer was leistet, der bringt es auch zu was – Schweine fühlen sich eben nur in ihrem Saustall wohl ...«
Laßt uns schreien! Laßt uns schreien, wann und wo immer uns diese verkommenen, spießigen, herzlosen Märchen aufgetischt werden. Laßt uns schreien, weil sie von der Verlogenheit allgemeiner Chancengleichheit ausgehen, von einer Haltung, die nichts anderes bezweckt, als die Verweigerung der eigenen Anteilnahme zu rechtfertigen und beruhigten Gewissens auf tatkräftige Unterstützung zu verzichten.
Nichts wäre sinnloser, als irgendeine Stadtverwaltung irgendwo auf der Welt der Slums wegen anzuklagen – denn welche kommunale Behörde, ja welche nationale Regierung könnte, selbst wenn sie wollte, allein fertig werden mit der erdumrundenden Mißachtung des Menschen durch den Menschen?
Laßt uns schreien gegen diese Mißachtung!
Laßt uns schreien gegen diese Mißachtung, die in der Aufrüstung ihren Höhepunkt findet – in *jeder* Aufrüstung, ob in Ost oder West, Nord oder Süd. Es ist wahr, daß die Entziehung von Geldern für Waffenkäufe durch die Regierung eines armen Landes abstoßend ist, nicht allein weil diese Politik selten aus Gründen der Selbstverteidigung geübt wird, sondern vor allem weil sie die Armut vertieft und verewigt. Aber ich halte es für latenten Rassismus, die Rüstung weniger entwickelter Länder für diskriminierender zu halten als die der entwickelten Staaten. Wer das Elend der Welt kennt, wer hineingeblickt, hineingerochen hat in den Hinterhof der Menschheit, der hat kein Verständnis mehr für die Argumente der Aufrüster, ob nun in Nord oder Süd, Ost oder West.
Laßt uns schreien, damit die gegen den erbitterten Widerstand einer internationalen Rüstungslobby und Waffenhändler-Mafia endlich eingeleitete große Abrüstung für atomare, chemische und konventionelle Massentötungswerkzeuge rascher vor sich gehe und aus der bloßen *Abwesenheit von Krieg* ein wirklicher, ein *institutionalisierter Frieden* werde.

Laßt uns schreien gegen die Vergeudung von nicht mehr meßbaren Summen zum Zwecke des Tötens in regionalen Kriegen und der potentiellen Vernichtung der Menschheit durch ein nukleares Feuer- und Strahleninferno. Laßt uns schreien gegen das letzte und phantasieloseste Argument der Friedensunfähigen in aller Welt: Ich rüste auf, weil du aufrüstest – und vice versa. Genau diese bankrotteste aller Rechtfertigungen ist verantwortlich dafür, daß bisher Weltgeschichte auch immer Kriegsgeschichte war und ist.
Laßt uns schreien!
Laßt uns schreien angesichts der Tatsache, daß nicht nur die Gegenmaßnahmen immer eindeutiger hinter der krebsartig wuchernden Expansion der Slums zurückbleiben, sondern auch alle anderen Formen des Kampfes gegen die Weltarmut.
Laßt uns schreien, ehe wir, die noch im Lichte stehen, vom Unrat unserer eigenen Versäumnisse, unserer eigenen Gleichgültigkeit miterstickt werden!

Indische Skizzen

»Kleiner Diamant« Chote Lal

Als wir uns auf den nächtlichen Weg nach Barara machten, hatte ich mich bereits vollgesogen mit Bildern Indiens: die Ganges-Ebene, tellerflach, endlos, staubheiß, mit einer Sonne wie ein gluthauchendes Tier am Himmel, und das mehrere Monate bevor sie ihre höchste Kraft entfalten wird. Weiher wie nasse, dunkle Augen, palmenumstanden; Bauern in grauen Lumpen, vor dem Pflug Büffel, Arbeitsvieh, an Fußtritte, Joch und Peitschen gewöhnt, schnaubend, mit groß geöffneten Nüstern. Auf knarrenden Rädern schwerfällige, von Maultieren gezogene Fuhrwerke. Und Frauen, überall Frauen – rote Kopfbedeckungen in grünem Feld, hockend oder sich um die eigene Achse drehend auf dem Acker; Frauen an Pumpen und auf dem Baugerüst, Frauen mit Gefäßen oder Lasten auf dem Kopf, und dennoch von hinreißender Grazie. Zebu-Rinder, Indiens »heilige Kühe«, ohne jede Furcht, geprägt durch den jahrtausendealten Respekt ihrer Umwelt. In der Luft und auf der Erde, überall Vögel. Ich habe nirgends auf der Welt so viele Vögel gesehen wie hier in Indien – meist Krähen und Geier! Dann der erste Elefant, ein riesiges, schmutziges Etwas, auf dem Rücken des Fleischgebirges ein hakenschwingender Mahout. Ein angeseilter Büffel daneben reckt die feuchte Schnauze in den dumpfheißen Wind der Ebene. Rechts von der Straße, mitten im Märzgrün der Felder, unter dem riesigen Himmel Nordindiens über einen verbogenen Holzbalken ein triefendes Rad mit blinkenden Metallbecken antreibend – ein wasserschöpfendes Kamel! Erschreckend hochgewachsen und von der plattfüßigen Hornzehe bis in die Spitze des schwankenden Höckers ein Anblick von geradezu majestätischer Dümmlichkeit, zieht es ohne Unterbrechung die engen Bahnen seiner kreisrunden Gefangenschaft.

Vor Agra dann Buden, Hütten, ein Restaurationsbetrieb auf indisch auch für den ausländischen Besucher von und nach dem Zentrum der Moghul-Herrscher. Hier gibt es keinerlei Vortäuschungen. Diese Armut kann sich nicht verstellen, kann sich nicht ansilbern oder verlogen verkleiden: Ein Inder von siebzehn mit dem Gesicht eines Vierzigjährigen zerrt einen Bären heran, ein zottiges, dickbepelztes Ungetüm von den kühlen Südabhängen des Himalaja, nicht nur wegen des dauernd und ungerührt angezogenen Nasenrings stöhnend, sondern vor allem wegen dieser stechenden, dröhnenden, ohrenverstopfenden Mittagshitze – doch nun tanzt der Bär in gewaltigen, scheinbar freudigen Sprüngen. Und da ist auch schon der Schlangenbeschwörer vom Dienst zur Stelle, umschlungen, umwickelt, eingeschlossen von einem ungeheuren Python. Daneben bläst ein alter Mann auf einer roten Flöte ... Der tanzende Bär; die schwerfällige Schlange mit den mächtigen Muskelsträngen; die spitzen Töne aus dem hölzernen Instrument; dazu der Staub, der Schmutz und die völlige Abwesenheit von jederlei Leichtem, Zierlichem – nie zuvor wollte ich derart Nacktes, grauenhaft Unverfälschtes gesehen haben wie diese Szene rechts der Straße kurz vor Agra.
All diese Bilder waren in mir, als wir uns auf dem nächtlichen Weg nach Barara befanden, zu Chote Lal.

Wir, das war außer mir nur noch Nurmal Singh – doch genügte das vollauf!
Denn dieser Moslem gehörte zu den Sikhs, jenem stolzen Volk, das 1849 zwar von den Engländern unterworfen worden war, dann aber dem britischen Empire berühmte Elitetruppen stellte. Als Nurmal Singh 1947, ein kleiner Junge, mit allen anderen Sikhs des unabhängig gewordenen Pakistan in das nun ebenfalls selbstregierte Indien überwechseln mußte, war das heroische Zeitalter seines Volkes endgültig vorbei. Doch schien sich der inzwischen Dreißigjährige dafür schadlos am Straßenverkehr zu halten! Nurmal Singh ging jeden und alles an, was ihm vor den Kühler seines Taxis geriet – Alte und Junge, Männer, Frauen und Kinder, Dreiräder ebenso wie zwölfzylindrige Busse, Eisenbahnschranken, Hunde und Katzen. Kaum daß er, widerwillig und lodernden Auges, vor den heiligen Kühen haltmachte – nach meinen Beobachtungen kam es ihm sichtlich darauf an, die Tiere wenigstens zu erschrecken, wenn er ihnen mehr schon nicht antun konnte.

In diesem Land des Linksverkehrs fuhr Nurmal Singh ausschließlich rechts, also auf der Überholspur. Jeder andere Verkehrsteilnehmer, ob Fußgänger, ob Autofahrer, war ein Problem für ihn, besser noch – sein Feind. Die einen verscheuchte, die anderen überholte er, und zwar sowohl das eine als auch das andere unter fortwährendem Gebrauch der Hupe. Diese Bewegung war so eingefleischt, daß er sie auch machte, wenn niemand in der Nähe war. Nurmal Singhs ganzes Trachten war darauf gerichtet, möglichst nahe an dem Objekt seiner Aggressionen vorbeizuschrammen, je näher, desto triumphaler, wie beim Kampf zwischen Torero und Stier.

Von diesen ebenso täglichen wie kläglichen Siegen lebte Nurmal Singh, sie waren sein Manna, der Sauerstoff seines Sikh-Lebens unter den unkriegerischen Bedingungen der indischen Unabhängigkeit, die Stützpfeiler seines defekten Selbstbewußtseins. Auf den Straßen New Delhis mußte ich sie alle zehn Minuten wieder einbrechen wie ein wildes Pferd, wenn ich mir die Aussicht erhalten wollte, am Leben zu bleiben oder doch zumindest nicht verstümmelt zu werden. Also mahnte ich: »Mr. Singh, Sie werden künftig fünfzig fahren, wie vorgeschrieben, nicht achtzig, klar?«

»O.k., Sir!« antwortete er wie aus der Pistole geschossen. Das war seine Lieblingswendung, nur besagte sie nichts. Sie ging ihm gerade deshalb so flüssig von der Zunge, weil er nie die Absicht hatte, ihr Versprechen auch zu halten, obwohl er sich dabei herzlich und lange nach mir umschaute, viel zu lange, wie ich fand, in dem dichten Hauptstadtverkehr, wo ohnehin sehr viele Nurmal Singhs am Steuer saßen. Nach wenigen Sekunden war denn auch alles vergessen, und die Privatschlacht des ehemaligen Punjabi gegen das übrige Indien aufs neue voll entbrannt.

Das war der Chauffeur, mit dem ich nun nächtens auf dem Wege nach Barara war, zu dem »Kleinen Diamanten«.

Ich war auch nach Indien gekommen, um eine Sendung über das indische Dorf zu machen, ein möglichst typisches der über 550000 Dörfer auf dem Subkontinent. In Delhi hatte mir ein Angehöriger der UNO-Welternährungsbehörde FAO, ein Kenner der Situation, einen Ort im Staate Utta Pradesh genannt, über 300 Kilometer südöstlich der Bundesmetropole, wo nie eines Touristen Fuß hingekommen war – Barara!

Mittendrin auf einem Dach: an der Peripherie dieses Dorfes von rund 5000 Bewohnern dramatisch geformte Baumkrüppel, besetzt von Geiern, dieser nackthalsigen, krummschnäbeligen, schwarzweiß gefiederten Gesundheitspolizei, und von Krähen, wahren Schwärmen von finster-gravitätischen Krähen. Dazwischen Papageien, Zeugen der Subtropen, flügelschlagendes Bunt, klein und belebend vor dem Hintergrund allmächtiger Braun- und Grautöne.
Überall aufsteigender Rauch. Auf anderen Dächern Kinder, hockend, spielend, die Stimmen gedämpft, wie von weit her. Drunten ein Schneider, auf einer fußbetriebenen Nähmaschine ein weißes Gewand anfertigend. Auf den Dorfstraßen angebundene Ziegen neben getrocknetem Dung und – schiefhöckrig, schlankbeinig, samtäugig, unsterblich – »heilige Kühe«.
Auf dem Nachbarhof drunten eine junge verschleierte Frau, die mit zwei Spindeln kunstvoll einen Faden an den andern fügt, hin und her, ohne Zwischenräume. Daneben eine zweite Frau, ebenfalls jung, aber unverschleiert, mit einem Kind auf dem Arm. Trotzdem rollte sie, Zuliefererdienste für die Webende, in rasender Bewegung Rohmaterial zu dicken Knäueln auf. Beider Gesten sind von unnachahmlicher Harmonie.
Ich sehe struppige Esel, turbanbewehrte Maurer am Werk, den Spiegel des Dorfteiches, schwarz wie die Asphaltseen einer geologischen Epoche, die so fern zurückliegt wie Säbelzahntiger und Mastodon.
Am Kanal, hinten am Rande des Dorfes, Frauen – wäscheklopfend, hochgeschürzt. Bis zu den Knien im Wasser, schmettern sie unter Zurufen, Gesang und stoßhaften Lauten Stoffe und Tuche auf flache Steine. Und dann, noch fern, aus dem Innern des Dorfes hervortretend, pfeilgerade, die eine Hand lang am Krug auf dem Kopf, von der Abendsonne wie vergoldet, schreitend, ein Bild vollendeter Anmut und Schönheit: Frauen auf ihrem allabendlichen Gang zum Brunnen.
Es war, als ob der Friede der ganzen Welt hier versammelt sei, aber der Eindruck täuschte.
Als ich da mitten in Barara auf dem Dache stand, hatte ich die Repräsentaten meines Themas bereits gefunden und konnte ihre unterschiedlichen Anwesen unschwer ausmachen: nahebei das winzige Haus des typischen 1½-Hektar-Kleinbauern Chote Lal, ein Name, der übersetzt soviel wie »Kleiner Diamant« heißt – und weiter hinten, fast wie eine Festung wirkend, der ausgedehnte Hof der großbäuerlichen Sippe

der Diwans – Personalisierung und Individualisierung der beiden Gegenpole des ländlichen Indien von heute.

Ich sah Chote Lal zum erstenmal auf dem Felde bei der Arbeit.
Er saß auf einem Balken, an den zwei Büffel gebunden waren, um das primitive Schaufelrad zur Bewässerung zu bedienen. Aber jetzt ruhten die Tiere, und so saß Chote Lal einfach da, die Augen niedergeschlagen und das Gesicht vom hellen Nachmittagshimmel matt beglänzt.
Auch der indische Kameramann hatte ihn entdeckt, winkte mich heran und raunte: »Guck mal durch, schau dir mal dieses Gesicht an – eine Wolke von Melancholie. Als ob der Mann in seinem ganzen Leben noch nie gelächelt hat.«
Dann ging er hin zu Chote Lal und sprach lange mit ihm.
Später begleiteten wir den »Kleinen Diamanten« ins Dorf. Sein Haus bestand aus rohen Backsteinen, die Pforte aus ungeglätteten Balken. Drinnen war ein nach oben offenes Karree, von dem alle Räume abgingen, türlos. Auf dem Boden Matten, sonst nichts – kein Tisch, kein Stuhl. An einer Seite des Hofes eine mächtig qualmende Feuerstelle, auf der zwei Frauen etwas kochten – Chote Lals Frau und seine Mutter. Die beiden Söhne, im Alter von vierzehn und zwanzig Jahren, gaben uns schüchtern die Hand und freuten sich, als wir den Vater an der riesigen, handbedienten Grasschneidemaschine filmten.
Chote Lal bediente in gleichmäßigem Rhythmus die an einem großen Schwungrad befestigte Kurbel, ausdauernd, geduldig und mit jener scheinbar uferlosen Demut des Hindu, hinter die ich nicht gelangte – ich platzte vor Fragen, hatte aber wenig Hoffnung, sie beantwortet zu bekommen. Bis der indische Kameramann auf dem Rückweg nach Agra sagte: »Er wird uns aus seinem Leben erzählen.«

Als ich Chote Lal kennenlernte, hatten wir schon eine Woche bei den Diwans gefilmt – ein Gegensatz, wie man ihn sich stärker nicht vorstellen kann. Die Mitglieder dieser großbäuerlichen Sippe waren die ungekrönten Könige von Barara. Sie gehörten zu jener dünnen Schicht von Landbesitzern, die über mehr als ein Drittel des bebauten Bodens gebieten, Repräsentanten der sogenannten »grünen Revolution«, die das klassische Land des Hungers zwar nicht von Nahrungsimporten unabhängig gemacht hat, aber dennoch eine Dynamik der Eigenversorgung erreichte, die kein Experte je für möglich gehalten hatte.

Da waren sie, die Herren des Ortes – der siebenundfünfzigjährige Diwan Singh, der Pascha des Clans, der sich jeden Morgen von seiner gleichaltrigen Frau Savitri Devi mit feinen Ölen einreiben ließ und von einem Stuhl aus die Arbeit auf dem Acker beaufsichtigte. Da waren seine Söhne – Maha Vir, Ram Babu, Purushottam und Ramesh Chandra, er der Stolz der Familie, der Studierte, der Gelehrte und Ökonom mit abgeschlossenem Agronomiestudium in den USA und in Europa! Ramesh Chandra hatte uns mit hinausgenommen und gezeigt, wie er die Felder der Diwans mittels elektrifizierter Pump- und Bohrsysteme von den Launen des Monsums, der unbeständigen Regenzeit, unabhängig gemacht hatte; auf welche Weise die Schädlinge bekämpft und die Fruchtfolgen von ihm bestimmt wurden – Weizen, Reis, Sonnenblumen. Der Hof der Diwans hatte einen wirtschaftlichen Standard, der jeden Vergleich mit modernen Betrieben Westeuropas oder Nordamerikas ausgehalten hätte. Die Diwans repräsentierten hier in Barara jene geschäftstüchtige, kenntnisreiche und energische Klasse indischer Agrarier, die, nach der Entmachtung der einst noch ungleich einflußreicheren »Landlords« durch die Bodenreform, auf dem Lande den Ton angeben.

Auf diesem Hof wimmelte es von Menschen – von den Frauen und Kindern der Söhne, von den verheirateten Töchtern mit ihrem Nachwuchs und ihren Männern, von entfernten Verwandten und tagsüber auch von dem zahlreichen Gesinde. Wir aßen mit Ramesh Chandra und seinen Brüdern die scharfgewürzten Speisen – mit der Hand, Bestecke waren unbekannt – und durften in dem Haus, das aufgeteilt war in eine männliche und eine weibliche Sphäre, sogar das Reich der Frauen filmen. Dabei wären wir fast umgekommen in der niedrigen Küche, wo Temperaturen wie in einem Hochofen herrschten, was die jungen Frauen jedoch nicht davon abhielt, zu lachen, zu schäkern und neugierige Fragen zu stellen, zum Beispiel, was es mit der Stripteasetänzerin im Nachtclub unseres Hotels Clark Shiras in Agra auf sich habe …

Wir hatten überall Zugang. An den Wänden Bilder von Göttern, vom Eisenbahnbau, von Tigern – und Fotos von Ramesh Chandra: als Bachelor of Art und Bachelor of Law; Ramesh, wie er vor seiner Abreise in die USA dem Präsidenten der Republik Indien die Hand schüttelt; Ramesh auf dem Campus amerikanischer Universitäten; als Baseballspieler; als Sprinter. Plötzlich ein kolorierter Druck von Jesus, und gleich dazu Ramesh Chandras Versicherung, die hinduistischen Diwans respektierten jede Religion, auch die der Moslems. Die Räume waren übrigens kahl, eher häßlich – schmucklose Bettgestelle, schrankähnliche Gebilde zur Aufnahme von Kleidern, ohne Wohnlichkeit. Sie wird hier nicht vermißt. An einer Wand Gewehre – »für die Krähenjagd«, wie Ramseh Chandra kommentierte.

Wir erhielten sogar die Erlaubnis, den Familienschatz zu filmen. Dazu wurde eine zentnerschwere Truhe aus Eisen geöffnet – Silber, Gold, Edelsteine, vieles davon in Form von Ohrringen, Nasenringen, Halsbändern und Fußketten. Aber erst ein anderes Erlebnis machte mir die ungeheure Überlegenheit der Diwans in Barara vollends klar.

Jungen und Mädchen gingen in getrennte Schulen. Aber als wir in der Knabenschule filmten, entdeckten wir unter den rund dreihundert Schülern – zwei Schülerinnen, Töchter von Diwan-Söhnen. Auf unsere Frage nach dem Grund für die Ausnahme antwortete der Herr des Clans ungerührt: Die Lehrkräfte an der Jungenschule von Barara seien besser als die der Mädchenschule. Desalb habe er seine Enkelinnen dorthin geschickt. Man hätte hinzufügen können: obwohl es gegen das Gesetz verstößt. Doch das Gesetz von Barara waren die Diwans.

Es gab noch ein zweites, sehr profanes und doch typisches Beispiel für den himmelweiten Abstand zwischen dieser Sippe und den meisten anderen Bauern Bararas – nämlich was die Diwans mit dem Mist ihrer Büffel machten. Während getrockneter Dung für die überwältigende Masse in dem holzarmen Land der einzige Brennstoff ist – wir haben weit und breit in der Dorfumgebung keinen einzigen Baum entdeckt –, ließen die Diwans die Fladen täglich sammeln, in eine Grube werfen und dort sechs Monate lang gären. Dieser hochwertige Humus wurde dann wieder auf die Felder gestreut. Die Diwans konnten sich das erlauben, weil sie in der Lage waren, Büffelmist zu kaufen. Was kein Wunder war bei einem Jahresnettoverdienst von einhundertzwanzigtausend Rupien – Diwan Singh hatte keine Minute gezögert, mir den Betrag zu nennen. Es gab einfach kein Motiv für ihn, die Summe zu verschweigen, er fühlte sich vollkommen sicher.

Inzwischen hatte ich herausbekommen, wieviel Chote Lal im Jahr bar auf die Hand bekam – es waren einhundertfünfundzwanzig Rupien.

Als Chote Lal gefilmt und sein Ton aufgenommen wurde, hatten wir den Eindruck, daß er gar nicht richtig begriff, was da vor sich ging. Seine ganze Haltung war nach etwa einer Woche ständigen Beisammenseins einfach die eines Menschen, der Vertrauen gefaßt hatte und nun erzählt, was ihm, von kurzen Fragen unterbrochen, in den Kopf kam. Und so lautete der Monolog des indischen Kleinbauern Chote Lal, aus dem Hindi ins Deutsche übersetzt:

»Mein Name bedeutet ›Kleiner Diamant‹, aber ich habe in meinem Leben noch nie einen Diamanten gesehen. Was du hier erblickst, dieses Feld, ist mein ganzer Landbesitz. Schau, die Halme sind gelb und nicht so dicht gewachsen wie die da drüben, die den Diwans gehören. Ich hatte kein Geld für Dünger wie sie.

Ich muß meinen Weizen gleich nach der Ernte verkaufen, weil ich das Geld brauche. Wenn ich nur ein wenig damit warten könnte, bekäme ich einen höheren Preis. Aber ich kann nicht warten. Von dem Geld muß ich meiner Frau einen Sari kaufen und manchmal auch ein Tuch für mich, doch nur selten. Wenn dann noch etwas übrigbleibt, könnte ich mir auch Dünger kaufen. Aber meist bleibt nichts übrig.

Ich bin hier geboren, in diesem Dorf, vor dreißig oder fünfunddreißig Jahren, so genau weiß ich das nicht. Die meiste Zeit meines Lebens habe ich einen Holzpflug gehabt, aber seit einigen Jahren arbeite ich mit der eisernen Pflugschar. Ich brauchte fünf Acre mehr, um meine Familie besser durchzubringen, als ich es jetzt kann. Diesen Acker hier, neben meinem, den könnte ich gut brauchen. Er gehört der Gemeinde, und du siehst ja, sie fängt damit nichts an. Der Boden liegt brach und ist zu nichts gut, als daß meine beiden Büffel darauf pissen. Ich würde ihn gern bearbeiten, aber die Diwans wollen das nicht. Kannst du mir sagen, warum? Sie haben eben nein gesagt, und ich frage sie nicht, weshalb. Die Diwans entscheiden, ohne mitzuteilen, warum.

Vier Kinder sind mir gestorben, oder drei, ich weiß es nicht mehr so genau, es ist schon zu lange her. Ich bin nie in die Schule gegangen. Ich habe es versucht, aber es wurde nichts daraus. Auch meine beiden Söhne, die du kennst, haben die Schule nicht dauernd besucht. Sie sind weggelaufen, sie hatten keine Lust, weder der Kleine noch der Große, und ich kann ihnen nicht befehlen. Es sind gute Kinder. Der Kleine hilft meiner Frau zu Hause oder trägt mir auch schon mal das Geschirr für die Büffel aufs Feld. Der Große geht mir hier auf dem Acker zur Hand. Wenn keine Arbeit da ist, sucht er sich anderswo welche. Er war auch schon in Agra. Kennst du Agra? Wenn er etwas verdient, gibt er die Hälfte ab. Er ist ein guter Sohn. Er bringt mir mein Essen aufs Feld, was nur richtig ist, denn ich bin schließlich der Vater.

Ob ich glücklich bin? Ich weiß nicht so recht, was das ist. Ob ich meine Frau gern habe? Weißt du, wir sind schon so viele Jahre zusammen. Wir haben die Kinder, sie arbeitet, ich arbeite. Wenn sie nicht arbeitet, werde ich böse. Aber meist arbeitet sie, so daß ich nicht böse zu werden brauche. Und so leben wir dahin, verstehst du? Liebe, Glück – ich bin ein einfacher Bauer.
Ich glaube an die Götter, ich bin ein Hindu. Ich habe nie mit einem von ihnen gestritten, niemals, ich möchte, daß du das weißt. Ich gebe den Göttern auch nicht die Schuld an meinem elenden Leben. Ich gehöre zur Kaste der Bauern, der Waishjas. Alle Kasten sind gut, die Brahmanen und die Kschatrijas, sogar die Schudras, die unter meiner eigenen stehen, sie sind auch gut. Ich gehöre eben zur dritten Kaste.
Ich habe mein ganzes Leben in Barara zugebracht. Ich war nie anderswo. Ich hätte gern einmal Matra besucht, den nächsten größeren Ort, aber das ist zu weit. Ich müßte zwei Tage hin und zwei Tage zurück gehen. Matra liegt zu weit weg, so daß ich es wohl nie sehen werde.
Ob ich noch andere Kleidung habe? Nein. Ich habe in meinem ganzen Leben nie eine Jacke getragen, auch keine Strümpfe, ebensowenig Schuhe. Ich habe nie ein Paar Schuhe gehabt. Sogar zu meiner Hochzeit kam ich so, wie du mich siehst. In diesen Lumpen, und ohne Schuhe und Strümpfe. Ich habe auf meiner Hochzeit keine Jacke getragen, weil ich keine hatte – habe ich dir das schon gesagt?
Was ich gern essen würde? Butter und Milch würde ich gern essen! Wenn ich genügend Butter und Milch hätte, dann könnte ich Tag und Nacht arbeiten. Es würde mir nichts ausmachen. Aber meine Familie hat nie genug Butter und Milch gehabt, dabei leben wir doch auf dem Lande. Wenn wir in der Stadt leben würden – aber wir leben auf dem Dorf, und trotzdem ist für unsereinen nicht genug Milch und Butter da. Manchmal, oder eigentlich sehr oft, esse ich diese Fladen hier ohne etwas drauf. Dazu trinke ich Wasser, genau wie meine Familie. Wir sind schon zufrieden, wenn wir Salz haben.
Ob ich krank war? Einmal war ich krank, da bin ich zu einem Krankenhaus gegangen, das nicht allzu weit von hier ist. Man hatte mir gesagt, es würde dort alles frei geben und ich brauchte nichts zu bezahlen. Aber ich habe da einen Tag herumgesessen, und keiner hat sich um mich gekümmert. Schließlich hat man mich nach Hause geschickt, und ich bin dann gegangen, weil mir schon besser war. Du siehst also – krank darf ich nicht werden.

Was ich mir wünsche? Ich wünsche mir, daß ich meiner Familie zum Diwali-Fest Orangen schenken könnte, aber glaubst du, daß ich das geschafft habe? Ja, vor zehn Jahren, da konnte ich meiner Familie mal Orangen schenken, aber seither nicht mehr. Ich habe in meinem ganzen Leben keinen Apfel und keine Trauben gegessen. Ich weiß, was das ist, aber ich habe sie nicht gegessen.
Ob ich kämpfen würde für mehr Land? Ich würde nicht kämpfen für mehr Land. Von wem könnte ich denn mehr Land bekommen? Nur von den Diwans. Aber die haben Gewehre! Und ich? Ich habe Angst.«

Wir hatten uns lange gefragt, ob wir Chote Lal Geld geben sollten, was nicht problemlos war. Bei welchem Betrag würde sich Chote Lal von seiner Umwelt sozial so abheben, daß er Schaden nehmen könnte? Wieviel Honorar gibt man denn jemandem, dessen Bareinnahmen im Jahr zwischen umgerechnet 60 und 100 Mark liegen? Ganz abgesehen davon, daß diese Art von »Entlohnung« von unserer Seite aus in der Dritten Welt immer etwas Peinliches enthielt, weil wir, ob wir wollten oder nicht, in die Rolle von Almosenverteilern gerieten. Ich hatte das nur allzu oft erlebt und wußte nur zu genau, daß die Gegensätze unaufhebbar waren. Noch übler aber war, eine erbrachte Leistung unbezahlt zu lassen. Also bekam Chote Lal Geld.
Als der indische Kameramann von diesem Gang zurückkam, sagte er: »Chote Lal wollte mir den 100-Rupien-Schein wiedergeben, nachdem ich ihm das Geld in die Hand gedrückt hatte. Er hatte gedacht, wir würden ihm das Ding mal zum Ansehen und Anfühlen ausleihen. Als ich ihm sagte, das sei für seine Arbeit mit uns, hat er es zuerst nicht geglaubt. Aber dann, du wirst es nicht glauben, dann hat er gelächelt – ich sage dir, Chote Lal hat gelächelt! Schade, daß du das nicht gesehen hast.«
Ich sah es, tags darauf. Wir wollten noch einmal bei besserem Licht die Frauen am Brunnen filmen, an jener Wasserstelle, die die Diwans allen Kasten gemeinsam zur Verfügung gestellt hatten. Und plötzlich war Chote Lal aufgetaucht, war herangeeilt und hatte sich in unserer Nähe aufgestellt. Er folgte uns, wohin wir auch immer gingen. Und dabei lächelte der »Kleine Diamant«, verwundert, ununterbrochen, geradezu strahlend.
Plötzlich nahm der indische Kameramann sein Auge vom Sucher und sagte, blaß vor Zorn: »Siehst du sein Gesicht? Du bist für ihn Schiwa,

Wischnu und Brahma in einem, oder wie ihr sagen würdet: der liebe Gott und der Weihnachtsmann zugleich. Und das alles, verdammt noch mal, wegen ein paar lumpiger Rupien, die ihn glücklich machen. So einfach wäre es, Menschen glücklich zu machen. O mein Gott, ist das eine beschissene Welt...«

Chote Lal hielt sich in der Nähe, bis wir abgedreht hatten, immer in der gleichen Distanz und immer mit diesem leuchtenden, verwunderten Lächeln auf seinen Zügen. Er begleitete das Team zu den Wagen und beugte sich, als wir abfuhren, noch einmal nahe herunter. Er lief eine Weile hinter uns her, aber als er merkte, daß wir dem Hof der Diwans zusteuerten, blieb er zurück.

Als wir ankamen, saßen die männlichen Mitglieder der Sippe bereits um das Lagerfeuer, dazu Nachbarn, Freunde, Bekannte, darunter Männer mit Turbanen, Moslems, und zwei Mädchen – Diwan Singhs Enkelinnen, die einzigen weiblichen Wesen in der Runde.

Der Alte versammelte diese Schar zweimal die Woche um sich auf seinem Hof. Er thronte in der Mitte, Angehöriger der Kriegerkaste, der Kschatrijas, aber es waren auch Dorfbewohner anderer, niedrigerer Kasten um das Feuer.

Ramesh Chandra kam auf mich zu, faßte mich um die Schulter und sagte: »Hier sind alle Kasten vertreten, du kannst es mir glauben.« Es war wie eine Demonstration, eine Beschwörung. Ich hatte diesen Diwan liebgewonnen in den Wochen von Barara. Er war der Aufgeklärteste von allen und doch Inder durch und durch. Es war nicht gut Kirschenessen mit Ramesh Chandra, wenn man den Fehler machte, westliche Maßstäbe an Indien legen zu wollen, zum Beispiel was seine siebzehnjährige Schwester Urmilla betraf. Sie würde, so hatte er uns gesagt, nur einen Mann aus der Kschatrija-Kaste heiraten, denn in diesem Punkt sei das Kastenwesen noch intakt, und Eltern und Brüder würden auch den Ehegatten auswählen. Etwas anderes würde niemand akzeptieren, auch Urmilla selbst nicht. Als ich meine Bedenken über die Art der Verheiratung nicht verbergen konnte, sagte Ramesh Chandra nicht ohne Sarkasmus: »Du vergißt, daß ich jahrelang bei euch war, im Westen, in Europa und in Amerika. Ich weiß alles über die Ehe dort und die Scheidungen, ich habe die Vergleichsmöglichkeiten. Glaubst du etwa, eure emanzipierten Frauen sind glücklicher als unsere unemanzipierten hier?«

Jetzt wurde hier um das große Feuer herum palavert, gescherzt, politisiert, wurden Nachrichten aus dem Radio gehört und Grammophonmusik nachgesummt. Die Jüngsten paßten auf, daß die Flammen genügend Nahrung erhielten, die Alten pafften Wasserpfeifen. Diwan Singh hielt seine beiden Enkelinnen im Arm. Ramesh Chandra drückte mich auf den Sitz neben sich, rief, hier sei jeder willkommen, und fügte lachend hinzu: »Sogar Europäer...«

Der Abschied von den Diwans war herzlich, aber auf dem Rückweg nach Agra hatte ich immer das Gesicht von Chote Lal vor mir.

Mochte die Absicht der Diwans ehrlich sein, ihr Vorsatz stimmen – Chote Lal war in diesen Kreis nicht aufgenommen, Chote Lal fehlte.

Und nun war ich, in der Nacht vor unserer Abreise, mit Nurmal Singh noch einmal auf dem Weg nach Barara.

Ich hatte mich bis zwei Uhr früh in meinem Hotelbett gewälzt, war dann aufgestanden, hatte Clark Shiras verlassen und die Schlafstelle des Sikh gefunden. Ich konnte Barara, ich konnte Indien nicht verlassen, ohne Chote Lal noch einmal gesehen zu haben.

Nurmal Singh hatte aufgebracht gebrummt, als ich ihm auftrug, mich noch einmal und zu dieser ungewöhnlichen Stunde die dreißig Kilometer zum Dorf zu fahren – und später zurück –, aber dann überwog in ihm doch die Neugierde, was ich dort wohl zu nachtschlafender Zeit wollte, so daß er sich, wenn auch äußerst widerwillig, dazu bequemte, seinen Dienst auszuüben.

Es war drei Uhr früh, als Bararas erste Umrisse sichtbar wurden. Ich ließ den Sikh an dem Bewässerungskanal außerhalb des Dorfes halten und machte mich zu seiner unsäglichen Enttäuschung allein ins Ortsinnere auf.

Über mir das geradezu protzige Geschmeide des indischen Sternenhimmels, hier unten absolute Finsternis, eine Sicht so gut wie Null. Hinein in die dumpfen, schweren Konturen des Dorfes, in die nächtlichen Geräusche seiner grunzenden, röhrenden, sich schabenden Büffel, durch den von keinem Tau gebundenen Staub der ungepflasterten Straße und begleitet von den schwerfälligen Schatten vorüberhuschender Pfauen. Links das Schulgebäude mit dem ehrwürdigen Baum auf dem weiten Platz, rechts der Dorfteich, ein schwarzer, glucksender Spiegel, in den unweigerlich jeder hineintappen würde, der Barara nachts ohne lokale Kenntnis aufsuchte.

Dann sein Haus.
Ich klopfe. Nichts. Ich klopfe wieder. Endlich drinnen Geräusche, Schritte – die Pforte wird geöffnet. Als Chote Lal mich erkennt, faltet er die Hände und legt sie mir dann auf die Schultern. So, rückwärtsgehend, zieht er mich in den Hof.
Im Hintergrund, in den Räumen, bewegt sich Dunkles auf der Erde, aber Mutter, Frau und Söhne bleiben liegen – Chote Lal hat ihnen kein Zeichen gegeben, aufzustehen.
Jetzt setzt er sich auf die Erde, schichtet trockenes Gras und Büffelmist, zündet ein Feuer an und beginnt, etwas zu backen – Tschapati, den Getreidefladen Indiens.
Von den züngelnden Flammen unter dem heißen Blech zuckend angeleuchtet, hockt Chote Lal da und backt einen Fladen nach dem andern. Dann nimmt er einen davon in die linke Hand, tritt herzu und fängt an – mich zu füttern.
Chote Lal reißt mit der rechten Hand kleine Fetzen von dem Fladen und steckt sie mir in den Mund. Er tut es mit Bedacht, beobachtet, wie ich kaue, und sagt nichts. Wie sollten wir uns auch sprachlich miteinander verständigen? Er kann kein Wort Englisch, ich kein Wort Hindi. So schweigen wir, während Chote Lal mich füttert.
Ich habe von Haus aus die Neigung zu übertriebener Hygiene im Blut, das Erbe meines sauberkeitsfanatischen sizilianischen Großvaters. Auf den langen Reisen ernähre ich mich, wann immer es geht, aus Dosen. Ich bin verschiedentlich und in aller Welt aus Versehen in Restaurantküchen geraten, und was ich da gesehen habe, hat mir genügt. Ich pflege meine Animositäten in den Ausspruch zu kleiden: »Hier gibt es unklare Abwaschverhältnisse!« Oft habe ich mir gewünscht, ich hätte diese Bedenken nicht gehabt, aber sie hatten sich als unüberwindbar erwiesen.
Nun jedoch, bei dieser Fütterung unter dem vom Hofquadrat eingerahmten Himmel, spürte ich nichts davon, ja, ich dachte mit keinem Gedanken an meine eingefleischte und bisher so allmächtige Empfindlichkeit. Ich ließ mir stückweise Tschapati in den Mund stopfen – das war Chote Lals Art, mir seine Sympathie zu bekunden.
Ich schaue auf die Uhr – vier. Um fünf wollen wir von Agra nach Delhi aufbrechen. Ich springe hoch.
An der Pforte, auf der Dorfstraße schon, umfaßt Chote Lal mich plötzlich. Er legt beide Arme um meinen Hals. Und dann schüttelt ihn et-

was, stößt aus ihm heraus – kein richtiges Schluchzen oder Weinen, wie ich es kenne, sondern eher ein hartes Greinen, als streiche jeder Atemzug über die rostigen Saiten einer Harfe, Laute ohne Artikulation, tief hervorgeholt aus einem bebenden Körper von skeletthafter Magerkeit.
Ich mache mich los und laufe davon, den Weg hinunter, hin zum Bewässerungskanal, wo der Wagen steht. Darin sitzt Nurmal Singh mit einem Gesicht, als hätte ich ihm ein persönliches Verbrechen angetan. Er wartet eine Weile, ob ich ihm den Grund meines Besuches in Barara mitteilen würde, aber als ich es nicht tue, fährt er davon. Das heißt, er saust zurück nach Agra auf eine Weise, als wollte er sein bisheriges Verhalten im Straßenverkehr der Republik zum bloßen Vorspiel eines wahnwitzigen Höhepunktes machen.
Ich habe davon so gut wie nichts verspürt, war wie immun gegen die Gefahren dieser Irrsinnsfahrt. Ich dachte nur an Chote Lal.

Im Mikrokosmos von Barara offenbarte sich mir empirisch eines jener fundamentalen Probleme der Dritten Welt, die nicht nur die nationale Zukunft dieses Riesenlandes mitbestimmen werden, sondern sich längst in weiten Gebieten Asiens, Afrikas und Lateinamerikas internationalisiert haben: die nicht nur ungelöste, vielmehr sich ständig verschärfende Agrarfrage! Die Chancenungleichheit zwischen Zwergbauern und großen Landbesitzern, die Tatsache, daß die Reichen immer reicher und die Armen immer ärmer werden – nicht nur im Nord-Süd-Gefälle, sondern auch innerhalb der Dritten Welt selbst.
Die Distanz zwischen den Diwans und Chote Lal war nicht mehr meßbar. Dabei lag der überwältigende Vorteil der Diwans keineswegs nur in ihrem materiellen Reichtum, sondern in ihrer höheren Bildung und Ausbildung, in ihrem »know how« und »know where«.
Diese dünne Schicht von Großagrariern hat, eine gewaltige Leistung, Indien eine bessere Selbstversorgung in Grundnahrungsmitteln beschert und das uralte Hungergespenst, fürs erste, zurückgedrängt. Gleichzeitig aber haben sich die sozialen Spannungen zwischen Besitzenden und der Dorfarmut verschärft – das ist der Teufelskreis des Agrarkonfliktes. Die ökonomische Effizienz einer Minderheit ist kein Mittel, um das soziale Massenproblem zu lösen – *hier lief die Spur.*
In jener Auseinandersetzung fühle ich mich auf seiten Chote Lals. In ihm verkörpert sich mir die bisher durch die ganze Menschheitsge-

schichte hindurch stets geknechtete, geschändete, gedemütigte und in Angst versetzte Kreatur, die alles ist und doch zugleich nichts in der Ohnmacht der vielen vor der Herrschaft von Minderheiten.
Um Chote Lal geht es, er ist das Weltproblem Nummer eins, denn er ist überall.
Meine persönliche Begegnung mit diesem indischen Kleinbauern aber war eine Art biographischer Bruchstelle. Ihre Erschütterung machte mir zum erstenmal bewußt, daß die lange und intensive Konfrontation mit der Weltarmut ohne Hoffnung auf Lösung in überschaubarer Zukunft eine bestimmte Wirkung zeigte – nämlich vor der Übermacht des globalen Elends zu resignieren. Ich hatte nie zuvor einen ähnlichen Gedanken. Damals, nach jener Begegnung mit dem »Kleinen Diamanten« in Barara, begann der Kampf zwischen Angst und Hoffnung, lange ohne Entscheidung, lange ohne Sieg der einen oder Niederlage der anderen. Allein schon das hält die Erinnerung an Chote Lal Tag für Tag wach.

Die Parias und die Liebe

Ich trete durch das Hauptportal und bleibe wie verzaubert stehen. Da liegt es greifbar vor mir, das »Wunder der Wunder«, mit seiner geschwungenen Kuppel, den vier schlanken Minarett-Türmen, dem Filigran des Spitzbogens an der Eingangsfassade, dieser ganze von der spiegelnden Wasserfläche des rechteckigen Beckens gedoppelte und zu Marmor geronnene Traum wie aus Indiens Tausendundeiner Nacht – *Tadsch Mahal*!
Dabei ist das Bauwerk keineswegs einem Märchen entsprungen. Tadsch Mahal ist ein Mausoleum, ein Grabmal, errichtet von Schah Dschahan, dem fünften Herrscher der islamischen Mogul-Dynastie, zu Ehren seiner Lieblingsfrau Mumtas Mahal. Nach neunzehnjähriger Ehe starb sie im Jahre 1629 bei der Geburt ihres vierzehnten Kindes. Ganz jung konnte sie also nicht mehr gewesen sein, die »Erwählte des Palastes«, doch Tadsch Mahal läßt keinerlei Spekulationen über die Gefühle des Witwers zu. Es gibt auf der ganzen Welt kein Denkmal, das die individuelle Liebe zwischen Mann und Frau so innig und so gewaltig zugleich ausdrückt wie dieses.
Zweiundzwanzig Jahre lang haben zwanzigtausend Menschen an dem

Grabmal gearbeitet. Natürlich war Schah Dschahan ein orientalischer Despot; natürlich hat hier fürstlicher Absolutismus seinen Willen nur auf Muskelkraft und Knochen der Bausklaven emportragen lassen (wenngleich die kleine Broschüre am Ort vermerkt, daß »Verständnis gegenüber dem Heer der Arbeiter gewaltet« habe ...) – aber kein Zweifel, hier hat sich ein elementares menschliches Gefühl in einem unvergänglichen Kunstwerk verewigt.

Ich war der Begegnung mit gemischten Gefühlen entgegengegangen, weiß man Tadsch Mahal doch als das Ziel wahrer Touristenströme aus der ganzen Welt, und argwöhnte also, daß gewöhnlich nur der Kitsch solche Anziehungskraft auszulösen versteht.
Die erste Erkenntnis nun – Tadsch Mahal ist völlig immun gegenüber Vorurteilen. Dieses Wunderwerk indo-islamischer Architektur, mit seinen Marmorgittern und Intarsien eine grandiose Verschmelzung moslemischer und hinduistischer Motive, ist erhaben über wechselnde Ästhetiken, unempfindlich gegenüber schwankenden Kunstrichtungen und, wie alles Zeitlose, gänzlich unerreichbar für jegliche Aktualität.

Direkt mit dem Betrachter konfrontiert, verliert Tadsch Mahal alles Sphärenhaft-Jenseitige, was zahllose Fotos und manche Filme dem Mausoleum so leicht andichten konnten – es wird ganz diesseitig. Seine Wahrhaftigkeit, seine Beseelung, sie liegen in der totalen Abwesenheit von Sentimentalität.
Und so geschieht das Unerhörte – selbst die Inflation des Massentourismus erweist sich als unfähig, der Stätte ihren Schmelz und ihre Trauer zu rauben.
Das war die zweite Erkenntnis.
Doch gleich darauf geschah etwas, das mich noch tiefer erschüttern sollte, als das Monument der Liebe es getan hatte.

Inmitten der farbenprächtigen indischen Besucherscharen entdecke ich eine Gruppe grauer Gestalten, Männer und Frauen meist vorgeschrittenen Alters, seltsam geduckt und stets darauf bedacht, Abstand zu ihrer Umgebung zu wahren. Sie gehen nicht, sie huschen dahin, als wollten sie um keinen Preis auffallen. Das sind nicht die Angehörigen einer niederen Kaste, das sind »Unberührbare«, Ausgestoßene aus dem Kastensystem überhaupt – *Parias*!

Die graue Schar, etwa zwanzig Personen, kommt aus dem Gujerat, aus der Gegend von Bombay, also von der Westküste. Bis hierher, bis Agra, dem einstigen Zentrum der moslemischen Mogul-Herrschaft über den größten Teil des hinduistischen Indien, sind es fünfzehnhundert Kilometer. Keiner von diesen gebückt und gebeugt Dahinhuschenden, von diesen Mäuseähnlichen, hätte die Fahrkarte für die Eisenbahn oder das Ticket für den Bus bezahlen können – sie sind zu Fuß gekommen, ohne Schuhe. Also brauchen die Grauen auch keine abzustreifen, wie ich, als ich jetzt mit ihnen das Mausoleum betrete und in ihrer Nähe bleibe – was hat diese Menschen hierhergetrieben?

Sie steigen das Gewölbe hinab, wo zwei Sarkophage liegen. In dem einen ruht die Mumtas Mahal, in dem andern der Schah Dschahan. Vor diesen Marmorschreinen stehen die kleinen Grauen, die Augen noch größer geöffnet als draußen schon, wie gebannt. Dann umkreisen sie die kalten Särge, verbeugen sich tief vor den toten Majestäten – und tun dann plötzlich etwas, was mir den Atem verschlägt.

Diese Ärmsten der Armen, diese in Lumpen gehüllten Jammergestalten, auf die der Hinweis »Kein Bakschisch für die Angestellten« nur wie Hohn wirken kann, weil sie die Alleruntersten sind in einem Land mit umgerechnet wenigen Mark Jahreseinkommen pro Kopf – sie greifen nun unter ihre verschlissenen Gewänder und legen etwas auf die Fliesen vor den Sarkophagen – *Geld*! Ein paar Münzen nur, Paisas, Bruchteile einer Rupie, aber ihr Tribut, ihr Opfer, entrichtet jener Unglaublichkeit, vor der sie stehen wie in Trance – dem Wunder der Liebe!

Im fernen Gujerat hatten sie gehört, daß ein Mann, ein großer Fürst, vor Hunderten von Jahren seiner Frau ein Denkmal errichtet habe. Und nachdem sie ein halbes Leben und länger den Wunsch in sich getragen hatten, mit eigenen Augen zu sehen, was ihnen selbst nie oder nur flüchtig in der Jugend begegnet war und was doch als Sehnsucht geleuchtet hat über ihrem erbarmungslosen Dasein, waren sie schließlich aufgebrochen zum Tadsch Mahal, hundert Tage und mehr unterwegs.

Und nun stehen sie vor den Sarkophagen der Liebenden, zitternd, huschend, leise, inbrünstig, eine Schar menschlicher Krähen, gerupft, ausgemergelt, vom Staub halb Indiens bedeckt, schorfig, zu Tode erschöpft und in lautlosem Jubel wie versteinert.

Als sie das Grabmal verließen, war es Abend geworden und die Silhouette des mächtigen Mogul-Forts von Agra nur noch schemenhaft zu erkennen. Kalt kroch vom Jumna-Fluß die Dunkelheit hoch und verwandelte das Marmorweiß des Tadsch Mahal in schattig-dunkles Gold. Und in diesem Farbdunst löste sich für mich die Schar der Parias in Richtung des Hauptportals langsam auf.
Es gibt Augenblicke, da du zu dir selber sagst: halt den Mund, weil jedes Wort falsch oder zuviel wäre.
Dies war solch ein Augenblick.

»Deutschland, Deutschland über alles!« – in Indien

Anflug auf New Delhi.
Als ich die Maschine aus Hongkong verließ, entdeckte ich am andern Ende der Gangway eine gedrungene, dunkelhäutige Gestalt, die mir seltsam bekannt vorkam, ohne daß ich sie hätte identifizieren können. Auf den quirligsten Beinen von der Welt ein unglaublich gewandter Rumpf, beides gekrönt von einem Haupt, das nur aus Frisur zu bestehen schien, oder genauer, aus Haarsträhnen, die spitz nach allen Seiten aufwärts stießen und deren eigentliche Aufgabe es wohl war, das blanke Niemandsland dazwischen möglichst komfortabel zu verbergen. Darunter grellte mich hinter dicken Brillengläsern ein Augenpaar mit so unsäglicher Sympathie an, als würden sich hier zwei enge Freunde nach langer und erzwungener Trennung zum erstenmal wiedersehen.
War diese Erscheinung schon verblüffend genug, so brachte die nächste Minute mich an den Rand der Verstörung. Denn die Gestalt da unten riß die Arme hoch, stürmte die Gangway empor, drückte mich ebenso stürmisch an sich, fegte die Stufen wieder hinab und schrie von dort akzentfrei:
»Deutschland, Deutschland über alles!«
Es war der indische Kameramann Jagan Sh., und ich erinnerte mich seiner nun sehr wohl. Er war sechzehn Jahre in der Bundesrepublik gewesen, viele davon beim Westdeutschen Rundfunk, wo ich auf Treppen und in Gängen seinem eindrucksvollen Anblick begegnet war, ohne jedoch auch nur ein einziges Mal mit ihm zusammengekommen zu sein oder mit ihm zusammengearbeitet zu haben. Jagan Sh. hatte in Köln

von der Pike auf gelernt, sich im Sender beruflich einen Namen gemacht, vor allem aber sich durch sein sonniges Gemüt so viele Freunde erworben, daß deren dreihundert ihm das Abschiedsgeleit gegeben hatten, als er vor einigen Jahren endgültig in seine Heimat Indien zurückgereist war.

Etliche dieser Einzelheiten erfuhr ich von Jagan Sh. auf dem Wege vom Flughafen zu ihm nach Hause. Ferner, daß er als freier Kameramann für das ARD-Büro in New Delhi arbeite und auch mehreren großen US-Fernsehgesellschaften »news« liefere. In der »Defense colony« angekommen, einem der vornehmeren Viertel der indischen Metropole, führte Jagan mich sogleich in das oberste Stockwerk des Hauses. Dort war der Fußboden eines geräumigen Zimmers fast vollständig bedeckt mit den Utensilien einer Kamera-Ausrüstung, die jedem Sender zur Zierde gereicht hätte.

»Alles in Deutschland angeschafft!« strahlte Jagan, sprang wie ein Frosch in die Höhe und beschloß meine sofortige Umquartierung aus dem Hotel Ashoka in sein Haus. »Ein deutscher Fernsehmann in Delhi, dazu noch einer vom Westdeutschen Rundfunk, wohnt bei mir!« argumentierte er kategorisch, klatschte in die Hände und umkreiste mich wie eine Beute, die er nicht mehr fahren lassen wollte.

Dennoch gelang es mir, unter Hinweis auf störende, wenn nicht gar krankhafte Nacht- und Schlafgewohnheiten meinerseits, ihm das gastliche Angebot auszureden. Nach wenigen Sekunden des Schmollens zog er mich ins Parterre hinunter, rief: »Köln – ah!«, warf mir eine Schmatzhand zu, verdrehte die Augen: »Schildergasse – Hohe Straße!«, stieß mich in einen Sessel und stöhnte: »Kennst du das Bergische Land? Ich meine, kennst du es *wirklich*, Immekeppel, Much, die Siedlungen an den Nebenbächen der Agger?« Er hockte sich vor mich hin und starrte mir fest ins Gesicht. Dann knallte er sich die Hand vor die Stirn, seufzte abgrundtief auf, fiel hintenüber und stieß von dort unten hervor: »Und Hamburg erst – ach, mein Hamburg!«

Dann kroch, wie mehrere ineinandergreifende Überblendungen, ein grundgütiges Grinsen in seine Züge, ergriff Besitz von ihm, schien die ganze gedrungene Gestalt zu überschwemmen: »Es war so schön bei euch . . .«

Doch nun, dumpf: »Dagegen hier – nichts klappt, nichts funktioniert, auf keinen ist Verlaß.« Jagan schlug die Hände gegen den Kopf, als raube ihm die Erinnerung an Chaos und Leerlauf den Verstand. »Sie

sind nicht pünktlich, verstehst du? Kannst du dir das vorstellen? Sie sind unpünktlich. Hast du so etwas schon mal in Deutschland erlebt?«
Darauf hätte ich entgegnen können, daß ich dergleichen sehr häufig erlebte, aber ich brachte es nicht übers Herz, ihm sein heiles Deutschland anzukratzen, wie Jagan Sh. da so vor mir stand, die Haarränder noch spitzer als sonst nach allen Seiten von dem gelichteten Haupt abstehend und die dunklen Augen hinter den Brillengläsern blitzend vor Empörung. Schließlich fiel er zurück auf die Erde und blieb dort wie in völliger Hoffnungslosigkeit liegen. »Aber du wirst das bald selbst alles erfahren, vielleicht schon morgen früh.«

Und ich erfahre es tatsächlich, wenige Stunden später, in aller Frühe.
Vor seinem Haus, auf der Straße des noch nachtdunklen Viertels, starrte Jagan Sh. wie gebannt auf sein linkes Armgelenk. Je weiter die Zeit vorschritt, desto heftiger schien er innerlich zu vibrieren. Endlich sprang Jagan auf, raste wie ein wildes Tier auf und ab und schrie: »Wieviel ist deine Uhr? Viertel vor fünf? Meine auch. Und was hatten wir abgemacht? Viertel vor fünf Treff hier! Aber wer ist nicht da? Der Groß-Mogul, Seine Herrlichkeit, der Maharadschah persönlich – mein Herr *Assistent*!«
Der Toningenieur, ein Riese aus Bombay, sagte gar nichts. Auch ich blieb lieber stumm angesichts des schäumenden, offenbar unzurechnungsfähigen Kameramannes.
Doch dann keuchte der Assistent herbei, ein kleiner Inder von vielleicht zwanzig Jahren, mit einem guten, bescheidenen und jetzt sehr abgehetzt wirkenden Gesicht. Er traf mit kaum drei Minuten Verspätung ein, für die er triftige Gründe zu haben schien, denn er trug sie geradezu flehentlich vor. Aber Jagan Sh. ließ keinen von ihnen gelten. Erst schrie er den Jungen auf hindi an, dann auf englisch, wobei sich in regelmäßigen Abständen die Wörter »Germany« und »the Germans« wiederholten und Jagan immer wieder den Zeigefinger seiner ausgestreckten Rechten gegen mich stieß. Kein Zweifel, ich wurde mal auf hindi, mal auf englisch dem Ärmsten ganz offensichtlich als ein Ausbund an deutscher Pünktlichkeit und Zuverlässigkeit dargestellt.
Schließlich beruhigte Jagan sich, erklärte: »Von jetzt ab geht nichts mehr!«, befahl: »Holt die Ausrüstung!«, sprang jauchzend dreimal in die Luft und streckte mir die Hand entgegen: »Wie lange, sagst du,

werden wir gemeinsam in Indien filmen? Ich kann dir gar nicht sagen, wie sehr ich mich freue, wieder mal mit einem aus Deutschland zu arbeiten.«

Aber die Szene hatte mir gereicht. Ich wagte den Einwand: »Vermiest du deinen Landsleuten Deutschland und die Deutschen nicht, wenn du sie ihnen dauernd als leuchtendes Vorbild ausmalst?«

Jagan blieb erschrocken stehen. »Wieso?«

»Ich meine, daß es auch bei uns Unpünktlichkeit gibt, Gleichgültigkeit, Leck-mich-am-Haltung, massenhaft!«

»Deutschland, Deutschland über alles!« schrie Jagan Sh., breit grinsend, über die noch schlafende »Defense colony«.

Ich versuchte es noch einmal. »Im Ernst, Jagan, was soll das? Deine Liebe zu Deutschland scheint ja verheerende Folgen für deine indische Umwelt zu haben. Ich kenne einen Haufen Leute bei uns, die viel mehr verdienen als dein Assistent und die dennoch nicht von ihrer Arbeit motiviert sind.«

»Deutschland, Deutschland über alles!« brüllte der indische Kameramann abermals, umfaßte mich und traf Anstalten, mir ein paar schwierige Tanzschritte beizubringen. Aber ich ließ nicht locker. »Bleib mal hübsch bei der Wahrheit – sind dir in all den Jahren bei uns nicht auch solche Zeitgenossen begegnet? Zuviel Vorbildlichkeit erzielt nicht die gwünschte, sondern eher eine gegenteilige Wirkung.«

Es war völlig vergeblich, in den Wind gesprochen. Denn Jagan Sh. ließ die Arme sinken, kam auf mich zu und sagte: »Verfüge über mich und meine Leute – zwölf, fünfzehn, achtzehn Stunden am Tag, nichts wird uns zuviel werden.«

Da stand er vor mir auf der Straße in New Delhi, die Hände auf meine Schultern gelegt, die Haarkränze zu beiden Seiten des Kopfes gegen das trübe Licht einer elektrischen Funzel als Spitzsilhouette abgehoben und vom Scheitel bis zur Sohle in sein grundgütiges Grinsen eingehüllt – was also konnte ich machen?

Es wurden tatsächlich meist vierzehn bis sechzehn Stunden Arbeit, die volle Länge des lichten Tages und dazu die mörderische Hitze der nordindischen Tiefebene an der Schwelle vom Frühling zum Sommer.

Und es wurde Jagan Sh.s große Stunde! Endlich konnte er seine Hingabe gegenüber dem Land demonstrieren, dem er seine Ausbildung und seine Ausrüstung verdankte. Und so raste, bebte, überschlug er sich, wenngleich all das nicht ohne Rationalität, Planung, Überlegung. Diese Errungenschaften waren ja gerade sein Stolz, seine Effizienz, das, was ihn hier überlegen machte. Am Drehort waren seine Augen überall, seine Anweisungen knapp, scharf, genau: »Die 240er!« – »Filter!« – »Baby-Stativ!« Bei der kleinsten Stockung schoß er wie ein Wiesel auf den unglücklichen Verursacher zu, als wolle er ihn körperlich attakkieren. Als angesichts des malerischen Bildes wäscheschlagender Inderinnen die Filmkassette auslief, ohne daß eine zweite schon bereitlag, heulte er auf und ging mit geballten Fäusten auf den schuldbewußten Assistenten los, der ohnehin alle Hände voll zu tun hatte. Jagans Wortgewitter entfuhr abermals und immer wieder »Germany« und »the Germans«, wozu der Angeklagte zerknirscht mit dem Kopf in meine Richtung nickte, als wollte er sich bei mir entschuldigen. Das erfüllte mich mit solcher Wut gegen Jagan, daß ich einfach wegrannte – ohne damit jedoch den Kameramann nachhaltig zu beeindrucken. Denn grimmig dreinschauend entriß er seinem sanftgesichtigen Helfer die Kassette und rannte damit zu seinem Stativ zurück. Bei mir angekommen blieb er kaum merklich stehen und hauchte vergnügt: »Deutschland, Deutschland über alles!«

Abends schleppten wir uns staubbedeckt in Agra unter die Hoteldusche und fielen ins Bett. Morgens aber, zehn Minuten vor der vereinbarten Zeit, wies Jagan Sh. mit breitem Lächeln selig auf die angetretene Schar seiner Mitarbeiter – es waren noch einige Hilfskräfte dazugekommen. Es fehlte nur noch, daß sie die Hände auszustrecken gehabt hätten und ihre Fingernägel auf makellose Reinheit geprüft worden wären.
Dann ging es hinaus in eine Hitze, die einem schon bald nach Sonnenaufgang ins Hirn stach, während sich gegen Mittag zu die weißglühende Scheibe dort oben unserer Erde ohne Glutverlust auf Monddistanz genähert zu haben schien.
Ich warnte: »Jagan, nur für alle Fälle – was nicht geht, das geht nicht.«
Der Kameramann nahm das Auge vom Okular, schaute mich verständnislos an und fragte: »*Was* geht nicht?«
»Du weißt schon, was ich meine. Es soll hier niemand umfallen, nur weil du Indien in einen preußischen Kasernenhof umwandeln willst.«
»Wer fällt hier um?« Jagan Sh. machte sein unschuldigstes Gesicht,

schwenkte die Kamera nach rechts, stoppte und fuhr mit dem Zoom rasch auf weit draußen im Feld arbeitende Frauen zu. »Wenn *du* nicht umfällst, wieso sollen dann Inder in ihrem eigenen Land umfallen? Sie kennen diese Sonne doch schon ein paar tausend Jahre ...«

Es fiel in der Tat niemand um, wohl aber auf der Heimfahrt nach Agra Jagan Sh. in sanften Schlaf. Nun war es für ihn offenbar Ehrensache, wach zu bleiben, eine Angelegenheit des Prestiges. Also riß er, wenn er im Fond des Wagens neben mir aufwachte, weit die Augen auf, blickte mich erschrocken an und setzte mit phänomenalem Gedächtnis seinen Satz dort fort, wo er ihn beim Einschlafen abgebrochen hatte. Aber ihm fielen immer wieder die Augen zu, und immer wieder weckte er sich gewalttätig selber auf, um seinen Anschlußsatz hervorzusprudeln. Bis ich sagte: »Jagan, es ist keine Schande, wenn du nach vierzehn Stunden Dreharbeit einschläfst, verdammt noch mal!«

Er hüpfte von seinem Sitz hoch, daß die Haarsträhnen gegen den Fondhimmel stießen, und schrie: »Einschläfst? Wer? Ich doch nicht!«

»Was ist denn dabei?« fragte ich verzweifelt. »Was macht das denn? Trage *ich* etwa die Kamera, dieses Monstrum? In der jetzigen Etappe leistest *du* doch die Schwerarbeit, während ich mehr oder weniger dämlich herumstehe – also schlaf, soviel du willst.«

Jagan fiel trübsinnig zurück, ließ den Kopf sinken, murmelte unglücklich: »Das wäre mir in Deutschland nie passiert, nie ...«, und war schon wieder weg.

In Köln waren wir jahrelang aneinander vorbeigelaufen, und hier, nach diesen wenigen Tagen, schien es mir, als seien wir die ganze Zeit schon Freunde gewesen.

Jagan bestand darauf, mich beim Abflug bis vor die Maschine zu geleiten. »Deine Papiere sind zwar in Ordnung, rausschmuggeln willst du auch nichts, aber – die indische Bürokratie ...«

Schon vor der ersten Hürde, der Gepäckkontrolle, war Jagan Sh. voll in seinem Fahrwasser, pries mich mit großen Worten und Gebärden an als »guten Freund Indiens« und als ständigen Besucher seines Vaterlandes, obschon dies doch mein erster Aufenthalt auf dem Subkontinent war. Auch bezeichnete er mich als Liebhaber der indischen Kultur und zeigte als Beweis eine Sithar vor, jenes typische Instrument mit dem endlosen Saitenhals, das als »Handgepäck« mitgehen sollte, was offenbar auf keinerlei Schwierigkeiten stieß. Allseits verständnisvolles Lächeln,

allgemeine Bereitschaft, auf Jagans barockes Gehabe freundlich zu reagieren.
Aber dann passierte etwas, das meine Terminpläne sehr wohl durcheinanderbringen konnte, etwas total Unvorhergesehenes und, gerade in diesem Lande, auch Unglaubliches. In dem Riesenkoffer des Fluggastes, der hinter mir kontrolliert wurde, entdeckte man ein – Tigerfell! Ein wahres Prachtexemplar, reine herrliche Naturdecke, die der Zollbeamte nun mit sarkastischem Gesichtsausdruck wie ein kostbares, aber gestohlenes Vlies vor aller Augen ausbreitete.
Der Mann da hinter mir – Ire, Brite, Amerikaner oder Neuseeländer, jedenfalls Englisch sprechend – hatte keinerlei Anstalten getroffen, das Tigerfell zu verbergen. Es lag zwar im Koffer zu unterst, wirkte aber keineswegs versteckt. Es mußte sich entweder um einen sträflich harmlosen Zeitgenossen handeln, der so gar nichts von indischen Tabus wußte oder um einen ganz Ausgebufften, der das Unmögliche einfach mit *chuzpe* möglich machen wollte.
Mein Abflug war gefährdet. Ringsum allgemeines Tohuwabohu: Wie von einer magnetischen Kraft angezogen, strömte alles hin zu dem Tigerfell, das da ausgebreitet lag in seiner unsagbaren Schönheit; Geschrei, Gelächter, Betroffenheit – niemand dachte mehr an Abfertigung. Nur der Uniformierte am Ausgang, ein indischer Zerberus, blieb unbeeindruckt und wachsam – als ich ihn passieren wollte, verlangte er irgendein Papier, einen Kontrollzettel oder -stempel, den ich nicht hatte. Außerdem war Jagan plötzlich verschwunden. Aber da kam er schon zurück, nahm mich an die Hand, schrie: »Der Chef des Flughafens will dich kennenlernen!«, und schob den nur schwach protestierenden Landsmann in Uniform souverän beiseite.
In dem streng nur Fluggästen vorbehaltenen Bereich nahm der um anderthalb Dutzend Jahre jüngere Jagan nun väterlich meinen Arm in den seinen, zog mich rasch fort, als könne es da drinnen noch jemandem einfallen, mich zurückzurufen, und flüsterte, mit höchster Auffälligkeit Blicke um sich werfend: »Wie habe ich das gemacht?«
Im nächsten Augenblick, das blanke Wasser in den Augen hinter den dicken Brillengläsern, stotterte er: »Du – fliegst – nach Deutschland!« Er schlug sich die Hand gegen die Stirn und seufzte in steigend verzückterem Rhythmus: »Du wirst Köln wiedersehen – die Hohe Straße – die Schildergasse – das Bergische Land – den Rhein zwischen Koblenz und Bingen – und Hamburg, ach mein Hamburg!«

Schon auf dem Flugfeld, verharrte er wie versteinert, dann versprach er energisch: »Im Sommer – im Sommer komme ich nach Köln, verstehst du? Ich komme ganz bestimmt, ich will all die Kollegen wiedersehen!« Die Eingebung schien ihn zu beflügeln, denn er klatschte in die Hände und hüpfte um mich herum. Dann hielt er plötzlich inne, den halbkahlen Kopf mit den spitz abstehenden Haarsträhnen wie von einer Riesenmähne bekränzt, fiel mir mit kläglichem Grinsen um den Hals und krächzte:
»Deutschland, Deutschland über alles . . . :

Es wurde ein langer Rückflug nach Europa, aber die ganze Zeit über blieb Jagan Sh. vor meinem inneren Blick: ein Inder, der »Deutschland« sagte und die Bundesrepublik meinte und der in den sechzehn Jahren Aufenthalt bei uns von seiner Identität mehr eingebüßt hatte, als er selbst wußte oder sich eingestehen wollte – dort lief, wenngleich diesmal nicht als mein Arbeitsthema, sondern sozusagen nebenher, dort lief *die Spur* . . .

Camilo Torres – Dialog mit einem Toten

Prolog

C. T. als Priester	Dieser junge Priester wird kurz nach den einzigen Filmaufnahmen, die ihn als Geistlichen zeigen, im Kampf fallen – unsere Sendung porträtiert einen Toten. Sie untersucht Verhältnisse und Entscheidungen, die ihn von der Kirchenkanzel und dem Katheder der Universität über die politische Rednertribüne in die Guerilla, den bewaffneten Aufstand, trieben – ohne daß er je sein Priestertum aufgab
Titel	*Camilo Torres – Rebell des Kreuzes*
Untertitel	Eine kolumbianische Tragödie
C. T.s Mutter	Die Mitwirkenden in unterschiedlichen Rollen:
	– Doña Isabel de Torres, die Mutter
Rosier	– Freunde, wie Pater Ireneo Rosier und
Doña Isabel de Mallarino	– Doña Isabel Ospina de Mallarino; ferner
Concha	– Kardinal Luis Concha Córdoba
Golfspieler	– die herrschende Minderheit des Landes, Oligarchie genannt
Volk	– das Volk der Städte und die *cholos* und *campesinos* in der Provinz

Studenten	– die unruhigste und mißtrauischste Minderheit, die Studenten der »Nationaluniversität«
Soldat	– die Anti-Guerilleros der Armee
Guerilla	– und die Guerilleros, die kleine Schar mit dem großen Schatten.
Berggipfel	Und dies ist die Kulisse der Tragödie – *Kolumbien*

So sah die erste Seite des Sprechertextes aus für eine Sendung, deren Stichwort mir von außen geliefert worden war und die doch wie keine andere zur meinen wurde.
Einer der feinsinnigsten und fähigsten Redakteure des Deutschen Fernsehens, *Klaus Simon*, damals noch Leiter der inzwischen aufgelösten Abteilung »Kultur und Gesellschaft« beim WDR, hatte mir eher beiläufig, zwischen Tür und Angel, hingeworfen: »Wenn Sie die Filme über die katholische Kirche in Lateinamerika drehen – ich hätte gern zusätzlich eine Sendung über Camilo Torres. Werfen sie doch mal Ihre Netze aus. Wann soll es denn losgehen?«
Losgehen sollte es in drei Monaten, Zeit genug, mir immer wieder die Frage zu stellen: Camilo Torres – was hat diesen Mann, Sproß der weißen Oberschicht von Kolumbien, dem alle Möglichkeiten der Privilegierten offenstanden, veranlaßt, einen Weg zu wählen, der ihn in jungen Jahren eines gewaltsamen Todes sterben ließ? Was hatte den Priester in einen Reformer, den Reformer in einen Revolutionär verwandelt? Was war geschehen im Kolumbien unserer Tage, daß da ein rebellisches Idol der lateinamerikanischen Sozialrevolution aufgetaucht war, ein Jahr bevor Che Guevara in Bolivien ermordet wurde?
Nun, da der Name zur Aufgabe geworden war, begegnete ich ihm oft, in Zeitungen, Zeitschriften und als Vorbild für einen beträchtlichen Teil der politischen Jugend in Europa – ohne daß ich meine Fragen auch nur im entferntesten beantwortet fand.
Aber wie sollte die Dokumentation optisch umgesetzt werden – das Porträt eines *Toten*? Alle Bemühungen um Filmaufnahmen von ihm versagten, es gab nichts, ebensowenig Fotos. Auf welche Schwierigkeiten würden wir an Ort und Stelle stoßen? Natürlich müßte das Thema konspirativ behandelt werden, denn auch noch drei Jahre nach seinem Tode galt Camilo Torres als Staatsfeind Nummer eins. Ließe sich das

Vorhaben überhaupt geheimhalten, auch wenn die Aufgabe, mehrere Filme über die Situation der katholischen Kirche Lateinamerikas zu drehen, gewisse Tarnmöglichkeiten bot? Und würde es in Kolumbien Filme, würde es Fotos geben? Würden wir Zeugen finden? Einstweilen wußte ich noch nicht einmal, wie der Gefallene aussah. Dann fiel mir ein spanisch geschriebenes Buch über ihn in die Hände – auf dem Umschlag, eine Amateuraufnahme wohl, Camilo Torres' Kopf, kaum mehr als sein Profil, aber voll mimischer Leidenschaft...
Am 4. April 1969 flog unser Team nach Kolumbien.

Der Priester

Ankunft in Bogotá

Wir landeten gegen drei Uhr früh auf der Piste von »El Dorado«, dem Flughafen der kolumbianischen Hauptstadt.
Obwohl sich unsere Ankunft auf der transkontinentalen Route von Frankfurt via New York–Kingston/Jamaica mehrstündig verzögert hatte, harrten im Empfangsgebäude immer noch Vertreter der Deutschen Botschaft aus. »Die katholische Kirche steht Gewehr bei Fuß für Sie!« scherzte einer von ihnen. Das war das Thema, das wir der diplomatischen Equipe angegeben hatten – von Camilo Torres kein Wort. Denn natürlich bestand die Aufgabe der Botschaft auch hier vor allem darin, gedeihliche Beziehungen zwischen dem eigenen und dem Gastland herzustellen. Der Gegensatz zwischen Journalismus und Diplomatie kann also tief sitzen, und zwar um so tiefer, je intensiver sich ein Autor mit der Innenpolitik des fremden Staates zu beschäftigen gedenkt. Dort beginnt der Konflikt zwischen seiner Loyalität gegenüber konsularischen Niederlassungen aus der Heimat und seinem politischen Gewissen, zu dessen Gunsten er hier nun klar ausging. Denn für die Porträtierung dieses Toten hätten wir je weder die Hilfe unserer Botschaft noch eine kolumbianische Drehgenehmigung erhalten.
In meine Überlegungen hinein informierten uns die Landsleute, daß wir keinerlei Schwierigkeiten mit unserer Ausrüstrung haben würden. Wir könnten sie sofort und ohne Formalitäten mitnehmen, es sei vorher alles geregelt worden (Bogotás Zollbehörden gelten als besonders hürdenreich).

So warteten wir denn voller Erleichterung in den ersten Stunden des Donnerstags vor Karfreitag – von dem wir uns optisch einiges für unsere Themen versprachen. Bis uns nach zehn Minuten mitgeteilt wurde, daß unser gesamtes Equipment – Kameras, Optiken, Filmrollen, Tonapparaturen und alles Zubehör – gar nicht mitgeflogen, sondern in Frankfurt stehengeblieben sei!

So übel begann die Drehphase für eine Sendung, bei der ich schließlich doch mehr Fortune haben sollte als bei irgendeiner anderen.

Zunächst aber setzte uns das Versäumnis schwer zu.

Freitag früh klopfte es im Hotel Continental, Avenida Jiménez, an meiner Zimmertür. Herein trat, wachsbleich, Heinz Tödter: »Wo ist meine Kamera?« stöhnte er, »meine Kamera!« Dabei wies er zum Fenster hinaus und weinte wie ein Kind. Ein Blick – und ich begriff, was das Fehlen unserer Arbeitsgeräte bedeutete: Wie Ameisen wimmelte es rechts den hohen Hang über Bogotá hinauf! Hunderte von Menschen klommen empor zum Montserrat, der berühmten Wallfahrtskirche droben, nur durch ein Tal getrennt von jenem anderen Nationalheiligtum, das ich in der Nacht unserer Ankunft trotz totaler Erschöpfung noch wahrgenommen hatte wie eine Erscheinung – die silberschimmernd angestrahlte steinerne ›Madonna von Guadelupe‹.

Die Kirche kann den Hang hoch nur über ausgewaschene, tiefe Gräben, gefährlich abschüssige Passagen und dichtes Gestrüpp erreicht werden. Und dennoch quirlte es da oben durcheinander! Den wahren Charakter der regellosen Prozession, ihre fast unerträgliche Phantastik gewahrte ich jedoch erst nach einer Weile: Frauen, Mädchen, Männer, Jünglinge und Greise, die da hochkraxelten, stolperten, hinfielen, sich wieder aufrafften und Meter um Meter aufwärts schafften, sie alle trugen – Steine! Sie trugen Steine auf den Schultern, in den Händen oder gegen die Hüfte gestemmt. Unter den Brocken, die sie schleppten, waren solche, die unter den Bedingungen des Hangwinkels einfach nicht transportabel für einen Menschen schienen. Und doch kletterten, rutschten, krochen die Kolumbianer da zu Hunderten den Berg hoch – in der Hoffnung, daß ihnen ihre »Sünden« um so eher vergeben würden, je schwerer die Bürde sei, die sie heute, am Karfreitag, hinaufschleppten auf den Montserrat von Bogotá . . .

Ja, das wären sie gewesen, unsere Bilder, unwiederbringliche, einzigartige. Was kann ein Autor angesichts solcher Situation schon anderes tun, als mit seinem Kameramann zu heulen?

Indes war mir nicht nur bang. Zwar würde unser Film diese Szenen nicht zeigen können, aber ihre Lektion war nachhaltig: Hier breitete sich wimmelnd der Humus aus, dem das Thema entsprossen war, ein Molekül der glühend-inbrünstigen Glaubensflora, die den Priester Camilo Torres gezeugt hatte. Noch ehe sich mir der soziale und politische Hintergrund dieser kolumbianischen Tragödie erschließen konnte, hatte der religiöse es bereits getan: Die Wallfahrtskirche über der Hauptstadt ist bequem zu erreichen – über eine breite, gepflasterte, mäßig ansteigende Serpentine.

Bogotá!
Die Plaza de Bolívar, eigentliches Zentrum der Metropole, auf der Südseite vom Capitol gesäumt, dem Parlamentsgebäude, nach Osten von der Santa Fé, der mächtigen Kathedrale – ein steinernes Quadrat, über das die Wechselstürme der kolonialen und der nachkolonialen Geschichte Kolumbiens mit Mord, Blut und Tränen gefegt sind. Schauplatz übrigens auch eines Hollywood-Films, der die Unabänderlichkeit bloßer Machtablösung ohne soziale Umgestaltung als lateinamerikanisches Schicksal predigte und diesen Fatalismus hier zwischen der alten Alcaldía und dem neoklassizistischen Parlamentsgebäude, mit der dräuenden Kirche als unnachahmlicher Kulisse, optische Urstände feiern ließ.
Bogotá!
Die Schlucht der Séptima, der Carrera 7, Hauptgeschäftsstraße, mit ihren eleganten Läden und teuren Produkten; die scheußlichen Hochhäuser, darunter das allerscheußlichste – der Zentralsitz der Avianca, Kolumbiens nationaler Fluggesellschaft. Die Statue des Jorge Jiménez Queseda, Konquistadors und Gründers von Bogotá, ganz im Stil des Pizarro-Monumentes in Lima, noch in der Nachbildung verwilderte Größe ausströmend. Die Plaza Santander mit ihren Fontänen; die Front der Nationalbank aus Glas und Metall; die Schuhputzer überall; die weiten Schleifen der Stadtautobahn; die Estación Central, der Hauptbahnhof an der Avenida 13.
Bogotá!
Die Millionenstadt hat ihr Straßennetz nach jenem nordamerikanischen Karreemuster geordnet, dem eine gewisse öde Genialität nicht abzusprechen ist: in Nord-Süd-Richtung heißen die Straßen, aufeinanderfolgend numeriert, alle »carrera«; in Ost-West-Richtung, ebenfalls

benummert, »calle« – abgesehen von einigen Verkehrsachsen, den »Avenidas«.
Bogotá!
800 Meter unterhalb der »Madonna von Guadelupe« gelegen, aber immer noch 2600 Meter über dem Meeresspiegel, eine Kapitale, die wenig Ähnlichkeit mehr hatte mit der schwermütigen Andenstadt, in der Camilo Torres am 3. Februar 1929 geboren worden war.
Bogotá – wo lief hier die Spur?

Am Sonntag traf unsere Ausrüstung aus Frankfurt ein, am Montagnachmittag schon schleppten wir die zweiundzwanzig Kollis laut triumphierend in unsere Leihwagen – nachdem ich der Zollbehörde erfolgreich gedroht hatte, ihre sämtlichen Gebäude und Stauhallen noch heute anzuzünden, falls sie ihren Vorsatz, das Equipment gegen das ursprüngliche Versprechen nun doch zehn Tage lang auf Herz und Nieren zu prüfen, wahrmachen sollte.
Es konnte losgehen.
Als einzigen Anhaltspunkt hatte ich, in der Bundesrepublik noch, die Adresse eines niederländischen Geistlichen bekommen, mit dem Hinweis, es sei nicht sicher, wie er reagieren würde. Ich rief an – und wurde eingeladen. Ich habe den Holländer, einen Mann von etwa vierzig Jahren, Pantoffeln zum Ornat, in seltsam schemenhafter Erinnerung. Langsam kreiste ich das Thema ein und nannte dann beim Abendbrot das Stichwort.
Der Priester aus Europa speiste ungerührt weiter, als hätte er nichts gehört. Meine Hoffnungen schwanden. Erst beim Abschied sagte er: »*Seine* Mutter ist gegenwärtig nicht in Bogotá, und niemand weiß, wann sie zurückkommt. Aber es gibt jemanden, der Ihnen helfen könnte. Sie können Deutsch mit ihm sprechen, es ist ein Landsmann von mir.« Er nannte eine Telefonnummer, mehr nicht.
Ich wählte sie noch am selben Abend.
Nach einer Weile wurde der Hörer abgehoben, ohne daß sich einer meldete. Auch als ich meinen Namen und meine Herkunft genannt hatte, blieb es eine, wie mir schien, endlose Weile am andern Ende still. Dann sagte eine sonore Stimme auf deutsch, aber mit stark niederländischem Akzent: »Wenn Sie mögen, kommen Sie doch zu uns – *wir* werden auf Sie warten.«
Eine halbe Stunde später öffnete mir in der zweiten Etage eines Reihen-

hauses im östlichen Bogotá ein fünfzigjähriger Mann die Tür – hochgewachsen, das schmale Gesicht gutgeschnitten, die Haare weißgrau. Ein langer prüfender Blick hinter Brillengläsern, dann eine spontan ausgestreckte Rechte: »Ireneo Rosier.« Als ich eintrat, fügte er rasch hinzu: »Hauptsache, daß Sie nicht vom Italienischen Fernsehen sind«, ohne eine Erklärung dafür zu geben. Natürlich begriff ich nichts.

Alles, was jetzt kam, erlebte ich wie in Zeitlupe. In einem nicht sehr großen, gedämpft beleuchteten Raum: zwei Männer und eine Frau – sie schlank, schweres, schwarzes Haar, fest im Nacken geknotet, ein Paar herrlicher Augen in dem edlen, nicht mehr jungen Adlergesicht, die Verkörperung der Kreolin – »Isabel Ospina de Mallarino«, stellte Ireneo Rosier sie vor.

Beide Männer waren als Priester zu erkennen, beide schätzte ich auf vierzig Jahre, Altersgenossen von Camilo Torres. Vor mir ein breites, kluges, ebenmäßiges Gesicht – »Pater Gustavo Pérez«. Neben ihm, gedrungen, mit Brille und zupackender Hand, der andere Geistliche – »Pater Jaime Díaz«.

Ireneo Rosier war an der Tür stehengeblieben, als Geistlicher nur an dem steifen weißen Rundkragen zu erkennen. »Sie können Englisch sprechen, das versteht jeder von uns«, sagte er. »Was führt Sie hierher?« Alle sahen mich an.

Ich hatte das spanisch geschriebene Buch mitgebracht, auf dessen Umschlagdeckel sich das einzige Bild befand, das ich bisher von Camilo Torres kannte. Sprechen konnte ich nicht, weil ich spürte, daß in dieser Minute über das Schicksal meiner Aufgabe entschieden wurde. So hielt ich denn einfach das Buch in die Höhe.

Vielleicht hatten sie den Grund meines Besuches erwartet, jedenfalls zeigte niemand Überraschung. Aber sie blieben stumm. Ich blickte mich in dem schwach erleuchteten Raum um und blieb an Ireneo Rosiers Gelehrtengesicht hängen.

»Das Buch ist schlecht«, sagte er, höflich wegwerfend, »jeder von uns hier kennt Camilo besser als der Autor.«

Schweigen. Dann sagte ich: »Es geht um ihn. Ich bin gekommen, Camilo Torres zu porträtieren, einen Toten. Außer Ihnen weiß das niemand, ausgenommen der Pater, dem ich Ihre Telefonnummer verdanke.«

Wieder Schweigen. Das strenge, schöne Adlergesicht Doña Isabel Ospina de Mallarinos wirkte wie der Kopf einer klassischen Statue.

»Die Italiener«, sagte Ireneo Rosier, »haben es im vorigen Jahr auch schon versucht. Es wurde ein schlechter Film.«
Das war's also vorhin, dachte ich. Nun ja, so geht es eben in unserm Metier zu, die einen werden zu Böcken für die Sünden der anderen gemacht. Mir war hundeelend zumute.
»Wo ist Ihr Team?« fagte Ireneo Rosier plötzlich leise. »Wir waren Camilos engste Freunde und haben uns heute abend nach langer Zeit wieder einmal getroffen. Sie könnten gleich anfangen.«
Wir drehten bis vier Uhr früh.
Es war unglaublich – vier Tage nach unserer verspäteten Ankunft in Bogotá nahm unsere Kamera die persönlichen Zeugnisse von Camilo Torres' engsten Freunden auf, so eindringlich, als hätten sie gestern das letztemal mit ihm gesprochen. Alle Charakteristiken von ihm, die in diesem Kapitel wörtlich wiedergegeben werden, waren das Ergebnis jener Nacht. Wie kam es dazu? Was hatte der gefallene Priester an sich, daß er sich förmlich eingefressen hatte in die Seelen seiner Umgebung?
Hier lief die Spur, hier wurde ein Fundament gelegt, hier waren Hauptzeugen auf einen Schlag gefunden. Gewiß, die wichtigste Zeugin, Doña Isabel de Torres, fehlte, und es war zweifelhaft, ob sie während der fünf Wochen unseres Aufenthaltes in Kolumbien überhaupt nach Bogotá zurückkehren würde (Ireneo Rosier vermutete sie auf Kuba). Aber in dieser Nacht, in dem grauenden Morgen, auf der schweigenden Rückfahrt durch die bleiern schlafende Hauptstadt zum Hotel Continental, am vierten Tag nach unserer Ankunft in El Dorado, begann Camilo Torres für mich von den Toten aufzuerstehen.

»Die vollständigste, die logischste Lösung«

Und jetzt fielen die gegensätzlichen Eindrücke nur so über mich her!
Eine erste Reise hinein in das Land, nach Osten, in die wilde Gebirgswelt der ›Cordillera Oriental‹ – um Kolumbien in sich einzusaugen, es zu inhalieren, seinen Atemrhythmus zu erkennen. Nach wenigen Stunden schon schälte sich ein Bild von geradezu überwältigender Symbolkraft heraus: Über jedem Dorf, jedem Flecken, erhebt sich triumphierend, riesig, meist grob dem europäischen Barock nacheifernd, ein wahres Ungetüm aus seiner flachdachigen Umgebung – die Kirche! Chipaque, Ubaque, Fomeque – überall das gleiche Bild. Und

Caqueza! – über einen Grat kommend, sehen wir vor uns ein weites Tal, an dessen gegenüberliegendem Rand, sechs, sieben Kilometer von unserm Standort entfernt, ein Städtchen liegt, das aus nichts zu bestehen scheint als aus seiner Kathedrale.
Aus der Nähe dann, vom Turm aus – zu Füßen das bunte und von hier oben fast lautlose Marktgewimmel –, wirkte die sakrale Monumentalität im Zentrum der geduckten Armut ringsum noch deplacierter.
Die Masse der Kolumbianer setzt sich zusammen aus Urbevölkerung, Spaniern und Mestizen, der größere Teil davon Bauern. Auf viel zu kleinen Flächen schlechten Bodens versuchen sie mit ihren Familien zu überleben, während eine Handvoll Großgrundbesitzer über mehr und bessere Ländereien verfügt als Millionen *campesinos.*
Vier Fünftel der Dorfbewohner können nicht lesen und nicht schreiben; auf rund fünftausend von ihnen kommt *ein* Arzt, und fast jeder ist krank. Zwölf von hundert Kindern werden keine zwei Jahre alt, eine der höchsten Sterblichkeitsquoten auf der Welt. Die Verkehrsadern sind schwach entwickelt, zivilisatorische Vorteile eine Fata Morgana ferner Großstädte. Die Bauern, die *campesinos* – das sind Kolumbiens »tote Seelen«, seine Dumpfheit, sein Schweigen, seine Furcht . . .
Wieder in Bogotá dann ein Paradebeispiel, welch äußere Macht auf einen hingebungsbereiten, gläubigen jungen Menschen einwirken kann: In der Santa Fé – beherrschender Anblick des Stadtzentrums und mit ihrem klassischen Hochbarock bei verhangenem Himmel fast wie eine Zitadelle wirkend –, in der Santa Fé wurde Giovanni Paupini, Italiener, in sein neues Amt als Erzbischof eingeführt, eine nationalkirchliche Zeremonie, ein Hochritual, mit dem Pomp früherer Jahrhunderte begangen.
Unser anderes, das »legale« Thema, rechtfertigte die Anwesenheit der Kamera: der lange Zug der hohen Geistlichkeit aus den hinteren Gemächern, flutendes Licht, schwere Roben, Orgelklänge, Gesang. Die Creme des kolumbianischen Klerus als Silhouette gegen die Helligkeit des weitgeöffneten Portals; die Gemmengesichter der betenden Frauen und Mädchen; die Atemlosigkeit und Entrückung von Kindern, Männern, kniend, mit gebeugtem Haupt; das Schiff eingetaucht in goldenen Kerzenschein . . .
Und am Nachmittag desselben Tages dann das Bild jenes Zwölfjährigen in der Kirche San Francisco – den Kopf auf den ausgestreckten Armen,

barfuß, zerlumpt, schmutzverkrustet, schlief er in unmittelbarer Nähe des goldstrotzenden Altars.
Leben und Sterben von Camilo Torres werden die Spannungen dieses Katholizismus bis in die extremste Konsequenz hinein sichtbar machen.

Festungsartige Fassade, Bogentor, durchgetretene Steinstiegen. Im Hof ein plätschernder Brunnen, geziert von einer Putte – Cupido, wenn hier nicht Zölibat geherrscht hätte. Ein Gärtner zwischen gepflegten Rabatten; Sonne, Gräserspitzen liebkosend; dann und wann eine huschende Kutte; Stimmen aus dem Gebäude, den Lehrsälen – Priesterseminare in Kolumbien können eine wundersam-unwirkliche Atmosphäre haben.
Plötzlich mächtige Gongschläge – und der Innenhof füllte sich mit Seminaristen. Da standen sie in großen oder kleinen Gruppen, schlenderten hin und her, gestikulierten. Es war nicht schwer, sich einen ebenso jungen Camilo Torres dazuzudenken. Hier hatte er vor einundzwanzig Jahren, 1948, begonnen, Philosophie und Theologie zu studieren.
Der Jurastudent hatte sich die Frage gestellt:
»Wo und wie kann ich der Gesellschaft am besten dienen? Als Arzt, Rechtsanwalt, Ingenieur, Chemiker? Nichts von dem! Priester – das war die Lösung, die vollständigste, die logischste!«
Der Antrieb läßt sich durch ein weiteres Selbstzeugnis noch enger einzirkeln:
»Ich habe das Christentum gewählt, weil ich zu der Einsicht gekommen bin, daß in ihm die reinste Form der Nächstenliebe möglich ist. Ich glaubte mich von Christus auserwählt, so bewegt war ich von dem Wunsch, mich ihr ganz hinzugeben.«
Der verbrauchte, geschändete, verhöhnte Begriff ist die Quelle der Tragödie – Nächstenliebe.
Die *Spur* lag klar vor mir. Alles, was zu tun blieb, war, dieser frühen Entscheidung nachzuforschen.

Pater Jaime Díaz, Mitzögling der Jahre auf dem Priesterseminar:
»Camilo beschäftigte sich ständig mit geistigen Problemen, die aus dem Studium erwuchsen. Und wenn er eine Idee hatte, schob er mir ein kleines Kärtchen unter die Tür. Darauf stand: ›Monito‹* – so nannte er

* Äffchen

mich –, ›ich habe über dieses nachgedacht, jenes entdeckt, folgendes erkannt. Darüber müssen wir uns unterhalten.‹ Oder er forderte mich aus bestimmtem Grund auf: ›Bete!‹ Diese Art der Begegnung mit Camilo war für mich sehr bedeutsam. Sie bewies seine Fähigkeit, am Leben eines andern Menschen teilzunehmen, an dem, was ein Freund auf dem Herzen hatte.

Er war sympathisch, das war einfach sein Charakter, überaus sympathisch, voller Witz und geistreicher Wendungen, niemals streng und aggressiv, sondern immer bereit für eine offene, ehrliche Diskussion. Was ihn aber auf dem Seminar von allen anderen besonders unterschied, war seine ausgeprägte soziale Sensibilität. Sie bestimmte alle seine Entscheidungen, bis hinein in die Guerilla.«

Soziale Sensibilität – es ist, als schrillte hier zum erstenmal das große *diesseitige* Leitmotiv auf, wie ein persönlicher Klang, der einem nicht mehr aus den Ohren will. Zunächst noch neu, aber bereits ununterdrückbar. Pater Gustavo Pérez bestätigte es gleich nach Jaime Díaz in jener unvergeßlichen Nacht bei Ireneo Rosier:

»Camilos Unruhe auf dem Priesterseminar hatte eine bestimmte Ursache. Ich erinnere mich an einen Tag, als wir um das Gebäude herumspazierten. Es gab damals noch keine Sportanlagen oder andere Möglichkeiten, sich zu entspannen. Ich erinnere mich, daß er in ziemlich gedrückter Stimmung war, so daß ich ihn fragte: ›Was ist los? Was hast du?‹ Er antwortete: ›Was los ist? Ich habe ganz einfach das Empfinden, hier nicht auf das zu stoßen, weshalb ich hergekommen bin! Was wir lernen, bietet uns keinerlei Möglichkeiten zu *sozialer* Betätigung. Es gibt weder Soziologieunterricht noch Soziallehre noch überhaupt dergleichen!‹«

Aber wenn Camilo Torres auch immer unzufriedener mit dem geistlichen Studium wurde, weil es ihm zu idyllisch, zu wenig realitätsbezogen schien, er blieb dennoch sechs Jahre auf dem Priesterseminar in Bogotá. Sie sind zeitlich identisch mit einer Ära, die Kolumbien fast in die nationale Selbstauflösung steuern sollte.

Die »andere« Gewalt

Die politische Geschichte Kolumbiens, traditionell in die feindlichen Lager der »Konservativen« und der »Liberalen« gespalten, gibt keinen Anlaß, einen grundsätzlichen Unterschied zwischen den beiden Par-

teien zu konstatieren. Worum es ging, war immer wieder die bloße Machtablösung. Dabei stellten einmal die »Liberalen«, dann die »Konservativen« die attraktiveren Kandidaten.
Die Katastrophe brach aus, als 1948 ein wirklich populärer Politiker, der Liberale Jorge Eliezer Gaitán, von einem Anhänger der »Konservativen« ermordet wurde. Und jetzt schien es, als hätte das Land schon lange auf den Bürgerkrieg gewartet. Ein dreitägiger Aufruhr verwandelte zunächst Bogotá in einen Hexenkessel, in eine Trümmerlandschaft rund um die Plaza de Bolívar, mit umgestürzten Straßenbahnen, brennenden Wohnblocks und aufgerissenem Pflaster; mit Barrikadenkämpfen, scharfschießenden Soldaten, Brandstiftung, Plünderung, Panzern. Aber die Schlacht breitete sich rasch über weite Teile Kolumbiens aus. Dort auf dem Lande, in den Provinzen Meta, Antioquia, Arauca und Narino, in den Llanos von Vichada, den Gebirgen Santanders, den Dschungeln von Chaqueta und Choco, begann jenes pathologische Mordwüten, das dem Begriff *Gewalt* in unserm Jahrhundert seine kolumbianische Variante hinzufügte: die *violencia!*
Ganze ländliche Armeen schlachteten einander im Namen der »Konservativen« und »Liberalen« ab; Nachbardörfer, vorher in triefem Frieden lebend, rotteten sich aus, der Blutrausch triumphierte.
Die Chronik dieser Apokalypse verzeichnet alle Grausamkeiten, die zu erdenken die menschliche Phantasie fähig ist. Massenschändungen treffen nicht nur Frauen und Mädchen, sondern vorzugsweise auch Kinder beiderlei Geschlechts. Ich fand in Bogotá zahlreiche Fotos aus der Zeit der *violencia* – es gibt wenig, was sich mit diesen Bilddokumenten messen könnte. Leichenstapel, wie verbrannte Brotlaibe übereinander geschichtet; Straßenränder, an denen ein Erschlagener neben dem andern liegt, endlose Reihen; Mondlandschaften ausgetilgter Dörfer und Städte, von denen nichts blieb als ein paar kahle Steinstümpfe; Mädchen von drei, vier Jahren, deren auseinandergerissene Beine auch vom Todeskampf nicht wieder geschlossen werden konnten.
Nur ein Beispiel, wovon im Kolumbien unserer Jahrhundertmitte das Leben abhängen konnte. Als die Mitglieder des Konservatorium von Bogotá trotz der unruhigen Zeiten wagen, zu einem Konzert über Land zu fahren, werden sie unterwegs von einem liberalen Haufen angehalten. Der Anführer fragt sie nach ihrer Herkunft, hört »Konservatorium«, setzt es mit »Konservativ« gleich und läßt allen Ensemblemitgliedern, auch den weiblichen, auf der Stelle den Kopf abschlagen.

Niemand, kein Historiker und kein Soziologe, hat bis heute schlüssig die Ursachen der kollektiven Bestialität ergründen können, die das Kolumbien der *violencia* in ein Land der Trauer und des Zorns, der verlassenen Dörfer und der schwarzen Witwen verwandelt haben. Nur die Zahl von rund 300 000 Toten ist verbürgt.

1954 schlossen die Führer der »Konservativen« und der »Liberalen« einen auf siebzehn Jahre befristeten – und tatsächlich eingehaltenen – Burgfrieden. Aber auch nach 1970 brach der alte Krieg nicht wieder aus – in ihrer *klassischen* Form hat die *violencia* ihr blutiges Haupt nie wieder erhoben. Denn es wäre völlig falsch, die Guerilla und ihre Geschichte, in die Camilo Torres' späteres Schicksal verwoben sein wird, für eine Fortsetzung der *violencia* zu halten. Sie hat nie einen Anspruch auf soziale Umgestaltung erhoben, während gerade diese die Wurzel und der Antrieb für die Guerilla war und ist. Wie sehr dennoch das Trauma der Gewalt auf Kolumbien lastet, wie dünn der Firnis ist, unter dem die Erinnerung an die fürchterlichen Opfer des Bürgerkriegs schwelte, das hat die *neue violencia* entblößt, der Krieg der Drogen-Mafia, die mörderische Herausforderung der kolumbianischen Kokain-Barone und ihrer internationalen Helfer und Helfershelfer gegen Staat und Gesellschaft. Das Attentate- und Bomben-Inferno, das seither dort ausgebrochen ist, läßt seinerseits erkennen, wie ungebrochen die Tradition der Gewaltbereitschaft war, als sich ihr ein zeitgemäßes Feld mit nahezu uferlosen Profitmöglichkeiten öffnete. Die Reaktionen auf die neue Gewalt zeigten aber andererseits auch, daß der Widerstandswille gegen sie aufsehenerregend gewachsen ist, und zwar sowohl der zivile (allen voran der publizistische) als auch der staatliche (wenngleich die Korruption durch die Drogen-Mafia tief in Behörden, Ämter und öffentliche Institutionen eingedrungen ist).

Nach diesem klärenden Einschub zurück zu den Geschehnissen von damals.

Die katholische Kirche hatte sich ganz auf die Seite der »Konservativen« geschlagen und die Zugehörigkeit zu den »Liberalen« als »Sünde« erklärt. Ihre Entscheidung während der *violencia* war nur das konsequente Bekenntnis zu Traditionen, die, nach einer späteren Erklärung von Camilo Torres, die Kirche Kolumbiens zu einer der versteinertsten auf der ganzen Welt machte. Denn wenn es zwischen »Liberalen« und »Konservativen« im wesentlichen auch stets nur um die bloße Macht ging, so war die »Konservative Partei« doch der Hort der Oligarchie. Und eben dort, bei den Reichen und Mächtigen, ist der traditionelle Platz der Kirche wie in kaum einem andern Land Lateinamerikas – im Grunde genommen ist sie über die unheilige Allianz von Thron und Altar aus den Zeiten der spanischen Kolonialherrschaft nie hinausgekommen.

Das ist das Gehäuse, in das Camilo Torres, von Kardinal Luque 1954 zum Priester geweiht, eintritt.

Die Saat von Leuwen

Noch im selben Jahr schickt der Kardinal den vielversprechenden jungen Priester nach Europa – auf das »Lateinamerikanische Kolleg« der Katholischen Universität von Leuwen bei Brüssel, wo er weitere sechs Jahre zubringen wird. Er lernt verschiedene Länder kennen, darunter auch die Bundesrepublik, deren Sprache er in Kürze so gut beherrscht, daß er sich nahezu fehlerfrei in ihr ausdrücken kann. Das gleiche gilt für die französische Sprache.

In Leuwen tritt zum erstenmal ganz deutlich die Übermacht einer Persönlichkeit hervor, die sich ständig selbst regeneriert – aus ihrem unerschöpflichen Interesse am Mitmenschen, an seinem Schicksal, seinen Kenntnissen, seinen Wegen.

Jaime Díaz in jener Nacht:

»Typisch für Camilo war seine Kontaktfähigkeit. Er schlug sofort die Brücke zu seinem Nächsten, was bedeutete: Er war immer beansprucht, besetzt, begehrt – als Gesprächspartner, Ratgeber, Gesellschafter, natürlich besonders von nonkonformistischen Menschen. Er konnte niemandes Feind sein und respektierte andere Meinungen. Nur dem konkreten Unrecht gegenüber war er schon damals hart und kompromißlos. Das hervorstechendste Merkmal aber war seine Ehrlichkeit – der ganze Mensch war es, aus seiner Natur heraus, unwandelbar, überwältigend. Jeder konnte es erkennen.«

Und Gustavo Pérez bestätigte in dem weichen Englisch der Romanen:

»Camilo war ehrlich, sein ganzes Leben lang.«

Hier, in Leuwen, inmitten eines Linkskatholizismus, wie er in Kolumbien völlig unbekannt war, wird der rebellische Keim in Camilo Torres gelegt. Eine kurze Stelle aus einem damaligen Brief erhellt wiederum blitzartig das Leitmotiv:

»Heute sind es die *sozialen* Probleme, die den modernen Menschen am meisten beunruhigen. Die Welt erwacht aus einem langen, lethargischen Schlaf...«
Camilo Torres selbst war erwacht – in eine Diesseitsbezogenheit des Glaubens, die sein Schicksal bestimmen sollte.

Der Reformer

Die Studenten

Als Camilo Torres 1959 aus Leuwen nach Bogotá zurückkehrte, hieß Kolumbiens Kardinal Luis Concha Córdoba.
Während unserer Anwesenheit weilte der Oberhirte nicht im Lande, sondern hielt sich für längere Zeit in Rom auf. Sein Domizil in einem Villenviertel der Andenmetropole lag verschlossen und abweisend da. Immerhin gelang es mir, Fotos von ihm aufzutreiben, in einem Archiv, dessen Fündigkeit in angenehmem Gegensatz zu seiner Wurmstichigkeit stand (von hier kamen auch die grauenhaften Dokumente der *violencia*). Luis Concha Córdoba wies sich darauf aus als ein Mann um die sechzig – Altherrengesicht mit dem Anflug eines ständigen Lächelns, wie es für die äußere Etikette hoher kirchlicher Würdenträger nicht ganz untypisch ist. Die Brüderlichkeit wirkte eingefroren und jovial. Die verschiedenen Aufnahmen, oft durch Jahre voneinander getrennt, zeigten den gleichen Ausdruck, nämlich die Amtsmiene des Kardinals. Ich bin sicher, daß er uns jedwede Rede und Antwort zum Thema vor der Kamera verweigert hätte.
Damals aber ließ nichts darauf schließen, daß Concha Córdoba den jungen Priester schon erkannt hätte oder daß ihm irgend etwas in dessen Wesen kritisch aufgefallen wäre. Andererseits deutete aber auch nichts darauf hin, daß Camilo Torres ahnte, wie sehr ihm der Kardinal zum Schicksal werden sollte. Es ist verbürgt, daß Luis Concha Córdoba sofort zu ihm in ein ungewöhnlich herzliches Verhältnis trat, eine Haltung, die Camilo Torres offenbar rückhaltlos erwiderte. Seine moralische und politische Befreiung aus den Traditionen der katholischen Kirche Kolumbiens wird sich in den sieben Jahren, die ihm zu leben bleiben, an nichts so klar ablesen lassen wie an den Beziehungen zu Luis Concha Córdoba.

In ihrer Morgenröte jedoch, 1960, berief der Kardinal Camilo Torres an eine der unruhigsten Stätten des Landes – an die Universidad Nacional, die größte, die ›Nationaluniversität‹: als Professor der Soziologie und als Seelsorger. Einen stärkeren Beweis seiner Zuversicht, in ihm einen Bundesgenossen konventioneller Kirchenpolitik gefunden zu haben, hätte Luis Concha Córdoba nicht geben können.
Für vier Jahre wird die ›Nationaluniversität‹ zum Hauptschauplatz dieser Biographie. Im Gegensatz zu den vornehmen ›Los Andes‹, wo die Söhne und Töchter der Reichen studieren, sind an der ›Universidad Nacional‹ Studenten aus den sozial unteren Schichten immatrikuliert, sehr viele Stipendiaten, wenn auch mit geringer Neigung, sich davon korrumpieren zu lassen. Die Atmosphäre ist rauh, antiklerikal und durch und durch politisiert.
Vor dieser mißtrauischen, ja höhnischen Zuhörerschaft wiederholte Camilo Torres beharrlich, daß es kein Christentum ohne soziale Verantwortung geben könne, besonders nicht in Lateinamerika. Und was niemand für möglich gehalten hatte, trat in ungewöhnlich kurzer Zeit ein: Der Studentenseelsorger, gleichzeitig Professor der Soziologie, gewinnt fast auf Anhieb das Vertrauen der jungen Leute! Seine Ehrlichkeit, sein Engagement überwinden die Barriere einer verbitterten Minderheit, für die ein Priester bis dahin nichts anderes war als der Lakai von Machthabern, die in Kolumbien mit Studenten umzuspringen pflegten wie zu Zeiten Isabels der Katholischen.
Aber es blieb nicht beim Theoretisieren.
Im Juni 1962 werden zehn Kommilitonen ohne Angabe von Gründen, aber wegen »politisch mißliebiger Haltung« vom Campus verwiesen. Ein ordentliches Verfahren findet nicht statt. Und jetzt tut sich die ganze Kluft zwischen Staatsautorität und junger Intelligenz auf. Es kommt zu großen Demonstrationen in den Straßen einer Hauptstadt, die ihren Augen nicht traut: In der vordersten Reihe marschiert, unerhört, ein Priester mit! Aber mehr noch: Camilo Torres verteidigt die Relegierten öffentlich gegen die staatliche Autorität – ein Erdrutsch in einem Land, das von Priestern nur Gehorsam gewohnt ist.
Die Szenerie erinnert an die *violencia* – Polizisten mit Gummiknüppeln, Panzerwagen auf den Straßen Bogotás, gestürmte Studentenlokale, demoliertes Inventar und erregte Massenversammlungen bis in den Hof des Parlamentsgebäudes hinein.
Camilo Torres beteiligt sich nicht an den Gewaltakten. Damals muß er

noch fest an die friedliche Wandlungsfähigkeit der kolumbianischen Gesellschaft geglaubt haben, war aus dem Priester doch gerade der Reformer geworden. Dennoch war seine Solidarität mit den Studenten vollständig, und sie brachten ihm die gleiche Haltung entgegen.
Für diese leidenschaftliche Bindung gibt es einen Augenzeugen – Ireneo Rosier. Er hatte zur selben Zeit an der ›Nationaluniversität‹ gelehrt, ehe er nach dem Tode von Camilo Torres dann als dessen Freund an die *Los Andes* abgeschoben worden war, wo er auch während unserer Anwesenheit noch dozierte – Philosophie und Sprachwissenschaften –, in der unwiderlegten Annahme, daß er den dort unter hohem finanziellen Aufwand immatrikulierten Söhnen und Töchtern der Oligarchie kaum gefährlich werden konnte. Der sehr weltlich wirkende Geistliche, der dennoch geblieben war, weil ihm Kolumbien nach den Niederlanden zur zweiten Heimat wurde, hatte sich in seiner Wohnung erinnert:
»Die Studenten liebten Camilo am meisten, als Freund und als Dozent. Er brach mit dem autoritativen Verhältnis Professor–Student, das in Kolumbien noch sehr stark ist. Er brach auch als Priester mit dem Formalismus des Klerus – er feierte, trank, tanzte und sang mit den Studenten – sie beteten ihn an. Und er liebte sie genauso. Ich meine, er sah zuviel in ihnen. Sie unterschieden sich damals von ihm durch ihre größere Ungeduld, sie wollten schnelle Lösungen. Ihr einziger Wunsch war der rasche Wandel des sozialen Systems in Kolumbien. Aber der Unterschied trennte sie nicht. Schließlich ließ er sich ja auch von ihrer Ungeduld beeinflussen, und das trug wesentlich zu seiner Radikalisierung bei.«
Wandlungen und öffentliches Bekenntnis des Camilo Torres blieben Luis Concha Córdoba nicht verborgen. Als die Studenten den Soziologieprofessor und Seelsorger zum Rektor der »Nationaluniversität« vorschlugen, kam das erste Grollen aus der Kurie – die Wahl fände nicht den Beifall der Kirche, wegen der großen Jugend des Vorgeschlagenen.
Die Ciudad Universitaria von Bogotá ist ein riesiges Areal mit zahlreichen weißgetünchten Gebäuden, am westlichen Stadtrand gelegen, flankiert von der Avenida 30 und der Avenida al Aeropuerto, der Autostraße zum internationalen Flughafen.
Wir betraten das Gelände fertig zum Filmen, warteten, bis sich eine Menge um uns versammelt hatte – und dann nannte ich den Namen: Camilo Torres!

Das Stichwort elektrisierte den Campus auf fast magische Weise. Von überall kamen sie herbeigeeilt, plötzlich waren wir umringt von einem Wall harter, neugieriger Gesichter, in denen anderes einstweilen noch nicht zu lesen war. Aber dann, als zwei, drei Kommilitonen sich anschickten, etwas in die Kamera zu sprechen, wurden sie niedergeschrien und abgedrängt – die Menge nahm eine unmißverständlich drohende Haltung ein. Heinz Tödter ließ die Kamera sinken. Kein Zweifel, nicht nur die Ausrüstung, sondern wir selbst waren in Gefahr.

Aus dem Höllenspektakel war herauszuhören: Wir seien doch nur aus Europa gekommen, um Camilo Torres zu verfälschen und zu diskreditieren. Er sei gar nicht zu rekonstruieren, deshalb sollten wir dahin zurückkehren, woher wir gekommen seien, und das so schnell wie möglich. Die Deutschen seien zwar keine Yankees, aber sie zählten eben doch zu den Reichen dieser Erde, und die verstünden nichts von den Problemen der Armen auf der Welt. Deshalb – wenn wir nicht in fünf Minuten verschwunden seien, würden wir unsere Hartnäckigkeit bereuen ...

In mir war Freude hochgestiegen über diese Haltung, daneben gleichzeitig aber auch eine kalte Wut, die wuchs und wuchs.

Zu der Zeit hatte ich bereits ein Gefühl ständiger Nachbarschaft mit Camilo Torres, er war begleitende Gegenwart geworden, Kolumbien dabei, zu seinem Synonym zu werden. Und das sollte mir hier bestritten werden?

Das geringste Zeichen von Nachgiebigkeit, der kleinste Erfolg des Einschüchterungsversuches – und wir wären mit Schimpf und Schande und beschädigter Ausrüstung auf die Avenida 30 gejagt worden. Nun hatten wir einen ausgezeichneten Dolmetscher mit uns, einen jungen Bogotano, der für seine Arbeit Geld bekam. Wenn jedoch nicht mehr dahintergesteckt hätte, dann hätte er spätestens jetzt davonlaufen müssen. Selbst vor Jahresfrist noch an der ›Nationaluniversität‹ gewesen, ließ er sich erfreulicherweise nicht einschüchtern, sondern übersetzte mit Stentorstimme meine mit gleicher Kraft an die studentische Einkreisung gerichteten Fragen: Ob sie glaubten, Camilo Torres für sich pachten zu können? Ob sie leugneten, daß er auch Menschen außerhalb von Kolumbien beeindrucken könne, und das völlig unabhängig von der Distanz zur Nationaluniversität? Ob sie überdies Hellseher seien, daß sie meine Absichten so genau zu kennen glaubten? Oder seien sie zu feige, sich dem Thema zu stellen?

Das war va banque, aber ich spürte, wie mit jedem Satz auch ein Stück meiner aufgestauten Wut entwich, die mich befallen hatte, weil mir die Bundesgenossenschaft verweigert worden war. Und das hinzunehmen, war ich nicht bereit.
Es dauerte eine Weile, ehe sich Wirkung zeigte. Die harten Gesichter entspannten sich, einige begannen zu grinsen, der Kreis um das Team verlor etwas von seinem Umzingelungscharakter.
In dem Moment drückte Heinz Tödter auf den Auslöser.
Wir bekamen kein Interview, mehr als sie durch ihre bisherige Haltung zum Ausdruck gebracht hatten, erfuhren wir auch jetzt von den Studenten nicht. Aber wir konnten sie unbehelligt filmen.
Ich war wie benommen. Drei Jahre nach seinem Tod war Camilo Torres, auch für viele, die ihn persönlich nie kennengelernt hatten, so lebendig wie zur Zeit seines Aufenthaltes an der »Universidad Nacional«!
Eine eindrucksvollere Lektion hätte nicht erteilt werden können.

Der Liebling der Studenten, die strahlende Persönlichkeit, die ohne ihr bewußtes Zutun überall, wo sie auftauchte, zum Mittelpunkt wurde; dieser Kolumbianer, der sich unter der hohen Geistlichkeit und in den Spitzen der kreolischen Gesellschaft so zwanglos bewegte wie unter den Studenten, die ihm vor allem als seinesgleichen schienen – Camilo Torres war an jenem denkwürdigen ersten Kameraabend von Ireneo Rosier so geschildert worden:
»Er war, ich möchte sagen: auf eine fast griechische Weise dreifach brillant – intellektuell, emotional und physisch. Er war wirklich sehr intelligent, vielleicht sogar genial – aber kein trockener Intellektueller. Er war energisch-praktisch, er liebte das Leben, die Menschen, Musik – er war ein guter Tänzer. Physisch war er sehr wohlgebaut und sehr attraktiv für die Mädchen. Jeder mochte ihn gern.«
Eine der persönlichsten Schilderungen aus jener Lebensphase war gleich hinterher aus dem Munde von Doña Isabel Ospina de Mallarino gekommen. Das schöne Adlergesicht mit den flammenden Augen leicht gerötet von der Macht der Erinnerungen, hatte sie in fließendem Englisch erzählt:
»Camilo war nie pünktlich. Das hing meiner Meinung nach mit seiner ganzen Großzügigkeit zusammen. Er konnte einfach niemandem die Hilfe versagen. Wurde ihm etwa während einer Vorlesung auf der Uni-

versität von Studenten hinterbracht, in der Nachbarschaft bedürfe jemand seiner Unterstützung, dann brach Camilo sofort auf, um das Problem zu lösen – ohne auch nur einen Gedanken daran zu verschwenden, daß er an einem sehr wichtigen Ort wenig später eingeladen war.

Er brachte es zum Beispiel fertig, um drei Uhr an der Tür eines Hauses zu klingeln, wo er zum Mittagessen erwartet worden war, und zu fragen: ›Ist noch etwas da für mich?‹ Natürlich konnte man ihm nicht böse sein, sondern nur erwidern: ›Gewiß, es ist noch etwas für Sie da, also kommen Sie schon herein . . .‹ Er war unmöglich!

Dann, als er eine meiner Töchter trauen sollte. Da ich fürchtete, daß er nicht pünktlich in die Kirche kommen würde, rief ich am frühen Morgen bei ihm zu Hause an und sagte zu dem Mädchen: ›Lassen Sie bitte Camilo heute morgen nicht weggehen. Er muß nämlich um 12 Uhr in der Kirche sein, wo meine Tochter heiratet. Wenn er vorher wegginge, käme er dort nie an . . .‹ Auf diese Weise erschien er dann auch tatsächlich rechtzeitig zur Trauung.

Camilo besaß nie etwas, nicht einmal eine zweite Soutane. Er hatte sie, wie er mir erzählte, einem armen Priester geschenkt. Er gab seine Schuhe weg, seine Uhr – er besaß nichts. Freunde mußten ihm ein Taschentuch geben, einen Kugelschreiber, ein Stück Papier. Der einzige Gegenstand, den er behielt, bis er starb, war seine kleine Bibel. Er trug sie stets in der Tasche und pflegte sie mitten in einem wichtigen Gespräch hervorzuholen, um daraus eine der Gelegenheit entsprechende Stelle zu zitieren.«

Es war erstaunlich anzusehen, wie Doña Isabel Ospina de Mallarino aus sich herausging. Ihre Arme hoben und senkten sich, und ihre ausdrucksvollen Hände bewegten sich graziös wie Schmetterlinge in der Luft. Dabei war an dieser Kolumbianerin vorher noch alles streng gewesen, kühl, selbstbeherrscht – jetzt war sie aufgewühlt, schmerzlich-amüsiert, tief beteiligt. Das schöne Frauenantlitz glühte.

Doña Isabel Ospina de Mallarino hatte ein schweres Schicksal hinter sich. Sie war Mutter zweier Töchter, die längst erwachsen waren, aber ihr Mann war gestorben, als die erste ein Jahr alt war. Eine Verbindung ist sie nie wieder eingegangen. Dozentin an den *Los Andes*, schlug sie sich mit einem mäßigen Salär durchs Leben, ohne auch nur ein Jota von ihrem Stil zu verlieren. Ich wußte nicht, was ich mehr bewundern sollte – die äußere Schönheit dieser nicht mehr jungen Frau oder ihre

Disziplin, das gezügelte Temperament in dem biegsamen Körper: eine wunderbare, eindrucksvolle Zeugin.
Die Hauptzeugin aber fehlte mir immer noch.

Die Mutter

Wir waren jetzt fast drei Wochen in Kolumbien und hatten etwa noch die gleiche Zeit vor uns, bis wir nach Bolivien abfliegen würden – aber von Doña Isabel, der Mutter: immer noch keine Spur.
Dabei hatte es sich inzwischen bestätigt, daß das filmische Porträt auf ihre Gegenwart angewiesen sein würde. Nicht nur, weil sie Camilo Torres am besten kannte, sondern auch, weil bei ihr in des Wortes buchstäblicher Bedeutung der *Schlüssel* lag, den Sohn für unsere Zuschauer zu visualisieren, ihn überhaupt als Person sichtbar zu machen – durch die Bilddokumente in ihrer Hand!
Das Familienheim der Torres, Haus Nummer 542 in der Calle 67, lag im Stadtteil Chapinero – ein zweistöckiges Backsteingebäude. Ireneo Rosier hatte uns dorthin begleitet, hatte geklingelt und dann noch im Türrahmen ein wunderschönes junges Mädchen in die Arme geschlossen – Mercedes, Doña Isabels Privatsekretärin und Freundin, zum engeren Kreis schon des lebenden Camilo Torres gehörig.
Ich durfte mich frei umtun.
Im Parterre, außer der Küche, ein kleinerer und zwei größere Räume. Das Mobiliar unmodern und dauerhaft. Man spürte, hier war lange nicht renoviert worden. Eine schmale Wendeltreppe führte in den oberen Stock – das Zimmer des Sohnes, solange er hier gelebt hatte: mäßig hell und, wie das ganze Haus, von feiner Feuchtigkeit durchsetzt. Keine Insignien, keine Bilder oder irgend etwas Persönliches hier auf der Etage.
Aber unten, im Flur, hinter Glas – Fotos, Fotos, Fotos! Bewegte Szenen aus den Jahren 1960 bis 1965: Camilo Torres inmitten von Studenten, das Herz ihrer öffentlichen Demonstrationen; der Priester in den Slums von Bogotá; in Ausübung seines geistlichen Amtes; Arm in Arm mit der Mutter. Alles beherrschend aber drei stark vergrößerte Aufnahmen an der Wand des Wohnzimmers, darunter jenes Porträt, das wie kein anderes Foto Wesen und Erscheinung des Kolumbianers widerspiegelt: voll uneitler Konzentration in die Linse blickend, eine Spur von unten nach oben; würdig, ohne bedeutend sein zu wollen,

und von einem Ernst, der das Charakteristische des Gesichts dennoch nicht verbergen konnte – Güte.
Doch alle diese Bilddokumente waren nur ein winziger Ausschnitt des Reichtums, den der große Schreibtisch verschlossen hielt. Öffnen könnte ihn jedoch nur Doña Isabel, ohne ihre Anwesenheit blieb alles unerreichbar, tabu. Daran ließ die schöne, eisklare Mercedes keinen Zweifel, während Ireneo Rosier unaufdringlich um Verständnis für ihre Haltung warb.
Natürlich fühlte ich Verständnis, vor allem aber Verzweiflung. Da schlürfte ich förmlich in mich hinein den Ort, an dem Camilo Torres groß geworden war und gelebt hatte, bis er zur Guerilla ging; saß stundenlang herum, auf den Stühlen, auf dem niedrigen Sofa im hinteren Parterrezimmer, vor dem Schreibtisch; betrachtete die Bilder an der Wand – aber nur, um mir immer klarer darüber zu werden, daß der Tote, falls wir diese optische Fundgrube nicht ausschöpfen könnten, ein Schemen bleiben müßte, ja, daß der ganze Film ohne Doña Isabels Ankunft und Zustimmung entweder ein Torso werden oder überhaupt nicht machbar sein würde.
Drei Tage später, ich lauschte in meinem Hotelzimmer gerade dem unvermeidlichen Radio Salcedo, klingelte das Telefon. Am anderen Ende der Leitung Ireneo Rosier: »Camilos Mutter erwartet euch in einer Stunde, sie ist gestern nacht eingetroffen.« Seine Stimme vibrierte.
Mir fiel fast der Hörer aus der Hand.
Als wir das Haus 542 in der Calle 67 betraten, kam eine zierliche, schlanke, schlohweiße alte Dame die schmale Wendeltreppe herab – die großen Augen dunkel hinter starken Brillengläsern, der Mund breit und herrisch. Dazu eine Altstimme, die einem durch Mark und Bein ging – dröhnend, gewohnt anzuordnen, entbot sie uns zum Gruße die letzten Spracherinnerungsfetzen aus einem fernen Jugendaufenthalt in Deutschland!
Wer eine trauernde Mutter erwartet hatte, gebeugtes Leid, offenen Schmerz, der sah sich getäuscht. Mit Doña Isabel de Torres war eine Flamme in das brüchige Haus gefahren, ein berstendes, explodierendes Licht. Ihre Stimme beherrschte das Gebäude vom Flur bis unters Dach, ein Organ, das auch durch den Tod des Sohnes nichts von seinem Selbstbewußtsein eingebüßt hatte. Falls hier irgend jemand Wehleidigkeit geäußert hätte, die unverwüstliche Lebenskraft dieser Frau hätte jedes Sentiment im Keime erstickt.

Sie hatte Ireneo Rosier mit wortloser Vertrautheit umarmt, und dann, ohne auch nur eine Frage nach unserer Herkunft und Absicht zu stellen, mich wie einen Jungen an die Hand genommen und vor den Schreibtisch geführt. Dort schloß sie eine Tür auf und holte zwei mächtige Alben hervor, voll von Fotos: die optische Chronik des einzigen Kindes, von den Baby- über die Jünglingsjahre, die Priesterweihe und das Studenten-Idol bis in die letzte Phase der Legalität – jedes Foto einzeln kommentiert von der schneidenden, dröhnenden Stimme, mehr als drei Stunden lang, ohne Unterbrechung.
Ireneo Rosier, die grausilbernen Haare wie gesträubt, Hände auf dem Rücken, im Gesicht ein kaum merkliches Lächeln über mein Entzükken, stand still an der Wand, die ganze Zeit. Neben ihm, nun auch sie nur noch Statistin, die dunkle Mercedes.
Und während Heinz Tödter endlich seine Spezialoptiken hervorholen konnte, um viele der Fotos auf den Film zu bannen, zog die zierliche, stolze Mutter mich vom Schreibtisch weg vor die drei übergroßen Porträts an der Wand des Wohnzimmers. Einen Finger an der Wange, den herrischen Mund spöttisch verzogen, fragte Doña Isabel: »Wissen Sie, was Camilos charakteristischstes Merkmal war – das wollen, das müssen Sie doch wissen für Ihren Film? Das Charakteristischste an ihm war, das sage ich spontan und ohne jede Einschränkung, seine besessene Liebe zu den Armen und Hilflosen – aus seinem christlichen Geist. Er mußte einfach helfen. Diese Eigenschaft hatte er schon als Kind gehabt und sie dann beibehalten. Er half, wann immer es möglich war, und allen, die sich an ihn wandten. Das ist es, was Sie wissen müssen.«
Das Surren der Kamera über dem Schreibtisch; Ireneo Rosier und Mercedes am Fenster im Gespräch; Doña Isabel de Torres vor den Bildern ihres toten Sohnes – erst jetzt begriff ich etwas von der oft zitierten Innigkeit dieser Mutter-Sohn-Beziehung, über die Augenzeugen so übereinstimmend zu berichten wissen. Hier hatte Matriarchat geherrscht, von so archaischem Zuschnitt, daß der Ehemann und Vater, ungeachtet seiner Berühmtheit als Arzt, wie ein Schatten aufgesogen worden war.
Plötzlich zog Doña Isabel mich mit jenem eigentümlich selbstironischen Ausdruck nahe zu sich heran und sagte, so leise, als könnte der Betroffene aus dem Nebenzimmer zuhören: »Natürlich war Camilo ein unmöglicher Mensch, das haben Sie inzwischen ja wohl auch schon

herausgekriegt, wie? Jeder seiner Freunde sagt es, und ich, seine Mutter, sage es ebenfalls. Aber wissen Sie, was das Unmöglichste an ihm war? Seine Unpünktlichkeit! Ich habe nie wieder einen so unpünktlichen Mann erlebt wie meinen Sohn. Nur – er konnte nichts dafür, schuld daran bin *ich*. Brauchte ich doch fünfzehn Tage über die Zeit, um ihn zur Welt zu bringen.«
War es nicht, als müßte jeden Augenblick die Haustür aufgestoßen werden, und hereingestürmt käme, die Mutter ungestüm umarmend und uns lebhaft begrüßend, der Beschworene selbst?
Camilo Torres – Dialog mit einem Toten!

Vier unvermeidliche Konflikte

Bis hierher, bis zum Mittelakt dieser kolumbianischen Tragödie, ersteht eine Persönlichkeit von seltener Suggestionskraft, eine fazinierende Mischung aus Energie, Charme, inbrünstiger Gläubigkeit und der Naivität edler Naturen; strahlend und düster, voller Offenheit und voller Scheu, reckt sich vor uns ein Hüne, schön, ungeheuer beredsam, tief beseelt und nahezu unbewußt erfüllt von der Erfahrung, daß die Menschen ihm gegenüber die ganze Skala der Gefühle zwischen Anbetung und Haß äußern, nur eines nie – Gleichgültigkeit!
Dies war die eine Seite von Camilo Torres. Die andere wird jetzt geprägt, von vier zusammenwirkenden Mächten, in deren Zeichen sich sein Schicksal nun rasch vollziehen wird.

Eine bestimmte Aufnahme hatte mich besonders beeindruckt – Camilo Torres in einer der *barriadas* von Bogotá, inmitten ihrer Bewohner, ein Kind auf dem Arm – hier, in den Slums, wird er, nächste Etappe, endgültig zum Reformer. Er hat sie alle gekannt, die bodenlosen, krätzigen Höllen seiner Heimat, Polycarpe, Las Colinas, San Domingo, den ganzen verfaulenden, stinkenden Süden von Bogotá!
Wir waren schon kurz nach Ankunft unserer Ausrüstung tief eingedrungen in die regenverweinten Bruchquartiere aus Blech, Pappe und Holz auf den Hügeln, von denen herab eine graue Sauce lief. Voller Gier, die Spur zu finden, hatten wir gefilmt: großäugige Kinder in türlosen Eingängen; Hunde ohne Fell, wie rasiert; auf einem Dach ein Kakadu; in einer Hütte ein offenes Feuer, davor eine gekrümmte Mutter mit ihrem Säugling auf dem Rücken. Der Boden war überall glitschig,

wie von Seife beschmiert, der Matsch knöcheltief, eine haftende Mischung, in die hinein der unabgeräumte Unrat ganzer Slumgenerationen mitverbacken schien. Und im Hintergrund die Skyline von Bogotá, das glänzende Bank- und Industrieviertel, eine Silhouette der Unverschämtheit und des offenen Hohns.

Dann Polycarpe – die gleichen aufgeweichten, unergründlichen Wege. Hier, so war mir berichtet worden, werde Camilo Torres noch wie ein Heiliger verehrt. Ich machte die Probe aufs Exempel, ich fragte den ersten Menschen, der uns begegnete, nach dem toten Priester.

Es war ein Lehrer, wie sich herausstellte. Er blieb stehen, schaute uns prüfend an und sagte dann: »Camilo? Ob ich ihn kannte? Es gibt überhaupt niemanden hier, der ihn nicht kannte, die Neugeborenen ausgenommen ...«

Ja, sie kannten ihn, der einmal gesagt hatte: »Die sogenannten guten Werke verewigen das Elend nur, statt es zu beseitigen. Sie sind der Trank, den man dem Tuberkulösen reicht, damit er nicht mehr hustet.«

Camilo Torres theoretisierte nicht ästhetisch über das erbärmliche Dasein der Armen, er tat keine »guten Werke«, sondern er solidarisierte sich mit der Armut. Nirgendwo trat der sachliche Soziologe so weit nach vorn wie in den *barriadas*: Bau von Wasserleitungen, Müllabfuhr, Pflasterung der Straßen und Wege, Unterricht für die Kinder – das war sein Programm. Als einmal eine Schule abgerissen werden sollte, kämpfte er unter Einschaltung der Presse so lange, bis gerettet war, was ihm am Herzen lag. Die Mobilisierung der öffentlichen Meinung – Camilo Torres verstand auch das.

Aber wenn der Priester manchmal auch weit zurücktrat, jede Handlung wurde gespeist aus der einen, derselben Quelle: »Ich hatte die Entdekkung gemacht, daß das Christentum auf Nächstenliebe beruht – und mich für ein Leben mit ihr entschieden.« Das Massenelend seines Volkes – das war eine der vier Mächte, die sein Schicksal bestimmten.

Der Konflikt zwischen Camilo Torres und der Armut war unvermeidlich.

El Chico ist ein Stadtteil im »heilen Norden« von Bogotá.

Villen wie Burgen, abweisend, kühl, isoliert, gleichsam unbewohnt. Höchstens, daß dann und wann neugieriges Dienstpersonal heraustritt und Fremde mustert wie Feinde. Die Architektur ist, innerhalb eines

einheitlichen Bungalowstils, gediegen. Die Straßenschilder zeigen Symbolfiguren barocken Gepräges – der Luxus hat seine Schnörkel gesetzt.
El Chico – sogar die Luftsäule schien hier reiner zu sein als über Polycarpe, San Domingo, Las Colinas, der Himmel bunter gezeichnet, der ganze Ort einem andern Planeten zugehörig.
El Chico – (»Der Kleine«) – der Name symbolisiert etwas von der herrschenden Minderheit Kolumbiens, die nicht mit der Wimper zuckt, wenn ihre Angehörigen sich den Zutritt zu einem der exklusiven »Country Clubs« mit umgerechnet 20000 Mark erkaufen.
In einen von ihnen, ein ganzes Stück nach Norden heraus gelegen, waren wir eingeladen worden, von einem deutschstämmigen Mitglied – hier tritt kein Unberufener näher!
Das Anwesen lag landschaftlich märchenhaft. Im Hintergrund die Vorhügel der großen Andenkette, davor, wellig, endlos, von Baumgruppen durchsetzt, gepflegte Grasflächen – es wird Golf gespielt! Die Damen in elegantem Dress, die Männer smart – einheimische Geschäftsleute aus der Metropole, aber auch Gäste, Diplomaten, ausländischer Besuch, internationale Verhandlungspartner. In steter Nähe, anwesend und doch irgendwie nicht existent, die Pulks der Caddies, knabenhafte Kolumbianer, ärmlich gekleidet, die Tasche mit den Ersatzschlägern wie eine überdimensionale Last gehorsam über der Schulter.
Mich haben soziale Gegensätze immer erschreckt, besonders jener gnadenlose, unverschleierte Kontrast zwischen arm und reich, wie er für die Dritte Welt, mit ihrer meist fehlenden Mittelschicht, typisch ist. Aber dies hier, der weite Platz mit den lässigen Spielern; der Duft von selbstbewußter Männlichkeit und weiblicher Eleganz, als werde für ein exquisites, von dieser Allgemeinheit gar nicht zu erstehendes Produkt geworben; dieser Golfplatz, wenige Kilometer von den *barriadas* entfernt, hatte etwas von der Gemeinheit eines unerwarteten Faustschlages ins eigene Gesicht an sich.
Camilo Torres spinnt den Faden seiner ursprünglichen, elementaren Entscheidung weiter:
»Im Kolumbien von heute kann Nächstenliebe nicht verwirklicht werden, weil die politische, wirtschaftliche und soziale Struktur sie nicht ertragen würde. Heute befindet sich die Macht in den Händen einer kleinen Gruppe von etwa fünfzig Familien. Ich bin überzeugt, daß sie den kürzeren ziehen müssen, damit es dem Volk wohlergehe.«

Die zweite Macht, gegen die er sich richtet, ist die einheimische Oligarchie.
Der Konflikt zwischen Camilo Torres und der Klasse, aus der er stammte, war unvermeidlich.

Dann tauchen neue Töne auf, denn bald schon verbindet er Gewalt und Unrecht nicht mehr nur mit den »Großen Familien«, sondern mit der Vormacht, die nach seiner Überzeugung die Oligarchien Lateinamerikas überhaupt noch am Leben hält – den USA:
»Die Vereinigten Staaten von Nordamerika halten für Kolumbien ebensolche Invasionspläne bereit wie für die Dominikanische Republik damals, nicht etwa, weil deren Regierung kommunistisch war, sondern weil ihre Ziele den nordamerikanischen Interessen zuwiderlaufen. Aber ich bin überzeugt, daß ganz Lateinamerika dem Beispiel Kolumbiens folgen und den Befreiungskampf auf den gesamten Subkontinent ausdehnen wird – bis zum Ende. Denn keine materielle Überlegenheit könnte ein freiheitsliebendes Volk je auf die Dauer niederhalten.«
Es gibt kein Verständnis für diesen Lebensweg, vor allem seinen Ausgang, ohne den großen historischen Rahmen, in den sich die lateinamerikanische Problematik immer noch fügt: den doktrinären Eingriff der Weltmacht USA innerhalb der westlichen Hemisphäre selbst, die politische und wirtschaftliche Kontrolle zwischen Mexiko und Feuerland zum Nutzen der Vormacht, die jede soziale Veränderung als kommunistisch denunziert und damit nichts anderes tut, als den subkontinentalen Hochdruckkessel weiter aufzuheizen.
Diese, die dritte der vier Mächte, mit denen der Kolumbianer sich auseinandersetzte, wird sein Schicksal auf eine direkte Weise, nämlich physisch-tödlich, bestimmen, ohne daß er davon schon eine Ahnung haben konnte, als er seine grundsätzliche Gegnerschaft wie oben bekannte.
Der Konflikt zwischen Camilo Torres und dem Gendarm des lateinamerikanischen Status quo war unvermeidlich.

Die Kirche Kolumbiens war immer ein Pfeiler der Oligarchie und der ausländischen Intervention gewesen.
Zwei Jahre nach Camilo Torres' Tod, 1968, wird der Eucharistische Kongreß in Bogotá selbst geradezu überwältigend den Klassencharakter der Gesellschaft demonstrieren: in der naturgetreuen Abstufung der

hierarchischen Pyramide rund um Papst Paul VI. als Mittelpunkt. Man muß sich das vorstellen – der eigens zu diesem Anlaß zentripetal konstruierte riesige Templete Congreso Eucarístico an der Avenida 69: ganz im Innenring, vorn, die Vertreter der Oligarchie des Landes, zusammen mit den führenden Politikern um den Präsidenten Lleras Restrepo, in unmittelbarer Nähe Seiner Heiligkeit und deren Würdenträger. Dann, in gebotenen Abstufungen, Geistlichkeit und Laien bis an die Peripherie; und schließlich, äußerer Ring hinter Draht, das »Fußvolk Gottes«, Nonnen und Brüder mit selbstgebauten Spiegelkästen, bemüht, wenigstens einen Schimmer vom Glanz des inneren Zirkels zu erhaschen – das ganze Ordnungsprinzip von oben nach unten, Kolumbiens vollständige Soziologie offen unter freiem Himmel ausgestellt!
Jedes Jahr am 17. Juni vereinigt sich diese Kirche mit der jeweiligen Staatsführung in einem Akt von symbolischer Bedeutung und öffentlichem Pomp, eine Institution, deren Soziallehre auch in der langen nachkolonialen Phase bis in die Gegenwart hinein nie über die Caritas hinausgekommen ist.
Der nun immer militantere Humanismus des jungen Priesters aber hatte sich so geäußert: »Wenn Wohltätigkeit, Almosen, Gratisschulen, Wohnungsbaupläne, kurz alles, was *Caritas* genannt wird, es nicht erreicht, die Hungrigen zu speisen, die Nackten zu kleiden und die Unwissenden zu lehren, dann müssen wir nach wirksameren Mitteln suchen.«
Die traditionalistische Amtskirche, deren feudale Befangenheit die tiefe Gläubigkeit des kolumbianischen Volkes in den Rang eines Wunders an Geduld erheben könnte, ist die vierte und entscheidende Macht dieser Biographie.
Der Konflikt zwischen Camilo Torres und seiner Kurie war unvermeidlich.

Sie ist es, die im Zusammenspiel dieser Mächte als erste zuschlägt.
Ein neue Vokabel im Munde des bisherigen Reformers liefert ihr den wohl längst willkommenen Vorwand:
»Wir predigen nicht genügend den Inhalt des wahren Christentums – er ist Liebe, und Liebe muß wirksam sein, sonst ist sie Heuchelei. Damit sie wirksam werde, muß man die *Sozialrevolution* befürworten. Es ist keine Zeit mehr für halbe Reformen. Wenn sich die Kirche nicht zum Fürsprecher der Sozialrevolution macht, verfehlt sie ihre Aufgabe

und wird durch diese Revolution beiseite geschoben. Denn sie kommt, so oder so.« Als Camilo Torres nicht nur immer dringlicher fordert, die Ursachen der gewaltigen Kluft zwischen Gläubigen und Amtskirche zu untersuchen, sondern sie gleichzeitig auch beim Namen nennt: ihre wirtschaftliche und politische Macht, fehlende Solidarität mit den Armen und mangelnder wissenschaftlicher Geist – reagiert der Kardinal brüsk. 1964 entzieht Luis Concha Córdoba dem damals Fünfunddreißigjährigen die Seelsorge an der Nationaluniversität, was auch den Verlust des Lehrstuhls für Soziologie bedeutet.
Wie wenig der Oberhirte, trotz der engen Beziehungen, die sie beide lange miteinander verbanden, immer noch von Camilo Torres weiß, bestätigt das Angebot, das er ihm nun macht: an der Erzdiözese Bogotá nach den »Grundlagen für die Seelsorgeplanung« zu forschen ...
Aber ein Camilo Torres kann nicht zum frommen Kurialangestellten, zum kirchlichen Hinterbänkler werden. Vielmehr wird einige wenige Monate, bevor völlige Dunkelheit eintritt, sein Stern am hellsten strahlen.

Der Rebell

Frente Unido

Anfang 1965 trägt die bis dahin zersplitterte Linke Kolumbiens Camilo Torres die Führung des *Frente Unido*, der »Vereinigten Volksfront«, an – eine Gründung, die das Machtkartell der Großen Koalition von Konservativen und Liberalen zerbrechen will.
Der junge Priester stimmt zu.
Am 17. März jenes Jahres veröffentlicht das gleichnamige Organ der Bewegung *Frente Unido*, die *Plataforma*, das Programm: radikale Bodenreform, Verstaatlichung der Banken, der Großindustrie, der Bodenschätze und der Transportmittel, ferner Bildungspläne auf Kosten eines stark gekürzten Militärbudgets – mit anderen Worten: die völlige Umgestaltung der kapitalistisch-feudalistisch-oligarchischen Gesellschaft Kolumbiens!
Die »Plattform« ist es, die Camilo Torres die Massen zutreibt. Er reist quer durch das riesige Land, und wo immer er auftaucht, in Medellín, Cali oder Manizales, in Bucaramagar, Montería oder Baranquila, das

Volk strömt ihm zu. Bilddokumente aus Doña Isabels unerschöpflicher Fotoschatulle beweisen, daß die Begeisterung frenetische Züge zeigte. Eingekeilt in der Menge, von ihr auf die Schultern gehoben, an der Spitze von Umzügen und Demonstrationen, ist er Idol und Hoffnung in einem. Sie lauschen ihm atemlos, obwohl er auf den Kundgebungen oft stundenlang redet, und dazu über eine anspruchsvolle Materie: schrittweise Verwandlung von Privatunternehmen in genossenschaftliche; pluralistische Gewerkschaften; Mitbestimmung der Arbeiter – das Auditorium bleibt ganz Auge und Ohr.
Kolumbien schaut zu Camilo Torres empor wie zu einer Erscheinung. Wie immer sich die Zuschauer auch voneinander unterscheiden mochten – ob Angestellte oder Arbeiter in den städtischen Zentren, ob *campesinos* und *cholos* in den Gebirgsnestern, den *llanos* oder den tropischen Küstengegenden am Pazifik und Atlantik –, sie alle kamen, um das unglaublichste Ereignis in der jüngeren Geschichte ihres Landes selbst zu erleben: den Priester, der die sozialistische Revolution predigt, Camilo Torres – Rebell des Kreuzes!
Jetzt ist er Kolumbiens großes Charisma.
Dabei muß es hinter den Kulissen zuweilen abenteuerlich zugegangen sein. Ireneo Rosier erzählte, daß Camilo Torres oft erschöpft mit der Pfeife in der Hand einschlief, aber eine phänomenale Fähigkeit bewies, nach dem Erwachen intuitiv sofort in ein Gespräch einzugreifen. Es gab kein Ausruhen.
Die Freunde mußten seinen Schwung bremsen, weil sein Ungestüm alle Planungen und Termine durcheinanderwirbelte. Der Unpünktliche und Zerstreute hatte keine Ahnung, wie seine Versammlungen vorbereitet wurden, und sollte dieses Einmaleins des Politikers auch niemals erlernen. Er müsse größeres Verständnis für die Organisation aufbringen, beschwor man ihn. Worauf er, nach Ireneo Rosier, entgegnete: »Ihr habt großes Verständnis für die Organisation, aber nicht für die Revolution.«
Sie war zu seinem erklärten Ziel geworden. Alles läßt darauf schließen, daß Camilo Torres in der ersten Hälfte des Jahres 1965 jeden Glauben an Reformen, an die Evolution der kolumbianischen Gesellschaft verloren hatte, nachdem Zweifel daran schon lange an ihm genagt haben müssen.
Ein Jahr zuvor hatte er immerhin noch so etwas wie eine Alternative gesehen:

»Ich glaube, zunächst sollte man friedliche Wege suchen, aber das letzte Wort spricht das Volk. Existiert eine friedliche Möglichkeit, so sollte es sie nützen. Bleibt ihm aber nur Gewalt, um zu gewinnen, was ihm zusteht, dann sollte zur Gewalt gegriffen werden. Es wird sich zeigen, auf welche Weise die Übertragung der Macht erfolgen wird.«
Jetzt ist seine Sprache unmißverständlich:
»Ich glaube, daß das Volk die Macht an sich reißen muß – revolutionär. Dann könnten die Ziele, die die Revolution sich steckt, verwirklicht werden. Deshalb – Revolution! Verschlechtern kann sich durch sie nichts. Wir fühlen uns ihren Freunden verpflichtet und sind Feinde der Konterrevolution.«
Mit seinem Glauben gerät er keine Sekunde in Konflikt. Camilo Torres führt den Kampf als politischer Christ, als Sohn der Kirche, als Diener Gottes – das ist sein Selbstverständnis. Und Verständnis muß er von der Kurie, trotz allem, erwartet haben. Nur so kann seine Erschütterung im vorletzten Akt dieser kolumbianischen Tragödie begriffen werden.

Luis Concha Córdobas Reaktion:
»In der ›Plattform‹, die Padre Camilo Torres vorlegte und anregte, gibt es Punkte, die mit der Soziallehre der Kirche unvereinbar sind.«
Das ist das Ultimatum: Noch kannst du zurück – wenn du aufgibst und heimkehrst in unseren Schoß!
Man weiß von einem langen Gespräch zwischen dem Kardinal und dem Priester, unter vier Augen, wahrscheinlich dem letzten überhaupt. Aber vor die Alternative gestellt, dem eigenen Gewissen zu gehorchen oder Luis Concha Córdoba, entscheidet Camilo Torres sich für sein Gewissen.
Als er sich am 26. Juni 1965 in den Laienstand zurückversetzen läßt, sagt er: »Jetzt ist nicht der Augenblick zu diskutieren, ob die Seele sterblich oder unsterblich sei. Der Hunger ist sterblich...«

Die öffentliche Distanzierung der Kirche verwandelt Camilo Torres gleichsam in ein Freiwild für den staatlichen Repressionsapparat. Gegen den laisierten Priester kann der konservative Präsident Valencia endlich die ganze Polizeimacht mobilisieren. Wo der Repräsentant des *Frente Unido* auch immer auftaucht, wird er gejagt, geschlagen, gefangengesetzt und verhört. Die Fotos aus jener Phase zeigen ihn in steter

Konfrontation mit den Uniformierten: Sie hindern ihn am Reden, reißen die Tribünen ein, machen ihn dingfest. Eine besonders charakteristische Aufnahme: Camilo Torres, der bis zuletzt auf seinem Platz ausgeharrt hatte, muß vom Podium herunterspringen, als die Polizisten es umstürzen – das Foto zeigt ihn mitten im Sprung, noch bevor sein Fuß eine danebenstehende Tonne erreicht hatte.

Die Presse beginnt einen Feldzug von geradezu ungeheuerlicher persönlicher Diffamierung. Kaum ein Verbrechen, das Zeitungen wie El Tiempo, El Siglo, El Espectador und La República ihm nicht vorwarfen.

Unter dem vereinigten Druck von Staatsapparat und seinen Sprachrohren beginnt der *Frente Unido* zu bröckeln. Schließlich springen viele Gruppen ab. Das Ende kommt nach dem Gesetz der Fallgeschwindigkeit – und von innen. Als Camilo Torres, gegen die innerhalb des *Frente Unido* immer einflußreicher gewordenen Kommunisten, aufruft, die kommenden Wahlen und damit das ohnehin fiktive parlamentarische System Kolumbiens zu boykottieren, schrumpft seine Anhängerschaft, durch diese Radikalität verstört, auf ein Minimum zusammen.

Sein verzweifeltes Eingeständnis in der Zeitschrift »Frente Unido«, daß er alle legalen Mittel für erschöpft halte, ist gleichzeitig das Bekenntnis der eigenen Isolation. Und jetzt bestätigt sich, daß die »Vereinigte Volksfront«, diese von vornherein äußerst gefährdete Allianz von den Liberalen bis zu den Kommunisten, nur *eine* Klammer hatte – Camilo Torres!

Im Herbst 1965 erlebt das Land den »High noon« seines einstigen Charismas.

Bogotá – die Quartiere zu beiden Seiten der Autopista del Norte: der Nationalpark Olaya Herrera; der Distrikt um die räudige Plaza España; die breite, gründurchwirkte Trasse der Avenida de las Americas; die Silhouette des Montserrat über der Hauptstadt; das Capitolio mit den schauerlich-schönen Engelsfiguren auf dem Dach; die düstere Barockpracht der Kathedrale Santa Fé, machtvolle Gelassenheit in Stein.

Am eindrucksvollsten und unverhülltesten bietet sich die Metropole vom Rande der Serpentine aus dar, auf halbem Wege bergan: Da liegt der gigantische, hochhausdurchstocherte Riesenleib, die Sonne, um die die Planeten der Provinzen kreisen, unter den dramatischsten Wolken-

gebilden, die sich denken lassen – ein sich langsam verdunkelnder Torso. Und noch einmal vierhundert Meter höher, oben auf dem Kamm, die riesige Statue der angestrahlten Muttergottes, immer greller abgehoben vor dem geschwärzten Himmel . . .
Niemand weiß, wann Camilo Torres die *Madonna von Guadalupe* zum letztenmal erblickt hat; niemand kann genau sagen, wann der letzte Akt dieser kolumbianischen Tragödie eingeläutet wurde, an welchem Oktober- oder Novembertag des Jahres 1965 Camilo Torres seine Geburtsstadt verließ. Gewiß ist nur, daß alles zurückblieb, was sein bisheriges Leben ausgemacht hatte – Familie, Freunde, Zivilisation, Kirche.
Es wird nun so rasch verglühen wie ein Meteor in der Atmosphäre.

Der große Irrtum

Sein Weg führt nach Norden, in das weite Gebiet am Ostrand des mittleren Magdalenatals, wo die Guerilla des Fabio Vásquez Castagno operiert.
Es war ein einsamer Entschluß, in den er niemanden einweihte – ausgenommen seine Mutter.
Dies sagte sie uns in ihrem Hause:
»Ich wußte, daß Camilo zur Guerilla ging. Wir hatten viel darüber gesprochen, und ich war vollkommen einverstanden. Ließen sie ihn doch nirgends mehr sprechen, so daß es unsinnig gewesen wäre, hierzubleiben. Außerdem wußten wir, daß sie ihn umbringen wollten. Und zu wissen, daß ihr Sohn ermordet werden sollte, ist natürlich schmerzlich für eine Mutter.
Ich blieb zu Hause, als er ging. Dann begann man mich zu warnen: man würde mich töten, wenn ich Camilos Aufenthalt nicht preisgäbe. Ich wurde bedroht und erhielt anonyme Briefe.
Eines Tages bekam ich einen Zettel, auf dem Camilo geschrieben hatte: ›Mamita, es geht mir gut, aber du mußt das Land verlassen. Meine Freunde haben alles vorbereitet, damit du unerkannt herauskommst. Niemand wird erfahren, wohin du fährst.‹«
Und Doña Isabel schloß: »Das war die letzte, nein, die vorletzte Nachricht von Camilo.«
Die allerletzte wird aus Süd-Santander kommen.

Um dorthin zu gelangen, waren wir von Bogotá nach Baranca-Bermeja geflogen, eine Stadt am Magdalena, die im Schatten einer Petroleumraffinerie liegt.
Der gewaltige Fluß, der das Schwemmgut der halben Nation mit sich führt, um es am Golf von Urabá in den Atlantik zu speien, strömt hier mit großer Kraft. In der ersten Nacht konnten wir von unserem ufernahen Hotel aus das faszinierende Schauspiel eines tropischen Gewitters beobachten – die niederprasselnden Wassermassen hatten das Schwimmbecken im *patio* innerhalb einer Minute zum Überlaufen gebracht! –: Blitzkaskaden, die das Dunkel zerfetzten; dumpfer Donner über dem schäumenden Strom; Schattenrisse windgepeitschter Palmen! Ein Chaos von Licht und Finsternis, in seiner akustischen und optischen Steigerung bis zum jähen Finale fast wie von einer unsichtbaren Regie ganz nach den Gesetzen dramaturgischer Verdichtung gelenkt.
Am nächsten Tag hatten wir Mühe, unser Motorboot gegenzusteuern, als wir auf dem Wasser filmten und Kurs auf das andere Ufer zu halten versuchten. Dauernd mußten wir furchteinflößenden Baumstämmen ausweichen, die gestern nacht von den Sturzfluten flußaufwärts entwurzelt worden waren. Aber wir kamen an und stiegen in einen der üblichen Einbäume um. Dann fuhren wir den Strom hinauf, nahe am Ufer, und hinüber zu der großen Insel mitten im Magdalena. Vorn der nackte Rücken des Paddlers, eines ausgemergelten Kolumbianers, der ebensogut fünfzig wie dreißig Jahre alt sein konnte. Lautlos glitt das Boot durch das Schilf. Dann und wann eine Behausung, Blattwerk als Bedachung, schlammig die Wege zu den Unterkünften aus fauligem Holz; türlose Eingänge, aus denen uns Kinder stumm anstarrten, während knochige Hunde sich die Seele aus dem Leibe bellten.
Dann drangen wir von Baranca-Bermeja auf der Straße nach San Vincente Chucuri tief in die Provinz Süd-Santander ein – eine hügelige Landschaft, durchsetzt mit Flecken tropischen Regenwaldes und mit Militärposten.
Auf der Brücke über einem der reißenden Ströme, die hier von der Cordillera Oriental alle dem königlichen Magdalena zuströmen, kam uns ein *cholo* entgegen, ein Mann in mittleren Jahren mit starkem Indio-Einschlag. An einer gewaltigen Last mittels einer Art Stirngeschirr schleppend, ging er weit vornübergebeugt. Und so, mit sehr kleinen und sehr schnellen Schritten, wollte er an uns vorübertrippeln. Aber wir hielten ihn höflich an und ließen ihn durch unseren Begleiter, ei-

nen schweigsamen, in sich gekehrten Studenten der ›Nationaluniversität‹ fragen, ob er von Camilo Torres gehört habe?
Der Chibcha-Indio stutzte, um dann noch rascher über die Brücke davonzueilen. Auf dem steilen Weg bergan jedoch, am andern Ufer, blieb er plötzlich stehen, drehte sich schwerfällig um und nickte kaum merklich zwei-, dreimal mit dem Kopf, wobei er die mächtige Last auf seinem Rücken ein wenig anhob.
Weiter hinein in die wellige Landschaft. Von einem der Hügel hatten wir einen weiten Blick über Süd-Santander – nichts als Schweigen. Wo mochte sich die Guerilla des Fabio Vásquez Castagno, der sich Camilo Torres angeschlossen hatte, jetzt befinden? Auf unsere Frage, ob sie noch existiere, hatte der Student fast böse mit einem einzigen Wort entgegnet: »Naturalmente!«
Über die verbleibenden drei, vier Monate in der kleinen Schar mit dem großen Schatten ist wenig bekannt geworden, außer jenem persönlichen Aufruf des Priesters, dessen dramatische Fehlbeurteilung der nationalen Situation das Ende vorwegnahm:
»Kolumbianer! Von den Bergen herab gedenke ich den Kampf zu führen – mit der Waffe in der Hand. Ich bin in die ›Nationale Befreiungsarmee‹ eingetreten. Jahrelang haben die Armen unseres Volkes auf das Signal gewartet, sich in den Endkampf gegen die Oligarchie zu stürzen, der ich als letzte Warnung zurufe: ›Das Volk glaubt euch nichts mehr, Señores Oligarcas, es ist eurer satt, von euch enttäuscht und zu allem entschlossen!‹«
Dies wird der große Irrtum des Camilo Torres in der Guerilla. Die Leidensfähigkeit des kolumbianischen Volkes war keinerswegs erschöpft, die Lage nicht reif für bewaffnete Gewalt mit Aussicht auf Erfolg. Ohne echte politische und gewerkschaftliche Führung, ohne wirkungsvolle Bundesgenossen und in weiten, vom Analphabetismus gelähmten Teilen auch ohne das Bewußtsein nationaler Identität mußte diesem Volk das Signal aus den Bergen Santanders als verfrüht erscheinen.
Ende 1965, Anfang 1966 gab es nur mehr eine Institution, die sich mit Camilo Torres und seinen Mitguerilleros beschäftigen würde – die kolumbianische Armee!

Die »Lanceros« von Melgar

Wir haben auf dreifache Weise Bekanntschaft mit der Armee gemacht. Begonnen hatte es in der »Escuela militar«, der »Schule der Kadetten«, auf einem riesigen Kasernenkomplex im Norden Bogotás, zwischen der Calle 81 und der Calle 38.

Die kolumbianische Armee kann und will ihre preußischen Ausbildertraditionen nicht verbergen. Dafür stehen die original-wilhelminischen Helme und die Uniformen aus dickem blauem Tuch ebenso wie der streichholzkurze Haarschnitt, der seinen Namen von jenem Deutschen erhielt, der hier das Exerzierreglement begründete – General Schuler! Die Elite exerziert immer noch nach seinen Lehren. Zu Hunderten waren sie auf dem weiten Gelände an unserer Kamera vorbeigezogen, die Offizierskader des 40000-Mann-Heeres, ein Wald von Pickelhauben, die hell in der Morgensonne blinkten.

Später sang uns der Chor der Kadetten wunderschöne Volkslieder vor. Auch wurden wir durch die Stuben geführt – jedes preußischen Feldwebels Herz hätte nur so gelacht angesichts der Staubkörnchen-Ordnung von Bett und Spind.

Eine spezielle Funktion hatte unser Aufenthalt in der ›Escuela militar‹ nicht, er war Etappe bei dem Ziel, überhaupt mit der Armee in Berührung zu kommen. Unser Interesse an ihr konnte ich mit dem gesellschaftlichen Hintergrund des lateinamerikanischen Kirchenthemas begründen. So hatte ich mich an das Oberkommando gewandt. Es reagierte prompt, indem es uns einen Offizier von sympathischem Äußeren und angenehmen Manieren beigab, einen Mann in mittleren Jahren, deutschstämmig – Major M. Sein Vater war deutscher Kampfflieger des Ersten Weltkrieges gewesen, einer jener Pioniere, die in den zwanziger Jahren die kolumbianische Zivilluftfahrt aus der Taufe hoben. Bei einem Absturz hatte er sein Leben im Urwald verloren. Frau und Sohn waren in Kolumbien geblieben und hatten die Staatsangehörigkeit des Landes angenommen, Voraussetzung für Major M.s militärische Karriere.

Wir wurden schnell warm mit dem herzlichen und aufrichtigen Offizier. Sein Deutsch war fließend, aber getönt von dem harten Akzent des Entwöhnten. Ihn zur Seite, stand uns die kolumbianische Armee in allen ihren Teilen, wie sich bald herausstellen sollte, offen. Aber jetzt begann für mich die eigentliche Zerreißprobe.

Unsere zweite Erfahrung mit dem Heer führte uns, in Begleitung von Major M., aus dem Gebirge in die heiße Tieflandregion, etwa 100 Kilometer südlich von Bogotá, bis zu einer jener Truppen, die Camilo Torres' Schicksal besiegeln sollte: den *Lanceros*, den Anti-Guerilleros von Melgar!

Ihre Ausbilder sind sämtlich in der bekannten panamesischen US-Kampfschule gedrillt worden. Der Kommandant, ein Colonel von etwa fünfunddreißig Jahren, mit seinem geschorenen Schuler-Kopf und der Ranger-Uniform selbst schon wie ein Yankee wirkend, ließ es sich nicht zweimal sagen, dem Deutschen Fernsehen zu zeigen, was er aus Melgar gemacht hatte.

Ich habe später einen Film über »Soldaten« verfertigt und dabei die »Ledernacken« von Parris Island und die »Green berets« von South Carolina erlebt – es war erschreckend genug. Aber nichts ließe sich vergleichen mit den Bildern, die uns die kolumbianische Anti-Guerilla bot: halsbrecherische Übungen auf hohen Laufbalken und an vertikalen Trapeznetzen waren nur der Auftakt. Zentrum der Ausbildung war der Nahkampf, der klassische Krieg von Mann gegen Mann! Unheimlich, mit welch verbissenem Ernst sich die Duellanten, das Messer in der Faust, gegenüberstanden, um dann, zwar simuliert, aber doch so naturgetreu aufeinander einzustechen, daß sich die Klingen noch jedesmal röteten. Daneben andere *lanceros* mit Knüppeln, die bei den wuchtigen Schlägen haarscharf am Kopf des Trainingspartners vorbei wie Streichhölzer zerbrachen. Wenig später waren die scharfen Handgranaten an der Reihe: sie abzuziehen, wegzuschleudern und ihnen in das Schlammloch nach, wo das Hochexplosive gerade detoniert war – das ging fast nahtlos ineinander über.

Dann wurde uns der Umgang mit Schlangen vorgeführt. Ein Mann stieg in ein riesiges Terrarium, das von Reptilien verschiedenster Größe förmlich wimmelte, griff sich ein besonders prächtiges Exemplar heraus und wand es sich um Hals und Hüften. Und während der *lancero* sich im Ring der Muskeln so geschickt verhielt, daß er jeden Druck spielerisch ins Leere gehen ließ, wich er noch geschickter anderen Schlangen aus, die ihn aus dem dichten Gestrüpp und Buschwerk heraus in eine zweite und dritte Umschlingung verstricken wollten – eine gespenstische Szene.

Schließlich ging es mit einem Zug von etwa fünfzig Anti-Guerilleros in die wilde Landschaft von Tolima hinaus. Wir filmtem, wie die *lanceros*

einen breiten Zubringer des großen Magdalena überquerten. An einem Tau hängend, das von Felsufer zu Felsufer gespannt worden war, dreißig Meter über dem tosenden, steinbrockenübersäten Strombett, in das abzustürzen den sicheren Tod bedeuten mußte, zögerte keiner der Aufgerufenen auch nur eine Sekunde, auf das Seil zu klettern. Ein Bein herunterbaumelnd, das andere hinten übergehakt – so, unter schrillen Anrufen des Vaterlandes, Gottes und der Mutter Maria, robbten sie Zentimeter um Zentimeter von einem Hochufer zum andern.
Sodann Schießübungen der Scharfschützen – und das war fast jeder der fünfzig. Die Ranger trafen mit der Maschinenpistole aus der Hüfte aus rund sechzig Meter Entfernung fast jedesmal in das walnußgroße Schwarze. Dabei fielen die Schüsse mit geradezu elektronischer Präzision. Kein Zweifel, die Knallerei mit scharfer Munition machte den *lanceros* mächtigen Spaß; kein Zweifel auch, daß sie genauso schnell und treffsicher sein würden, wenn sie nicht auf Scheiben, sondern auf den Feind schießen würden – welchen Feind?
In dem moskitonetzverhangenen Freiluft-Casino fragte ich später den Colonel: »Erwarten sie einen Angriff von Peru, Ecuador, Brasilien, Venezuela?«
»Nein, Señor.«
»Wogegen kämpfen sie dann?«
»Gegen den inneren Feind, die Guerilla – in Choco und in Santander.«
»Und *wofür* kämpfen Sie, Colonel?«
»Für die politische Freiheit und die soziale Gerechtigkeit in Kolumbien, Señor.«
Der kurzgeschorene Offizier sagte das ohne Pathos und Ironie, ohne jede Reflexion und Überlegung. Die Phrase war ihm so geläufig, daß er sie mit einer Art entwaffnender Selbstverständlichkeit von sich gab.
Draußen, als Schattenrisse gegen die gnadenlose Sonne, hangelte ein Dutzend *lanceros* an Tauen nach oben; andere sprangen von Balken metertief zur Erde herab; Handgranaten platzten, Schüsse peitschten durch die Luft – vor mir exerzierte die Kampfmaschinerie, die Camilo Torres zur Strecke gebracht hatte ...
Aber der Atemspielraum wurde mir noch mehr eingeengt.
Am letzten Tag unseres Aufenthaltes in Melgar wurde der Angriff auf ein Guerillalager simuliert – Kriegsgeschrei, Dauerfeuer, Zerstörung der Hütten, während die zu Guerilleros beorderten *lanceros* bei den er-

sten Schüssen brav umfielen und sich erst wieder erhoben, als die Offiziere es ihnen befahlen.
Jedes Bild ist mir in Erinnerung geblieben. Wenn Melgar, wenn die Begegnung mit den Anti-Guerilleros von allen bisherigen Etappen auf der Spur Camilo Torres' die schwerste war, so bildete dieses Manöver wiederum den schier unerträglichen Höhepunkt.
Ich hatte Major M. gegenüber kein Wort von unserem zweiten Thema gesagt, obwohl ich inzwischen meinte, ihm vertrauen zu können. Aber irgend etwas mußte er bemerkt haben.
Auf der Rückfahrt nach Bogotá sagte er plötzlich, aus der Dunkelheit des Wagenfonds heraus, gleichsam als letztes Glied einer Kette langarbeitender, aber bisher nur stummer Gedanken: »*Wofür* wir kämpfen? Das ist das Problem von uns Militärs, nicht nur in Kolumbien. Denn auf diese Frage wissen wir keine Antwort.«

»Die Armee, dein Freund, dein Helfer ...«

Die dritte und erregendste Erfahrung mit der Armee machte ich in Arminia – bei der *Acción cívica.* So nennt sich ein von den USA ausgehender Versuch psychologischer Kampfführung gegen den bewaffneten Aufstand in Lateinamerika.
Auf die Frage des Oberkommandos in Bogotá, wo ich die *Acción cívica* filmen wolle, hätte ich am liebsten Süd-Santander genannt. Aber die Wahl hätte Verdacht erregen können.
So flogen wir denn, wieder in Begleitung unseres Majors, von der Hauptstadt in einer Privat-Cessna zwei Stunden lang westwärts, über das weit Tal des Magdalena und die Gipfel der Mittleren Kordilleren.
Und dort nun, wo der kolumbianische Kaffee wächst, in dem heißen Klima am Westabhang der Andenkette, wurde uns die *Acción cívica* wie aus einem Propagandabilderbuch vorgeführt:
»Die Truppe rodet den Urwald« – ein riesiger Bulldozer fraß sich am Ufer eines Flusses entlang in den Dschungel hinein, ein motorisiertes Ungeheuer, das spielend Stämme und Unterholz knickte und zur Seite, nach hinten oder in den Strom schleuderte, nur um seine stählernen Kiefer abermals in die wuchernde Fülle des tropischen Regenwaldes zu schlagen. Hier wurde eine Überlandtrasse gezogen.
»Die Truppe baut Wege und Pfade« – da lagen sie auf den Knien, die jungen Soldaten, und behauten Steine, wühlten Erde auf, klopften und

hämmerten, mit nacktem Oberkörper, schweißbedeckt und ohne Murren. Diese bisher unbefestigten Verbindungen sollten endlich auch zur Regenzeit begehbar und befahrbar bleiben.

»Die Truppe leistet Gesundheitshilfe« – im Karree eines Barackengeländes, vierzig Kilometer von der Stadt Arminia entfernt, mitten im Busch, war die halbe Einwohnerschaft eines Dorfes aufmarschiert, um sich von einem Armee-Bader kostenlos die Haare scheren zu lassen.

Da standen sie nun, die *cholos* und *campesinos* Innerkolumbiens, und trauten ihren Augen nicht – wie die Bevölkerung überall in den Operationsgebieten von Guerilleros. Aus allen Himmeln ihrer bisherigen Erfahrungen mit dem Militär fallend, sieht sie sich jetzt hartnäckig umworben von einer Institution, die sie zuvor nie anders als in der Rolle des brutalen Unterdrückers kennengelernt hatte.

Hier blieb es übrigens nicht beim Haarschneiden. Vielmehr geschah etwas, das mir trotz der sengenden Hitze das Blut in den Adern gefrieren ließ.

Ein Zahnarzt in Uniform tauchte auf und begann, unter großer Anteilnahme der dörflichen Öffentlichkeit, sein Werk damit, daß er einen etwa zehnjährigen Burschen mit einem unbändigen Haarschopf auf einen Stuhl setzte. Dann entfernte er ihm so geschickt, daß der Junge kaum stöhnte, einen Backenzahn, der an der Innenseite vollkommen geschwärzt war.

»Was ist mit Ihnen, haben Sie etwa auch Zahnschmerzen?« fragte mich Major M. halb besorgt, halb belustigt.

Ich winkte rasch ab. Tatsächlich jedoch war mir dunkel vor Augen geworden. Erinnerte ich mich doch nur zu genau noch aus der Recherchenphase in der Heimat an den Kommentar, den Camilo Torres zur *Acción cívica* gegeben und der sich mir unauslöschlich eingeprägt hatte:

»Es fängt damit an, daß man den Leuten Zähne zieht – ehe man ihnen Kugeln in den Bauch schießt.«

Die nächste Kugel wird ihn treffen.

Wie später bei Che Guevara, kommt der Verräter aus den Reihen derer, für die die Verratenen das Gewehr in die Hand genommen hatten: Die Guerilla des Fabio Vásquez Castagno, Camilo Torres' Kampfverband, wird durch einen von der *Acción cívica* korrumpierten Bauern an die Armee verpfiffen.

Das Ende

Anfang Februar 1966 stößt eine Patrouille im Gebiet von San Vincente Chucurí auf Spuren von Guerilleros. Die Soldaten sind Angehörige der 5. Armee-Brigade.
Wir hatten bei Doña Isabel ein vor Jahren aufgenommenes und in seiner Ahnungslosigkeit vor Zukünftigem erschütterndes Bilddokument entdeckt: Camilo Torres, als Priester, zur Zeit seiner Legalität, an einem Tisch mit einem Offizier – Oberst Alvaro Valencia Tovar, Kommandeur der 5. Armee-Brigade. Der Geistliche und der hohe Militär sitzen inmitten einer Runde, deren Haltung keinen Zweifel an irgendeiner gemeinsamen Absicht zuließe.
Am 17. Februar 1966 gibt dieser Oberst in einem offiziellen Kommuniqué dem ganzen Land bekannt:
»Im Cañon del Pilar, Verwaltungsbezirk El Carmen, ist die Truppe auf Guerilleros gestoßen. Die Banditen gerieten beim Patio Cemento in einen Hinterhalt, der sie fünf Tote kostete. Unter diesen Subjekten befand sich auch der ehemalige Priester Camilo Torres.«
Der Guerilla-Führer Fabio Vásquez Castagno wird wenig später den Verlust bestätigen – für Spekulationen bleibt kein Raum.
Camilo Torres fiel, 37 Jahre alt, am 15. Februar 1966, einem Dienstag, gegen 11 Uhr und dreißig Minuten.

Cañon del Pilar, Verwaltungsbezirk El Carmen, Patio Cemento...
Die Hügel Süd-Santanders schwiegen, als wir uns nahe an die Stelle herangearbeitet hatten, wo sich diese kolumbianische Tragödie vollendete – über der Landschaft lastete eine ungeheure Stille.
Die Kamera war längst eingepackt.
Ich kletterte ziellos die Hänge hinauf, drang durch die Lianenpalisaden in den gruftigen papageienbunten Regenwald ein, setzte mich schließlich auf einen Stein und blieb lange dort hocken.
Ein Grab habe ich nicht gefunden. Niemand weiß, wo der Leichnam verscharrt worden ist. Die Archive der Armee blieben verschlossen, auch nach einer Intervention des Papstes. Nur, wer die Katholizität Kolumbiens geschmeckt hat, kann ermessen, was die Weigerung gegenüber dem Heiligen Stuhl bedeutet. Die Furcht der Oligarchie vor einem nationalen oder gar internationalen Wallfahrtsort hatte sogar der Mutter verheimlicht, wo ihr Sohn begraben wurde. Sie hat es nie erfahren.

Als wir Doña Isabel ein letztes Mal besuchten, führte sie uns zu dem Hinterzimmer im Parterre, wo sich ein fast absurdes Bild bot. Der Fußboden war von der rechten Wandseite in voller Länge abgerissen – die Schräge endete im Keller.
Die alte Dame faßte den Einsturz eher humorvoll auf. Mit sonorer Stimme verkündete sie stentorhaft, ihre Freunde würden das Parkett schon wieder hochziehen.
Dabei stand sie, mit dem Profil zu mir, unter jenem charakteristischen Großfoto, auf dem Camilo Torres ein wenig von unten nach oben blickt. Dann ging sie zum Schreibtisch und setzte sich nieder.
Gegen das helle Fenster abgehoben, das schlohweiße Haar wie einen Kranz um den Kopf, die Winkel des herrischen Mundes ein wenig herabgezogen und die großen dunklen Augen hinter den Gläsern starr auf einen Punkt gerichtet; eine unbeugsame Erscheinung, kämpferisch, voll angeboren aristokratischer Haltung – so werde ich diese Mutter immer in Erinnerung behalten.
Doña Isabel Restrepo de Torres starb 1973 auf Kuba.

Keiner fragte: »Wer ist das?«

Die offizielle Version in Bogotá lautete, daß sich außerhalb des Hauses 542 in der Calle 67 niemand mehr des toten Priesters erinnere.
Das ist nachweislich unwahr, ich selber habe mich davon überzeugt. Denn im Verlaufe unseres Aufenthaltes hatte sich etwas Merkwürdiges getan: Ohne die Konspiration um Camilo Torres als *Filmthema* je zu verletzen, begann ich mit meiner Umwelt dennoch über ihn zu sprechen. In dem Maße, wie die Begegnung mit dem Toten immer erschütterndere Wirklichkeit, der Gefallene für mich immer lebendiger geworden war, trug sich das ursprüngliche Volltabu sozusagen selbst zu Grabe. Das Teiltabu, eben das Porträt, blieb und wurde durchgehalten – die Überraschung in Bogotá nach der Sendung im Deutschen Fernsehen war bei den Offiziellen, eingeschlossen die Deutsche Botschaft, erheblich. Dort in Kolumbien von Camilo Torres aber nur im Kreise seiner alten Freunde zu sprechen, erwies sich als unmöglich. Zu deutlich war mir seine Gestalt sichtbar geworden, zu empfunden seine ständige Anwesenheit, als daß vorsichtiges Taktieren gegen die neue und beunruhigende Erfahrung dieser dauernden Nachbarschaft hätte aufkommen können. Es blieb dabei, daß weder Kirche noch Diplomatie noch Militär

je ein einziges Wort über unsere filmische Absicht erfuhren. Aber der Name ließ sich nicht zurückhalten, weil ich den Dialog mit dem Toten nicht verschweigen konnte.
Und dabei stellte sich heraus, daß sie alle Camilo Torres kannten, viele persönlich, andere aus Berichten – von dem Besitzer unseres Hotels über die Kaffeepflücker von Manizales und die Eselstreiber von Arminia, die *campesinos* von Süd-Santander, Petroleumarbeiter von Branca-Bermeja, Passanten in Medellin, Schuhputzer auf der Séptima von Bogotá und die Angestellten von Hatogrande, dem musealen Sitz des Simón Bolívar, bis zu den Bürgermeistern, Priestern, Kirchendienern und dem Marktvolk von Caqueza, Ubaque und Coachi!
Jeder reagierte anders, dieser rascher, offener, jener behutsamer, dritte erschrocken und atemlos wie der nickende Lastträger auf der Brücke über dem Río Oponcito, der in den Chucurí fließt. Niemand fragte: »Wer ist das?«
Das überzeugendste Beispiel aber, wie propagandistisch und zweckbestimmt die von oben verbreitete Ansicht war, Camilo Torres sei außer von seiner Mutter und seinen engeren Freunden vergessen und vergangen, bot sich mir bei einem der großen Stierkämpfe in der Hauptstadt – das heißt, ich provozierte und suchte es mir selbst.
Der Star der Saison hieß Amina Assis, und die Sensation bestand nicht nur darin, daß eine Frau dem Stier zu Leibe rückte, sondern daß sie es mit der Lanze vom Pferd aus tat! Dabei wurde sie einmal abgeworfen und von dem bereits verwundeten Tier so verletzt, daß sie aus der Arena getragen werden mußte. Später ritt sie jedoch wieder ein.
Hier ist nicht der Ort, über Stierkampf zu philosophieren, dem ich dort in Bogotá zum ersten- und, wie ich hoffe, auch zum letztenmal begegnete. Worauf es mir ankam, war die Masse. Ich weiß nicht, wie viele von ihnen ich nach Beendigung der *corrida* befragte, aber ich schätze, daß es ungefähr siebzig bis achtzig gewesen sind. Es war immer dieselbe Frage, überraschend, aber unprovokant gestellt, einmal hier, einmal dort, um kein Aufsehen zu erregen, ohne Vorwarnung, Einleitung oder Kommentar: »Wissen Sie, wer Camilo Torres war?«
Die meisten nickten, sofort, ganz vegetativ, und waren erst dann erstaunt oder überrascht, mißtrauisch oder erfreut, nachdenklich, prüfend. Keiner blieb reaktionslos, keiner fand ein Schimpfwort. Und keiner stellte, mehr als drei Jahre nach dem Gefecht von San Vincente Chucurí, die Gegenfrage: »*Wer* soll das sein?«

Diese eigene Demoskopie gefährdete das ganze Unternehmen. Aber ohne die Befragung hätte ich später keinen Meter Film zustande gebracht und das Thema als unbewältigt zurückgegeben.
Das empirische Erlebnis nach dem Stierkampf von Bogotá war eine der Schlußetappen, mit denen diese Spur endete. Eine – denn es kamen zwei weitere hinzu.

Carlos

Neben dem Dialog mit einem Toten lief, auf einer anderen Ebene, ein zweiter mit einem Lebenden einher – mit Carlos, unserem kolumbianischen Chauffeur!
Mitte Dreißig, aber um gut zehn Jahre älter wirkend, krummbeinig, untersetzt und von schwerfälligem Gang, war er die Pünktlichkeit und Zuverlässigkeit in Person. Stets fünf Minuten vor dem verabredeten Zeitpunkt vor dem Hotel Continental in der Avenida Jiménez, pflegte er sodann unter Mißachtung nahezu sämtlicher Verkehrsregeln unserm jeweiligen Ziel auf dem kürzesten Wege zuzustreben. In meist halsbrecherischer Fahrt und ungeheuer orientierungsbewußt steuerte er uns durch das komplizierte System all der *calles, carreras* und *avenidas*. Dabei bediente er fortwährend die Hupe, und zwar, wie alle Bogotanos hinterm Steuer, immer erst *nach* einer prekären Situation, zumeist allerdings ohne jedweden echten Anlaß (eine ähnlich hupfreudige Hauptstadtbevölkerung habe ich nur noch in Ankara erlebt).
Carlos' Englisch war fürchterlich, aber nach mehrmaliger Wiederholung immerhin verständlich, indes ich argwöhnte, daß er mit meiner Oxford-Aussprache noch weit größere Schwierigkeiten hatte. Nickte er doch auch dann sein »Yes, yes«, wenn sich schon im nächsten Augenblick herausstellte, daß er kein Wort verstanden hatte.
Er gab selten Ratschläge, aber wenn er es tat, war es gut, sie zu befolgen. Einer davon lautete: »Kurbele nie das Seitenfenster herunter, wenn du am Steuer sitzt und irgendwo hältst.« Als Dieter Sander, unser Toningenieur, diesen Rat zu mißachten beliebte, ereilte ihn die Strafe auf dem Fuße. An einer Kreuzung in Bogotá, während der Rushhour, wurde ihm unmittelbar vor dem Wechsel von Rot auf Grün durch das geöffnete Fenster hindurch die Armbanduhr auf Nimmerwiedersehen vom Handgelenk gerissen! Die Täter entkamen leicht – ich hätte den Bestohlenen sehen mögen, der es inmitten der anfahren-

den Wagen gewagt hätte, als Verkehrshindernis zu wirken, indem er hinter dem Dieb hergestürmt wäre...

Ob wir nachts abflogen oder landeten, in *El Dorado* oder auf den kleinen Pisten von Privatmaschinen – Carlos war stets zur Stelle. Nach einer Woche schon unser Vertrauter, war er der einzige, dem ich unser wahres Vorhaben, den Film über Camilo Torres, anvertraute. Und ich konnte nur schlucken, als er mir eines Tages etliche total abgegriffene, aber nichtsdestoweniger wertvolle Exemplare der Zeitung »Frente Unido« übergab – wohlbemerkt auf meinem Hotelzimmer, unter sicherem Ausschluß eines dritten Augen- oder Ohrenpaares. Weiß der Teufel, woher er sich die Nummern beschafft hatte. Aber dies war seine Art, mir sein Einverständnis zu beweisen.

Nur einmal schien Carlos der Böse zu reiten, bei einer Fahrt von der Peripherie der Hauptstadt zurück zum Hotel. Denn er kam vom Wege ab, fuhr ausgiebig durch unbekannte Stadtteile, übersah souverän sowohl unsere verständnisheischende Gestik und Mimik als auch die Mehrzahl der Verkehrsgebote, um endlich, nach etwa zwanzig Minuten scharfer Fahrt in entgegengesetzter Richtung, am Straßenrand zu halten. Und dort gegenüber warteten, offenbar schon seit geraumer Zeit, fünf Personen, eine Frau und vier Kinder: sie noch jung, Ende Zwanzig vielleicht, aber von der ständigen Nähe der Not und der Sorge deutlich gekennzeichnet; die Sprößlinge, eine Tochter von zwölf und drei Knaben zwischen vier und acht Jahren, wie die Orgelpfeifen zur Rechten der Mutter aufgereiht – Carlos' Familie!

Da stand er dann, unser guter Geist, Freund, Vertrauter und Cicerone, neben seinem klapprigen, aber unzerstörbaren Taxi, und wies mit unnachahmlicher Geste, in den Augen ein seltsames Leuchten, hin auf das Glück seines Lebens – das sich dort drüben übrigens nicht rührte, gerade als hätte jemand gerufen: »Achtung, Aufnahme!«

Nach meinen Erfahrungen gibt es keinen wirklichen Zugang zu einem andern Volk, ohne einen Carlos kennenzulernen. Erst mit ihm gelangt man hinter die Fassade bloßer Folklore.

Dies war die vorletzte Etappe der großen Spur.

Die innerste Konsequenz

Zwei Tage vor unserm Abflug nach Bolivien bat Padre Gustavo Pérez mich, gegen sieben Uhr abends in seinem Büro zu sein. Der junge Prie-

ster mit dem angenehmen kantigen Gesicht und den ausdrucksvollen Augen war damals Leiter einer kirchlichen Sozialorganisation, die ihren Sitz in einer Straße hinter unserem Hotel bezogen hatte.
Irgend etwas in seiner Stimme erfüllte mich mit Erwartung. Ich brach sofort auf, die dreihundert Meter mehr laufend als gehend. Gustavo Pérez führte mich wortlos in einen Raum, wo ein Projektor aufgebaut war. Dann knipste er das Licht aus und setzte den Apparat in Gang.
Was ich auf einer improvisierten Leinwand erblickte, war nach meiner völligen Hoffnungslosigkeit, dem Zuschauer Camilo Torres doch noch *gefilmt* zeigen zu können, fast unglaublich. Da vorn nämlich bewegte er sich in einer für ihn außerordentlich charakteristischen Ausübung seiner geistlichen Tätigkeit: als erster Priester Kolumbiens traute er ein Paar, dessen männlicher Partner der katholischen Konfession angehörte, während die Braut Protestantin war. Außer Camilo Torres hätte sich damals, 1963, wohl kaum ein Geistlicher gefunden, der die Trauung vollzogen hätte – die nicht in einer Kirche, sondern im Hause des Bräutigams stattfand. All das erläuterte mit Gustavo Pérez flüsternd. Dabei hätte er laut sprechen können – es handelte sich nämlich um einen Stummfilm. Gedreht hatte ihn ein unbekannter Amateur, der seinen optischen Dilettantismus weder verbergen konnte noch wollte, denn von Perspektive, von Nah- und Großaufnahmen hatte er keine Ahnung. Außerdem hätte er den jungen Priester sicher länger gefilmt, wenn er gewußt hätte, welchen Seltenheitswert der Streifen einmal haben würde – aber davon ahnte damals natürlich niemand etwas.
Als das Licht wieder anging, fragte Pérez leise: »Möchten Sie den Film haben?« Und als ich wortlos nickte, weil mir war, als hätte ich meine Stimme verloren, fuhr er fort: »Er gehört Camilos Mutter. Sie hat bisher immer abgelehnt, ihn wegzugeben. Aber Sie kriegen den Film.«
Ich saß stumm da auf meinem Stuhl.
Für mich hatte sich der Kreis geschlossen. In dem abgedunkelten Raum mit der flimmernden Leinwand war ich von einer einzigen Erkenntnis beherrscht: Was sich hinter der hohen Stirn des Kolumbianers als Weg, Ziel, Glaube, Überzeugung, wie immer man es nennen will, festgesetzt hatte, das würde er ausgeführt haben, gleichgültig in welche Konflikte ihn seine Entscheidung führen würde. Hier, während ein staubdurchgeistertes Lichtbündel lebende Bilder von Camilo Torres auf die helle Fläche projizierte, begriff ich plötzlich, wie überreif dargeboten, die innerste Konsequenz, von der sein Schicksal bestimmt worden war – eine

lautlose, unüberwindliche Bereitschaft zur Selbstaufopferung, als Zeugnis für andere, für später. Das Ende war gleichzeitig ein Anfang.

Der Ausgang seiner Biographie steht in völliger Übereinstimmung mit Camilo Torres' Bekenntnis: »Bei den konkreten Verhältnissen in Kolumbien kann die Nächstenliebe nur durch die Revolution verwirklicht werden. Sie ist ein christlicher und priesterlicher Kampf. Ich akzeptiere ihn – mit *allen Risiken*!«
In den Bergen Süd-Santanders war mir die Erinnerung an jene Stelle von Dostojewskis »Brüder Karamasow« gekommen, wo der Großinquisitor den auf Erden zurückgekehrten und in das Gefängnis von Sevilla geworfenen Christus höhnisch fragt: »Warum bist du gekommen, uns zu stören? Weißt du, was geschehen wird? Morgen werde ich dich richten als den gefährlichsten aller Ketzer, und dasselbe Volk, das dir heute die Füße geküßt hat, wird sich auf einen Wink von meiner Hand zum Scheiterhaufen stürzen, um dort die Kohlen zu schüren, auf denen du brennen sollst, da du kamst, uns zu stören ...«
Die Phantasie des russischen Dichters in die Prosa dieser kolumbianischen Tragödie übertragen: Ein Christ, der das Evangelium der Nächstenliebe leben wollte, geht in einem mit Kirchen übersäten Land an der Überlegenheit unchristlicher Herrschaftsverhältnisse zugrunde. Das ist die Dimension, an der er scheitert.
In diesem Kolumbien mußte ein Camilo Torres sterben.

Im Zentrum Bogotás, zwischen der Kathedrale und dem Parlamentsgebäude am Rande der Plaza de Bolívar, steht eine Statue namens Camilo Torres. Aber kein Mißverständnis: Sie ist einem Heros des Unabhängigkeitskampfes gegen Spanien gewidmet.
Dem gefallenen Priester unserer Tage ist kein Denkmal errichtet worden. Und doch begegnete mir am letzten Tage, auf dem Weg zum Flughafen, etwas, das mich gerade wegen seiner abwaschbaren Improvisiertheit tiefer beeindruckte, als ein offizieller Akt es je gekonnt hätte: Es war in dunkler Farbe und ungelenker Schrift an eine Hausmauer geschrieben worden, und nun erspäht von einem, der meint, daß Lateinamerikas Weg in die Zukunft keineswegs überall blutig zu verlaufen braucht, die zwei Wörter jetzt aber dennoch empfand wie ein Menetekel, ein buchstäbliches Zeichen an der Wand –
Camilo – Revolución

»Heia Safari« Erfahrungen mit einer Fernsehsendung I

Am 5. und 6. Oktober 1966 strahlte das Fernsehen des Westdeutschen Rundfunks (ARD) im I. Programm die Doppelsendung »Heia Safari – Die Legende von der deutschen Kolonial-Idylle in Afrika« aus – eine geharnischte Attacke auf die immer noch vorherrschende These bei uns, der deutsche Kolonialismus sei »besser« gewesen als der anderer Überseemächte.

Noch in der Nacht zum 6. Oktober versuchte ein hoher Bundespolitiker durch persönliche Intervention bei der Senderleitung, den zweiten Teil von »Heia Safari« absetzen zu lassen. Dieser gescheiterte Eingriffsversuch in die Freiheit und Selbstverantwortung des Deutschen Fernsehens aber war nur der Beginn einer öffentlichen Reaktion, wie sie sich mit solcher Vehemenz bis auf den heutigen Tag nur sehr selten gezeigt hat.

Mich, den Autor dieser zweimal 45 Minuten, hatte sie nicht überrascht, war mir doch während der mehrjährigen Arbeit daran immer klarer geworden, was nach der Ausstrahlung auf mich zukommen würde. Das lange Studium ließ keinerlei Zweifel, daß es nichts als unversöhnliche Gegensätze gab zwischen der deutschen Kolonialwirklichkeit und jener Legende vom »besseren« deutschen Kolonialismus, die in der Bundesrepublik ungebrochen fortzuleben schien. »Heia Safari« würde sich gegen das letzte große Tabu unserer jüngeren Geschichte richten, das Hätschelkind ganzer Generationen, einen lange verschleppten Irrtum.

Zwei zusammenwirkende Ereignisse hatten mich auf das Thema gebracht.

Das erste: Am 2. März 1962 hatte die »Welt der Arbeit«, das Organ des Deutschen Gewerkschaftsbundes, aus der streitbaren Feder des Kölner Publizisten Klaus Besser eine kritische Serie über die deutsche

Kolonialepoche begonnen, und zwar nach Dokumenten, die keineswegs neu, jedoch seit 1918 nie wieder zitiert oder veröffentlicht worden waren. Aber schon nach wenigen Folgen brach die »Welt der Arbeit« das Unternehmen kommentarlos ab – die Proteste hatten sich so gehäuft, daß sich die Chefredaktion dem Sturm anders nicht gewachsen fühlte. Eine der mächtigsten und ihrem Selbstverständnis nach fortschrittlichsten Organisationen der Bundesrepublik Deutschland hatte vor der »Legende von der deutschen Kolonial-Idylle in Afrika« kapituliert!
Das zweite, für mich ausschlaggebende Ereignis spielte sich am 13. März 1964 ab, vor der kleinen Kirche des Gutes Pronstorf im holsteinischen Landkreis Segeberg, wo an jenem Tag Paul von Lettow-Vorbeck, allbekanntes Militär-Idol von Deutsch-Ostafrika im Ersten Weltkrieg, zu Grabe getragen wurde.
Man hätte die Trauerfeier auf sich beruhen lassen können, wenn nicht dort am Grabe kein Geringerer als der Bundesverteidigungsminister Kai Uwe von Hassel erklärt hätte: der General sei einer der Großen unserer Zeit, die mit Recht von sich behaupten könnten, »menschliche Leitbilder der Gegenwart« genannt zu werden.
Nun hatte Paul von Lettow-Vorbeck aber sieben Jahre zuvor, 1957, ein Buch veröffentlicht, »Mein Leben«, das also jedermann zugänglich war und an dem der hohe Anspruch des dergestalt post mortem Ausgezeichneten nachgeprüft werden konnte – was ich ausführlich tat.
Die Lektüre entpuppte sich als schlimmer, als ich sie mir in meinen trübsten Vorahnungen hätte ausmalen können. »Mein Leben« erwies sich als die anachronistischen Bekenntnisse eines kaiserlich-preußischen Offiziers, dessen Weltbild noch vor der Jahrhundertwende abgeschlossen gewesen war, sich also seither nicht gewandelt hatte. In diesem Buch erscheint der Krieg dem General als etwas ganz Selbstverständliches und Vertrautes. Die Tötung von Menschen, »Eingeborenen« natürlich, wird wiederholt im Jargon der Jäger geschildert. Die Vernichtungsstrategie der deutschen Kolonialkriege, so gegen die Hereros, wird ausdrücklich in der zweiten Hälfte des zwanzigsten Jahrhunderts von dem Autor gebilligt, wie überhaupt totale Empfindungslosigkeit gegenüber den afrikanischen Opfern sichtbar wird. Die Gleichberechtigung von Schwarz und Weiß wird keineswegs etwa nur für die Vergangenheit, sondern ausdrücklich auch für die Gegenwart verneint, die Vorherrschaft des weißen Mannes über den Farbigen immer noch als gottgegeben bejaht. Auch erspart der General dem Leser

seine Bewunderung für den frühen Hitler nach 1933 nicht, erklärt allerdings auch den späteren »Führer« für unantastbar, insofern er den Widerstand gegen Hitler, dessen Sieg er noch erhofft, als die britischen Truppen 1945 schon vor Hamburg stehen, verwirft – die Truppe habe dem Vaterland immer zu dienen (also auch, darf man wohl hinzufügen, wenn in diesem Vaterland ein Verbrecherregime wie das nationalsozialistische die Macht ausübt). Allerdings – von Lettow-Vorbeck hat sich selbst nicht immer an seine Maxime gehalten: das Reichswehrministerium mußte den General im Sommer 1920 wegen seiner Beteiligung am Kapp-Putsch verabschieden. Also Aufruhr, Illoyalität, ja bewaffneter Widerstand gegen die Demokratie, jedoch Zustimmung zu Hitler bis fünf Minuten nach zwölf ...

So lebte und dachte *der* Mann, den der Bundesverteidigungsminister Kai Uwe von Hassel zwanzig Jahre nach dem Untergang des Dritten Reiches der deutschen Jugend als »menschliches Leitbild der Gegenwart« anpries.

Danach stand für mich fest: Du produzierst HEIA SAFARI!

Anfang Januar 1966 flogen wir nach Afrika ab und blieben zwei Monate in Tansania, dem ehemaligen Deutsch-Ostafrika, und in der ehemals deutschen Kolonie Kamerun. Für Dreharbeiten in Namibia, dem früheren Deutsch-Südwestafrika, hatten wir von den Behörden der Republik Südafrika keine Erlaubnis erhalten.

Mitte März ging es von Duala zurück nach Köln, wo sogleich der Schnitt begann.

Der erste Teil von »HEIA SAFARI» befaßte sich mit der kriegerischen Eroberung der deutschen Kolonien und dem Verhältnis der Legende zu ihr, die stets nur von »Pazifierung«, »Befriedung« oder »Durchdringung« sprach.

Bei dem mehr als zweijährigen Studium der deutschen Kolonialgeschichte war mir sehr bald klar geworden, daß dort überall ein ununterbrochener Feldzug gegen einheimischen Widerstand stattgefunden hatte, ein buchstäblich dreißigjähriger Krieg von Mitte der achtziger Jahre des vorigen Jahrhunderts bis hinein in den Ersten Weltkrieg, das heißt, von Anfang bis fast zum Ende dieser Geschichte – dokumentarisch gespeichert mit der ganzen Akkuratesse deutscher Archive und beglaubigt von der Präzisionsarbeit des Deutschen Generalstabs unter Kaiser Wilhelm II. Ein Zeitalter, das nicht ahnte, einst Objekt einer na-

tionalen Legende zu werden, hatte mit spezifischer Gründlichkeit Buch geführt.
Es begann mit dem »Buschiri«-Aufstand 1888 in Ostafrika (so genannt nach dem verzweifelten Versuch der bisherigen arabischen Oberschicht unter ihrem Anführer Buschiri, die jahrhundertealte Vorherrschaft gegen die moderne Überseemacht aus Europa zu wahren); setzte sich fort mit dem »Aufstand der Polizeisoldaten« 1893 in Kamerun (Sklaven, die das Reich zwei Jahre zuvor in Dahome gekauft hatte, um sie als »Polizeisoldaten« zur Eroberung des Landes zu verwenden, hatten die beamteten Vertreter des deutschen Kolonialismus für sieben Tage vom Sitz der Kameruner Gouvernementsbehörde vertrieben); mit dem langen Kampf gegen die kriegerischen Wahehe in Deutsch-Ostafrika und den furchtbaren Massakern gegen die »Maji-Maji«-Aufständischen dort bis zu den Großkämpfen gegen die Hottentotten und die Hereros in Südwest – dies letztere ein Kapitel für sich, wahrscheinlich der früheste Völkermord unseres Jahrhunderts.
Bei Beginn der Feindseligkeiten, Anfang 1904, wurden die Hereros auf einhunderttausend Köpfe geschätzt. Nach der letzten amtlichen Statistik des Jahres 1913 waren es noch 21699. Dazwischen lag das grauenhafte Ende eines ganzen Volkes im »Sandfeld«, dem Durstgebiet der gefürchteten Omaheke-Wüste vom August und September 1904. Dazu zwei Kostproben aus deutschen Kolonialdokumenten:

> »Erlaß an die Hereros: Innerhalb der deutschen Grenze wird jeder Herero, mit oder ohne Gewehr, mit oder ohne Vieh, erschossen. Ich nehme keine Weiber und Kinder mehr auf, treibe sie zu ihrem Volk zurück oder lasse auf sie schießen. Das sind meine Worte an das Volk der Hereros – Der große General des mächtigen Kaisers, *von Trotha.*«

Von Trotha, Besieger der Wahehe und Teilnehmer gegen Chinas »Boxeraufstand«, hatte mit seinen Truppen die nach dem blutigen Gefecht am Waterberg vom 11. August 1904 durch die deutschen Linien gebrochenen Massen des Hererovolkes im »Sandfeld« von allen Rückzugswegen hermetisch abgeschnitten. Wie furchtbar das Ende gewesen sein muß, geht hervor aus jener lyrischen Perversion, mit der der Deutsche Generalstab – »Heia Safari«, 1. Teil, Textseiten 24 und 25 – den Völkermord besingt:

> »Von Ondowu ab bezeichnet ein ausgetretener Fußpfad, neben welchem Menschenschädel und Gerippe und Tausende Stück gefallenen

Viehs, besonders Großviehs, lagen, den Weg, den die anscheinend nach Nordosten entwichenen Hereros genommen haben. An vielen Stellen war in fünfzehn bis zwanzig Meter tiefen, aufgewühlten Löchern vergeblich nach Wasser gegraben worden. Alles läßt darauf schließen, daß der Rückzug ein Zug des Todes war. Die mit eiserner Strenge durchgeführte Absperrung des Sandfeldes vollendet das Werk der Vernichtung. Die Kriegsberichte des Generals von Trotha aus jener Zeit enthielten keine Aufsehen erregenden Meldungen. Das Drama spielte sich auf der dunklen Bühne des Sandfeldes ab. Aber als die Regenzeit kam, als sich die Bühne allmählich erhellte und unsere Patrouillen bis zur Grenze des Betschuanalandes vorstießen, da enthüllte sich ihrem Auge das grauenhafte Bild verdursteter Heereszüge. Das Röcheln der Sterbenden und das Wutgeheul des Wahnsinns – sie verhallten in der erhabenen Stille der Unendlichkeit. Das Strafgericht hatte sein Ende gefunden. Die Hereros hatten aufgehört, ein selbständiger Volksstamm zu sein.«

Ich bin nie wieder, bis auf den heutigen Tag, einer solchen Mischung von blumigem Stil und Massenmord-Rechtfertigung begegnet wie dieser – 80000 Hereros blieben im »Sandfeld« der Omaheke-Wüste. Strafgericht? Wofür? Das Volk der Hereros unter ihrem Anführer Samuel Maharero wollte nichts als jenem Schicksal entgehen, das die Kriegsgeschichtliche Abteilung I des Großen Generalstabs in ihrer minutiösen Darstellung des ungleichen Kampfes mit entwaffnender Offenheit genannt hat:

»Wer hier kolonisieren wollte, mußte zuerst zum Schwerte greifen und Krieg führen, aber nicht mit kleinlichen und schwächlichen Mitteln, sondern mit starker, Achtung gebietender Macht bis zur völligen Niederwerfung der Eingeborenen ...«

Neben der Kriegsgeschichte des deutschen Kolonialismus gibt es die der persönlichen Willkür und der individuellen Gewalt – sichtbar wird ein Kolonialtypus von entsetzlicher Roheit und im Vollbewußtsein seines weißen Herrenmenschentums. Ein Mann wie Carl Peters etwa erspart einem alle Spekulationen durch die Bücher, die er geschrieben hat, so zum Beispiel in »Die Emin-Pascha-Expedition«. Darin schildert Peters (Heia Safari, 1. Teil, Textseite 12) in voller Eindringlichkeit, wie er Träger auspeitschen, in Ketten legen, niederschießen oder den Löwen zum Fraß vorwerfen ließ. Wie er Dörfer niederbrannte, in drei Minuten, überlegen bewaffnet, acht Afrikaner tötete und so »zum erstenmal

die befreiende Wirkung rücksichtslosen Handelns« an sich selbst erfährt.
Und da gab es auch noch den Major Hans Dominik, dem die Hohenzollern ihren Hausorden verliehen und dem das Deutschland von Weimar noch nach seinem Tode Denkmale setzte. Dominiks Bücher »Vom Atlantik bis zum Tschadsee« und »Kamerun – sechs Kriegs- und Friedensjahre« gehen über die des Carl Peters noch hinaus (HEIA SAFARI, 1. Teil, Textseite 17): Verkohlte Leichen; das Wimmern von Verwundeten; die schauerliche Klage gefangener Frauen, deren Köpfe Dominiks Truppe dann als Trophäen heimbrachte; Brandschatzung, Verwüstung und Eröffnung von Angriffen auf Afrikaner mit dem Ruf »Waidmannsheil!« – Schilderungen, die vor 1914 offen und von niemandem beanstandet in allen Buchläden auslagen und, zum Entsetzen der Verherrlicher, auch nach dem Ende des deutschen Kolonialismus für den, der es wollte, einsehbar blieben ...
Der 1. Teil von HEIA SAFARI endete mit einem Brief von Agnes Sapuli, der Frau eines afrikanischen Priesters der Anglikanischen Kirche, in dem sie dem Würdenträger einer anderen Diözese über die Folgen des »Maji-Maji«-Aufstandes berichtet. Es war, in Deutsch-Ostafrika 1905/1906, die größte Bauernrevolte von Afrikanern gegen die deutsche Fremdherrschaft, ja gegen den europäischen Kolonialismus vor 1914 überhaupt, mit einer geschätzten Totenziffer von sechzig- bis achtzigtausend Menschen:

> »Wir und alle Menschen in unserm Dorf sind in der gleichen Verfassung – wir leiden unter großem Hunger. Seit meiner Geburt habe ich eine solche Not niemals erlebt. Ich habe Hunger gesehen, aber keinen Hunger, der Menschen tötet. Viele sind gestorben, weil sie wilde Früchte gegessen haben. Manche sterben nicht gleich, sondern erst, wenn sie gute Nahrung zu sich nehmen, die sie nicht gewohnt sind, wie Hirse, Mais oder Bohnen. Dann blähen sich ihre Bäuche auf, sie fühlen sich schlecht und sterben.
>
> Ich glaube, daß die Kinder von St. Agnes sich nicht vorstellen können, daß eine Hungersnot so aussieht, weil sie, denke ich, seit ihrer Geburt keinen Hunger kennengelernt haben. Sie mögen ihn gespürt haben, für ein oder zwei Stunden, doch nie haben sie einen Menschen vor Hunger umkommen sehen. In der Bibel haben sie von einer Hungersnot gelesen, aber sie konnten nicht wissen, wie sie in Wirklichkeit ist ...«

Dies war übrigens das einzige nichtdeutsche Dokument in der zweiteiligen Sendung. Es wird bestätigt von dem amtlichen Kolonialbericht für das Jahr 1907:

> »Was dem Maji-Maji-Aufstand folgte, war schlimmer als offene Kämpfe. Wen Krieg und Hunger verschont hatten, fiel Seuchen zum Opfer. Den schlecht genährten Müttern versagte die Milch, die Kindersterblichkeit war enorm. Insgesamt ein unsagbar trauriges Bild ...«

Schutzmacht? Wen hat diese Macht *geschützt*?

Der 2. Teil von HEIA SAFARI befaßte sich mit dem Gesamtfiasko der deutschen Kolonialpolitik, deren niederschmetternde Bilanz die letzte große Kolonialdebatte im Reichstag vom März 1914 so zusammenfaßte: Die Methoden der Anwerbung hätten weite Gebiete entvölkert, ebenso wie die des Arbeitszwanges; die hohe Sterblichkeit unter den schwarzen Plantagenarbeitern veröde ganze Distrikte; amtliche Lohnbuchprüfungen hätten fast durchweg Betrug zugunsten der Europäer an den nahezu rechtlosen Afrikanern ergeben.

Diese Debatte ein halbes Jahr vor Ausbruch des Ersten Weltkrieges brachte die große Demaskierung der von der Legende später bevorzugten Objekte der medizinischen Versorgung und der Infrastruktur: Der Hauptzweck des Eisenbahnbaues sei ein militärischer gewesen, die öffentlichen Aufwendungen für Hygiene, Bildung und Verkehr Mittel zur Etablierung der Kolonialherrschaft. In dieser Reichstagsdebatte fiel das Wort: »Wenn es so weitergeht wie bisher, kann Deutschland die Verantwortung für seine Kolonialpolitik nicht länger tragen ...«

Das war die letzte Bilanz einer dreißigjährigen Herrschaft, das Grab jeder Legende von der deutschen Kolonialidylle in Afrika. Aber weit mehr als dieses Resümee hat mich bei der Arbeit an HEIA SAFARI etwas anderes erschüttert: die offiziellen Dokumente über die Praxis der *Prügelstrafe* in den amtlichen Jahresberichten der Kolonialbehörde. Ihr Mittelpunkt – der »Kiboko«, die Peitsche aus Nilpferdhaut!

In einem Dorf an der Ostküste Tansanias hat mir während der Dreharbeiten für HEIA SAFARI ein Afrikaner einen Kiboko vermacht – ein Mordinstrument. Gleichzeitig trafen wir dort, in der Nähe von Bagamoyo, einen anderen Dorfbewohner, der alt genug war, sich an die Zeit der deutschen Herrschaft und an die *Art* der Prügelstrafe zu erinnern – was er vor unsere Kamera brachte. Das Unheimlichste aus dem Munde des betagten Afrikaners war dabei der Spruch unmittelbar vor dem Ende der Tortur, den er nun durchaus verständlich wiedergab: *»Der letzte für den Kaiser!«*

Der Mann hatte den Satz nicht vergessen, obwohl mehr als fünfzig Jahre vergangen waren, seit er ihn zuletzt gehört hatte. Sonst konnte er kein Wort Deutsch.

Das Studium der Prügelstrafe in den Kolonien des kaiserlichen Deutschland aufgrund der amtlichen Dokumente zählt zur schrecklichsten Lektüre, die mir je außerhalb der Hitler-Ära vor Augen gekommen war. Die Reihe der Zeugen und der Zeugnisse ist endlos, ganze Bibliotheken sind einzusehen, die sich mit nichts anderem beschäftigen als mit dem Kiboko und seinen Folgen (HEIA SAFARI, 2. Teil, Textseite 7):

> »Ich habe wahrgenommen, daß der jüngste Unteroffizier, wie der jüngste Beamte, das Recht hat oder es sich wenigstens ungestraft herausnimmt, bei oft geringfügigem Anlaß die ihnen untergebenen Schwarzen mit der Nilpferdpeitsche durchprügeln zu lassen oder in anderer Weise grausam mit ihnen zu verfahren. Zahllos sind hierfür die Beispiele aus meiner eigenen Anschauung und Erfahrung.«
>
> »Es muß sehr auf die Entfernung des Schlagenden vom Gesäß des Geschlagenen geachtet werden. Bei größerer Entfernung und mit der Spitze des Kiboko sind die Schläge von leichter Wirkung, sie erzeugen Striemen von ein bis zwei Zentimeter Breite, d. h. Quetschungen der Haut mit Blutaustritt in die Lederhaut und die obersten Schichten der Unterhaut. Je mehr die Stärke des Kiboko geschlagen wird, desto tiefer gehen die Blutunterlaufungen und desto schmerzhafter sind sie.«

Auf derselben Textseite von HEIA SAFARI wird die Zuschrift des Kolonisten Walter Lieblinger aus Kirondatal an den Direktor der Kolonialabteilung des Auswärtigen Amtes, Bernhard Dernburg, zitiert:

> »Ich habe lange Jahre im Westen von Nordamerika und zehn Jahre im Innern von Australien mir mein tägliches Brot als Frontiersmann ehrlich verdient und manches Grausige gesehen und erleben müssen. Aber nichts hat meine Seele so mit Abscheu und Entsetzen erfüllt als wie der Eindruck, den ich nach Ankunft in der Kolonie empfing, als ich täglich sehen mußte, mit welcher Brutalität in unserm schönen Deutsch-Ostafrika die Prügelstrafe mit der Nilpferdpeitsche ausgeübt wird.«

Reichskolonialamt, Akten-Nr. 5379, Blatt 134...
Die Blätter 7 und 8 des Aktenfaszikels Nr. 5380 im Reichskolonialamt gibt (HEIA SAFARI, 2. Teil, Seite 9) eine vergleichende Prügelstatistik aus allen vier deutschen Kolonien zwischen den Jahren 1901 und 1913:

»Deutsch-Ostafrika	3467–8057
Kamerun	315–4800
Deutsch-Südwest	257–1655
Togo	162– 832«

Welche Kolonistenmentalität hinter solcher Vervielfachung steckte, ergab eine Aktennotiz des Reichskolonialamtes vom 30. September 1903, Nr. 5378, Blatt 135:

»Da wir nun in der Aufhebung der Prügelstrafe bei Schwarzen eine ernsthafte Bedrohung der gesunden wirtschaftlichen Entwicklung unserer Kolonie sehen, so halten wir es für unsere Pflicht, die Kolonialabteilung des Auswärtigen Amtes sehr ergebenst zu bitten, der Gefahr vorzubeugen, welche unseren Kolonien durch Aufhebung der Prügelstrafe drohen würde...«

So die weißen Einwohner des Bezirks Windhuk, Deutsch-Südwestafrika, am 21. Juli 1900.
Und genau dieser Ungeist beruft sich in Form der Legende auf Afrikaner – als letzte und höchste Kronzeugen deutscher Kolonisationsfähigkeit! Ich gestehe, daß es mir ein besonderes Vergnügen war, mit ihm in HEIA SAFARI abzurechnen.

»Und die *Neger*? Was wollen Sie eigentlich? Selbst *die* erinnern sich doch gern an die deutsche Kolonialzeit!«
Ob Profis der Legende, ob die personifizierte politische Indifferenz – von Beginn meiner Arbeit für HEIA SAFARI an begegnete mir dieser Satz immer wieder, quasi ein Beschwörungsritual, das nicht müde wird, die »treuen Seelen«, die »Askari«, die die Deutschen »für streng, aber gerecht« hielten, zu zitieren – sozusagen die schwarze Variante der Legende.
O ja, es gibt sie tatsächlich, und wir sind solchen Afrikanern begegnet, haben sie aufgenommen und in HEIA SAFARI integriert. Den weißhaarigen Samuel Njau etwa, der uns in Tansania auf deutsch sagte: »Wenn ich schreibe – ich erinnere. Wenn ich lese – ich erinnere dem. Woher habe ich diese Schreiben, Lesen, Religion – wo habe ich diese gekriegt?

Ich habe gekriegt von deutsche Mission. So – wie kann ich vergessen?«
Oder den ehrwürdigen Joki, der ebenfalls auf deutsch in unsere Kamera sagte: »Die Deutschen werden nie hier in Kamerun vergessen, niemals. Denn was sie als Eisen und alle diese Werkzeuge, Instrumente gemacht haben, fühlen die Leute bis auf den heutigen Tag, daß sie wirklich was gearbeitet haben.«
Ich werde diese Gesichter, diese Stimmen, diese Worte ebenfalls nicht vergessen. Aber Treue durch ein persönliches Verhältnis zu einem oder mehreren weißen Herren des Landes ist nie und nirgends typisch gewesen für die Beziehungen zwischen Kolonisierern und Kolonisierten! Die Verklärung der eigenen Jugend hebt weder die Unbestechlichkeit der Dokumente auf, noch schreibt sie die Kolonialgeschichte Afrikas anders.
Die Legende und ihre Anhänger aber erreichen hierbei den Höhepunkt ihrer Unaufrichtigkeit. Denn *wer* ruft hier nach Afrikanern als Kronzeugen der deutschen Kolonisationsfähigkeit? Wer ist das eigentlich? Das sind Leute, die bis heute der Meinung sind, daß die betrügerischen Verträge zwischen unwissenden und eingeschüchterten Häuptlingen und dem deutschen Kaiserreich ein Akt des Völkerrechts gewesen seien; die heute noch in ihren Organen darum feilschen, ob es 80000 oder 40000 Hereros gewesen waren, die im »Sandfeld« verdursteten, und die es offenbar ebenso tröstet, wenn die geringere Zahl zuträfe, wie jene Zeitgenossen, die aus fünf statt sechs Millionen ermordeten Juden unter Hitler ihre Ruhe beziehen. Es sind jene Leute, die in ein und derselben Zeitschrift die unter wer weiß welchen Umständen zustandegekommene »Treue« von Afrikanern zu ihren eigenen Gunsten beschwören, auf der nächsten Seite aber voller Entsetzen fragen: »Wird Südwestafrika *Negerdiktatur*?« Es sind dieselben Leute, die heute noch die massenhafte Niedermetzelung von Afrikanern in den Kolonialkriegen als »Befriedung« bezeichnen, sich zu General von Trotha, Hans Dominik und Carl Peters bekennen und die selbstverständlich, wie Paul von Lettow-Vorbeck, die Gleichberechtigung von Schwarz und Weiß als Zumutung von sich weisen, also auf dem Apartheid-Standpunkt der Republik Südafrika stehen.
Unfähig, das rassische Wertsystem der Kolonialepoche zu überwinden, sind hier seit mehr als fünfzig Jahren *Rassisten* nicht müde geworden, die Opfer ihres Dünkels plötzlich in ihre Fürsprecher zu verwandeln.

Das also alles war, im großen ganzen, der Inhalt der beiden Sendungen von je 45 Minuten, mit einer Hinzufügung: HEIA SAFARI behauptete nicht, daß der deutsche Kolonialismus *schlechter* gewesen sei als etwa der englische, französische oder belgische, sondern lediglich nicht *besser*. Und daß er auf den gleichen Säulen ruhte wie jeder andere Kolonialismus – nämlich auf Ausbeutung und Gewalt.

Dabei war mir in einem verhältnismäßig frühen Stadium der Arbeit klargeworden, daß es im Deutschland vor 1918 niemals eine Koloniallegende gegeben hatte – sie kam erst nach dem Ende des Ersten Weltkrieges auf, und zwar eng verzahnt mit der deutschen Niederlage, die ein großer Teil der Nation offenbar moralisch nie zu bewältigen vermochte. Diese nahezu kollektive Unfähigkeit, eine weltgeschichtliche Realität von so überzeugender Wucht anzuerkennen und daraus die Lehren zu ziehen, statt eine »Dolchstoß«-Legende zu erfinden, wird auch zur Urzündung für die »Legende von der deutschen Kolonial-Idylle in Afrika«. Wenn schon alle Siegesträume dahin waren, wenn schon die Hoffnungen eines zertrümmerten Zeitalters im Staube lagen, wenn schon in Europa alles danebengegangen war, dann sollte es wenigstens eine überseeische Domäne ohne Fehl und Tadel gegeben haben.

Die Legende ist ein Affekt, ein Reflex auf Versailles. Sie wird in dem Moment geboren, als die selbst ebenso wenig zimperlichen Kolonialmächte Großbritannien, Frankreich und Belgien darangehen, die ehemals deutschen Kolonien unter sich aufzuteilen. Dabei tun diese klassischen Kolonialmächte natürlich genau das gleiche wie umgekehrt die deutschen Anhänger der Legende – nämlich ihre kritische Sonde nicht ebenso an die eigenen Übel zu legen, sondern den Balken im eigenen Auge zu übersehen, wohl aber auf den Splitter des andern hinzuweisen.

Aus dieser beiderseitigen Unbelehrbarkeit wird auf deutscher Seite die These von der »Kolonialschuldlüge« und gleichzeitig eine endlose Rechtfertigungsliteratur geboren. Sie unterscheidet sich von der deutschen Kolonialliteratur von vor 1914 wie Feuer und Wasser! Diese hatte nichts verschwiegen, dafür hatten die Dominiks und Peters schon gesorgt, und die Gründlichkeit, mit der auch die Akten des Reichskolonialamtes geführt wurden, lassen in der Erforschung der kolonialen Wirklichkeit so gut wie keine Lücke. Jetzt plötzlich aber, im neuen

Zeitalter der »Kolonialschuldlüge«, sind die Massaker aus persönlicher Willkür, die ganzen schrecklichen Einzelheiten der großen Kriegszüge gegen unterbewaffnete Afrikaner nicht mehr gefragt. Dafür fahndet die deutsche Rechtfertigungsliteratur nun nach ausländischen Stimmen, die Deutschlands Kolonisationsfähigkeit bestätigen sollen. Und tatsächlich gibt es diese Stimmen, in Großbritannien, in Frankreich, auch in Belgien – verteidigen sie mit dem deutschen Kolonialismus doch nichts anderes als die Kolonialverbrechen der eigenen Geschichte.

Mich hat dieser jahrzehntelange heuchlerische Streit über die »Kolonialschuldlüge« bei der Arbeit an HEIA SAFARI völlig kalt gelassen. Er bewegte mich überhaupt nicht und war ohne jede Bedeutung. Die Zerstörung der »Legende von der deutschen Kolonial-Idylle in Afrika« war und ist völlig unabhängig vom Ausland. Sie liegt in den deutschen Quellen selbst begründet, die ich Zeit genug hatte zu studieren – in den Schriften der Epoche, ihrer Presse, den Reichstagsprotokollen, den Protokollen des Kolonialrates und der ungeheuren Flut amtlicher Dokumente, die eine unübertreffliche Selbstcharakterisierung darstellen. Ich wiederhole: Ein Zeitalter, das nicht ahnte, einst Gegenstand einer Legende zu werden, hatte präzis Buch geführt. Wer immer diese Legende zerstören wollte, weil die Errichtung von historischen »Naturschutzparks« nur Unheil anrichten könnte – der hatte nichts anderes zu tun, als eine Fleißarbeit über *deutschen* Akten und *deutschen Büchern* zu absolvieren.

Mitte Juni 1966 hatte ich die beiden Bild- und Tonrollen von je fünfundvierzig Minuten fertiggestellt, ebenso meinen Text. HEIA SAFARI mußte in ein Wespennest stechen – vorausgesetzt, daß die Sendung überhaupt ausgestrahlt werden würde.

Zunächst hing alles davon ab, wie der verantwortliche Redakteur reagieren würde – Dieter Gütt.

Wortkarg wie immer bei der »Abnahme« einer Sendung, saß er hinter mir, während ich am Schneidetisch meinen Text zu den laufenden Bild- und Tonbändern verlas, neunzig Minuten lang. Als ich geendet hatte, schwieg Dieter Gütt einen Augenblick, dann fragte er spöttisch:

»Giordano, Sie glauben doch nicht, daß das jemals über den Bildschirm gehen wird?«

Und als ich eine jähe Bewegung machte, weil diese Reaktion so gar nicht zu dem kämpferischen Stil des damals Stellvertretenden Chefredakteurs der Abteilung Politik im WDR-Fernsehen passen wollte, fügte Gütt, plötzlich todernst, hinzu: »In dem Falle würde ich die *Kabinettfrage* stellen!«

Mit anderen Worten: Auch Dieter Gütt erwartete Ärger, um es einmal vorsichtig auszudrücken, aber er gab dieser Erwartung nicht nach. Das taten dann ebensowenig Franz Wördemann, damals Chefredakteur, und Hans Lange, seinerzeit Programmdirektor des Westdeutschen Rundfunk Fernsehen – sie sahen sich HEIA SAFARI vor der Ausstrahlung an. Klaus von Bismarck, der Intendant, ließ sich die Doppelsendung erst am 15. Oktober vorführen – noch während eines Proteststurms, der alle Erwartungen übertraf.

Ich selbst wurde das Ziel zahlreicher schriftlicher und mündlicher Morddrohungen, die mich im WDR oder privat in Hamburg und Köln erreichten, darunter genüßliche Ausmalungen, die sich an der Marterpfahl-Praxis der Irokesen orientiert zu haben schienen.

Ein wahrer Protestschwall ging auf den Sender nieder, ein Erdbeben von Schmäh- und Empörungsbriefen, zwischen neunhundert und tausend Absender, sehr viele davon anonym. Unter diesem Druck gab der Intendant eine öffentliche Erklärung ab, in der er jede geschichtskritische Aussparung einer Epoche ablehnte, jedoch eine zweite Sendung über das Thema zusagte – der Form von HEIA SAFARI, nicht des Inhalts wegen. Die Rechtspresse bog das Papier sofort so um: Wegen Geschichtsfälschung solle das Ganze noch einmal gemacht werden – von einem andern Autor ... Es hat nie eine zweite Sendung gegeben, die Zusage wurde nicht eingehalten. Tatsächlich war sie ein Symptom der Abwiegelung. Das gleiche Ziel hatte eine Fernsehdiskussion über HEIA SAFARI, die dann wirklich stattfand – und bei der sich ein weiterer Fehler hinzugesellte.

Der Kreis der Diskussionsteilnehmer wurde von der Leitung des Senders fast ausschließlich aus den Adressen der eingegangenen Empörerpost zusammengesetzt. Da ich an der Auswahl teilnahm, bekam ich vollen Einblick in den Tenor: Es war außerordentlich schwierig, überhaupt artikulierte Inhalte zu finden und von ihnen auf nicht bloß emotions- und vorurteilsgeladene Absender zu schließen. Das meiste war nicht geschrieben, sondern herausgegeifert.

Und ähnliches zeigte sich dann bei der im Februar 1967 über den Bildschirm ausgestrahlten Fernsehdiskussion über HEIA SAFARI. Die Szene auf der Tribüne entsprach der Auslese-Methode – eine Schar von Kolonial-Apologeten, meist betagteren Jahrgangs, von einem Kollegen der Bild-Regie unter einer Art Schockwirkung als »Wilhelminische Menagerie« charakterisiert. Aber es waren auch einige Jüngere da, die bestätigten, wie hartnäckig sich die Legende auch in zeitgenössischen Generationen fortgesetzt hatte. Unten saßen als Diskutanten: Dieter Gütt, Hartmut Pogge von Strandmann, unser wissenschaftlicher Berater für die Sendung, ein hervorragender Kenner der Kolonialgeschichte. Dazu ein Afrika-Experte aus Bonn, der die Legende kräftig verteidigte, hinterher aber zu mir sagte: »In Wahrheit war alles noch viel schlimmer, als Sie es dargestellt haben.« Und schließlich saß ich noch mit am Tisch.

Im Zeichen der Abwiegelung, auf die sich der Sender eingelassen hatte, kam bei dieser Diskussion nicht viel mehr heraus als die Selbstentlarvung der »Wilhelminischen Menagerie« – die geballte Unbelehrbarkeit.

Aus dieser Diskussion ist mir eine Szene in ihrer Typik unvergeßlich. Zu ziemlich vorgerückter Stunde sagte einer der Apologeten, an mich gewandt: »Ich habe gestern im Lexikon des Jahres 1906 unter ›Deutsche Kolonien‹ nachgeschlagen. Da steht alles drin, was Sie kritisieren. Was also reden Sie von einer ›Legende‹?« Und weil es schon sehr spät war (die Diskussion hatte gegen 22 Uhr begonnen) oder weil er das als Pointe gegenüber dem Autor empfand, schloß er mit den Worten: »Gute Nacht!«

Tatsächlich war dieser Herr die Schlafmütze, bestätigte er doch die These von Heia Safari, daß es vor 1918 keine Legende gab. Nur hatte er eines vergessen: unter demselben Stichwort die deutschen Lexika von 1926 bis 1966 nachzuschlagen – diese Lektüre hätte sich wesentlich von der des Jahres 1906 unterschieden. Mein diesbezüglicher Einwurf erreichte den Mann nicht – er hörte ihn wohl, faßte ihn aber keineswegs.

Das war die erste von vier großen Erfahrungen, die mir durch eine meiner Sendungen auf nie wiederholte Weise verpaßt wurden.

Die *erste* dieser Erfahrungen lautete: wenn politischer Fanatismus im Spiele, Ideologie dabei ist; wenn nationale Tabus angegriffen, tatsächlich oder scheinbar unumschränkt herrschende Ideen attackiert werden, das heißt: wenn langgehegte Vorurteile sich auf dem Bildschirm nicht bestätigt finden, geht bei vielen Zeitgenossen zu einem sehr frühen Zeitpunkt der Vorhang herunter! Das nichtbestätigte Vorurteil blokkiert jede Fähigkeit zur Teilnahme, zur Kenntnisnahme, zum Mitdenken, zum Umlernen, zur Korrektur. Der Inhalt wird Nebensache – kein einziger der Empörungsbriefe auf Heia Safari ging wirklich auf ihn ein, ebensowenig wie die Kolonial-Apologeten bei der Fernsehdiskussion. Auch eine so überzeugend dokumentierte Wahrheit, wie sie den Zuschauer aus der Flut der deutschen Dokumente förmlich ansprang, erreichte diese Gruppe nicht – sie war einfach darauf nicht »programmiert«. Und so wird es nicht nur Heia Safari ergangen sein. Inzwischen habe ich unzählige Male das Rauschen des heruntergehenden Vorhangs vernehmen müssen. Aber zu Bewußtsein gekommen ist mir der Mechanismus erst durch meine Sendung.

Die *zweite* Erfahrung wurde eingeleitet durch die hintergründige Frage eines Kollegen vom WDR: »Weißt du, welchen Eindruck ich hatte, als ich Heia Safari sah?«, und seine, Jürgen Rühles, Antwort: »Daß du fortwährend auf die ›Deutsche National- und Soldatenzeitung‹ eingedroschen hast!«

Ich war wie vom Donner gerührt, weil ich sofort erkannte, daß das zutraf – hatte ich doch nur zu gut noch mein freudiges Entzücken in Erinnerung, mit dem ich die hysterische Reaktion dieser Zeitschrift auf Heia Safari registrierte.

Nun stellte ich fest, daß Jürgen Rühles Beobachtung, wenn auch in einem weiteren, nicht allein auf jenes Wochenperiodikum beschränkten Sinne, durchaus der Wahrheit entsprach – ich hatte mich tatsächlich auf den Extremgegner eingeschossen! Bei der inneren Auseinandersetzung mit dem Stoff hatte ich mich in Tenor und Form auf ihn polemisch konzentriert. Das ist die beste Methode, um über die Köpfe derer hinwegzuschießen, die man eigentlich erreichen will, nämlich *die* Masse der Zuschauer, die, im Gegensatz zum Extremgegner, lernwillig und lernfähig ist.

Die *dritte* Erfahrung paßte in diesem Zusammenhang wie die Faust aufs Auge – ein beschämendes Exempel von Fehleinschätzung des Publikums und die eigentliche Sensation der gesamten Angelegenheit: Die turnusmäßige Abfrage bei einem »repräsentativ ausgewählten« Zuschauerkreis hatte ergeben, daß über 50 Prozent der Doppelsendung zugestimmt und etwa 40 Prozent sie nicht abgelehnt hatten, während lediglich 8 Prozent eine ausgesprochen negative Haltung bekundeten!

Dieser Bruchteil eines Millionenpublikums war der lautstärkste, und ihm waren alle Beteiligten auf den Leim gekrochen – der verantwortliche Redakteur, die Senderleitung und der Autor selbst. 92 Prozent standen HEIA SAFARI eher positiv gegenüber, also etwa jene Zahl, die andere und ich in genau entgegengesetztem Sinne vorausgesetzt hatten.

Die Lehren aus der dritten Erfahrung waren die schwierigsten für mich. Ich habe das fünfzehn Jahre nach HEIA SAFARI bestätigt bekommen, 1981, als die amerikanische Fernsehserie »Der unvergessene Krieg« in über einem Dutzend Folgen ausgestrahlt wurde – und ich mich bei der Befürchtung ertappte, daß der überwiegende Teil der Zuschauer abermals negativ reagieren würde. War diese Serie doch aus ausschließlich sowjetischem Filmmaterial zusammengestellt, der Zweite Weltkrieg aus der Sicht des Gegners, und zwar des Hauptfeindes, der zudem dann auch noch siegreich geblieben war. Von Burt Lancaster präsentiert, war dies die umfangreichste Darstellung der gigantischsten Front in der Kriegsgeschichte der Menschheit – in vierzehn oder fünfzehn Folgen Sowjetsoldaten, und zwar von der Hälfte der Serie an gen Westen, Richtung Berlin, vorwärtsstürmend. Ich sah schwarz, was die Reaktion der Zuschauer betraf.

Sie waren diesmal viel genauer registriert worden als 1966, mit elektronischen Methoden, die es damals noch gar nicht gab, und sehr detailliert aufgesplittert. Als die Auswertung auf dem Bildschirm begann, war ich, gesträubten Haares, bereit, sofort abzuschalten, falls sich meine negative Voraussicht bewahrheiten sollte – nämlich 75 Prozent Unbelehrbarkeit, Geschichtsinterpretation im Sinne der Nazizeit und 25 Prozent Zustimmung, Verständnis, Lernbereitschaft.

Nun, die Zuschauerreaktionen waren, in diesen Proportionen, genau umgekehrt! Drei Viertel befürworteten die Ausstrahlung der Serie »Der unvergessene Krieg« und erklärten, sich danach ein besseres Bild von der sowjetischen Seite machen zu können, außerdem aber auch neue Einsichten in Gedanken und Gefühle des damaligen Gegners gewonnen zu haben. Nur der Rest zeigte eine unreflektierte Haltung in dem von mir befürchteten Sinn.

Das war meine dritte Erfahrung mit HEIA SAFARI – mangelndes Vertrauen in die Urteilsfähigkeit der Zuschauer.

Die *vierte* war die persönlichste von allen – fehlende Differenzierung!

Aus meiner Anti-Haltung zum Kolonialismus hatte ich System und Menschen, und zwar ohne Ausnahme, in einen Topf geworfen. Nichts also von den Sehnsüchten, den Hoffnungen, dem guten Willen, der Furcht, dem Fleiß, den Strapazen und den Opfern, die auf deutscher Seite dort in Afrika doch *auch* im Spiele waren – natürlich waren bei weitem nicht alle, die sich dahin aufgemacht hatten, Wüteriche wie Carl Peters oder Hans Dominik. Es gab gewiß ebenfalls Liebe zur neuen Heimat, die ungebrochene Faszination Afrikas für Tausende und aber Tausende, die nicht wieder loskamen von dem Kontinent, sobald sie einmal sein Licht, seine Farben, seine Natur gekostet hatten. Nichts davon in HEIA SAFARI – obschon die personale Differenzierung an dem historischen Grundcharakter des Kolonialismus – Gewalt und Ausbeutung – gar nicht gerüttelt hätte. Es war eine Sendung ohne jede Zuweisung von *Sympathien*, die logische Folge der fehlenden Differenzierung.

Blockade bei Nichtbestätigung von Vorurteilen – Fixierung auf den Extremgegner, über die Köpfe der Zuschauermehrheit hinweg – Fehleinschätzung dieser Mehrheit und ihres Urteilsvermögens – und Differenzierungsmangel aus Furcht, durch Differenzierung eine Grundposition des Autors zu verwischen

– wenn ich HEIA SAFARI heute noch einmal machen könnte, so wäre die Vermeidung dieser letzten meiner vier Erfahrungen mit der Sendung die wichtigste Konsequenz.

»Die armenische Frage existiert nicht mehr« Erfahrungen mit einer Fernsehsendung II

Am 21. April 1986 strahlte der Westdeutsche Rundfunk im 1. Programm zu bester Sendezeit meine Dokumentation »›Die armenische Frage existiert nicht mehr‹ – Tragödie eines Volkes« aus.
Ihr Thema war der Untergang der Armenier im Osmanischen Reich der Jahre 1915/16 samt Vor- und Nachgeschichte.
Die Zuschauerresonanz war groß und andauernd, mit Hunderten und aber Hunderten von Briefen und Anrufen, der Tenor eindeutig: »Davon haben wir nichts gewußt!« In bezug auf die Nazizeit hatte ich gelernt, diesem Spruch nicht zu glauben – hier tat ich es. Der Grund dafür wird weiter unten genannt.
Die Reaktion von türkischer Seite war explosiv, äußerte sich aber nicht erst vom Zeitpunkt der Ausstrahlung an. Schon auf die erste öffentliche Ankündigung hin, im Februar 1986, hatte der Presseattaché der türkischen Botschaft die Intendanz des Kölner Senders um »Aufklärung« in einem persönlichen Gespräch ersucht, eine Forderung, der nicht stattgegeben wurde. Über die folgenden Ereignisse im Zusammenhang mit der türkischen Haltung an gegebener Stelle chronologisch mehr.
Zunächst Informationen, wie sie in der Sendung gegeben wurden – nach einem Jahr Recherchen, einem Monat Dreharbeiten in der Bundesrepublik und in Frankreich (Paris, Lyon, Marseille) und einer vierwöchigen Schnittarbeit, die unter Polizeischutz gestellt werden mußte – wie der Autor auch.

Der Stichtag

Im November 1914 tritt das türkisch-osmanische Reich an der Seite Deutschlands und der Habsburger Monarchie gegen Frankreich, England und Rußland in den Ersten Weltkrieg ein.

Am 24. April 1915 läßt der Innenminister des türkisch-osmanischen Reiches, Talaat Bey, in Konstantinopel Hunderte armenischer Notabeln verhaften. Sie werden niemals wiederkehren. Das Datum wird zum Stichtag der Tragödie.

Am 27. Mai 1915 erläßt Talaat Bey den Befehl zur Deportation der Armenier, mit der Begründung: Abwehr drohenden Verrats, Aufstände, Hilfe für den Feind. Dieser Befehl setzt in Ostanatolien, in der Schwarzmeer-Region und in Kilikien viele Hunderttausende Armenier beiderlei Geschlechts und jeden Alters in Bewegung, Auslösung einer der größten Katastrophen, die je über Menschen hereingebrochen sind. In unübersehbaren Kolonnen werden die Deportierten aus ihren Wohnsitzen mit meist nicht mehr Besitz als den Kleidern, die sie auf dem Leibe tragen, über Gebirge und Flüsse den Wüsten Syriens und Mesopotamiens zugetrieben – wo nur ein Rest der Unglücklichen eintreffen wird. Die anderen werden unterwegs angefallen von Gendarmen, Soldaten, professionellen Räuberbanden, von Kurden und von ausdrücklich zu diesem Zweck von den osmanischen Behörden freigelassenen Sträflingen, den Tschetes.

Die menschliche Phantasie reicht nicht aus, um sich die Schreckensbilder vorzustellen, die nun von Trapezunt bis Aleppo, von Erserum bis Kesaria über Monate und Monate des Jahres 1915 abrollen und die sich zutragen zwischen Waffenlosen und Schwerbewaffneten: Massenexekutionen und Einzelmorde; Tod durch Pfählen, Abhäuten und Verbrennen bei lebendigem Leibe; Massenschändungen von Frauen, Mädchen, Kindern und andere Gewalttaten an ihnen in jedem Dorf, jedem Weiler, den die von Hunger, Durst und Angst Ermatteten und Willenlosen erreichen.

Die größten Verluste erleidet die Bevölkerung aus den armenischen Kerngebieten des östlichen Anatolien, Massaker, die auf immer verbunden sein werden mit den Namen Van, Bitlis, Diarbekir und der Euphrat-Schlucht Kemal Bog.

Ende 1915 ist das Gros der Armenier im türkisch-osmanischen Reich vernichtet, aber die Blutspur zieht sich noch weit in das Jahr 1916 hin-

ein. Der Rest der Tragödie sind die Wüstenlager – Der-es-Sor, Homs, Hama, Mossul.
Wie konnte es zu ihr kommen, was sind die Gründe und Antriebe für diesen zweiten Völkermord in unserem Jahrhundert (nach dem ersten an den Hereros in der Omaheke durch deutsche Truppen)? Dazu ein kurzer Rückblick.

»Der kranke Mann am Bosporus«

Es mögen jetzt etwa 2500 Jahre her sein, daß sich die Armenier, wahrscheinlich aus dem späteren Europa kommend, zwischen dem Hochtal des Euphrat und dem heißen Tiefland Mesopotamiens niederließen. Mythos dieses Volkes wird ein längst erloschener Vulkan, ein schneebedeckter Gipfel südlich der Kaukasuskette, der Ararat.
Die Heimat der Armenier, an der Nahtstelle antiker, mittelalterlicher und neuzeitlicher Großreiche, wird so etwas wie die Durchgangsstation für immer neue Eroberer aus Ost und West, Nord und Süd – Assyrer, Iraner, Römer, Byzantiner, Araber, Mongolen, Türken. Ihnen allen setzte der armenische Bauer unassimilierbar seine feste Kultur entgegen: eine eigene Sprache, ein eigenes Alphabet und eine eigene Religion – mit der Lehre von Jesus als fleischgewordenem Gott. Zu Beginn des 4. Jahrhunderts unserer Zeitrechnung gegründet, ist die armenische die erste christliche Kirche überhaupt, die als staatlich gelten kann (noch vor der römischen des Kaisers Theodosius). Ihr Haupt ist der Katholikos, der Patriarch, mit einem eigenen Heiligen Stuhl in Etschmiadsin.
Im Reigen der Eroberer kommen die Türken spät, erst im 16. Jahrhundert, aus Kleinasien – die Gründer des dann nach ihrem ersten Anführer Osman genannten Reiches. Hauptsiedlungsgebiet der Armenier unter ihrer Herrschaft sind die Provinzen Kilikiens und Ostanatoliens, genannt Westarmenien, da sich armenisches Wohngebiet mit einer Ausbuchtung auch ins Russische Reich hinein erstreckt, das im 19. Jahrhundert nach Süden gestoßen war. Starke armenische Gemeinden gab es in Smyrna, vor allem aber in Konstantinopel – insgesamt etwa zwei Millionen Menschen.
Das Verhältnis zur türkischen Obrigkeit ist über eine lange Strecke gut. Im Osten aber kommt es immer wieder zu schweren Zusammenstößen zwischen christlichen Armeniern und muslimischen Kurden, was auch

auf armenischer Seite zu bewaffneter Militanz führt. Gleichzeitig dringen von Europa her die Ideen der Französischen Revolution, des Nationalismus und der Demokratie ins Osmanische Reich. Sie bleiben nicht ohne nachhaltigen Einfluß auf die hartbedrängte armenische Gemeinschaft. Das politische Klima beginnt sich in der zweiten Hälfte des 19. Jahrhunderts, besonders nach dem türkisch-russischen Krieg Ende der siebziger Jahre, rapide zu verschlechtern. Der Zerfall des Osmanischen Reiches hatte längst begonnen.

Die potentielle Beute weckt koloniale Großmachtinteressen. Das England des Premiers Benjamin Disraeli und das 1871 gerade geeinte Deutsche Reich Otto von Bismarcks kommen ins Spiel – sie vor allem stützen den »kranken Mann am Bosporus«. Hintergrund ist die Furcht der Briten vor dem Drang der Russen nach Süden, auf Konstantinopel, die Dardanellen, das Mittelmeer zu, also in Richtung Suezkanal. Und der Versuch des neuen Energieklotzes Deutschland, in einer unter die anderen Großmächte so gut wie aufgeteilten Welt nun seine Ansprüche zu stellen. 1878, auf der Berliner Konferenz, greift Europa direkt in die Geschicke des Osmanischen Reiches ein. Dabei werfen sich England und Deutschland zur Bemäntelung ihrer wahren Interessen zum »Schutzherrn« der christlichen Armenier in einer islamisch-feindlichen Umwelt auf und stellen sich hinter die armenische Forderung nach einem Reformprogramm – eine Politik, die sich leicht in ein Instrument der Einmischung verwandeln läßt. In dem Schachspiel des europäischen Imperialismus um Einflußsphären im Vorderen Orient sind die Armenier nichts als die Bauern.

Ab 1883 reorganisiert der deutsche General von der Goltz die türkische Armee. Aus dem Reich folgen große Waffenlieferungen. Mit den militärischen Beziehungen werden auch die wirtschaftlichen zwischen dem Deutschen und dem Osmanischen Reich enger und gipfeln schließlich im Projekt der »Bagdadbahn«.

Da kommt es 1894 unter dem verschlagenen Sultan Abdul Hamid im Osten des Landes zu blutigen Zusammenstößen zwischen türkischen Truppen und bewaffneten Armeniern – Auftakt für ein furchtbares Massaker in den anatolischen und kilikischen Provinzen, das sich bis 1896 hinzieht: Mord, Vergewaltigung, Raub, Zwangsverheiratung von armenischen Frauen mit Moslems, Zwangsislamisierung – alles bereits Merkmale der späteren, noch viel größeren Katastrophe. »Mechveret«, das Organ der sultanfeindlichen Opposition, der sogenannten »Jung-

türken«, schreibt aus dem Pariser Exil zu dem Drama: »Man muß zur Schande unserer Regierung feststellen, daß dieses Massaker ein offiziell gelenktes Verbrechen war.«
Eben die »Jungtürken« aber werden es zwanzig Jahre später vollenden.

Ein tragischer Irrtum

1908 stürzen die Jungtürken Sultan Hamid und verwandeln das Osmanische Reich in eine konstitutionelle Monarchie unter dem Zepter Enver Paschas. Dieser charismatische Abenteurer bildet zusammen mit dem späteren Innenminister, dem Großwesir Talaat Bey, und dem Marineminister, Dschemal Pascha, das Dreigestirn der jungtürkischen Revolution. Es ist eine Bewegung des Ultranationalismus, mit dem Traum eines türkischen Reiches über den Kaukasus hinweg bis tief hinein nach Zentralasien.
Hauptinstrument ist Ittihad, die »Partei für Einheit und Fortschritt« samt ihren Komitees, ein Staat im Staate, dessen penetranter Türkismus den Minderheiten nichts Gutes verheißt: »Das Land gehört uns, und solange ein Türke am Leben ist, erlauben wir nicht, daß jemand anderer als die Türken befiehlt.« Das sind unheimliche Töne. Aber offenbar sind sie von den potentiellen Opfern noch nicht wirklich wahrgenommen worden. Ebenfalls nationalistische Organisationen der Armenier fühlen sich als Verbündete des Umsturzes, und es gibt sehr enge Verbindungen zwischen hohen und höchsten Funktionären der Ittihad, ja, zwischen der jungtürkischen Regierung und Armeniern. Sie haben die Revolution unterstützt, sie erhoffen sich davon Reformen, sie fühlen sich den neuen Männern zugehörig – ein tragischer Irrtum.
Denn im April 1909 kommt es abermals zu einem furchtbaren Massaker an den Armeniern, in Kilikien, besonders in der Stadt Adana. Gleichzeitig werfen die Jungtürken einen konservativen Putsch nieder. In diesem Getümmel erreichen die Greuelnachrichten Europa nur als Gerücht. Für die Armenier wird Adana zum Menetekel – fortan sind sie aufs höchste alarmiert. Unterdessen zerfällt das Osmanische Reich unaufhaltsam weiter. Nach der Einbuße des gesamten nordafrikanischen Territoriums verliert es in den Balkan-Kriegen 1912/13 bis auf eine Exklave auch noch den Rest der europäischen Besitzungen. Übrig bleibt ein Staat mit außerordentlich unruhigen und freiheitsdurstigen Minderheiten: Kurden, Arabern, Griechen und Armeniern.

So also geht Ende 1914 der »kranke Mann am Bosporus« in den großen Krieg der Weltmächte, darunter das Rußland des Zaren Nikolaus II. Armenier kämpfen loyal auf beiden Seiten – loyal sowohl unter den Fahnen des russischen wie des türkischen Reiches. Aber kein Zweifel, ihre Sympathien liegen nach allen bisherigen Erfahrungen auf seiten Rußlands. Einer türkischen Aufforderung, die armenischen Brüder drüben gegen Nikolaus zum Aufstand zu bewegen, kommen die osmanischen Armenier nicht nach. Fast gleichzeitig tragen auf russischer Seite Armenier zu einer vernichtenden Niederlage der türkischen Kaukasusarmee bei. Als die Heere des Zaren dann jedoch wieder zurückgeworfen werden, ziehen Hunderttausende Armenier mit ihnen, mitten im Winter und unter furchtbaren Verlusten. Aber alle Risiken unterwegs werden in Kauf genommen, zumal es während der vorübergehenden russischen Okkupation osmanischen Bodens zu teilweise schweren Verfolgungen von Türken durch Armenier gekommen war. Die Situation konnte für dieses Volk nicht verzweifelter sein.

Im Westen entbrennt die Schlacht um die Dardanellen, Gallipoli ist in aller Munde. Engländer und Franzosen versuchen Konstantinopel zu erobern und damit den Zugang zum Schwarzen Meer. Wider Erwarten siegen sie nicht, aber der türkische Nationalismus hat einen Siedepunkt erreicht – alle Nichttürken werden als potentielle Feinde und Verräter verdächtigt, jeder anderen Minderheit voran die Armenier. In dieser Situation kommt es zu Maßnahmen seitens des jungtürkischen Triumvirats, deren letzte Motive nur durch die bisher ungeöffneten osmanischen Staatsarchive restlos aufgeklärt werden können – die historischen Fakten sind es bereits.

Den schon geschilderten Verhaftungen der Notabeln Konstantinopels vom 24. April 1915 war im Februar die Verstoßung der als tapfer bekannten armenischen Soldaten aus dem türkischen Heer vorangegangen. In sogenannte »Arbeitsbataillone« zusammengefaßt, wurden viele von ihnen bald darauf entlang der Bagdadbahn erschossen – der eigentliche Beginn der Katastrophe.

Johannes Lepsius – Armin T. Wegner

Neben den Zeugnissen Überlebender ist der Völkermord an den Armeniern dokumentarisch überwältigend belegt von Angehörigen vieler Nationen, darunter solchen, die sich später mit den Türken im Krieg

befanden. Ich hatte auch in diese Akten Einblick genommen, sie aber nicht verwendet, weil sie als parteiisch angesehen werden könnten. Ich beschränkte mich ausschließlich auf die Dokumente des deutschen Bundesgenossen der Türkei. Sie befinden sich wohlsortiert im Politischen Archiv des Auswärtigen Amtes zu Bonn, Akte »Türkei 183«, Band 36 bis 46 – eine nahezu lückenlose Darstellung des Untergangs der Armenier im Osmanischen Reich von 1915/16.
Ihr auf die Spur gekommen war ich durch den großen deutschen Anwalt der Armenier, Johannes Lepsius, den Mann, der sich im August 1915 auf den beschwerlichen und gefährlichen Weg nach Konstantinopel gemacht hatte, um sich an höchster Stelle für die damals schon schwer dezimierten Armenier zu verwenden – eher hatte Enver Pascha ihm keine Audienz gewährt. Sie war vergeblich – der Primus des jungtürkischen Triumvirats blieb gnadenlos. Von Johannes Lepsius aber wird noch die Rede sein. Die armenische Tragödie ist jedoch nicht nur schriftlich, sie ist auch optisch dokumentiert – von Armin T. Wegner. Dieser deutsche Sanitätsgefreite zog damals im Stabe des Feldmarschalls von der Goltz auf dem Marsch von Konstantinopel nach Bagdad quer durch das Deportationsgebiet und machte trotz strikten Verbots Hunderte und aber Hunderte fotografischer Aufnahmen. Darunter sind Bilder, wie die Welt sie nur noch einmal gesehen hat: nach der Befreiung der deutschen Konzentrations- und Vernichtungslager durch die alliierten Armeen 1944/45. Ich habe Armin T. Wegners Originalfotos, jedes einzelne, im Deutschen Literatur-Archiv zu Marbach am Neckar eingesehen und etliche für die Sendung ausgewählt, darunter furchtbare, aber die furchtbarsten nicht – ihr Anblick wäre nicht auszuhalten gewesen. Auch Armin T. Wegner wird uns weiter unten wieder begegnen. Seine Fotos *und* die amtliche Korrespondenz des Politischen Archivs im Auswärtigen Amt stellen eine Kombination von überwältigender Dokumentationskraft dar. Es handelt sich bei der Akte »Türkei 183«, Band 36 bis 46, um Hunderte und aber Hunderte amtlicher Schreiben deutscher Konsularbeamter aus der osmanischen Provinz an die kaiserlich-deutsche Botschaft und ihren Generalkonsul in Konstantinopel-Pera. Aus den Dokumenten läßt sich dreierlei klar erkennen: die regierungsamtliche Lenkung des Massenmords durch das jungtürkische Triumvirat, personifiziert durch Talaat Bey, das Ausmaß und die Details des Schreckens, an zahlreichen Einzelschicksalen individualisiert, und die eindeutige Reaktion der deutschen Reichsführung, reprä-

sentiert durch den Reichskanzler von Bethmann Hollweg, aus Staats- und Bündnisräson trotz genauer Kenntnis des Verbrechens zu schweigen. Wir haben unsere Arbeit im Politischen Archiv des Auswärtigen Amtes an der Bonner Adenauer-Allee immer wieder unterbrechen müssen, weil das Gefilmte anders nicht zu ertragen gewesen wäre – ein Universum menschlichen Leids, aufgesplittert in unzählige Einzelszenen.

Genozid

Am 17. Juni 1915 schreibt die Botschaft in Konstantinopel an den Reichskanzler, Berlin: »Daß die Verbannung der Armenier nicht allein durch militärische Rücksichten motiviert ist, liegt zutage. Der Minister des Innern, Talaat Bey, hat sich hierüber kürzlich gegenüber dem zur Zeit bei der Kaiserlichen Botschaft beschäftigten Dr. Mordtmann ohne Rücksicht dahin ausgesprochen, daß die Pforte den Weltkrieg dazu benutzen wollte, um mit ihren inneren Feinden – den einheimischen Christen – gründlich aufzuräumen, ohne dabei durch die diplomatische Intervention des Auslandes gestört zu werden; das sei auch im Interesse der mit der Türkei verbündeten Deutschen, da die Türkei auf diese Weise gestärkt werde.«
Konsul Rößler am 27. Juli 1915 aus Aleppo an die Deutsche Botschaft in Pera:

»Vertraulich

Das berichtete Vorbeitreiben von Leichen auf dem Euphrat, das in Runkaleh, Birodjik und Djerabulus beobachtet worden ist, hat 25 Tage gedauert. Die Leichen waren alle in der gleichen Weise, zwei und zwei auf den Rücken gebunden. Diese Gleichmäßigkeit deutet darauf hin, daß es sich nicht um Metzeleien, sondern um Tötung durch die Behörden handelt. Es heißt, und ist wahrscheinlich, daß die Leichen durch Soldaten in Adianan in den Fluß geworfen worden sind ... Diesmal handelte es sich hauptsächlich um Frauen und Kinder.
Wie hierzulande die Vernichtung der Armenier auf deutsche Anregung zurückgeführt wird, so versucht die türkische Regierung vor der europäischen Öffentlichkeit ihre Handlungsweise durch unsere Autorität zu decken.
Euer Exzellenz aber darf ich gehorsamst anheimstellen, in Erwägung ziehen zu wollen, ob türkische Erklärungen zur Armenierfrage noch ferner zur Veröffentlichung in der deutschen Presse geeignet sind und ob nicht Gefahr besteht, daß wir durch unseren Verbündeten kompromittiert werden.«

Die Kaiserlich-deutsche Botschaft am 12. August 1915 an von Bethmann Hollweg:

»Die systematische Niedermetzelung der aus ihren Wohnsitzen deportierten Armenier hat in den letzten Wochen einen solchen Umfang angenommen, daß eine erneute eindringliche Vorstellung unsererseits gegen dieses wüste Treiben, das die Regierung nicht nur duldete, sondern offensichtlich förderte, geboten schien, zumal da an verschiedenen Orten auch die Christen anderer Rassen und Konfessionen nicht mehr verschont blieben.
Im Anschluß an Vorstehendes muß erwähnt werden, daß unter der türkischen Bevölkerung im Innern vielfach die Auffassung besteht, daß die deutsche Regierung mit der Ausrottung der Armenier einverstanden sei und sie sogar dazu veranlaßt habe.«

Ein Augenzeugenbericht aus Aleppo, Dokument 95:

»Am 10. und 12. d. M. kamen je ein Zug von etwa 200 verbannten Frauen und Kindern über Ras ul Ain zu Fuß in völlig erschöpftem Zustand hier an. Ein Zug, der nur durch den Pinsel eines Werestschagin* hätte wiedergegeben werden können. Die Gendarmen trieben die elenden abgemagerten Geschöpfe, denen vielfach der Tod auf dem Gesicht geschrieben stand, mit Peitschenhieben vor sich her durch die Straßen Aleppos zum Bahnhof, ohne daß sie hier in der Stadt einen Schluck Wasser hätten trinken dürfen oder ein Stück Brot erhalten hätten. Die Einwohner der Stadt, die Wasser und Brot verteilen wollten, wurden daran gehindert.«

Das war nicht gerade der übliche Ton von Diplomaten unter sich, und so drastisch-bildhaft sind auch nicht alle Schilderungen dieser Korrespondenz, und doch sitzt das Grauen tief und ununterdrückbar in den beamteten Absendern. Gerade ihre immer wieder scheiternden Versuche, das persönliche Entsetzen zu verbergen und bei dem gewohnten nüchternen Amtsdeutsch zu bleiben, machen diese Lektüre selbst dem schreckensüberfütterten Zeitgenossen von heute unerträglich. Am 25. September 1915 aus Konstantinopel-Pera an Berlin:

»Dieser Tage sind lange Züge fast verhungerter armenischer Frauen und Kinder von Osten zu Fuß hier eingetroffen und weitertransportiert, soweit sie nicht alsbald hier starben. Alles läuft, trotz gegenseitiger Versicherung der Pforte, auf die Vernichtung der Armenier hinaus.«

* Wassilij Wassiljewitsch Werestschagin, russischer Maler, geb. 1842, gefallen während der russisch-japanischen Auseinandersetzung vor Port Arthur 1904. Schilderte vor allem die Schrecken des Krieges in ihrer Grauenhaftigkeit.

Die erschütterndste Begegnung bei der Arbeit an der Sendung aber hatte ich in einem Pariser Vorort – mit Aram Gureghian, damals, 1985, zweiundachtzig Jahre alt, und seiner Frau Alis Gureghian, fünfundsiebzig, beide Überlebende des Massakers. Der Armenier erinnerte sich an ein Geschehen, das siebzig Jahre zurücklag, so minutiös genau, als liefe ein Film vor seinem inneren Auge ab. Für mich war dies eine Bekanntschaft von besonderer Eindruckskraft, weil ich bestätigt fand, was ich an mir selbst erlebt hatte: wie gestochen scharf die Erinnerung an die Schreckenszeit geblieben war! Sie machte weniger als ein Fünftel meines bisherigen Lebens aus, zwölf Jahre, und doch weiß ich noch heute exakt zu sagen, was im März 1935 geschah oder im September 1938, im Juli 1941 oder im Oktober 1944. Während ich lange nachdenken müßte, um mich zu erinnern, was sich vor nur einem Jahr zugetragen hat. Die blitzlichtartige Helligkeit, die Momentaufnahmehaftigkeit des Berichtes von Aram Gureghian nahm mir den Atem – zumal es sich um den Untergang einer ganzen Familie auf dem großen Zwangstreck von der Schwarzmeerküste nach Süden handelte, Person um Person, Mensch um Mensch. Die Aussage Aram Gureghians ist über die Sendung verteilt worden. Ich komprimiere sie hier und beschränke mich dabei auf Tod und Verlust der einzelnen Familienangehörigen:

»Ich habe Schreckliches gesehen, als wir die Wüste erreichten: Hunderte, ja Tausende von Leichen; Mütter, die mit ihren Kindern an der Brust gestorben waren; Kinder, die nicht wußten, daß ihre Mütter tot waren; Mütter, die über ihren toten Kindern den Verstand verloren hatten . . .

Wir, Vater, Mutter und Kinder, zogen mit dem verbliebenen Gepäck langsam dahin. Unter dem Vorwand der Brotausgabe wurden wir angehalten und die Männer weggebracht, mein Vater an einen Ort namens Hassancelibi. Wir haben ihn nie mehr gesehen und später erfahren, daß er mit anderen umgebracht worden ist . . .

Für die Boote über den Euphrat mußten wir bezahlen. In der Mitte des Flusses fing die Bewachung an, uns unserer Kleider zu berauben und mehr Geld zu fordern. Obwohl meine Mutter alles weggab, schlug einer auf sie ein, verletzte meine Mutter, traf aber meine sieben Monate alte Schwester so sehr, daß sie starb. Wir haben sie am anderen Ufer weinend begraben. Das war nach der Ermordung meines Vaters der zweite Verlust . . .

Eines Nachts, kurz vor Sonnenaufgang, weckten uns furchtbare Schreie: ›Mütter, Schwestern, was ist das? Gott hat uns verlassen!‹ Es waren Araber und Kurden gekommen, die viele wegtrieben und töteten. Auch einige von unserer Familie mußten mit, konnten aber zurückkehren. Dabei fanden wir unsere siebenjährige Schwester nur noch als Leiche wieder.

Eines Tages, als wir uns gerade erholen wollten, kamen zwei Kurden. Sie fingen meinen Bruder, um ihn zu töten, um ihn wie ein Schaf zu schlachten. Mein Bruder schrie weder, noch beklagte er sich. Sie waren zu zweit, ein jüngerer und ein älterer Mann. Der sagte etwas, was wir nicht verstanden. Dann töteten sie Armenak, meinen Bruder.
Nackt und fast verhungert stießen wir auf einen kurdischen Bauern, der sein Vieh tränkte und sein Feld bewässerte. Meine verzweifelte Mutter bat um Wasser, und er sagte: ›Wenn du mir deinen Jungen gibst – er meinte mich –, dann bekommt ihr Wasser.‹
Und so geschah es. Als Kurden zuvor eine meiner Schwestern entführen wollten, hat meine Mutter sie versteckt und zurückgelassen. Meine Mutter, einer meiner Brüder, eine Schwester und ich, wir waren von der neunköpfigen Familie übriggeblieben. Das heißt: Ich gehörte ja nun dem Kurden. Da sagte meine Mutter etwas, das ich zeitlebens nicht mehr werde vergessen können: ›Geh, mein Junge, du mußt am Leben bleiben, um uns alle zu rächen.‹
Heute tue ich das, indem ich jede Gelegenheit wahrnehme, um davon allen zu erzählen, die es interessiert.«

Dies ist die Geschichte des Aram Gureghian. Ich werde das Gesicht des alten Armeniers und das seiner Frau Alis nie vergessen, die Hoheit beider, die ganze Szene – den engen Raum in der kleinen Pariser Wohnung, vollgepfropft mit Kindern und Kindeskindern, darin wir, das Team, und unsere Apparaturen . . .

»Die armenische Frage existiert nicht mehr«

Bezeichnenderweise blieben die in der Hauptstadt Konstantinopel lebenden Armenier von der Deportation verschont. Unter den Augen so vieler Diplomaten und anderer ausländischer Beobachter wagte das Triumvirat nicht zu tun, was es in der Abgelegenheit der Provinzen mehr oder weniger unbemerkt tun zu können glaubte. Die Chronik der großen Vertreibung ergibt, daß von Juni bis Ende August 1915 das Gros der armenischen Bevölkerung aus seinen Wohngebieten auf die Stadt Aleppo zugetrieben wurde, die Schaltstelle für die Lager in der Wüste. Andere Armenier wurden an Ort und Stelle getötet, viele Anwohner im Schwarzen Meer ertränkt. Die größten Verluste erlitten die Bewohner der ostanatolischen Kerngebiete. Nur ein Rest von ihnen erreichte die Wüste – die übrigen wurden unterwegs Opfer einer wahren Vernichtungsorgie, darunter Hunderte von Frauen und Mädchen, die sich, um den notorischen Vergewaltigungen und der Zwangsverheiratung zu entgehen, aneinandergebunden in die Euphrat-Schlucht von Kemal Bog stürzten.

Wer steckte hinter diesem mit hartnäckiger Zielstrebigkeit betriebenen Ausrottungsfeldzug? Natürlich die Gier eines nicht unbeträchtlichen Teils der muslimischen Bevölkerung nach Gut und Geld der Vertriebenen; natürlich der verbreitete, schon lange schwelende Haß auf die so »andere« und wirtschaftlich oft viel erfolgreichere armenische Minderheit mit ihrem eigenen Lebensstil, ihrer »Fremdheit«, ihrer sichtlichen Reserve, sich der islamischen Umgebung anzupassen, und der ausdrücklichen Neigung, unter sich zu bleiben. Aber das allein kann nicht klären und erklären, warum hier in kurzer Frist und in einer hinter dem Standard ihrer Zeit weit zurückgebliebenen Gesellschaft dennoch mit beträchtlicher Effizienz Hunderttausende von Menschen umgebracht, ihr Leben und ihre Existenz einfach ausgelöscht werden konnten. Welcher Wille trieb die sieche osmanische Bürokratie an, trotz aller sonstigen Schwerfälligkeit das ihre zu dieser bis dahin einmaligen Massenvernichtung beizutragen? Auch diese Frage beantwortet die Akte »Türkei 183«. Botschafter Fürst zu Hohenlohe am 4. September 1915 aus Konstantinopel-Pera an Reichskanzler von Bethmann Hollweg:

»Talaat Bey übergab mir am 2. d. M. die in Abschrift beigefügte deutsche Übersetzung von verschiedenen telegraphischen Befehlen, die er in Sachen der Armenierverfolgungen an die in Betracht kommenden Provinzialbehörden gerichtet hat. Er wolle hiermit den Beweis liefern, daß die Zentralregierung ernstlich bemüht ist, den im Innern vorgekommenen Ausschreitungen gegen die Armenier ein Ende zu machen und für die Verpflegung der Ausgewiesenen auf dem Transport Sorge zu tragen. Mit Bezug hierauf hatte Talaat Bey einige Tage vorher mir gegenüber die Äußerung getan: ›la question arménienne n'existe plus.‹«*

Offenbar hatte Botschafter von Hohenlohe die Doppelbedeutung dieser Behauptung nicht erfaßt, oder er wollte sie nicht begreifen – der Terminus »Ausschreitungen« läßt auf eine gewisse Bereitschaft zur Abwiegelung schließen. Aber da ließ sich nichts verbergen. Zehn Tage später, am 14. September, geht mit Feldjäger dieses Schreiben nach Berlin:

»Die der Kaiserlichen Botschaft von der Pforte gemachte Mitteilung bezüglich der Armenier vom 29. August ist lediglich eine dreiste Täuschung der Botschaft, weil auf Betreiben des hier entsandten Inspektors Ali Nunif Bey die

* »Die armenische Frage existiert nicht mehr.«

Pforte nachher diese Verfügung vollkommen aufgehoben hat. Die Behörden handeln selbstredend nur nach der zweiten Weisung und fahren fort mit der Ausweisung ohne Unterschied des Bekenntnisses. Die Zahl der auf Order ermordeten Armenier übersteigt wahrscheinlich bereits die Masse der Opfer der jungtürkischen Massaker von 1909.«

Am 7. Dezember 1915 aus Konstantinopel Botschafter Metternich: Den Führern der Jungtürken sei ernstlich erklärt worden, daß sie sich durch die Maßnahmen gegen die Armenier in Deutschland und anderswo alle Sympathien verscherzen würden, falls kein Einhalt geboten werde. Dann weiter:

»Sie verschanzen sich hinter Kriegsnotwendigkeiten, daß Aufrührer bestraft werden müßten, und gehen der Anklage aus dem Wege, daß Hunderttausende von Frauen, Kindern und Greisen ins Elend gestoßen werden und umkommen. Die Seele der Armenierverfolgung ist Talaat Bey.«

Die Seele der Verfolgung...
Ein wahres Wort. Aber abgesehen davon, daß es ohne Folgen blieb – sie wären auch viel zu spät gekommen. Die Masse der deportierten Armenier war zu diesem Zeitpunkt, Ende 1915, bereits umgebracht worden. Eine nicht nur von den Botschaftern und Konsuln, sondern inzwischen auch von Johannes Lepsius wohlinformierte Reichsregierung in Berlin schwieg jedoch eisern weiter. Und dabei blieb es, auch nachdem Karl Liebknecht – einer der wenigen, die damals öffentlich ihre Stimmen erhoben – am 18. Dezember 1915 im Reichstag an von Bethmann Hollweg die Frage gerichtet hatte:

»Welche Schritte hat der Herr Reichskanzler bei der verbündeten türkischen Regierung unternommen, um die gebotene Sühne herbeizuführen, die Lage des Restes der armenischen Türkei menschenwürdig zu gestalten und die Wiederholung ähnlicher Greuel zu verhindern?«

Die Geschichte hat darauf nur eine Antwort: keine.

Der Marschall und der Wali

Daß aber deutscher Einspruch, der Protest des überlegenen Alliierten, etwas bewirken konnte – die Akte »Türkei 183« bezeugt auch das. In der Sendung wird, mit dem entsprechenden Dokument auf dem Bildschirm, ein Telegramm der Botschaft vom 13. November 1915 nach Berlin zitiert:

»Die Massenverschickung der Armenier aus Smyrna hat in diesen Tagen begonnen. Marschall Liman von Sanders hat in militärischem Interesse Einspruch erhoben.«

Am selben Tag noch geht ein Schreiben an den Reichskanzler, in dem Liman von Sanders, einer der deutschen Militärbefehlshaber mit eigener Truppe im Osmanischen Reich, schildert, auf welche Weise sein Einspruch erfolgte:

»Da derartige Massendeportationen in das militärische Gebiet übergreifen, so hatte ich den Wali* benachrichtigt, daß ohne meine Genehmigung derartige Massenverhaftungen und -deportationen nicht mehr stattfinden dürften. Ich verständigte den Wali, daß ich sie im Wiederholungsfalle mit Waffengewalt verhindern lassen würde. Daraufhin hat der Wali nachgegeben und mir zugesagt, daß sie unterbleiben würden.«

Am 17. November erfolgt die Bestätigung an das Auswärtige Amt Berlin:

»Armenierverschickungen aus Smyrna haben auf Eingreifen des Marschalls aufgehört.«

Niemand kann den Jungtürken und ihrem Triumvirat – Enver, Talaat und Dschemal Pascha – die Hauptschuld am armenischen Genozid abnehmen. Aber der Erfolg des beherzten Marschalls wirft unweigerlich die Frage der deutschen Mitverantwortung an der Tragödie auf. Da wird es wohl gestattet sein, darüber nachzudenken, welche Wendung das Schicksal der Armenier im Machtbereich des türkischen Bundesgenossen hätte nehmen können, wenn Kaiser und Regierung gegen die ihnen detailliert bekannte Abschlachtung so protestiert hätten, wie ihre Kenntnis es erfordert hätte. Es geschah jedoch, noch einmal, nichts. Das Ende der Tragödie waren die Wüstenlager. Die Armenier nennen eine Gesamtopferzahl von 1,5 Millionen Toten, neutrale Beobachter sprechen von 800 000 bis einer Million.

Der Genozid hatte noch ein makaberes Postskriptum. Nach der Niederlage des Osmanischen Reiches vom November 1918 wird Talaat Bey, wie Enver und Dschemal Pascha, von einem türkischen Gericht, auch der Armenierpolitik wegen, zum Tode verurteilt, ohne daß das Urteil vollstreckt werden kann. Denn wie Enver und Dschemal Pascha ist auch Talaat geflohen. Das Schicksal ereilt ihn dennoch.

* Statthalter, oberster Verwaltungsbeamter einer türkischen Provinz

Der ehemalige Innenminister und Großwesir wird am 15. März 1921 in Berlin-Charlottenburg von der Kugel des armenischen Studenten Salomon Teilirian tödlich niedergestreckt. Am 2. Juni 1921 beginnt das Verfahren gegen den Täter vor einem Berliner Landgericht. Der Prozeß, dessen vollständiges Protokoll erhalten geblieben ist, dauert nur zwei Tage. Er enthüllt nicht nur das ganze Grauen der armenischen Völkertragödie, sondern endet auch mit einem sensationellen Freispruch für Salomon Teilirian. Durch das Gericht als Originale anerkannt, waren in dem Verfahren von Talaat unterzeichnete Telegrammerlasse vorgelegt worden, die eine zentrale Tötungsabsicht bloßlegten. Diese Dokumente verschwanden wenig später spurlos und sind bis auf den heutigen Tag nicht wieder aufgefunden worden. Von der Türkei wird, und zwar seit 70 Jahren, nicht nur die Echtheit dieser Telegramme, nicht nur jede zentrale Tötungsabsicht durch die jungtürkische Regierung geleugnet und nicht nur die Berechtigung angezweifelt, den Begriff »Völkermord« im Sinne der UNO-Konvention von 1948 auf die armenische Tragödie anzuwenden. Von der Türkei wird das ganze Ereignis auch einfach historisch bestritten.

Erfahrungen mit einer Fernsehsendung

Mir war bald nach dem Ende des Zweiten Weltkriegs, 1946 schon, Franz Werfels Buch »Die 40 Tage des Musa Dagh« in die Hände gefallen. Ich hatte sie förmlich verschlungen, diese regionale Episode einer Massentragödie (von der ich damals bezeichnenderweise noch keine Vorstellung hatte), und Seite für Seite gebangt um die armenischen Kämpfer, die sich da südlich von Aleppo nicht einfach abschlachten lassen wollten. Auf den Musa Dagh (Berg Moses) geflüchtet, hatten Männer, Frauen und Kinder dem türkischen Ansturm erbitterten Widerstand geleistet – bis zu ihrer Befreiung. Am Felsgestade des Mittelmeeres gelegen, erlaubte die Topographie des Musa Dagh weite Einsicht von der See her. Und da die bedrängten Armenier ihre Zeichen gesetzt hatten, kamen britische und französische Kriegsschiffe und nahmen die Überlebenden auf. Dem Roman liegt eine historische Begebenheit zugrunde, die jedoch wegen ihres letztlich glücklichen Ausgangs für das Schicksal der Armenier nicht exemplarisch war.
So tief mich auch das Werk beeindruckt hatte, es dauerte noch vier Jahrzehnte, bis ich als Publizist das Schicksal der Armenier aufgriff. Ich

habe mich oft gefragt, warum, und in dieser Frage lag durchaus ein gewisser Selbstvorwurf. Denn inzwischen hatte ich über diese Völkertragödie mehr erfahren, war ich über das Geschehen von 1915/16 besser informiert als unmittelbar nach dem Untergang Hitlerdeutschlands und in dem allgemeinen Informationsvakuum der ersten betäubenden Zeit danach. Die einzige Erklärung dafür ergibt sich aus der lebenslangen Last, die mir meine eigene Geschichte im Dritten Reich aufgebürdet hatte. Es hatte ja auch vierzig Jahre gedauert, bis ich die alles prägende Lebensphase in den »Bertinis« literarisch verarbeitet hatte. Und sogleich nach 1945 kam die schwierige Auseinandersetzung mit dem Erbe der Nazizeit hinzu, die bis heute andauert. In diesem autobiographischen Überdruck mag die Erklärung liegen für meine späte Beschäftigung mit der armenischen Tragödie. Dann jedoch habe ich die armenische Sache annektiert, ist sie in mein Leben eingegangen und zu der meinen geworden.

Anfang 1985 ging ich zu Gerd Ruge, dem legendären Kollegen, damals Chefredakteur des Fernsehens beim Westdeutschen Rundfunk, und trug ihm meine Absicht vor: eine Dokumentation über den Genozid an den Armeniern, fünfundvierzig Minuten lang und im 1. Programm (regional hatten sich hier und da Dritte Programme, gegen heftige Reaktionen türkischerseits, in Kurzform mit dem Thema befaßt). Meine Sendung aber sollte die erste bundesweit ausgestrahlte werden – um wieviel mehr Widerstand war also zu erwarten, sobald die Bonner Botschaft und das Außenministerium in Ankara davon erfahren würden?

Natürlich wußte der alte Hase Ruge genau, was auf den Westdeutschen Rundfunk zukommen würde und worauf er sich einließ. Dennoch sagte er in seiner lapidaren Art nichts als: »Ja, mach das doch!« – einer der souveränsten Kommentare, mit denen ich je auf Drehreise geschickt worden bin.

Es gab bereits zahlreiche und keineswegs immer erfolglose Beispiele türkischer Intervention, wann auch immer die armenische Frage in den Programmen der Öffentlich-Rechtlichen auftauchte. Damals gerade beim RIAS Berlin, wo eine fertige Hörfunk-Arbeit auf höchste, also amerikanische, Anweisung abgesetzt worden war – gegen den Protest der deutschen Senderleitung.

Und tatsächlich meldete sich schon auf die erste öffentliche Ankündigung meiner Sendung hin, im Februar 1986, der Presseattaché der türkischen Botschaft beim Westdeutschen Rundfunk und ersuchte um

»Aufklärung« durch ein persönliches Gespräch des Botschafters mit dem Intendanten. Dies wurde ihm von Friedrich Nowottny nicht gewährt, allerdings mit der Einschränkung: *vor* Ausstrahlung der Dokumentation nicht. Damit begannen meine Erfahrungen mit dieser Fernsehsendung. Es sind die niederschmetterndsten, die ich in meinen fünfundzwanzig Bildschirmjahren gemacht habe. Da ich von vornherein mit offenen Karten spielen wollte, bat ich bei der türkischen Botschaft in Bonn-Mehlem um einen Termin, den ich Anfang März bekam. Dort legte ich mein Thema dar: den Untergang der Armenier im Osmanischen Reich von 1915/16, mit Vor- und Nachgeschichte, diese bis hinein in unsere Gegenwart. Wobei ich ausdrücklich erklärte, nur deutsche Dokumente vorzulegen, daß ich aber selbstverständlich auch einer türkischen Stimme Gelegenheit geben würde, ihren Standpunkt darzulegen. Der entscheidende Eindruck, den ich aus der mehrstündigen Unterredung mit dem sehr höflichen Presseattaché gewann, war der eines vollständigen Mangels an historischen Kenntnissen der armenischen Tragödie, vor allem jedoch einer totalen Unkenntnis der amtlichen deutschen Deportationschronik. Statt dessen wurde ich abermals bekannt gemacht mit jenen türkischen Thesen zur armenischen Frage, die ich in all den Schriften fand, die mir seit der öffentlichen Ankündigung der Sendung türkischerseits zugeschickt wurden. Ihr Inhalt ließe sich zusammenfassen in der Feststellung: Nicht die Armenier sind von den Türken, sondern die Türken von den Armeniern umgebracht worden. Gebetsmühlenhaft und platt agitatorisch wiederholt, war es die klassische Umkehrung der Opfer-Täter-Situation, nach der Devise: Der Ermordete ist schuldig. Am hartnäckigsten schlug sich die Verdrängungs- und Entlastungslitanei in dem türkischen Wochenblatt »New Spot« nieder.

Etwa zehn Tage nach meinem Besuch in der Botschaft erreichte mich die erste telefonische Morddrohung, der viele andere folgten, noch ehe der Film ausgestrahlt worden war. Die Anrufe kamen stets in der Nacht, und am anderen Ende waren unverkennbar Türken. Ihre Stimmen waren so voller Haß, daß sie ihr ohnehin schwerverständliches Deutsch kaum formulierten konnten. Immerhin begriff ich, auf welche – hier nicht wiederzugebende – Weise ich vom Leben zum Tode befördert werden sollte, die Ausmalungen waren sehr detailliert.

Nun waren mir Mord- und Todesdrohungen nicht gerade neu, sie gehörten sozusagen zu meinem täglichen Brot, vor allem dann, wenn ich mich im Fernsehen oder in der Presse mit dem Nationalsozialismus und seinem Erbe auseinandergesetzt hatte. Ich maß den Anrufen, offen gesprochen, keine große Bedeutung zu und fühlte mich nicht wirklich gefährdet. Hier aber war das anders. Hier machten sich keine frustrierten Nazi-Opas oder neonazistische Jungschwadronierer Luft, hier konnten die rechtsextremistischen Grauen Wölfe im Spiele sein, und mit denen war nicht gut Kirschen essen. So wurde ich zu Hause unter Polizeiaufsicht gestellt, während die Schnittarbeiten im Kölner Filmhaus des WDR ebenfalls Sicherheitsmaßnahmen unterworfen waren. Weit mehr als die Bedrohungen jedoch trafen mich Anrufe, die sich in einem einzigen Wort erschöpften: »Türkenfeind!« Das, zugegeben, saß, in seiner tristen Falschheit und sinnlosen Versimpelung. Zumal gleich daneben noch ein anderer Konflikt in Aussicht stand, wenn auch kein neuer, sondern ebenfalls schon mehrfach erlebter: nämlich die unerträgliche Situation, daß einem nach einer Sendung die falschen »Bundesgenossen« auf die Schulter schlagen würden – »Haben wir doch immer gesagt – die Türken!« – und man nicht weiß, wohin mit dieser trüben Nachbarschaft. Aber schlimmer noch als solche bodenlose Vereinnahmung empfand ich die Abschiebung in eine Ecke, in die ich nicht gehörte – in die der Ausländerfeindlichkeit. Deshalb entschloß ich mich, der Sendung ein persönliches Wort voranzustellen:

»Verehrte Zuschauer, es gibt Gründe für den Autor, seine Sendung selbst anzusagen. Sie befaßt sich mit einer der großen Völkertragödien unseres Jahrhunderts, dem Untergang der Armenier im türkisch-osmanischen Reich, mit dem Stichdatum des 24. April 1915, seiner Vorgeschichte und seiner Nachgeschichte bis in unsere Tage. Das Geschehen ist bei uns nicht etwa vergessen, es ist nie wirklich bekannt geworden. Beantworten Sie sich nach der Sendung bitte selbst die Frage, was Sie von ihrem Inhalt gewußt haben.

Es gibt dabei zwei problematische Aspekte zu bedenken. Der erste besteht in der Befürchtung, daß die bei uns ohnehin verbreitete Türkenfeindschaft durch die Sendung noch zusätzlich angeheizt werden könnte. Wer sich dazu ermutigt fühlt, der versuchte, sich und andere zu betrügen. Nähme er doch türkische Gewalttaten aus der Zeit vor 70 Jahren zum Vorwand, um seine davon ganz unabhängige eigene Bereitschaft zur Gewalttätigkeit gegen Türken von heute zu begründen – gegen Türken also wohlgemerkt, die selbstverständlich keinerlei persönlichen Anteil an dem historischen Drama haben können. Alle an dieser Sendung Beteiligten, nicht nur der Autor, verwahren sich energisch gegen jeglichen Verdacht dieser bestürzenden und gefährlichen Feindschaft.

Der zweite problematische Aspekt besteht in der Neigung bestimmter Kreise bei uns, gewohnheitsmäßig fremde Verbrechen gegen die deutschen unter Hit-

ler aufzurechnen. Wer dergleichen fühlt, der sollte sich einmal fragen, was eigentlich in ihm angerichtet worden ist, daß ihn Gewalttaten von Menschen gegen Menschen, wenn sie nur von anderen begangen worden sind, nicht mehr entsetzen, sondern trösten und zu einem bloßen Verrechnungsobjekt verkommen sind. Diese Sendung jedenfalls stellt keinen Versuch dar, die eigene Geschichte auf Kosten einer anderen zu entlasten. Die offizielle Bundesrepublik und die offizielle Türkei, beide NATO-Partner, sähen es am liebsten, wenn das gesamte Thema überhaupt nicht in der Öffentlichkeit behandelt würde. Aber wer sich in Kenntnis gesetzt hat, der hat keine Wahl mehr. Es waren paradoxerweise die deutschen Bundesgenossen der damaligen Türkei, die die große Chronik der armenischen Tragödie geschrieben haben, und es gibt wenig, was mich mehr erschüttert hat als diese amtliche Lektüre.
Urteilen Sie, verehrte Zuschauer, jetzt selbst, ob der Entschluß, diese Sendung trotz der genannten Befürchtungen auszustrahlen, gerechtfertigt ist oder nicht.«

Mein Standort ist eindeutig. Ich bin der Bundesgenosse der Türken gegen jede Form von Ausländerfeindlichkeit, aber kein Problem, das ein Volk mit der Gegenwart hat, könnte mich bewegen, seine Vergangenheit zu ignorieren oder zu unterschlagen.

»Ein gegenseitiges Massaker ...«

Die türkische Gegenstimme, die in der Sendung zu Worte kam, war die von Mümtaz Soysal, Verfassungsrechtler und Kolumnist, ein zierlicher, im persönlichen Umgang sehr angenehmer Mann von großer Bildung – und einer der perfektesten intellektuellen Verdrängungskünstler, der mir je begegnet ist.
Mümtaz Soysal kam aus Ankara nach Köln geflogen. Ich holte ihn vom Flughafen ab, und natürlich sprachen wir über das Thema. Was ich von dem Rechtsgelehrten bis dahin wußte, war, daß er in der Sache als gemäßigt galt, kein Hardliner, sondern eher ein Mann der sanften Töne. Das schien sich nun zu bestätigen, da wir uns kennenlernten. Ich hatte den Eindruck, als wenn zwischen diesem Mann und den primitiven Agitatoren des »New Spot« Welten lägen – bis ich erfuhr, was Mümtaz Soysal in unsere Kamera gesagt hatte und was die Sendung dann in komprimierter Form so wiedergab:

»Ohne daß ich unbedingt die offizielle Auffassung vertrete, wiederhole ich, daß es sich um ein gegenseitiges Massaker handelt. So etwas beginnt damit, daß eine Seite die andere tötet, wobei manchmal nicht festzustellen ist, wer damit angefangen hat. Es muß von einem gegenseitigen Massaker gesprochen werden, das sich wie eine Kettenreaktion fortgesetzt hat. Es liegt kein Erlaß vor, daß die Armenier als Volksgruppe vernichtet werden sollten, und deshalb kann man auch nicht von ›Völkermord‹ sprechen. Sie sind nicht getötet worden, weil sie Armenier sind. Sie sind getötet worden, weil sie diese oder jene Tat begangen hatten, weil sie aufständisch waren, weil sie mit dem Feind kooperierten. Sie wurden damals in andere Gebiete und Orte des Osmanischen Reiches gebracht, nach dem Irak, Syrien, Libanon, die heute unabhängig sind. Die restlichen Armenier haben nach dem Krieg Anatolien verlassen und sind ausgewandert. Es handelte sich, wie gesagt, um ein gegenseitiges Massaker in der Geschichte der Menschheit, und die eigentlichen Verantwortlichen waren die Großmächte. Das war die eigentliche Tragödie.«

So interpretierte die türkische Gegenstimme die Geschehnisse, allerdings an einer Stelle der Sendung, an der der Zuschauer es bereits besser wußte – es sei denn, er wäre der Meinung, daß in den abgelichteten und zitierten deutschen Dokumenten nichts als Lügen stünden. Mümtaz Soysal kannte die Akte »Türkei 183« nicht, keine Seite, keinen Buchstaben aus ihr. Aber ich bin sicher, auch wenn er sie gekannt hätte, sein Statement hätte um keinen Deut anders geklungen. Wären Bilder türkischer Gewaltopfer durch Armenier in meine Hände gelangt, so wären sie selbstverständlich in der Sendung gezeigt worden. Denn es hat solche Opfer gegeben: aus überbordendem Nationalismus von Armeniern, durch Rache- und Vergeltungsakte 1915/17, besonders in den zeitweise von den Russen besetzten Gebieten des Transkaukasus – was auch armenische Historiker nicht bestreiten. Aber die türkische These von dem »gegenseitigen Massaker«, der »Ausbalancierung des Schrekkens« und der »Vergleichbarkeit« des türkischen mit dem armenischen Schicksal ist ahistorisch, ist eindeutige Un-Geschichte. Was da behauptet wird, hat nie stattgefunden. Jeder Versuch, die armenischen Reaktionen und Gegenreaktionen mit der staatlich angeordneten Katastrophe, dem Genozid, aufzurechnen, bringt die Opfer zum zweitenmal um.

Die Frage, ob es einen zentralen Tötungsbefehl gegeben habe oder nicht, ändert am Ablauf der Tragödie nichts: der Befehl zum Aufbruch Hunderttausender von Menschen, die kollektive Tötung der Männer, der Mangel an allem, an Nahrung, Transportmitteln, medizinischen Vorkehrungen, die Gewißheit, daß die Deportierten unterwegs schutzlos bewaffneten Angriffen ausgesetzt sein würden, die trost- und wasserlosen mesopotamischen und syrischen Zielorte – all das ergibt insgesamt, daß die Deportation selbst das Instrument der Massenvernichtung war und daß ihre Urheber in Konstantinopel genaue Kenntnis davon hatten.

Der Leidensweg des armenischen Volkes aber war damit noch nicht abgeschlossen. Das Schicksal der Überlebenden auf türkischem Boden wird sich vielmehr unter der Herrschaft des vergötterten Mustafa Kemal Pascha vollziehen, besser bekannt als Atatürk, Schöpfer der nachosmanischen Türkei.

Ihm war es zu verdanken, daß der Versuch der Siegermächte, sich auch die Rest-Türkei, das verbliebene kleinasiatische und anatolische Kernland, einzuverleiben, scheiterte – eine imponierende Leistung von Volk und Regierung. Dabei werden aber die zurückgekehrten Armenier – darunter übrigens auch Überlebende vom Musa Dagh – vertrieben, ein von den Alliierten garantierter armenischer Nationalstaat nach kaum zweijähriger Existenz zerstört und die griechische Minderheit nach schweren Kämpfen zur Räumung gezwungen. Der Triumphator heißt – Atatürk! Entgegen den Verträgen von Versailles und Sèvres mit den europäischen Siegermächten von 1919/20 werden im Vertrag von Lausanne 1923 die Armenier nicht mehr erwähnt. Der gegen alle Aufteilungspläne geschaffene türkische Nationalstaat löscht, bis auf Splittergruppen, die Existenz der Armenier aus, in einer Republik, die Talaat Bey Denkmale setzt. Als einziges staatliches Territorium verblieb die armenische Sowjetrepublik, mit der Hauptstadt Eriwan und dem religiösen Heiligtum Etschmiadsin, ungeliebt von den muslimischen Nachbarn, wie die furchtbaren Auseinandersetzungen der letzten Jahre erweisen, und im Anblick des heiligen Berges Ararat, der sich jedoch hinter der Grenze auf türkischem Territorium erhebt.

»Yahuda assili . . .«

Die Sendung, von sechs Millionen Zuschauern gesehen, hatte eine große und andauernde Resonanz, eine deutsche und eine türkische, die aber voneinander grundverschieden waren.

Von Deutschen kamen Hunderte und aber Hunderte Textanforderungen und etwa tausend Zuschriften mit dem Tenor: »Das haben wir nicht gewußt.« In bezug auf die Nazizeit habe ich diesem Spruch nie getraut, diesmal aber wohl, und zwar durch einen Zusammenhang, auf den die Sendung eingegangen ist und der weiter unten behandelt wird. Die türkische Reaktion dagegen war wie ein Erdbeben. Jetzt, nach der Sendung, bekam der Botschafter seinen Termin beim Intendanten des Westdeutschen Rundfunks, Friedrich Nowottny. Es war eine Zusammenkunft, die der dabei ebenfalls anwesende Programmdirektor des WDR, Dr. Günter Struve, mir gegenüber in den Satz faßte: »Von der Emotionalität dieses Gesprächs können Sie sich keine Vorstellung machen.« Ich konnte dennoch, denn sie traf auch mich mit voller Wucht. Die anonymen Anrufe häuften sich, ebenso die Protestbriefe von Türken an den WDR. Dann schaltete sich die türkische Presse ein, um über Wochen hin eine Breitseite nach der anderen gegen Sender und Autor abzuschießen, wobei immer wieder eine Formulierung auftauchte: »Yahuda assili Ralph Giordano« – der Jude ... Danach mischten sich in die telefonischen Morddrohungen gegen mich immer wieder auch antisemitische Schmähungen. Am häufigsten aber wurde »Türkenfeind! Türkenfeind!« in die Muschel geschrien. Ich habe mich daran nicht gewöhnen können.

Lokal machte sich der türkische Protest in einer vieltausendköpfigen Demonstration gegen den Film, den WDR und den Autor der Sendung bemerkbar. Es war ein niederschmetternder Anblick, den ich auf dem Bildschirm verfolgen konnte. Junge Gesichter, haßerfüllt, schreiend, ekstatisch nationalistisch und – gänzlich unwissend, was die von ihnen bestrittene armenische Tragödie selbst betrifft. Ich dachte: So manipulierbar also, wie eh und je, ist Jugend auch heute, so mißbrauchbar und so mißbraucht.

Die unterste Stufe der Reaktion aber wurde erreicht durch einen Brief des türkischen Botschafters an die Leitung des WDR, der sich in elf Punkten gegen meine Sendung richtete. Es ist wohl nur schwer zu glauben, stimmt aber dennoch: Dieses ellenlange Schreiben geht auf das zentrale Thema – das Stichdatum des 24. April 1915, die Deportation des armenischen Volkes auf Befehl des Innenministers Talaat Bey vom 27. Mai 1915, den darauffolgenden Massenmord und die Vollendung der Tragödie durch die Türkei Atatürks – mit keinem einzigen Wort ein. In Übereinstimmung mit der einschlägigen türkischen Rechtfertigungs- und Verdrängungsliteratur wird auch nicht die kleinste Einzelheit, das geringste Einzelverbrechen genannt. Die überwältigenden Beweise durch die in der Sendung gezeigten Originaldokumente des deutschen Bundesgenossen (von Hunderten, ja Tausenden gleicher Art) verfehlten ebenso jede Wirkung wie das Grauen der Fotos von Armin T. Wegner. Mit anderen Worten: Der türkische Protest gegen die Sendung ignorierte den Inhalt der Sendung vollständig.

Der Stil der Verdrängung, der Verleugnung und der Verweigerung menschlicher Anteilnahme an einem der größten Massaker der Weltgeschichte wurde in dem Botschafterschreiben streng durchgehalten. Es ist diese Haltung exemplarischer Unbelehrbarkeit, die den Verdacht nahelegt, daß ein abermaliges Massaker an Minderheiten auf dem Territorium der heutigen Türkei jederzeit möglich wird, zusätzlich zur Dauerunterdrückung und Verfolgung der mit-islamischen Kurden. Wo das Nationalitätenproblem so ungelöst ist, da ist solche Gefahr allgegenwärtig. Es scheint, als ob sie sich heute in muslimischen Gesellschaften mit dem Vorzeichen des Fundamentalismus besonders leicht mobilisieren und aktivieren läßt, und zwar mit einer erschreckend kollektiven Fähigkeit zu aus dem Altertum tradierten Grausamkeiten. Die schrecklichen Pogrome im armenischen Berg-Karabach und der aserbaidschanischen Sowjetrepublik sprechen Bände. Da glüht eine vernichtende Lava unter einem sehr dünnen Firn. Immer offener wächst sich in unserer Zeit der Islam von einem Weltärgernis zu einer Weltbedrohung aus, der alle humanen Aspekte abgehen. Eine der wesentlichen Ursachen dafür besteht darin, daß die »Revolution der Erwartung« in der Dritten Welt, die große Emotion der entkolonisierten Nachkriegsära, auch in den klein-, vorder- und zentralasiatischen Regionen unerfüllt blieb. Wut, Enttäuschung, Hoffnungslosigkeit schlagen um in fundamentalistische Strukturen, deren religiöse Ekstase zu einem Ventil für das tiefverwurzelte Minderwertigkeitsgefühl gegenüber entwickelteren Staaten geworden ist. Daß für diese Situation keineswegs nur eine ungerechte Weltwirtschaftsordnung verantwortlich zeichnet, sondern ebenso der Immobilismus der islamischen Gesellschaften selbst, ist den unterprivilegierten Massen meist nicht bewußt. Hier schwelen potentielle Explosionsherde, die in vielen Ländern glosen, und die Türkei gehört zweifellos zu ihnen. Der Kampf zwischen den Bewahrern des »modernen«, des Atatürkschen Erbes und den fundamentalistischen Eiferern ist dort keineswegs schon entschieden. Für die bedrohten Minderheiten aber birgt der Konflikt eine trostlose Ironie in sich selbst: Jeder der beiden möglichen Siege kann bedeuten, daß sie vom Feuer in die Pfanne geraten.

Ich kann hier jedoch mit Genugtuung und Freude vermerken, daß mich nach Ausstrahlung der Sendung auch Anrufe von Türken erreichten, die ihre Scham und ihre Trauer über die offizielle Verneinung der armenischen Tragödie gestanden – und ihre Angst, unter eigenem Namen und öffentlich dagegen zu protestieren. Sie baten mich um Verständnis für ihren Wunsch, deshalb anonym zu bleiben. Sie hatten nicht nur mein Verständnis, sie bekamen auch meinen Dank. Gerade weil ihr Beispiel atypisch war.

Wo beginnt Völkermord?

»Es waren ja gar nicht sechs Millionen Juden, die umgebracht worden sind, sondern...« Wer hat diese unsägliche These nicht schon häufig aus deutschem Munde gehört? Aber sie beschränkt sich nicht nur auf den jüdischen Holocaust. Die Bestrebungen, Opferzahlen zu minimalisieren, sind überhaupt charakteristisch für die Haltung von Tätern und ihren Apologeten in unserem Jahrhundert. Wir stoßen überall auf sie, selten allerdings auf ein so totales und ausschließliches Beispiel wie das türkische. Es ist *ein* Begriff, *ein* Wort, das die heftigsten Reaktionen auslöst und das ich in meiner Sendung ganz bewußt mehrfach verwendet habe: *Völkermord*. Ihn wollen die Türken nicht gelten lassen.
Man kann sie dabei mit ihren eigenen Waffen schlagen, den Waffen der Minimalisierer – nur um deren Verkommenheit zu demonstrieren, wird sich hier überhaupt auf das schamlose Zahlenspiel eingelassen.
Während armenischerseits die eigene Bevölkerungsziffer im Osmanischen Reich vor der großen Deportation von 1915 mit rund zwei Millionen angegeben wurde, pflegen die Türken sie in ihrer anti-armenischen Agitation auf 1,2 Millionen herabzusenken. Sie tun es in einer ganz bestimmten Absicht: Wenn es nur 1,2 Millionen Armenier gegeben hat, dann können nicht 1,5 Millionen umgebracht worden sein – wie armenischerseits ausgerechnet worden ist. Hier liegt das Motiv der türkischen Minimalisierer. Nun geben sie, wenn auch widerwillig und mit der These vom gegenseitigen Massaker, eine Zahl von 300 000 getöteten Armeniern zu. Das aber bedeutet, gemessen an 1,2 Millionen, die Auslöschung eines vollen Viertels der armenischen Gesamtbevölkerung im Osmanischen Reich! Überträgt man diese Proportion auf das rein türkische Staatsvolk von damals mit seinen rund zehn Millionen Menschen, so ergäbe das eine Ziffer von 2,5 Millionen türkischen Toten. Dazu versteigen sich jedoch selbst die wildesten Aufrechner bei ih-

rer stereotypen Umkehrung der Opfer-Täter-Situation nicht. Und so kann sich denn heute die offizielle Türkei von der gesitteten Menschheit vor die Frage gestellt sehen: Mit welchem Auslöschungsanteil beginnt bei ihr der Völkermord? Noch unhaltbarer wird die türkische Position dadurch, daß sie den zugegebenen armenischen Opfern eine viel größere Zahl von türkischen Toten gegenüberstellt, und zwar so, daß der Eindruck erweckt wird, Armenier seien ihre Mörder gewesen. Tatsächlich aber sind es Verluste, die der Krieg von 1914 bis 1918 gefordert hat, ohne daß das jedoch aus den Angaben sichtbar wird. Auch Mümtaz Soysal hat mir gegenüber immer wieder versucht, so zu argumentieren – angesichts der unterschiedlichen Todesursachen eine Methode von offenkundiger Unaufrichtigkeit. Das wäre so, als würde man die deutschen Gefallenen des Zweiten Weltkrieges gegen die Ermordeten des jüdischen und des nichtjüdischen Holocaust aufrechnen. Und der Versuch, die Ausmordung der armenischen Bevölkerung mit »Revolten« und »Aufständen« zu rechtfertigen, wie Mümtaz Soysal es tat, hieße, übertragen auf das Dritte Reich, Auschwitz mit dem jüdischen Ghetto-Aufstand vom April/Mai 1943 »erklären« zu wollen.

Die größte Überraschung bei der Begegnung mit dem Verfassungsrechtler aus Ankara widerfuhr mir kurz vor dem Abschied. Denn da sagte Mümtaz Soysal, leise und wie nebenbei: »Es gibt Zeiten, da ist das Volk noch nicht reif für die Wahrheit ...«

Werden die Armenier als Volk ausgelöscht sein, bis es soweit ist? Wir sind im Zentrum des Problems.

Hauptproblem Identität

Die zeitgenössische Weltkarte der armenischen Diaspora zeigt folgendes Bild: Rund drei Millionen Armenier leben in der sowjetischen Kleinrepublik und der Enklave Berg-Karabach; in der Türkei ein Rest von 30 000 bis 50 000 in der Hauptstadt Istanbul (neben einer unbestimmten Zahl von Krypto-Armeniern im mittleren und östlichen Anatolien, die sich nicht zu ihrem Volkstum bekennen können); 575 000 Armenier im Vorderen und Mittleren Orient, Irak, Syrien, Libanon, Iran; 335 000 in Europa, vorwiegend in Frankreich, und zehn- bis zwölftausend in der Bundesrepublik; 600 000 haben ihr Domizil in Nordamerika, die Mehrheit davon im Westen der USA, und etwa 170 000 in Lateinamerika, mit Schwerpunkt in Argentinien. Daneben gibt es Mikroziffern in fast achtzig Ländern der Erde. Aus dieser globalen Zerstreuung ergibt sich für die Armenier die Hauptfrage: Wie erhalten wir unsere Identität? Im Kampf der Armenier um das Überleben als Volk das Grundproblem schlechthin. Ohne die Situation der Armenier in der Diaspora idealisieren oder ungebührlich harmonisieren zu wollen – und mit deutlichem Hinweis auf die Schrecken der armenisch-muslimischen Auseinandersetzung im Süden der Sowjetunion –, kann doch gesagt werden, daß Armenier sich in weiten Teilen der Diaspora keinem feindlichen Außendruck und seinen Folgen ausgesetzt sehen. Wir haben am 5. Januar 1986 das armenische Weihnachtsfest in der Pariser Kathedrale Saint Jean Baptiste (Johannes der Täufer) gefilmt – ein Bild hohen Friedens und ungestörter Andacht. Frankreich ist das Hauptaufnahmeland für Armenier in Europa. Es gibt dort keine Spur von Armenierfeindlichkeit, aber viele Freunde und große Fürsprecher, wie den französischen Arzt und Schriftsteller Yves Ternon, der sein Leben vollständig der armenischen Sache gewidmet hat und den ich als eine eindrucksvolle und kenntnisreiche Persönlichkeit erfuhr. Diese Haltung geht bis in die Staatsspitze. Es war der Präsident selbst, François Mitterrand, der am 7. Januar 1984 bei einem Besuch der armenischen Gemeinde von Vienne wörtlich erklärte: »Es ist unmöglich, die Spur des Völkermords zu vertuschen, von dem Sie geschlagen worden sind...« In Westeuropa und beiden Amerika leben Armenier als Christen unter Christen, wenngleich mit eigener Kirche, aber doch ohne das Odium eines prekären oder lästigen Ausländertums. In vielen Weltgegenden werden sie von ihrer Umgebung eher willkommen geheißen als abgelehnt, obschon lokale, aber eben nicht typische Sondersituationen möglich sind. Dabei soll keineswegs übersehen werden, daß zum Beispiel in der Bundesrepublik manche Armenier als türkische Staatsbürger behördlichem Druck ausgesetzt sind. Doch kenne ich zum Glück auch Fälle amtlichen Verständnisses in der Asylfrage. Im großen und ganzen kann gesagt werden, daß die Armenier in der Diaspora verschont geblieben sind von jenen traditionellen Pressionen, denen die jahrtausendealte Diaspora der Juden ausgesetzt war und zum Teil immer noch ist. Dabei gibt es zwischen Juden und Armeniern sonst manche Gemeinsamkeiten. Nicht nur, daß die Geschichte Parallelen aufweist, insofern es sich um zwei Völker handelt, deren Schicksal wesentlich mitbestimmt wurde durch die geographische Lage ihrer Heimat als Durchgangsland mächtiger Eroberer, aber auch als Sitz dauerhafter Zwingherren. Bei meinem näheren Umgang mit Armeniern habe ich vielmehr eine geradezu verblüffende Übereinstimmung von Eigenschaften und Eigenarten festgestellt, darunter nicht zuletzt ausgesprochen problematische! Etwa die verbreitete Fähigkeit, sich inbrünstig zu streiten und den eigenen Standpunkt so egoistisch-hingebungsvoll zu verteidigen, daß nicht der geringste Zweifel entstehen kann: Die eigene Person hat immer recht! Das klang mir recht vertraut jüdisch und heimatlich. Wie Juden, so scheinen mir auch Armenier nur schwer unter einem Dach zu vereinigen zu sein. Wie Juden weisen auch die Armenier einen fast schon beängstigenden Individualismus auf. Was aber die Diaspora betrifft, so gelten für Armenier ganz andere Bedingungen als für Juden. Und dies nicht nur, weil der Völkermord an den Armeniern den Beginn ihrer Zerstreuung markiert, während der Völkermord an den Juden im deutschbesetzten Europa fast zweitausend Jahre nach der großen Vertreibung geschah. Was grundsätzlich anders ist, das sind die Verhältnisse für das Hauptproblem eines Volkes in der Diaspora – das seiner Identitätsbewahrung.

Die Juden haben ihre Identität bekanntlich über den unfaßbar langen Zeitraum seit der Zerstörung des zweiten Tempels im Jerusalem des Jahres 71 christlicher Zeitrechnung bewahren können – Voraussetzung für die Gründung des Staates Israel. Und sie haben das durch zwei Kräfte vermocht – durch eine innere und eine äußere, die beide dazu noch in Wechselwirkung zueinander standen. Die innere Kraft ist eine gewaltige Eigenleistung, die nicht nur, aber vor allem religiöse Wurzeln hat: die Konzentration auf die Schriften, auf Pentateuch, Tora, Sefer-Tora, auf den Talmud, und deren Begleitung überallhin; die Lebendigkeit uralter Kulte, die Zähigkeit der Synagoge, und all das gipfelnd in der unverbrauchten Hoffnung: »Nächstes Jahr in Jerusalem!« Geholfen hat bei der Bewahrung der jüdischen Identität aber auch ein anhaltender und nahezu überall auftretender Außendruck in der Diaspora. Er isolierte sie als Fremde, als Feinde, besonders im Lebensraum von Christen. Überall wurden Juden erkennbar gemacht, gezeichnet, beschränkt, in Ghettos gesperrt – beliebig greifbar für Pogrome, wann immer die Herrschenden das Hep! Hep!* für angebracht hielten, zur Ablenkung der Volkswut über welche von Juden nicht verursachten politischen oder sozialen Desaster auch immer. Alle späteren Entwicklun-

* Hierosolima est perdita! – Jerusalem ist verloren!

gen der Assimilation und ihrer bürgerlichen Voraussetzungen in einigen Ländern sind nicht nur verhältnismäßig jung, sondern haben sich auch oft genug als trügerisch erwiesen, am katastrophalsten in Deutschland unter Hitler.

Der Außendruck in der jüdischen Diaspora ist der große Mitbewahrer jüdischer Identität gewesen, wenn auch um einen furchtbaren Preis. Natürlich ist er den Armeniern nicht zu wünschen. Aber gerade das, was ihnen erspart bleibt, erschwert ihnen gleichzeitig ihr zentrales Problem – die Bewahrung ihrer Identität in einer Diaspora von noch nicht absehbarer Dauer! Die türkischen Machthaber setzen ganz zynisch auf diese Karte – auf die Zeit, also auf die Erwartung, daß sich das armenische Volk in der Zerstreuung erst zersetzen, dann auflösen werde; daß die Armenier in aller Welt und über die Generationen hin von ihrer nationalen Umgebung aufgesogen werden und daß sich damit, wie mir gegenüber türkischerseits offen erklärt wurde, »das Problem von selbst lösen« werde. Auf diese Weise, ohne einen neuen physischen Genozid, ohne Gewalt- und Waffenanwendung, soll den Armeniern der Garaus gemacht werden. Diaspora kann eben auch Umarmung bedeuten, in der man hinschmilzt und in der die nationalen Eigenarten, das Typische und Exemplarische eines Volkes, sanft und angenehm ausbluten können.

Mir scheint kein anderes Volk in seiner kulturellen Eigenart, seinem politischen Zusammenhalt und seiner biologischen Existenz so tief gefährdet zu sein wie das armenische in der Diaspora. Ich bin durch das Studium der armenischen Zerstreuung und ihrer Langzeitperspektive kaum weniger erschüttert worden als durch die unwiderlegbaren Beweise des Völkermords an den Armeniern. Ich sage das angesichts immer neu aufbrechender Flüchtlingsströme in einer friedlosen Welt und des offenbar nicht einzudämmenden Vertreibungselends unseres Zeitalters, in das ich als Fernsehmann oft genug bis an die Grenzen des Erträglichen hinabgelotet habe.

Dieser kleine Fetzen Menschheit

Die Türken verweigern nicht nur die Anerkennung des Begriffes Völkermord, sie verweigern auch jede Rückkehr von Armeniern auf türkisches Territorium. Das heißt, sie verwehren ihnen alles, Minimales und Maximales, eine Situation, die von den Betroffenen niemals akzeptiert

werden kann – der Aggregatzustand für wachsende kollektive Verzweiflung also.
In Paris sagte uns dazu Madame Anahid Ter Minasian, Historikerin aus der zweiten Generation der Diaspora-Armenier, in die Kamera:

»Das armenische Volk ist ein sehr altes Volk, und es ist sich dessen bewußt. Es ist der Antike entsprungen, mit einer besonderen Kunst und Lebenskunst, einer eigenen Literatur. Das sind Werte, die ihm teuer sind und an denen es festhält. In der Diaspora, der Zerstreuung über die Welt, ist das armenische Volk jedoch zwangsweise dazu verurteilt, durch Anpassung zu verschwinden. Für mich und alle, die so denken, reicht deshalb die Anerkennung des Völkermords nicht aus. Um das armenische Volk, diesen kleinen Fetzen Menschheit, der im Kollektiv überleben will, zu retten, ist es notwendig, einen Schritt weiterzugehen. Die Rechte des armenischen Volkes auf seine Heimat müssen anerkannt werden, und das wäre der nächste Abschnitt der Geschichte.«

Noch weiter ging in der französischen Hauptstadt ein Angehöriger der dritten Diaspora-Generation, der Leiter der »Nationalen Armenischen Bewegung« MNA, Ara Toranian, ein Mann um die dreißig:

»Sechzig Jahre lang, bis 1975, versuchten die Armenier auf politische Weise, ihre Rechte geltend zu machen. Sie wandten sich an die internationalen Instanzen, um zumindest die Anerkennung ihrer geringsten Forderung zu erreichen, die historische Anerkennung dieses Völkermords und die Verurteilung ihrer Urheber. Doch sechzig Jahre lang hat das armenische Volk nichts erhalten und nichts erreicht. So beschlossen armenische Gemeinschaften 1975, nunmehr zum bewaffneten Kampf überzugehen. Wir sind ein Volk im Exil, ein seines Bodens beraubtes Volk, dessen Geschichte verleugnet wird. Ein Volk, das der Auslöschung seiner Identität unterzogen wird. Wir führen einen Kampf zur Wahrung unserer Identität und für die Befreiung der armenischen Territorien, die uns durch den Völkermord genommen worden sind.«

Natürlich kommt hier, kaum umschrieben, Terrorismus, kommen hier die Anschläge bewaffneter armenischer Kommandos ins Spiel. Und selbstverständlich habe ich sie nicht unterschlagen, sondern nach meiner Präambel an den Anfang der Sendung gesetzt:
28. Juli 1983 – Anschlag auf die türkische Botschaft in Lissabon – sieben Tote, darunter die fünf Angehörigen des armenischen Selbstmordkommandos. 15. Juli 1983 – Anschlag auf die türkische Abfertigung des Pariser Flughafens Orly – sieben Tote, achtundsechzig Verwundete. Ähnlichen Anschlägen fielen in Ankara, Brüssel, Los Angeles und anderen Plätzen achtundfünfzig Menschen zum Opfer, darunter 41 türkische Diplomaten. Sie sind das bevorzugte Ziel armenischer Komman-

dounternehmen, die ihre Attentate damit begründen, daß es sich bei den Getöteten um offizielle Vertreter eines Staates handelt, der den Völkermord an den Armeniern leugnet, den Überlebenden die Heimat genommen und sie deren Nachfahren bis heute verweigert hat. Als erklärter Gegner des Terrorismus habe ich dennoch gespürt, wie schwer Nichtarmeniern eine Gegenargumentation fällt.
Denn tatsächlich leben wir ja in einer Welt, die oft genug nur durch solche Detonationen aus dem Schlaf furchtbarer Gleichgültigkeit gerissen werden kann, und in dem Sinne ist die blutige Saat dieser Anschläge dann auch aufgegangen: Der Völkermord an den Armeniern ist buchstäblich in das Weltbewußtsein hineingebombt worden. Ich habe die Armenier in starkem Zwiespalt zur Gewaltfraktion aus den eigenen Reihen erlebt, bin aber sicher, daß ihre Mehrheit heute weiß: Eine Fortsetzung der Anschläge wäre so ungefähr das Schlimmste, was der armenischen Sache zugefügt werden könnte. Gerade darauf wartet die Gegenkraft nur, gerade das wäre die Sprache, in der sie zurückschlagen könnte, und auch darum wäre Gewalt die falsche Methode. Worauf sich die Armenier gefaßt machen müssen, ist allerdings, daß keine ihrer Haltungen von der Türkei honoriert werden wird – wofür es viele Erklärungen gibt. Eine davon ist der türkische Nationalismus.

Meinungen – anstelle von Tatsachen

Natürlich ähneln sich die Nationalisten aller Länder, wie sich Kleinbürger und Spießer, ja oft genug Synonyme für Nationalismus, eben ähneln. Natürlich eint sie die einfältige Haltung, sie müßten das Land, in das der Zufall der Geburt sie verschlagen hat, letztlich kritiklos hoch über alle anderen stellen und seine Geschichte, komme, was da wolle, rechtfertigen. Und natürlich ist ihnen gemeinsam der charakteristische Widerspruch zwischen der behaupteten Vaterlandsliebe und der Behandlungsweise, die gerade Nationalisten denen gegenüber an den Tag zu legen pflegen, die das Vaterland personifizieren – nämlich den eigenen Mitbürgern und Mitbürgerinnen. Protobeispiel ist für mich der Patriot, der das Vaterland fortwährend hochleben läßt, in Wahrheit für »die Masse« aber nichts als Verachtung und Dünkel übrig hat (Diederich Hessling aus Heinrich Manns »Der Untertan« ist immer noch das klassische und keinesfalls schon ausgestorbene Beispiel). Seltsame Vaterlandsliebe, aus der das eigene Volk ausgegliedert ist . . .

All diese grenz- und staatenübergreifenden Parallelen unter Nationalisten bedacht, weist der türkische Nationalismus für mich dennoch eine spezifisch pathologische Note auf, jenseits jener exemplarischen Brutalität und Verachtung, mit denen türkische Behördenvertreter, türkische Polizisten, türkische Soldaten die eigenen Leute behandeln und mißhandeln, körperliche Gewalt gegen Zivilisten wie selbstverständlich eingeschlossen (ich werde nie die knallende Ohrfeige vergessen, die der Angestellte eines Istanbuler Postamtes plötzlich vor aller Augen dem Mann vor dem Schalter versetzte). Meine Erfahrungen mit diesem Nationalismus beschränken sich keineswegs auf die Zeitspanne, seit ich die armenische Sache zu der meinen gemacht habe. Sie sind vielmehr die Summe aus einem langen Umgang mit Türken sowohl in Deutschland als auch während verschiedener Dreharbeiten in der Türkei und andauernder Beobachtung der Zustände dort.

Der türkische Nationalismus bringt einen Irrationalismus ins Spiel, dessen Charakteristikum jede Auseinandersetzung mit ihm so frustrierend macht: Tatsachen werden nicht als solche anerkannt, wenn sie nicht in das nationalistische Perfektionsschema passen, und an ihre Stelle Meinungen gesetzt, die dann als Tatsachen gelten. Das trifft auf nichts so sehr zu wie auf die türkische Haltung gegenüber den Armeniern. Dahinter steckt eine Geständnisunfähigkeit, deren Zentrum ein spezifischer Minderwertigkeitskomplex ist – ein durchaus im »einfachen«, im durchschnittlichen Türken steckendes und tief verinnerlichtes Inferioritätsgefühl gegenüber allem, was Europa heißt. Mein Buch bezeugt an vielen Stellen, daß dieser Minderwertigkeitskomplex typisch ist für einen großen Teil der Dritten Welt. Dennoch hat der türkische Inferioritätskomplex eine spezifische Note, ob durch die Nähe des Alten Kontinents, ob durch eine Geschichte, die voll ist von heißen und vielfach enttäuschten türkischen Erwartungen auf Anerkennung oder gar Gleichberechtigung, erst recht in der zweiten Hälfte des 20. Jahrhundert – es sei dahingestellt. Ohnehin wird es sehr schwer sein, die Fäden dieses emotionalen Knäuels aufzudröseln. Als Summe aber schlägt es sich in einem Nationalismus nieder, von dessen ungeheurer Kompression und außerordentlicher Verhärtung die Armenier und ihre Sache mit voller Wucht getroffen wurden – und nach wie vor werden.

Wollte man die türkisch-armenische Geschichte der letzten hundert Jahre in die Nußschale eines Satzes fassen, so müßte er lauten: Hier hat eine ethnisch-religiöse Einheit, die muslimisch-türkische bzw. turkstämmige, einer anderen ethnisch-religiösen Einheit, den christlichen Armeniern, etwas angetan, was die andere der einen nicht antun kann. Aus der Grundsituation von Mehrheit und Minderheit heraus, aber auch aus Erbe, Mentalität, Glaube, Weltsicht der Armenier kann hier nicht Gleiches mit Gleichem vergolten werden. Ich sage das in vollem Bewußtsein der armenischen Attentate auf türkische Diplomaten, weil es hier nicht um Ausnahmen, sondern um die Regel und die Kontinuität von geschichtlich lange nachweisbaren Verhaltensweisen zwischen zwei Gruppen geht, die sich befehden. Die Merkmale der armenischen Rolle in dieser Auseinandersetzung waren und sind immer Defensive und Notwehr gewesen. Selten waren Opfer-Täter-Proportionen historisch von solch eindeutiger Ungleichgewichtigkeit wie hier.

Immer wieder werde ich von Armeniern gefragt, wie ich ihre Situation einschätze und was ich von ihr in voraussehbarer Zukunft halte. Und immer habe ich mich bei der Antwort bemüht, kein lediglich trostvolles Lippenbekenntnis abzugeben, was bedeutet, stets auf die volle Ernsthaftigkeit des Primärproblems hinzuweisen, die Identitätsbewahrung in der Diaspora angesichts der bleibenden türkischen Verneinung. Dennoch habe ich, trotz allem, Zuversicht, da ich erkennen konnte, wie zäh armenische Existenz in der Fremde ist. Besonders beeindruckt haben mich dabei Gemeinden in Paris, in Lyon und in Marseille, die ich während der Dreharbeiten kennenlernte. Das Bekenntnis zum Armenischen sitzt tief, auch in der dritten Diaspora-Generation von heute, während die vierte schon geboren wird. Ich habe gespürt, wie wahr es ist, was die Historikerin Anahid Ter Minasian sagte: daß das armenische Volk ein altes Volk sei. Was bedeutet, daß es seine jetzige Gestalt aus der Kette unzähliger Geschlechter bezogen hat, und darin steckt eine eingeborene Widerstandsenergie gegen die türkische Hoffnung auf die auflösende Kraft der verrinnenden Zeit. Ich habe gespürt, daß es fremdem Einfluß schwerfallen wird, den Fels armenischen Ursprungs abzuwittern und armenische Originalität von außen abzutragen. Dort, wo sich Armenisches mit Nichtarmenischem mischt, dominiert nach meinem Augenschein das Armenische. Ohne in den Verdacht von selbstbetrügerischem Optimismus zu geraten, darf gesagt werden, daß Anpassung bisher nicht nur ausgeblieben ist, sondern daß die Entwicklung eher in die entgegengesetzte Richtung, in bewußte Selbstbehauptung geht, in den wachen Stolz auf Erbe und Gegenwart, in den Widerstand, sich nicht mutlos machen zu lassen durch die Verbissenheit der türkischen Verneinung und Verweigerung. Unnötig zu sagen, daß in dem gewiß langwährenden Kampf der Armenier um ihr ethnisches, religiöses und biologisches Überleben in der Diaspora der hartbedrängten armenischen Sowjetrepublik eine Bedeutung zukommt, die im umgekehrten Verhältnis zu ihrer winzigen geographischen Dimension steht. Aber nicht nur, weil sie sturmumtost und ihr zukünftiges Staatsschicksal ungewiß ist, wird ihr Beistand allein nicht genügen, um das international zerstreute Volk der Armenier zu erhalten. In gleichem, wenn nicht größerem Maße kommt es auf die nichtarmenischen Bundesgenossen an. Sie sind unersetzbar, wenn es überhaupt eine Hoffnung für die beiden armenischen Grundforderungen geben soll: Anerkennung des Völkermordes und Rückkehr der Rückkehrwilligen in die Urheimat. Heute, und wohl für lange noch, hat die Türkei den Schlüssel zu einer territorialen Lösung in Händen – sie kann den Armeniern jede Rückkehr in die Heimat verweigern. Der Schlüssel zur politischen Lösung aber befände sich im Gewahrsam einer humanitären Weltgemeinschaft. Einer Gemeinschaft, die sich hartnäckig den türkischen Verdrehungen, Umkehrungen und simplen Unwahrheiten verweigert, auf den belegbaren Nachweis der Ausmordung pocht und Täter zu Tätern, Opfer aber zu Opfern erklärt. Der Schlüssel zur politischen Lösung läge in den Händen einer Weltgemeinschaft, die sich der Errungenschaften des internationalen Nürnberger Tribunals im Verfahren gegen die Nazihauptkriegsverbrecher erinnert und in diesem Geist sowohl den verstorbenen türkischen Tätern als auch ihren heutigen Verteidigern das traditionell geforderte Verständnis für die Verbrechen versagt, um denen Recht und Stimme zuzuerkennen, denen das Unrecht vor dem Weltgewissen angetan worden ist. Ein internationaler Durchbruch gegen diesen Fall von türkischer Großkriminalität mit mehr als siebzig Jahren völliger Ungesühntheit könnte zu einer unwiderstehlichen Gewalt der auf Gedeih und Verderb aufeinander angewiesenen Völkergemeinschaft werden. Ihr müßte sich eine doch schließlich auch in dieser und nicht in irgendeiner anderen Welt existierende Türkei beugen – wenn sie nicht mehr verlieren will, als sie sich mit ihrer immer unhaltbarer werdenden Verneinung der armenischen Tragödie zu erhalten sucht.

»Wer redet heute noch von der Vernichtung der Armenier?«

Hitlers zynische Frage vom 22. August 1939 beschwört neben der internationalen noch eine besondere Bundesgenossenschaft herauf, eine, die zwar überfällig, aber bisher nicht hergestellt worden ist – die *jüdische*! Ja, wer hat zwischen den beiden Weltkriegen über das armenische Drama geredet? Von den Konstantinopeler Notabeln, die am 24. April 1915 abgeholt wurden und nie wiederkehrten? Wer hat zwischen den beiden Weltkriegen gesprochen von der Ermordung der armenischen Soldaten in den sogenannten Arbeitsbataillonen, zwei Monate vor diesem Stichdatum? Wer hat gesprochen von den Gekreuzigten, den Verhungerten, den Verdursteten in den Lagern Der-es-Sor, Homs, Hama und Mossul? Wer hat davon gesprochen – außer den Überlebenden selbst? Noch einmal: Was wäre geschehen, wenn der Untergang der Armenier im türkisch-osmanischen Reich nach 1918 eine ähnliche Publizität gehabt hätte, wie der Völkermord an den Juden im deutschbesetzten Europa sie nach 1945 hatte, hat und weiter haben wird? Ja, was wäre geschehen?

Ich plädiere dafür, daß gerade Juden endlich ihren Anteil dazu beitragen, den Völkermord an den Armeniern in das öffentliche Bewußtsein der Menschheit zu bringen und damit eine längst überfällige Solidarität unter den Hauptbetroffenen herzustellen – Juden sind die berufenen Anwälte für dieses notwendige Werk. Ich sage das als ein Verfechter der These, daß Auschwitz und alles, was der Name symbolisiert und materialisiert, singulär, also einzigartig ist und daß sich diese Einzigartigkeit auf das gesamte System erstreckt, von dem Auschwitz hervorgebracht wurde. Ich halte den Nationalsozialismus für etwas, das in der Geschichte der Menschheit weder einen Vorgänger hatte noch einen Nachfolger haben wird, und ich weiß, daß jeder Vergleich mit anderen Gesellschaften und Herrschaftsformen nur deren Dämonisierung und gleichzeitig die Bagatellisierung und Relativierung des SS-Staates und seines Vernichtungsapparates bedeuten kann.

An der Singularität des NS-Mordsystems festzuhalten bedeutet natürlich nicht, zwischen Juden und Armeniern so etwas aufzurichten wie eine Rangfolge des Völkermords oder einen Monopolanspruch auf »höheres Leid«, also eine Art Holocaust-Rivalität. Das Gebot der Stunde scheint mir nicht die Furcht zu sein, daß armenisch-jüdische Verbundenheit den eigenen Leidanteil schmälert, sondern eine Solidarität herzustellen zwischen Menschen, deren Vorfahren die Opfer der großen Völkermorde unseres Jahrhunderts geworden sind und deren Gemeinschaft in unserer Gegenwart jederzeit und überall tödlich bedroht werden kann. Das lehrt Berg-Karabach, das lehrt das Massaker in der Synagoge von Istanbul, der Anschlag auf das Jüdische Gemeindezentrum von Frankfurt, und das lehrt, immer wieder, Israel. Von keiner Organisation oder Institution autorisiert, weder von einer armenischen noch von einer jüdischen, unter Berufung allein auf mich selbst und legitimiert allein durch meine Biographie plädiere ich für Solidarität von Juden und Armeniern, in Gegenwart und Zukunft, für ein Bündnis zwischen ständig Gefährdeten, zwischen zwei kleinen Gemeinschaften mit großem Erbe.

Epilog

Eine andere spezielle Verpflichtung, mit allen Vorzeichen geschichtlich-politischer Verstrickung in die armenische Tragödie von 1915/16, haben die Deutschen – ohne ihr bisher nachgekommen zu sein. Wenn einmal gefragt wird, wer bei uns seine Stimme erhoben hat, als die Armenier untergingen und dann in alle Welt zerstreut wurden, so werden es vor allem die Namen von Johannes Lepsius und Armin T. Wegner sein, die die Deutschen vor der Schande des kollektiven Schweigens bewahren können. »Deutschland und Armenien« und »Der Todesmarsch des armenischen Volkes« – diese beiden Werke des großen Chronisten Johannes Lepsius werden in ihrer überwältigenden Beweiskraft und erschütternden Unmittelbarkeit die Zeiten überdauern und zum Nachruhm eines Mannes beitragen, der sein Leben der armenischen Sache geweiht hatte und bezeichnenderweise in seinem Vaterland so gut wie vergessen ist.

Wie auch Armin T. Wegner, der als Sanitätsgefreiter im Stab des deutschen Generalfeldmarschalls von der Goltz durch das leichenübersäte Deportationsgebiet zog und dort unter Gefahr für Leib und Leben gegen das strengste Fotografierverbot der türkischen Regierung dennoch der Bilddokumentarist des Völkermords an den Armeniern wurde. Armin T. Wegner, dessen beschwörende Darstellung des armenischen Massakers in einem Brief an den US-Präsidenten Woodrow Wilson 1919 ein »document humain«, ein Zeugnis der Humanität sondergle-

chen war; der Verfasser der armenischen Leidenschronik »Weg ohne Heimkehr«, auch genannt der »Dichter gegen die Macht«, weil er in einem Schreiben an Hitler nach 1933 furchtlos für die verfolgten Juden eintrat und dafür sieben Jahre inhaftiert wurde. Armin T. Wegner verstarb 1978 zweiundneunzigjährig in Rom – hochgeehrt von Armeniern und Israelis, doch ohne daß die deutsche Öffentlichkeit auch nur die kleinste Notiz von seinem Ableben genommen hätte.
Wohl gibt es auch heute bei uns Menschen, die unermüdlich für die Sache der Armenier streiten, Privatpersonen, Publizisten, tapfere Verleger. Aber ihre Stimmen waren bis zur Sendung nicht durch die Decke des allgemeinen Schweigens gedrungen. Kein Wunder also, daß der Tenor der deutschen Zuschauer nach der Ausstrahlung der Sendung vom 21. April 1986 lautete: »Davon haben wir nichts gewußt!« Er widerspiegelt nichts als die Wirklichkeit – der Völkermord an den Armeniern war hier nie ein öffentliches Thema gewesen. Mit allen Gefühlen stellvertretender Scham muß ich feststellen, daß der Staat, dessen Bürger ich bin, die Bundesrepublik Deutschland, bis heute die Politik des Schweigens fortgesetzt hat. Keine deutsche Regierung ist in den vergangenen siebzig Jahren je in der armenischen Frage initiativ geworden (auch keine DDR-Regierung übrigens). Wie sagte noch François Mitterrand vor den Armeniern der Gemeinde Vienne bei Paris? »Es ist unmöglich, die Spur des Völkermords zu vertuschen, von dem Sie geschlagen worden sind.« Welche Klarheit, welche Unzweideutigkeit! Ebenso reagierten der Weltkirchenrat 1983, die UNO-Menschenrechtskommission 1985 und das Europäische Parlament 1987: die Vernichtung des armenischen Volkes 1915/16 durch die jungtürkische Regierung sei Völkermord gewesen.
Nichts dergleichen bisher deutscherseits, und schon gar nicht regierungsamtlich. Statt dessen wieder Stille, Schweigen, Staatsräson gegenüber dem Bündnispartner Türkei – ganz wie anno dazumal. Und doch fühlte ich mich für meine Arbeit belohnt, durch den Satz eines armenischen Freundes, der mich am Morgen des 22. April 1986 aus Bochum anrief und sagte: »Als ich heute vor die Tür trat, sah die Welt vollkommen anders aus als gestern.« Es war das schönste Kompliment, das mir als Autor je gemacht wurde. Erfahrungen mit einer Fernsehsendung.

Hunger – Herausforderung auf Leben und Tod

Prolog

Hunger – Herausforderung auf Leben und Tod, eine 80-Minuten-Dokumentation, wurde im Juli 1968 vom Westdeutschen Rundfunk ausgestrahlt. Von Kritikern zuweilen als »Klassiker« bezeichnet, ist die mehrfach wiederholte Sendung bis in die jüngste Zeit auch von Schulen, Universitäten, Gewerkschaften, privaten und öffentlichen Institutionen nichtkommerziell vorgeführt worden. Nach mehr als zwanzig Jahren sind die Fakten und Analysen immer noch von bestürzender Aktualität.

Die Arbeit wird hier so übernommen, wie sie damals entstanden ist – nur auf solche Weise bleibt der ursprüngliche Eindruck erhalten. Die Ausschnitte des Sprechertextes sind im Original von 1968 wiedergegeben, meine für das Buch hinzugefügten Zwischentexte vom unmittelbaren Erlebnis diktiert und nicht etwa nachträglich von der Höhe unserer Gegenwart aus auffrisiert worden (zum Beispiel, was die inzwischen astronomisch vervielfachten internationalen Militärausgaben betrifft, die in Vergleich zu den Entwicklungsaufwendungen für die Dritte Welt gesetzt werden).

Auffällig ist das für die sechziger Jahre weitgehend fehlende Umweltbewußtsein, der mangelnde Alarm angesichts der drohenden ökologischen Gefahren. Das gilt auch für die »Hunger«-Sendung. Sehr deutlich wird das Defizit an *den* Stellen des Kapitels, die sich mit der Bekämpfung und der Perspektive des Welthungers befassen, mit den »Eisernen Pferden«, also einer immer technisierteren Welt und ihrem Zugriff auf Ozeane und Bodenreserven. In blauäugiger Unschuld, nein, eigentlich unverzeihlicher Ignoranz sehen sich auch die tropischen Regenwälder in die *Ressourcen* einbezogen ...

Dennoch bleibt nicht nur das meiste gültig, sondern sieht sich durch den Gang der Dinge seither noch dramatisch vertieft.
Aus ebendiesem Grund wird einmal die Originaltreue durchbrochen, reflektiert der Autor furchtbare Erfahrungen, die bis zu Beginn der neunziger Jahre mit dem Welthunger gemacht worden sind – in Form eines Geständnisses am Schluß des Kapitels.

Das Gesicht des Hungers

Ein kleiner Mann mit weißem Wickel um den Kopf, auf der Schulter eine Kiepe, deren schweren Inhalt er unermüdlich an den Rand der Straße kippt. Krummbeinig stapft er schwankenden Schrittes auf sein brockenverseuchtes Stück Land zurück, kniet nieder, sammelt ein, hievt die Kiepe auf die Schulter, lädt abermals die Last krachend ab. Kehrt um, sammelt, stapft, die Kiepe hochvoll, krummbeinig zur Straße hin, lädt ab, kehrt um
– der Bauer in der Nähe von Nablus wird seinen vorderasiatischen Akker nie entsteinen!

Karst, der flimmernde See, am Himmel ein Glutglotzauge – Lake Rudolph, Nord-Kenia. Turkana-Kinder, nichts als das Weiße im Auge, kippen die letzten Tropfen Schwedenmilch aus der Blechtonne auf den Boden und stürzen sich drüber hin. Erdbeklebte Zungen, überall, wie Tünche, Spuren der »Liebesgabe« aus Nordeuropa an den Körpern, in Sekunden von Zehen, Kniescheiben, Haaren und Geschlechtsteilen abgeleckt.

Der indische Säugling mit dem Gesicht eines Greises, in der faltigen Haut Augen groß wie Teller
– der Anblick afrikanischer Kinder, tappende Gestalten mit totem Blick, menschliche Gespenster. Gravitätische Gehversuche auf spindeldürren Beinen unter vorgewölbtem Leib. Siebenjährige Mädchen wie hochschwanger, Knaben, denen groteskerweise der Nahrungsmangel die Bäuche aufgebläht hat, als hätten sie bis zum Platzen geschlemmt

Bild:		Ton:
Steinsammler		Originalton
	1. Sprecher:	Es hat viele Züge, das Gesicht des Hungers, aber von allen seinen

Ausdrucksformen ist der Öffentlichkeit nur eine wirklich bekannt der *akute* Hunger, der absolute Nahrungsmangel, die Katastrophe.

Verhungernde Kinder/Fotos

Fotos

Der Tod durch Verhungern hat mehrere Stadien: das erste besteht in einer außergewöhnlichen Nervosität, der Apathie, Depression und Unfähigkeit zur Konzentration folgen.

Der Höhepunkt, das dritte Stadium, ist begleitet von einem Zustand der Erregung und des Wahnsinns, der in körperliches Erlöschen hinübergleitet. Und hier entsteht eine Vision, die unser Film am Ende wieder aufnehmen wird.

Der alte Indio am Eingang zur Fleischhalle auf dem Markt in Cuzco, halb abwesend von dieser Welt, der Blick verschleiert, die kleine Koka-Kugel in die charakteristische Backenhöhlung gerollt, zur Betäubung des Hungers. Der Saft der Pflanze schädigt die Gehirnzellen, macht stumpf und apathisch – und das auf einem Plateau, wo einst die Inkas jeden Fetzen bebaubaren Landes terrassierten und Nahrung im Überfluß produzierten.

Indios

1. Sprecher: Das eigentliche soziale Problem unserer Epoche aber ist der *chronische* Hunger, eine Form, die zwar weniger ins Auge fällt, deren Opferziffern jedoch ungleich höher sind als alle Statistiken akuter Katastrophen: er verdammt ganze Völker dazu, langsam zu verhungern, obwohl sie jeden Tag essen – aus Mangel an

Eiweiß und Mineralien, an Vitaminen und bestimmten Säuren, an Fleisch, Milch und Eiern. Sie essen mechanisch, gerade als wäre die Nahrungsaufnahme eine tägliche Pflichtübung.

Riesige Fischleiber aus Schiffsbäuchen geschöpft, auf dem glitschigen Boden, schuppig, zappelnd, spritzend, todgeweiht – Messer, Hämmer, Äxte, Händlergebrüll – Auktion an der Landepier von Callao, Perus zentralem Fischereihafen! Und während nebenan schon das Fischmehl auf dem langen Laufband zum Export befördert wird, sterben wenige Kilometer landein, an der aussätzigen Peripherie von Lima, den Slumgürteln längs des Rimac-Flusses, Kinder und Erwachsene, die nie in ihrem Leben Fisch gegessen haben, an Eiweißmangel.

Schwarze Frauen um einen Großmörser, in den sie unter rhythmischem Singsang riesige Holzstößel rammen – Mehl aus den letzten Maiskolben, dazu ein wenig Maniok, ein paar Bohnen: Bilder von trauriger Schönheit, gesehen in den östlichen Regenwäldern des Kongo, im Innern Tansanias, dem Hochland von Kenia, den tropischen Savannen am Äquator. Diese Frauen und ihre Familien haben nie etwas anderes gedacht als die Sorge ums Heute – der Grammatik mancher afrikanischen Sprache fehlt die Zukunftsform überhaupt.

Die ochsenbespannten Karren mit der schweigenden Traube hagerer Menschen auf dem Wege vom indischen Dorf in die indische Stadt, darunter Kinder, zu nichts anderem geboren, als Hungers zu sterben, bevor sie alt genug waren, selbst zu produzieren; Kinder, von denen jene sich glücklich preisen können, deren eigene Eltern ihnen nicht das Augenlicht rauben oder die Glieder brechen, damit sie blind, verkrüppelt, um so überzeugender betteln

Dürre Frau | *1. Sprecher:* | Bestandteil des chronischen Hungers ist ein organischer Schwächezustand, der gegen zahllose Krankheiten anfällig macht, besonders die Kinder.

Kind mit Krücken	*2. Sprecher:*	Bei ihnen, die schon im Mutterleib zu Schaden gekommen sind, verzögert der große Eiweißmangel das Wachstum und führt häufig zu Lähmungen und Mißbildungen.
Kind		Viruserkrankungen und Pocken, Tuberkulose und Darminfektion, Muskelschwund und Wurmbefall, Ruhr, Diphtherie und Augenkrankheiten, die oft zu Erblindungen führen – das ist das apokalyptische Gefolge des chronischen Hungers.
Bepickeltes Kind	*1. Sprecher:*	Nach Studien der FAO, der UNO-Zentrale für Welternährung, leiden an ihm rund zwei der über drei Milliarden Menschen, während 25 bis 40 Millionen jährlich (das sind um 100000 am Tag) an seinen mittelbaren und unmittelbaren Folgen sterben. In einem einzigen Jahr also Verluste, mit denen sich nur die Opfer aus den 9 Jahren der beiden Weltkriege messen könnten.

Die Ursachen des Hungers

Der Säugling in einer primitiven Wiege, nur dürftig geschützt gegen die glühende Sonne, seine Eltern, jordanische Bauern auf dem Acker hinter uraltem Hakenpflug und magerem Zugvieh, in der zweiten Hälfte des 20. Jahrhunderts ausgerüstet wie die Vorfahren unter Mohammed, unfähig, aus dem Feld mehr herauszukratzen als eine Armut, die sich immer wieder selbst aufs neue zeugt.

Kamel vor Pflug — *2. Sprecher:* Zwei Drittel der rund 350 Millionen Bauernfamilien in der Weltlandwirtschaft haben nur *ein* Gerät, mit dem sie den Boden bearbeiten – entweder eine Hacke oder einen Hakenpflug, selten jenes stumpfe Metallwerkzeug wie dieser jordanische Bauer.

Gewiß sind sie zu arm, um sich einen eisernen Pflug zu kaufen, erworben aber haben sie in den langen Jahrtausenden des Mangels *eine* hinderliche Eigenschaft: nämlich die Neigung, eine überalterte Technik zäh zu verteidigen.

1. Sprecher: Sie besitzen Erfahrungen, wie sie überleben, nicht jedoch Kenntnisse, wie sie die Natur planmäßig ausbeuten können.

Der gebückte Rücken des indischen Bauern auf einem Felde zwischen Delhi und Agra, seine dünnen Beine, in den Knien geknickt wie bei Störchen; hektische Nervosität der Dauerarmut, Unruhe, Bewegung, Aufwand – für nichts als die Handvoll Reis oder Getreide täglich, und oft genug auch nicht einmal das.
Die türlose Hütte vor dem Hintergrund des unerschütterlichen Aconcagua, drinnen als einziges Inventar eine jämmerliche Liege, draußen, angepflockt, ein schreiender Esel. Und direkt an der Schneegrenze, fern und unwirklich allein, wie an unsichtbaren Fäden lautlos gezogen, der chilenische *campesino* auf seinem Hochgebirgsacker.

Hütte — *1. Sprecher:* Die Besitzverhältnisse in den Entwicklungsländern zeigen, daß der Welthunger Teil der Weltarmut ist: von hier, dem mit Großgrund- und Zwergbesitz geschlagenen Lateinamerika

Afrikanisches Dorf — – über Afrikas feudale, halbfeu-

		dale und stammesherrliche Vollmachten der Landeigentümer
Indische Bauern		– bis hin nach Indien, wo der Boden der meisten Dörfer im Besitz oberer Kasten ist, deren Religion jede körperliche Arbeit verbietet:
	2. Sprecher:	Hunderte von Millionen kleiner Pächter bearbeiten den Boden von sechs bis acht Millionen Feudalherren, denen der Ackerbau nichts als eine Profitquelle ist.
Pflug	*1. Sprecher:*	Der selbständige indische Bauer verfügt über eine Miniaturparzelle von durchschnittlich 5 Morgen, die seine Familie nicht ernähren kann, so daß durch zusätzlichen Nahrungskauf die Schulden
Wucherer		wachsen. Eine der Hauptursachen für den Welthunger ist das ausbeuterische Pachtwesen in einem erheblichen Teil der Weltlandwirtschaft!

Natürliche Plagen . . .
Klatschende Tierkörper gegen den Windschutz des Cockpits, gegen die seitlichen Bullaugen, das ganze dröhnende, kleine Flugzeug – Heuschrecken! Werden sie die Propeller zum Stehen bringen? Drunten die zweite Maschine, durch Milliarden Großinsekten pflügend.
Auf der Erde dann die Gruppe von Afrikanern, die mit Ästen und Knüppeln auf die niedergegangenen, zuckenden Flügelleiber einschlagen – wo Heuschrecken einfallen, zerstören sie alles pflanzliche Leben und hinterlassen nichts als kahlgefressene Einöde! Oft genug tut der Bauer in Asien und Afrika das einzige, was ihn vor dem Verhungern rettet – er verzehrt die Heuschrecken.
Gemächlich, unerschüttert vom Motorlärm der Großstadt, wie Fossilien einer längst zu Grabe getragenen Epoche, und doch unsterblich, helle, höckrige Gebilde inmitten zweibeinigen Gewimmels – Indiens

»heilige Kühe«! Da traben sie einher in der jahrtausendealten Erfahrung ihrer Unantastbarkeit und genießen samtäugig die Vorrechte ihres verbürgten Daseins

Zauberer	*2. Sprecher:*	Durch die Problematik des Hungers sieht sich die *Religion* vor einen unvergleichlichen Konflikt gestellt!
Zauberer Schwenk	*1. Sprecher:*	Allenthalben werden die Beziehungen zwischen ihr und den Entwicklungsstörungen sichtbar.
Heilige Kühe		Damit werden nicht *die* Zeitgenossen bei uns bestätigt, die sich selbst jede Einmischung in ihren Glauben verbitten, Indien jedoch am liebsten in ein Schlachthaus für heilige Kühe verwandelt sähen – was übrigens das Riesenvolk für ganze anderthalb Tage satt machen würde …
Freche Kuh	*2. Sprecher:*	Weit schwieriger schon, als den Gläubigen einer fremden Religion Ratschläge zu erteilen, wäre es,
Kuh auf Straße		zu begreifen, warum sie für eine planvolle Viehwirtschaft nur schwer zu gewinnen sind.
Flötenspieler	*1. Sprecher:*	Dem Glauben, der das Schlachten von Tieren verbietet – aus Angst, darin die Seele eines Verwandten oder eines Ahnen zu töten –, liegt, wie zahllosen anderen religiösen Bindungen, eine elementare Tatsache zugrunde:
Götterfiguren		der Mangel an Fleisch! Der religiöse Kodex mildert die Spannung, die aus diesem Mangel erwächst.
	2. Sprecher:	Indische Religion oder chinesische

Lehren, Buddha oder Konfuzius – sie alle geben wirtschaftlicher Not die religiöse Weihe!

Alter Mann

1. Sprecher: Solange Hunger, Seuchen und Katastrophen als gottgewollt hingenommen wurden, ruhte dieser Konflikt. Heute jedoch stürmen der technische Fortschritt und die Wissenschaft mit voller Kraft auf diese abgeschlossene Geisteswelt ein.

Mohammedaner

O-Ton

2. Sprecher: Der Zwiespalt besteht darin, daß die gleichen religiösen Praktiken, die soviel zur menschlichen Kultur beigetragen haben, häufig dem bescheidensten Fortschritt im Wege sind. Die Reformen zugunsten des menschlichen Überlebens fordern immer kritischer die Prüfung von Glaubensbekenntnissen, deren Dilemma darin liegt, daß keines in seinem Ursprung die industrialisierte Arbeitswelt von heute voraussehen konnte.

Afrikanische Kirche

O-Ton

Gläubige

1. Sprecher: Dieses Dilemma betrifft *alle* Religionen – auch das Christentum! Seine Kirchen, besonders die katholische, werden sich in der Frage der Empfängnisverhütung und der Geburtenkontrolle bald klar entscheiden müssen. Die Fortsetzung der gegenwärtigen Haltung jedenfalls würde so drastische Folgen heraufbeschwören, daß ihr schon heute jede moralische Begründung fehlt – denn die

Station Lodver

Auswirkungen des medizinischen Fortschritts auf das Wachstum der menschlichen Gemeinschaft haben eine völlig neue Situation geschaffen!

Eine lange Schlange von Menschen, Männer, Frauen, Kinder – Turkanas, Stämme an den Ufern des Lake Rudolph, deren steinzeitliche Entwicklungsstufe der Regierung in Nairobi große Kopfschmerzen bereitet – sind sie doch ständig vom Hungertod bedroht. Auch die Versorgung mit neuen, festen Netzen und besseren Booten für den Fischfang auf dem See hat an dieser Situation nichts Grundsätzliches verändert. Und doch wird alles getan, um ihr Leben zu verlängern. Hier in Lodvar, einer kümmerlichen Station, die einst den britischen Kolonialherren als Stützpunkt in diesem gottverlassenen Teil Ostafrikas gedient hat, jagt eine europäische Ärztin ihnen Injektionen in Arme, Po und Oberschenkel – Pockenimpfung, Antibiotika, Kampf gegen Bakterien und Vernichtung von Moskitos, den Trägern des Malariafiebers: Diese Mittel, hier wie anderswo meist kostenlos zur Verfügung gestellt, lassen sich unter einer Bevölkerung von niedrigem Bildungsstand schneller verbreiten als zeitgemäße landwirtschaftliche Produktionstechniken.
Diesen Turkanas wird nicht nur irgendeine Spritze, sondern ein oft erheblich längeres Leben injiziert!

Afrikanerin mit Kind

O-Ton

1. Sprecher: Die bedeutendste Bevölkerungsbewegung unseres Jahrhunderts entsteht durch den enormen Rückgang der Sterblichkeit in den Entwicklungsländern, und zwar dank der modernen Medizin und Hygiene. Kein Zweifel auch, daß damit ein gefährlicher Gegensatz zwischen Nahrungsproduktion und Nahrungsbedarf eingezogen ist. Und dennoch fügt dieser Film den *Ursachen* des Hungers nur mit größtem Vorbehalt *das* Pro-

		blem hinzu, dem die Öffentlichkeit den obersten Platz darin einzuräumen pflegt und für das sie ein bezeichnendes Stichwort erfunden hat:
Afrikanische Kinder		Bevölkerungsexplosion!
		O-Ton

Der Wall schwarzer Kinderleiber am Ausgang eines tansanischen Dorfes – wogend, brüllend, jauchzend, Wogen jugendlicher Schönheit, Gesichter voller Intelligenz, wach, erwartungsvoll, neugierig, frech, eine Legion von ruhelosen Armen, Beinen, Köpfen vor der staubumhüllten Kamera. Wir sind eingekeilt in diesen gefährlichsten Reichtum der Dritten Welt...

Drastische Erinnerungen an den Kinderozean der »resettlements«, den Wohnsilos aus der Retorte der Stadtplaner von Hongkong für chinesische Flüchtlinge. Erinnerungen an die Brandung arabischer Mädchen und Jungen in dem kalten Atlasnest Setif, an die zerlumpten, wuselnden Kinderstrudel in den unsäglichen Lagern des Gazastreifens...

Kinderhaufen	*2. Sprecher:*	Alle 10 Sekunden werden 35 Menschen geboren, während 15 sterben – ein Zuwachs von zwanzig Menschen also. 180000 an einem Tag, etwa 60 bis 70 Millionen in einem Jahr. Vier Fünftel davon entfallen auf die Entwicklungsländer. Ihre Zuwachsrate von 3 bis 4 Prozent jährlich genügte, um 12 Menschen innerhalb von 976 Jahren auf die Höhe der gegenwärtigen Weltbevölkerung von über 3½ Milliarden zu befördern.
Kindermassen		Eine weitere, unheimliche Tatsache besteht darin, daß die gesamte Menschheit sich in immer kürzeren Zeiträumen verdoppelt.

		Um die Zeitenwende lebten etwa 160 Millionen auf der Erde
1. Grafik	*1. Sprecher:*	– es hatte 1500 Jahre gedauert, bis diese Verdoppelung von 80 Millionen erreicht war.
2. Grafik	*2. Sprecher:*	Die nächste Verdoppelung erfolgte bereits in etwa 900 Jahren – auf über 300 Millionen.
3. Grafik	*1. Sprecher:*	Die dritte Verdoppelung auf 650 Millionen vollzog sich bis zum Jahre 1700, brauchte also immerhin noch 800 Jahre.
4. Grafik	*2. Sprecher:*	Die vierte – geprägt durch die moderne Medizin in Europa und eine wachsende Industrialisierung – benötigte nur noch 150 Jahre: 1850 war die Milliardengrenze überschritten.
5. Grafik	*1. Sprecher:*	Die fünfte Verdoppelung auf 2½ Milliarden in der Mitte unseres Jahrhunderts brauchte kaum noch 90 Jahre.
6. Grafik	*2. Sprecher:*	Und beim gegenwärtigen Tempo wächst die Menschheit innerhalb von 35 Jahren auf ihre zweifache Höhe an.
Menge		O-Ton
	1. Sprecher:	Das ist der Hintergrund für phantastische Zahlenspielereien mit einer schier unbegrenzten menschlichen Fortpflanzungsfähigkeit, die in 500 Jahren die gesamte Erdoberfläche – eingeschlossen Wüsten, Polargebiete, Gebirge und Meeresboden – so dicht bevölkern würde wie das New York von heute.
Menge	*2. Sprecher:*	Dieser These grenzenloser Zeu-

		gung, diesem Kassandraruf von der »Bevölkerungsexplosion« stellt die Wissenschaft ein historisch gesichertes Erfahrungsmodell entgegen – den vierphasigen Bevölkerungszyklus.
1. Grafik	*1. Sprecher:*	Die erste Phase: Hohe Geburtenrate und hohe Sterblichkeit, bei verhältnismäßig wenig Menschen auf der Erde – diese Phase hat den größten Teil der Menschheitsgeschichte eingenommen.
2. Grafik	*2. Sprecher:*	Die zweite Phase: Rapider Rückgang der Sterblichkeit bei gleichbleibender Geburtenrate – also extrem hoher Zuwachs. Bei den hungernden Völkern heute vor allem eine Folge der modernen Medizin.
3. Grafik	*1. Sprecher:*	Die dritte Phase: Anpassung der fallenden Geburtenrate durch Industrialisierung an die abermals rückläufige Sterblichkeit.
4. Grafik	*2. Sprecher:*	Und die vierte Phase: In der hochindustrialisierten Gesellschaft pendeln sich Sterblichkeit und Geburtenrate auf den Tiefstand ein. Wenn überhaupt, wächst die Bevölkerung nur sehr langsam.
Menge	*1. Sprecher:*	Alle hungernden Völker befinden sich in der wachstumsreichen zweiten Phase, dem gefährlichsten Stadium! Aber Kinder sind billige Arbeitskräfte und eine Art Altersversor-

gung dazu. Ohne spürbare Veränderung ihrer Lebensbedingungen wird es den Vätern und Müttern unbegreiflich bleiben, warum sie weniger Kinder haben sollen. Appelle an Vernunft und Einsicht werden wirkungslos verpuffen, wenn die Ursachen erhalten bleiben, denen der erschreckende Zuwachs entspringt.

Menschenmassen

2. Sprecher: Denn nicht der Weltkinderreichtum schafft den Welthunger, sondern der Hunger den Kinderreichtum!

1. Sprecher: Es bleibt nur *ein* erfolgversprechender Ausweg – die Entwicklungsvölker müssen aus der vorindustriellen zweiten in die industrielle dritte Phase treten – und dann in die hochindustrielle vierte.

Sieg oder Niederlage im Kampf gegen den Welthunger hängen von der Frage ab, wie lange sich die armen Nationen in der gefährlichsten, der zweiten Phase, aufhalten müssen.

Giordano im Bild

»Aber wie aus ihr herauskommen? Mit welchen Mitteln dieses Knäuel komplizierter Weltprobleme entwirren? Und vor allem – mit welcher Aussicht auf Erfolg? Bevor unser Film in seinem dritten und vierten Teil versucht, auf diese Fragen eine Antwort zu geben, hier, auf halber Strecke, eine Zusammenfassung: die verschiedenen Formen, die Verteilung

und die Ursachen des Hungers lassen drei wesentliche Tatsachen sichtbar werden:
– eine rückständig-primitive Weltlandwirtschaft
– die industrielle Unterentwicklung der südlichen Halbkugel
– und unser Mangel an Interesse füreinander, der den Hunger möglich macht und durch seine Existenz sichtbar wird. So beispiellos das Ausmaß des Schrekkens auch ist, das er heute angenommen hat, so wenig Geheimnisvolles ist an ihm zu entdecken. Hunger ist vor allem das Ergebnis schwerer Irrtümer und Ungerechtigkeiten in der sozialen Organisation der Menschheit und – wie der Krieg – eine von ihr selbst hervorgerufene Krankheit.
So müssen wohl auch die Maßnahmen zu seiner Überwindung von dieser Welt sein – und sie sind es in der Tat. Nur darf unser technisches Zeitalter, das so gut wie alles für herstellbar hält, nicht glauben, daß ein Weltproblem wie dieses, in das so viele Menschen verwickelt sind, mit rein materiellen Mitteln allein zu lösen wäre – es kommt manches dazu. Hier nun die großen Bundesgenossen im Kampf gegen den Hunger: Wissenschaft und Technik, Pflanzenernährung und Bewässerung, Bildung und internationale Solidarität!«

Die Bekämpfung des Hungers

Hin und über den Grat – vor uns, wie eine moderne Gralsburg, die riesige Fabrik, die chemischen Helfer für eine der größten Umwälzungen in der Geschichte der menschlichen Ernährung produzierend – Stickstoff, Kali, Kalk – Superphosphat-Industrie!
Ein dauerndes, hohes Pfeifen in der dünnen Luft Zentralperus; hämmernder, protzender Ausstoß von lauter weißem Zeugs; Spezialmaschinen und -transporter, die das Gut auf immer mächtigere Halden laden: denn niemand kam aus den Bergen, sie abzutragen! Niemand kam, sie fortzuschaffen auf die Äcker in den Kordillerentälern, die düngergierigen Felder des Altiplano. Denn an alles war bei diesem 20-Millionen-Entwicklungsprojekt gedacht, nur nicht daran, den Indios ringsum Sinn und Nutzen des chemischen Düngers auch nur mit einem Wort zu erklären . . .
Aber ungeachtet dieses negativen Beispiels unbedachter Entwicklungspolitik:

Ähren	*2. Sprecher:*	In dem Maße, wie die Menschheit lernt, ihre Nutzpflanzen nicht mehr hungern zu lassen, sondern sie reichlich mit Nährstoffen zu
Schwenk über Felder		versehen, kann sie von ihnen andere Eigenschaften erwarten. Sie kommen mit einer geringeren Menge an Sonnenwärme und Sonnenlicht aus, werden widerstandsfähiger gegen Krankheiten und werfen Höchsterträge ab, die vor einem Menschenalter niemand für möglich gehalten hat. Die auch in Afrika bekannten
Mais/Afrikaner		Zuchterfolge Mexikos mit bestimmten Maissorten heben dieses Land weit aus der lateinamerikanischen Agrarmisere heraus. Einem späteren Zusammenhang vorgreifend sei hier erwähnt, daß

Mexiko allerdings für Erziehung und Forschung viermal soviel ausgibt wie für sein Militär.

Neben mir, malerisch lagernd, Hirten – vor mir, bis an den Horizont, raunend – Weizen, Weizen, Weizen:
Masai weat program! Epochaler Versuch, die stolzesten Söhne Ostafrikas aus Nomaden in seßhafte Bauern zu verwandeln ...
Ein Blick durch die Kamera: schwere Ähren, ganz nahe, Korn an Korn, wippend im Stepppenwind an der Grenze von Kenia nach Tansania – und dann die 240er-Optik voll aufgezogen
– mitten in der goldgrünen See, ihren Wellentälern und -bergen, mit dem langen schwarzen US-Amerikaner vom »peace-corps« als Steuermann, der ungeheure Mähdrescher, ein motorisierter Prärie-shooner, aber nun, so fern, pinassenklein ...
Und über allem, zum Greifen, Formen, Schmecken, ein würziger Ozon bis an den Himmel aus hellem Schiefer!

Die Masaikinder in dem dürftigen Schulgebäude auf dem kahlen Hügel, wo sie, wie der Lehrer stolz versicherte, »in jedem Fach unterrichtet werden«; ihr Jubel und stürmischer Exodus, als die Glocke die Pause einläutete – ihre Eltern können nicht lesen und nicht schreiben, aber sie schicken ihre Kinder schließlich doch in die Schule. Bildung – einer der großen Feinde des Hungers ...

Wasser, Wasser, Wasser!
Sprühende Kristalle in der Sonne, kreisende Feuchtigkeitsfelder über der kleinen Oase am Toten Meer, im Süden Masadas gewaltiger Felskegel, im Osten Moabs rötliche Gebirgskette
– Feldberegnung im Kibbuz der biblischen Oase Ein Gedi ...
... eine Methode, die mit der gleichen Menge Wasser die doppelte Fläche benetzt wie der sogenannte »Überstau«, der hier am Fuße des Mount Kenya wirksam ist: dem jungen Maisfeld wird die Feuchtigkeit wie vor Jahrtausenden mittels mühsam ausgehobener Furchen und Gräben zugeleitet. Dieses unrationelle Prinzip ist immer noch zu 98 Prozent verbreitet.

Der Riesenkiesel im Strombett des Urubamba, nahe seinen Quellen in den Hochanden, zur Zeit der Schneeschmelze, glatt geschliffen wie eine überdimensionale Glatze mitten im ungezähmten Flußbett: hierher die hohen Dämme, die Flut zu stauen, hierher, von Wand zu Wand der engen Schlucht, den hohen Wall, dort, wo das Wasser seine volle Kraft entfaltet und die Architektur der Landschaft Kosten spart!

Reißender Fluß	*1. Sprecher:*	Aber noch ist keines der großen Flußsysteme wirklich gebändigt, weder der Amazonas noch der Kongo, der Niger oder Sambesi.
Schwenk auf Staumauer	*1. Sprecher:*	Der Mensch verlagert die Bewässerungsanlagen der Welt gerade erst vom Unterlauf der Ströme zu ihrem Mittellauf – die Staustufe Kindaruma, Kenias modernstes Bewässerungsprojekt, ist ein Ausdruck dieser Etappe …

… berghoher Damm vor dem abschüssigen, trockenen Bett des umgeleiteten, noch nutzlos dahinströmenden Tana-Flusses. Von der Kimme der stahlbetonfaserigen Rohwehr: die Steppe, braun und zerbrochen, wo sich morgen bis an den verschwimmenden Horizont ein einziges Grün breiten wird, geschaffen von den Hebeln und Druckknöpfen des Kommandostandes auf der konkaven Mauer.

Infrastruktur
– die drei einsamen Männer in Israels Wüste, speerhafte Eisenpfähle in die Öde stechend, mit zugekniffenem Auge vermessend – Zurufe, Notizen, Okulieren: die Phantasie der Geometer sieht in der endlosen Leere schon den Schnittpunkt der großen Überlandrouten von morgen
– und die Brücke über den Huallaga, Peru, Stahlkonstruktion zwischen den wuchernden Ufern tropischen Regenwaldes, Anschlußstück, metallener Pionier einer fernen Erschließung, Molekül einer verwegenen Zukunftshoffnung, die Hunger und Mangel in einem Land chronischer Unterernährung bannen will.

Magen, Därme, Herz – die Innereien eines Rindes, dampfend ausgestellt auf dem Experimentiertisch eines Saales. Auf den ansteigenden Sitzreihen fünfzig schwarze Männer, und droben, auf dem Olymp, wie für eine unorganisierte Huldigung, die einzige Frau in der Runde.
Drunten, die Innereien sezierend, der weiße Professor mit dem Englischakzent des gebildeten Deutschen, wühlend mit den Händen in Blut und Schleim, das jugendliche Gesicht in restloser Offenheit den lautlos lauschenden afrikanischen Tierärzten von morgen zugewandt
– Veterinärmedizinische Fakultät der Universität Nairobi!

Bleierner Himmel über schartigen Hochgebirgskämmen, ein breites Tal, braun-grau, wie alles hier – die klagenden Hänge, die eingeschüchterte und doch zähe Vegetation, die hundert Indios, die in rhythmischem Takt Schaufeln in die Erde stoßen und Spitzhacken schwingen. Sie bauen eine Straße, bauen sie von morgens bis abends, schweigend, freiwillig, hinter sich niemand als den eigenen Willen, ihren Felsennestern endlich eine Verbindung zur Außenwelt zu schaffen. So sind sie heruntergestiegen aus den Dörfern und haben sich an die Arbeit gemacht – denn bauten sie die Straße nicht, so baute sie niemand.

Zwei Tage später die Demonstration auf dem zentralen Platz von Quilabamba, um die »lampa de oro« in Empfang zu nehmen, die »Goldene Hacke«, Anerkennung aus dem fernen Lima, von den Versammelten als hohe Auszeichnung empfunden.
Diese *campesinos* hatten gemeinsam Schulen gebaut, Häuser, Krankenunterkünfte, hatten Steine von Äckern geschleppt und Wege gestampft. Nun standen sie hier, auf dem Marktplatz der Distriktmetropole, die für manchen von ihnen schon die große Welt bedeutete, und hatten vielleicht zum erstenmal in ihrem Leben das Gefühl, einer größeren Gemeinschaft anzugehören – barfuß oder in erbärmlichen Schuhfetzen, während der Himmel alle Wasser Perus auf die Versammlung herabschüttete . . .

Transparent	*1. Sprecher:*	Es gibt niemanden, der den Quilabambas in aller Welt die Sorge um neue, feste Schuhe abnehmen wird.
	2. Sprecher:	Jede Hilfe von außen, gleich in

		welcher Höhe, muß versagen, wenn sie nicht die zentrale Anstrengung in diesem Weltkampf überhaupt auslöst: die *Selbsthilfe* der hungernden Völker!
Rücken		O-Ton
Umschnitt auf Menschen		O-Ton
	2. Sprecher:	Wenn die hungrigen Nationen nicht lernen, sich selbst zu helfen, wie diese Gebirgsbauern, dann kann ihnen keiner helfen – das ist die Natur des Problems. Und sie müssen sich selbst schnell helfen, nicht erst morgen, heute schon, sofort!
»lampa de oro«		Selbsthilfe – das ist der Anteil der hungernden Völker an der internationalen Solidarität!

Die Perspektive des Hungers

Südliche Meere!
– die jodsprühende Brandung von Ipanema, schnaubende Phalanx weißer Wasserrösser, Wellentunnel wie gezirkelt, nasser Sturz auf Sturz, gischtiger Endatem des tropischen Atlantiks
– wie Juwelen unterschiedlicher Größe, gefaßt in smaragdgrüne Unendlichkeit: Aruba, Martinique und Guadeloupe; das Kettengeschmeide der Windwards und Leewards; die Hochkaräter Puerto Rico, Dominicana, Haiti, Kuba und, wie ein Tropfstein darunter, Jamaica – Karibik, sonnenewig und unglaublicherweise nur wenig mehr als zwei Jet-Stunden vom eingeschneiten New York entfernt.
– 12000 Meter hoch zwischen Afrika und Südamerika, Monrovia im Rücken, Natal irgendwo weit vorn in Richtung Cockpit, und drunten, unter der endlosen Wasserfläche, der unsichtbare Gebirgsrücken, der das Angola-Becken vom Brasilianischen trennt
– der vorverlagerte Fels im äußersten Süden des Atacamagrabens, steinerner Widerstand vom Ausmaß geologischer Zeitalter gegen den anrollenden Pazifik, abgeschliffen und ausgezackt vor einer Halbsonne,

die fünftausend Kilometer westwärts gleich hinter den Pitcairn-Inseln ertrinkt
– ein Horizont voll blinkender Wellentäler, funkelnd unter der Äquatorsonne wie Myriaden wassernder Glühwürmchen, weit draußen der helle Streifen von Korallenriffen; ufernah, und doch fern, ein schaukelnder Einbaum; links, peitschengleich, von federnder Eleganz, singend und wedelgekrönt, vier turmhohe Palmen, höher noch als die patinaverzauberte Araberfeste mit den verrosteten Kanonenläufen zu Füßen – Strand bei Mombasa. Und gegenüber: Bombay, die Andamanen, der Malaiische Archipel

Meer	*2. Sprecher:*	Die Gewässer der südlichen Halbkugel sind um die Hälfte größer als die der nördlichen – und doch stammt der Weltfischfang bis auf einen Bruchteil immer noch von dort. Erst ein kleiner Teil der fruchtbaren Meeresgebiete wird also ausgebeutet – nach den Methoden des Jägers! Würde der Fischfang nach den Methoden des Züchters betrieben, so könnte der Ertrag gewaltig gesteigert und die Lücke in der Versorgung der Menschheit mit tierischem Eiweiß geschlossen werden.
Gischt		O-Ton Auch die Ozeane haben eine Nutzungsgrenze, aber ihr Vorrat an tierischem und pflanzlichem Material reicht für das Vielfache der heutigen Erdbevölkerung, ohne daß der Haushalt der Natur aus den Fugen geriete.

Über uns, propellergetrieben, die Linienmaschine nach Tel Aviv, stetig nach Norden entschwindend. Im Süden, schon am frühen Morgen wie unter einer Glutglocke, das spitz auslaufende Rote Meer. Drüben

Akaba, die Araberstadt, greifbar nahe und doch wie auf einem andern Planeten. Um uns aber Maschinen, Dampf, eine mächtige Industrieanlage, in der es saugt, gurgelt und klirrt: Süßwassergewinnung aus der See bei Eilat!

Diese Anlage am äußersten Zipfel Israels produziert Millionen Liter pro Tag. Das Verfahren ist einfach, wenn auch technisch aufwendig: das Meerwassser, in unerschöpflicher Menge und spiegelklar direkt vor dem Fabriktor, wird in der zischenden, ächzenden und summenden Anlage erhitzt und bildet Dampf, der kein Salz enthält – abgekühlt schlägt er sich als Süßwasser nieder.

Durch solche Anlagen könnten die Äcker in großen Trockenzonen der Welt mit Wasser versorgt werden – Wasser, das Wunder wirken kann ...

... Ein riesiger Abfallhaufen in der Wüste, qualmend, stinkend und belagert von Kamelen, die mit ihren weichen Schnauzen unermüdlich nach Freßbarem wühlen. Die Tiere, deren Weide diese uralte beduinische Müllhalde ist, haben sich, schwarz und seltsam verkümmert, ihrer Dauerumgebung selbst als lebender Ascheimer angepaßt.

Aber nur ein Stück weiter von dem Bild wie vor tausend Jahren, mitten in der Öde: ein Regiment von Plastikhüllen auf der Erde, langgestreckt, in Reih und Glied neben- und hintereinander, eingedellt von den Winden aus der Arabischen Wüste. Der israelische Kommandeur dieser Armee aus durchsichtigem Kunststoff erklärt in seiner Muttersprache Deutsch: der Boden habe nur noch die Aufgabe, Früchten und Gemüsen Halt zu geben – denn alle notwendigen Aufbau- und Wachstumsstoffe befinden sich in der Nährlösung, die Tropfen für Tropfen aus einem Rohrsystem quillt: *Hydroponic* frage nicht mehr nach Humus!

Die Plastikhüllen, von feinem Mahlstaub aus der Hitzehölle um Mekka bedeckt, haben drei Aufgaben: die Pflanzen vor dem Wind zu schützen, eine rasche Verdunstung der zugeführten Feuchtigkeit zu verhindern und für langsamere Abkühlung in der Nacht zu sorgen.

Während eine Tonne Tomaten in normalem Boden zwischen 80 bis 150 Kubikmeter Wasser benötigt, braucht das hydroponische System lediglich 40 bis 50 Kubikmeter. Von Regen unabhängig kann die Ernte überall hin versandt werden, wo Absatz verbürgt ist.

Hinten die Kamelherde, ringsum Wüste, und hier, unter Plastik, allen widrigen Einflüssen der Negev-Wüste spottend und trotzend, die

Frucht der unermüdlichen Wissenschaften – überall möglich, wo auf unfruchtbare Böden Wasser geleitet werden kann!
Und selbst die empfindlichsten Ernten brauchten nicht mehr zu verderben.
Ein paar hundert Kilometer weiter nördlich, in der Nähe der Mittelmeerküste, werden wir von einer Art modernem Meiler aufgenommen und in unbequeme, aber unvermeidliche Anzüge gesteckt. Dann erblikken wir tief drinnen, was hier geschieht: Konservierung von Lebensmitteln durch Kobaltbestrahlung! Fleisch, Gebäck, Gemüse – während das bestrahlte Gut wie tiefgefroren wirkt, ist das unbestrahlte daneben längst verfault: Kartoffeln mit Keimen wie Spinnenbeine, schwarzbepunktete Tomaten, grünschimmelige Kekse.

Die »Eisernen Pferde« . . .
Mit hämmerndem Motor, dessen Schläge dröhnend über die Waldschlucht hinschlagen; wie ein wütendes Insekt von gigantischer Kraft, das seine Beißzangen immer wieder in die Dschungelmasse gräbt – so frißt hundert Meter über der Talsohle der Bulldozer die *carretera marginal* Meter um Meter in den Steilhang vor, Perus Stolz, die große Verbindungsstraße von den Grenzen Ecuadors quer durch den wilden Osten des Landes bis nach Bolivien. Sich nach hinten abstoßend, wenn sich der stählerne Kiefer festgebissen hatte, um dann mit aufheulendem Anlauf, von Wurzelwerk und stürzenden Steinen oberhalb der Trasse gefährlich beregnet, abermals vorzustoßen – tollkühnes Bravourstück technischer Beherrschung am Rande eines tiefen Abgrunds.
Einst ganz von seiner eigenen und tierischer Muskelkraft abhängig, hat der Mensch heute, und weit mehr noch morgen, die »Eisernen Pferde« und ihre motorischen Kräfte zur Verfügung, die ganze Skala einer Technik, die weder vor Urwald noch Gebirgszügen Respekt zeigt.

Fallende Bäume	*1. Sprecher:*	Die entscheidenden Bodenreserven liegen nicht in den gemäßigten Klimazonen, sondern in den Tropen und Subtropen – ihren Wäldern, Steppen und Wüsten, die erst an ihren Rändern besiedelt sind.

Traktor	*2. Sprecher:*	Die Oberfläche des riesigen Reservoirs ist erst angekratzt. Um Brot für 6 Milliarden Menschen zu schaffen, brauchte es noch nicht einmal zur Hälfte ausgeschöpft zu werden.
Beide Bulldozer		Hinge der Hunger ab von den Reserven unseres Erdballs und vom menschlichen Ideenreichtum, so könnten wir getrost in die Zukunft blicken. Die Schwierigkeiten wären zwar immer noch riesenhaft, aber es wäre realistisch, stetigen Erfolg in gebotener Zeit zu erwarten.
Große Schaufel	*1. Sprecher:*	Wissenschaft und Technik haben alle Voraussetzungen geschaffen – und überall sind Hände und Köpfe, die sie nutzen wollen. Aber die Perspektive des Hungers wird nicht von ihnen geprägt.
	2. Sprecher:	Sie wird geprägt von denen, die das allerletzte Wort sprechen – die Staatsmänner, die Inhaber der politischen Macht!

Riesenraupen, millionenhaften Tod bergende »Zigarren« auf dem Rükken, wie stählerne Urweltgetüme aus der sibirischen Taiga hervorbrechend, schwankend, unaufhaltsam, schrecklich zielstrebig.
– die leise summende US-Interkontinentalrakete bei halbgeöffnetem Silodeckel. Und von unten, drinnen, der mörderische Gefechtskopf in den Himmelskreisausschnitt stechend
– die fürchterliche Schönheit eines feuerschwanzgeschweiften, auf seiner ballistischen Bahn dahinrasenden Projektils, scheinbar aller Gesetze der Schwerkraft spottend, während sein Zielkopf nach Detonation auf der Erde giert
– die donnernden, vom Deck der »Roosevelt« dampfkatapultierten Kriegshornissen der 6. US-Flotte vor Kreta, vor dem Start lange röh-

rend, jetzt, drei Sekunden später, knapp über dem Wasserspiegel, die glühenden Rotoren wie zwei rasch vernebelte Teufelsöfen.

Raketenfahrzeuge	*1. Sprecher:*	Die Hochrüstung unserer Zeit ist das Symbol einer unmündigen Menschheit. Wenn diesen Kriegsgeräten noch lange der Vorzug vor Bulldozern und Dreschmaschinen gegeben wird, dann werden sich die heutigen Verlustziffern wie ein bloßes Vorgeplänkel des Welthungers ausmachen.
Panzer	*2. Sprecher:*	Und so beginnen sich die Umrisse einer nahen Zukunft allmählich deutlicher abzuzeichnen: den 200 Milliarden Dollar Militärausgaben in der ganzen Welt stehen 10 Milliarden Dollar an westlicher Entwicklungshilfe und 500 Millionen Dollar aus dem Sowjetblock gegenüber.
	1. Sprecher:	Soll auch nur die kleinste Verbesserung im Kampf gegen den Hunger erzielt werden, so müßte die Summe sich bis 1980 vervierfachen – auch dieser Betrag wäre nur ein Bruchteil der heutigen Verteidigungshaushalte. Aber weder die Regierungen noch die Völker scheinen bereit zu sein, die traditionellen Anstrengungen, sich gegenseitig zu vernichten, auf die Einrichtungen zur gegenseitigen Erhaltung zu übertragen.
Panzer	*2. Sprecher:*	Diese Unfähigkeit prägt die Perspektive des Hungers!

Der Widerstand der Verantwortlichen im Zentralgebäude der FAO zu Rom auf meine Frage, ob die Versäumnisse noch aufzuholen seien; ihr Unbehagen, über die Folgen dieser Versäumnisse zu sprechen, als würde einem Todgeweihten die Wahrheit über seinen Krebs vorenthalten; ihre betretenen, düsteren Mienen auf die Frage, was denn sein könnte, wenn die Schulkinder von heute in der Dritten Welt Erwachsene sein werden . . .

Kinder der 3. Welt	*1. Sprecher:*	Politische und soziale Katastrophen von nie dagewesenem Ausmaß werfen ihre Schatten voraus. Eine Welt voller Spannungen, Krieg und Rüstungsausgaben geht innerhalb der nächsten 15 bis 20 Jahre so gut wie unvorbereitet einem Zuwachs entgegen von 1½ bis 2 Milliarden Menschen, der Hintergrund für eine furchtbare Vision:
Hungerndes Kind	*2. Sprecher:*	– die Vision, daß der absolute Nahrungsmangel die ständige Unterernährung verdrängen wird, daß also der *akute* Hunger seine gegenwärtige Begrenzung auf bestimmte Jahreszeiten und Gebiete sprengen und den *chronischen* Hunger als die noch verbreitetste Form des Welthungers ablösen wird – die Vision, daß in einem Zeitraum von einem Jahr nicht mehr Millionen, sondern Hunderte von Millionen verhungern werden.
Verhungerter Knabe seitlich	*1. Sprecher:*	Das Verhängnis, das sich da im Schoße unserer Gegenwart vorbereitet, beruht auf der Unvernunft nationaler Machtpolitik, deren Dauerhaftigkeit auch in der zwei-

ten Hälfte des 20. Jahrhunderts die Katastrophe fast gewiß macht.

Verhungerter | *2. Sprecher:* Wer die Situation studiert hat, mag auf ein Wunder hoffen. Dieser verzweifelten Hoffnung sind wir auf unserer Reise immer wieder begegnet – unter Wissenschaftlern und Technikern, Soziologen und Politikern, lauter Menschen, von denen keiner an Wunder glaubt . . .

Giordano im Bild | »Wir haben für unseren Film viele Berichte, Statistiken und Forschungsergebnisse gelesen – sie alle sagen übereinstimmend voraus, daß noch mehr Menschen verhungern werden. Und doch gibt es auf die zentrale Frage, ob der Sieg möglich sei, eine klare Antwort: er ist vollständig erreichbar! – aber nur gegen seine gefährlichsten Feinde: die Unwissenheit der Hungrigen und die Gleichgültigkeit der Satten!

Und wie steht es mit der anderen Frage: ob die Folgen des Hungers sich in einer klein gewordenen Welt auf seine Ursprungsgebiete beschränken lassen? Sie schließt unsere eigene Verstrickung ein. Denn eine moderne Zivilisation wie die unsere kann vom Chaos und Zusammenbruch in den Entwicklungsländern nicht unberührt bleiben.

Wenn es wahr sein sollte, daß so mancher Zeitgenosse nur über den Appell an den Selbsterhal-

tungstrieb zu Einsicht und Anteilnahme bewegt werden kann – nun gut: er und die Seinen sind bedroht!
Das Riesenthema hier am Schluß unseres Films in die Nußschale eines einzigen Satzes zusammengepreßt: Wenn die Hungrigen nicht bald satt werden, dann werden auch die Satten bald hungrig sein!
Das weltgeschichtliche Hauptproblem unserer Zeit hat sich mit seinem vollen Namen vorgestellt:
Hunger – Herausforderung auf Leben und Tod!«

An dieser Stelle nun, wie angekündigt, das persönliche Geständnis 1990.
Es bezieht sich auf *die* Passage gegen Schluß meiner Sendung, wo die Rede ist vom drohenden Wandel, vom globalen Umschlag des Welthungers aus der *chronischen Unterernährung* in den *akuten Nahrungsmangel* als seinem neuen Charakteristikum, also der Vision des nicht mehr schleichenden, verborgenen, sondern des direkten, unmittelbaren Hungertodes von Millionen, ja Hunderten Millionen Menschen.
Es ist jetzt zweiundzwanzig Jahre her, aber ich erinnere mich genau an die Gedanken, als ich beim Texten an diese Stelle geriet, nach anderthalbjähriger Arbeit und vielmonatiger Drehphase in Asien, Afrika und Lateinamerika. Ich dachte: Schreib das auf, warne, daß es so kommen *könnte*, wenn nicht alles getan wird, es zu verhindern. Und war ich nicht mit dabei, es zu verhindern? Also male aus, was werden könnte, dachte ich, und weiter: Aber kommen wird es nicht – dieser Umschlag, dieser Wandel, sie werden ausbleiben! Es wird, schlimm genug, bei Siechtum und mangelnder Widerstandskraft gegen Krankheiten aus *chronischer Unterernährung* bleiben. Die Horrorbilder des *akuten Nahrungsmangels* jedoch (wie sie mir schemenhaft in Erinnerung an Hungerperioden aus einem früheren Indien geblieben waren), solche Szenen, nein, die würden nicht eintreten.

Noch heute spüre ich, wie erleichtert ich mich damals fühlte, daß die schaurige Vision des *akuten Nahrungsmangels* für Millionen aus sozusagen *pädagogischen Gründen* in meinen Schlußtext eingegeben wurde, nicht aus dem Glauben, daß sie auch Wirklichkeit werden könnte.
Und dann saß ich wie versteinert vor den Schreckensbildern der achtziger Jahre, den afrikanischen Hungerhöllen; in Äthiopien, dem Sudan und anderen Ländern mußte ich erkennen, daß selbst die grausigsten Visionen von der Wirklichkeit längst eingeholt und überholt worden waren. Der Anblick ist bekannt, ich brauche ihn nicht zu beschwören.
Seither, bekenne ich, ist mir einiges an Zuversicht abhanden gekommen und eine Art Vakuum entstanden, von dem ich noch nicht weiß, wie es ausgefüllt werden könnte. Ich weiß nur, daß es nicht Resignation oder gar Kapitulation sein werden. Aber die Kraft und Energie, die aufgewendet werden müssen, um nicht zu verzweifeln und aufzugeben, wird für den, der den Zustand unserer Welt über lange Jahre per Augenschein erfahren hat, immer deutlich zu *dem* Lebensproblem.
Übrigens – in der chinesischen Sprache heißt *Frieden*: »Ho ping.« Die wörtliche Übersetzung aber lautet: »*Nahrung für alle!*«

Begegnungen

Brasilien: Der »Jesus von Recife«

Nachtflug von Rio, Richtung Norden.
Nach zwei Stunden landeten wir und entstiegen der Maschine, die nach Lissabon weiterflog. Auf der Fahrt ins Hotel war nicht viel zu erkennen. Die Unterkunft lag etwas außerhalb der Stadt, an der Küste, fast auf den Punkt dort, wo sich der südamerikanische Subkontinent Afrika am weitesten entgegenstreckt.
Am nächsten Morgen fuhren wir durch ein sonnenüberflutetes Panorama hinauf nach Olinda. Links, bis zum Horizont, ein saphirblauer Atlantik; vor uns, drunten, weiß, hochmütig hingestreckt, leuchtend – Recife, das alte Pernambuco!
Die *skyline* seiner Hochhäuser, die zentralen Stadtviertel Boa Vista und Santo Amaro, die Brücken über den Rio Capibaribe. Mit dem Fernglas ist der Palacio do Governo auszumachen, der Teatro Isabel, die Spitze so mancher Kirche. Ein hinreißender Anblick, diese prosperierende, aus allen Nähten platzende Stadt – und ein Hohn auf ihr Hinterland, das »Viereck des Durstes«, eines der rückständigsten Gebiete der westlichen Hemisphäre.
Brasiliens Nordosten – das sind dreißig Millionen Menschen, deren Verzweiflung alljährlich Hunderttausende in die Großstädte treibt, nicht nur nach Recife, sondern weit in den Süden hinein, bis Rio und São Paulo oder Porto Allegre.
Wir hatten Zeit, uns vor dem Termin mit unserem Gesprächspartner umzusehen in diesem verbrannten, regenlosen Land, den Bundesstaaten Pernambuco und Paraiba, mit dem Gedanken, daß da irgendwo im Nordwesten, eine unglaubliche Ahnung inmitten der hiesigen Trockenheit, das wasserreichste Flußsystem der Welt liegt – Amazonien!

Ich hatte in Europa gelesen, daß sich in Nordostbrasilien, durch die Jahrhunderte sozialer Mißhandlung und durch ein grausames Klima, Teile der vegetierenden Bevölkerung biologisch rückentwickelt hätten – und ich hatte das, offen eingestanden, für eine Übertreibung, wenn nicht gar für ein Hirngespinst gehalten. Aber hier, zwischen dem Rio Francisco und dem Rio Piranhas, konnte ich mich nun selbst davon überzeugen, überall in den Dörfern und Flecken. Es gab sie tatsächlich, diese Rasse von unverhältnismäßigem Kleinwuchs, zahlreiche Krüppel, Jugendliche, die schon wie gichtige Greise wirkten, gebeugte Männer mittleren Alters, gekrümmte Frauen, deren eine uns mit unermüdlich ausgestreckter Bettelhand durch die ganze Ortschaft verfolgte. Und in vielen Augen der fragende, mißtrauische, erwartungsvolle und durchdringende Blick der Weltarmut.

Es ist ein wildes, ein erbarmungsloses Land, dieses Nordostbrasilien, immer noch Reservat moderner Leibeigenschaft, mit Großgrund, der die Ausdehnung europäischer Kleinstaaten von einst haben kann.

Wie ein verlorener Haufen wirkten darin die Reiter mit den charakteristischen Hüten, der breitrandigen, ledernen, scheinbar quer aufgesetzten Kopfbedeckung, die jedem aus dem brasilianischen Filmklassiker »O Cangaceiro« bekannt ist. Nur waren diese Männer jetzt nicht jene verwegenen Räuberrebellen, sondern arme Hirten, dürre Gestalten, zeitgenössische Don Quijotes. Dennoch wollte ich die Gelegenheit nicht ungenutzt verstreichen lassen, und so dirigierte ich die nur allzu willige Kavalkade mehr als ein halbes dutzendmal zu einer bizarren Silhouette auf einem Berggrat gegen den feindlich-heißen Himmel – von rechts nach links, von vorn, wegtrabend, angaloppierend, die Reiter von dumpfer Bereitschaft und Neugierde: später in der Sendung eine Szene, wie sie genauer aus »O Cangaceiro« nicht hätte abgeguckt sein können.

An der Küste nördlich von Recife, zwischen Paulista und Goiana – dieselbe eingefressene Trostlosigkeit wie im Hinterland, typisch für den ganzen Streifen von Maceio bis Natal. Hölzerne Verschläge in Ufernähe, möbellose Unterkünfte; jung verblühte, meist schwangere Frauen und Mädchen; Kinder wimmelnd und zahllos, voll kreischender Anarchie, die ärgste Plage für jeden Kameramann.

Auf See in ihren Booten – Fischer. In Sichtweite warfen sie die Netze aus und holten sie langsam ein, Stunde um Stunde. Dann und wann

tauchte am Horizont ein Seeschiff auf, lautlos, wie von Geisterhand bewegt, hier der einzige Beweis unseres technischen Zeitalters.
Der Fischfang, einziger Lebensunterhalt vieler Küstenbewohner, geschieht auf die gleiche Weise wie vor Jahrhunderten. Nur auf die Kraft des Windes angewiesen und der menschlichen Muskeln, gelenkt von einem Steuermann, dessen nautische Kenntnisse für sein Gewerbe ausreichen.
Nach dem Fang wurden Baumstämme herangerollt, auf denen die Boote vom Wasser weg auf das ansteigende Ufer gezogen wurden – für *ein* Boot zehn Mann als Zugkraft, sie alle *caboclos*, die typische Mischrasse aus Weißen, Schwarzen und Indianern. Die gespannten Waden, die stemmenden Arme, der widerwillige, schwere Schiffsrumpf; hinten die Holzverschläge, aus denen Fetzen von Radiomusik drangen – all das geduckt und in verstörendem Gegensatz zur Majestät des Weltmeeres, das jenseits der schneeigen Brandung empfindungslos seine bläuliche Schönheit ausbreitete.
Das war die soziale und topographische Kulisse, die dem Zweck unserer Reise den grimmigen Hintergrund lieferte.
Dann war die Stunde der Begegnung gekommen.

Der Mann, den wir suchten, war im Palais des Kirchenfürsten von Recife, seinem offiziellen Wohnsitz, nicht zu finden. Wir mußten an den Rand der großen Stadt fahren, zur *Igreja das fronteiras*, einer unscheinbaren Kirche, deren Reparaturbedürftigkeit durch etliche Holzgerüste noch zusätzlich unterstrichen wurde. Drinnen, in dem alten Gebäude, war es dunkel. Eine merkwürdige Mischung von Weihrauch und Moder lag in der Luft.
Durch eine Tür neben dem Altar betraten wir den Wohntrakt, drei kleine Räume, schmucklos, wie diese ganze »Residenz«.
Nach einer Weile wurde uns von einer Schwester bedeutet, daß *er* gleich kommen werde. Und dann kam er, dann trat er ein, Brasiliens »roter Prälat«, der »Priester der Betrübten«, der Mahner und Wächter, längst seine eigene Legende, geliebt von Millionen und gehaßt von vielen Glaubensbrüdern vor allem aus der höheren Hierarchie, der Erzbischof von Recife-Olinda – *Dom Helder Camara*!
Ich weiß nicht, welche Vorstellungen sich der Kameramann von ihm gemacht hatte, daß er nun abgrundtief enttäuscht einatmete. Vielleicht hatte Heinz T. den hohen kirchlichen Würdenträger im erzbischöf-

lichen Ornat erwartet, vielleicht aber auch nur den berühmten Namen mit körperlicher Stattlichkeit gleichgesetzt. Auch mir waren von Helder Camara zur persönlichen Identifizierung nichts anderes als schlechte Fotos mit grobem Raster, Pressebilder in Passport-Manier vor Augen gekommen, undeutlich und nichtssagend. Aber nun sollten tatsächlich alle Maßstäbe unterboten werden. Selten habe ich einen vom Äußeren her so unscheinbaren Menschen erlebt wie diesen Geistlichen, wollte man einmal von den Augen in dem uns fast schüchtern entgegenlächelnden Gesicht absehen. Eigentlich hätten wir schon von den herzlich ausgestreckten Händen gewarnt sein sollen, die er uns, den Fremden, sogleich bot, daß hinter der kümmerlichen Hülle mehr lauerte, als der erste optische Eindruck erwarten ließ. Und natürlich – der Kameramann ging zuerst vom Optischen aus, was ihm abermals einen tiefen Seufzer entlockte. Ich kannte ihn bereits seit Jahren, und wenn er mich gefragt hätte, wie er im Moment aussehe, hätte ich geantwortet: »Dir hängt die Flappe lustlos herunter ...«
Und so drückte er auch auf den Auslöser.
Auf meine Frage, was er für das Hauptproblem Lateinamerikas halte, antwortete Dom Helder Camara:
»Das Hauptproblem ist eine bestimmte Form der Gewalt, nämlich die einer kleinen Gruppe von Mächtigen, deren Reichtum sich auf dem Elend von Millionen ihrer Mitbürger gründet. In jedem Land Lateinamerikas, oder doch in fast jedem, können Sie einige Familien, etwa vierzig bis fünfzig, finden, denen faktisch alles gehört. Sie besitzen das Land und sie besitzen die Menschen. Es ist ein sozusagen interner Kolonialismus. Was ich meine, ist, daß wir davor nicht länger die Augen schließen können.«
In eine kleine Pause hinein wollte ich einen dritten Seufzer des Kameramannes gehört haben, der sich allerdings, wie mir schien, von den vorangegangenen deutlich unterschied.
Helder Camara fuhr fort:
»Ich rede nicht Reformen das Wort, es handelt sich nicht um ›kleine Veränderungen‹. Das Problem ist die völlige Umwälzung der gesellschaftlich-wirtschaftlichen und der politisch-kulturellen Strukturen. Nehmen Sie die Lage der breiten Volksmassen. Sie verfügen nicht einmal über ein Existenzminimum. Betrachten Sie die ländlichen Gebiete Lateinamerikas – Häuser, die den Namen nicht verdienen, ebenso die Wohnungen, die Kleidung, die Ernährung. Es gibt fast keinen Gesund-

heitsdienst, keine Schulen, keine Erziehung, keine Bedingungen für ein geistiges Leben . . .«

An dieser Stelle unterbrach sich Helder Camara, weil Heinz T. einen Laut ausgestoßen hatte, unterdrückt, um nicht mit auf den Ton zu kommen, aber offenbar doch nicht unterdrückt genug, denn es war klar zu verstehen: »UFF!« Und noch während ich überlegte, was dieses ganz und gar ungewöhnliche Verhalten des sonst doch so überaus disziplinierten Kameramannes zu bedeuten hatte, sprach der Erzbischof von Recife-Olinda schon weiter:

»Aus diesen Gründen muß die wirtschaftliche Struktur geändert werden und die politische. Denn die Massen des Volkes sind an nichts beteiligt, sie führen eine politische Randexistenz. Mir gefällt dieser Ausdruck«, Helder Camara wiederholte das Wort in dem seltsamen Moll des brasilianischen Portugiesisch: »Randexistenz! – weil er die Wirklichkeit so deutlich wiedergibt. Millionen Lateinamerikaner führen eine Existenz am Rande des sozialen und politischen Lebens auf diesem Kontinent. Ich träume von strukturellen Veränderungen!«

In dem Moment fühlte ich die Hand des Kameramannes auf meiner Schulter – und sah in sein hingerissenes Gesicht! Und das war nur zu verständlich. Ich habe bei niemandem, weder vor noch nach diesem Gespräch, bis auf den heutigen Tag, eine solche Verwandlung durch Sprache und Gestik erlebt wie bei dieser temperamentgeladenen, vor Energie berstenden und doch ganz auf sich zurückgenommenen Persönlichkeit! Der kleine Mann wuchs förmlich in die Höhe und die Breite; mit dem Wort begann alles an ihm zu leben und zu vibrieren, Hände, Arme, Schultern. Die Finger spreizten, der zerbrechliche Körper dehnte, die lächelnden Augen verdunkelten sich.

Und dann sagte Heinz T., während er die volle Kamerakassette in der Hand hielt, laut und unvergeßlich: »Mann Gottes – das ist ja der *Jesus von Recife*!«

Ich konnte die Begegnung immer noch nicht recht fassen.

Wir hatten große Schwierigkeiten gehabt, von Rio aus mit Helder Camara Verbindung aufzunehmen, was durchaus konspirativ vor sich ging, und die Frage, ob wir Erfolg haben würden, war bis zuletzt ungewiß geblieben. Die Mächtigen des Landes sahen den Erzbischof nicht gern vor ausländischen Kameras.

Aber nun ging die Legende, von der ich in all den Jahren so viel gehört und gelesen hatte, und der leibhaftig gegenüberzustehen angesichts der politischen Verhältnisse in Brasilien eine kaum ernstlich zu verwirklichende Erwartung sein konnte –, nun ging die kleine, ganz in Schwarz gehüllte Gestalt mit zierlichen Schritten neben mir durch den sonnigen, baumbestandenen, betäubend duftenden Garten neben der *Igreja das fronteiras.*

Helder Camaras Gedanken umkreisten immer wieder das zentrale Thema, jene Problematik, die sich seither durch ihre Ausweitung auf den Gürtel der mittelamerikanischen Staaten immer heftiger in den Vordergrund gedrängt hat: der Zusammenstoß von etablierter Gewalt und revolutionärer Gegengewalt! Der Priester sollte mir selber sagen, welche Haltung er dazu einnahm – ich wollte es hören. Deshalb fragte ich ihn unverblümt, wie er zu dieser Gegengewalt stehe.

»In der ›Enzyklika Progressio populorum‹ wurde daran erinnert, daß unter gewissen Umständen und nach Ausschöpfung aller friedlichen Mittel die bewaffnete Gewalt gerechtfertigt sei – unglückseligerweise ist sie es. Das ist der moralische Aspekt.«

Während Helder Camara sprach, bemerkte ich, daß wir ständig beobachtet wurden, von Nonnen, die uns nicht aus den Augen ließen, gerade als müßten sie den Erzbischof vor möglichen Gefahren bewahren und, wenn nötig, mit Leib und Leben schützen.

»Unter einem politischen Gesichtspunkt gesehen aber glaube ich«, fuhr Helder Camara fort, »daß eine bewaffnete Aktion in Lateinamerika für lange, lange Jahre keine Chance hätte, und zwar aus zwei Gründen. Erstens existiert diese etablierte Gewalt, die Macht jener kleinen Gruppe von Bevorrechtigten, deren Reichtum auf dem Elend der Millionen basiert. Da der Ausbruch jeder bewaffneten Aktion, um genau zu sein, ein Befreiungskrieg wäre, würde er sofort erstickt werden. Und ich sage auch von wem – von den USA. Es ist ja kein Geheimnis, daß Lateinamerika ein Satellit der USA ist.

Aber es gibt einen zweiten, sehr ernsten Grund dafür, daß bewaffnete Aktionen kaum eine Chance hätten. Er liegt in den Volksmassen selbst. Wer ihr Leben kennt, die unmenschlichen Bedingungen ihres Daseins, der weiß, wie die Not, die quälende Not sie in einen Zustand der Verzweiflung und des Fatalismus versetzt hat. Der Mensch glaubt, daß ihm nichts helfen könne. Und beachten Sie: Wer keinen wirklichen Grund zum Leben findet, der findet auch kein echtes Motiv, zu kämpfen und zu sterben.

Aus diesen beiden Gründen, so glaube ich, dürften bewaffnete Aktionen in Lateinamerika für eine lange Zeitspanne kaum mit Erfolg rechnen.«

Die weiblichen Beobachtungsposten waren in gleicher Distanz geblieben, aber immer mit uns durch den Garten gezogen. Hing diese unaufdringliche, aber hartnäckige Eskortierung mit den furchtbaren Ereignissen zusammen, die sich kürzlich hier abgespielt hatten?

»Sie denken an den Priester, der in Recife ermordet worden ist? Dieser Priester – ich darf sagen: *mein* Priester, denn er wurde von mir geweiht – war achtundzwanzig Jahre alt und arbeitete hauptsächlich mit jungen Menschen zusammen, Studenten. Man brachte ihn auf barbarische Weise um – allein in den Kopf bekam er drei Kugeln, war aber noch mehrfach verwundet worden, dann zerrissen und mit einem Strick geschleift.«

Helder Camara drehte sich um, streckte die Hand aus, zeigte auf die Kirche.

»Auch unser Haus wurde zweimal mit Pech beschmiert und mit Maschinenpistolen beschossen, wie der frühere bischöfliche Palast in der Stadt. Im ganzen ergingen zweiunddreißig Drohungen an meine Adresse. Für einige ihrer Parolen müssen sie sogar eine Leiter gebraucht haben. Die bischöfliche Kurie und das erzbischöfliche Sekretariat, in dem der ermordete Priester arbeitete, wurden ebenfalls mit Maschinenpistolen beschossen.«

Höfliches, aber bestimmtes Dirigieren durch den Wohnanbau hinter der Kirche, ein Hof wurde überquert, eine kleine Tür geöffnet: »Dies ist mein Ein- und Ausgang, ich liebe diese Hintertür, ich mag große Portale nicht . . .«

Sehr klein wirkte er, wie er da so stand, der Oberhirte von Recife-Olinda, sehr zerbrechlich, dieser Erzbischof Dom Helder Camara.

»Fühlen Sie sich persönlich bedroht?« fragte ich.

Er ließ sich die Frage zweimal übersetzen, als begriffe er ihren Sinn nicht. Dann lächelte er stärker, schleuderte die Arme nach beiden Seiten weg und ließ sie wieder gegen den Körper fallen.

»Ich möchte Ihnen etwas erzählen. Eines Tages schickte der Gouverneur dieses Staates Truppen, um unser Haus hier zu schützen. Also standen Männer mit Maschinenpistolen herum. Der Gouverneur hatte etliche Anrufe bekommen, die drohten, ich solle umgebracht werden. Aber ich habe ihn dann überzeugt, daß der ganze Aufwand nicht nötig

sei. Sie sehen ja selbst – ich bin immer noch da!« Die nach außen gekehrten Handflächen waren weit vorgestreckt – eine unnachahmliche Gestik. »Ist Ihre Frage damit beantwortet?«
Dann, nachsetzend: »Viele Leute machen sich Sorgen, weil ich allein in diesem Hause wohne. Aber es stimmt nicht. Es wohnen nämlich außer mir noch drei Personen darin, und ich behaupte das mit großer Freude: der Vater, der Sohn und der Heilige Geist.«
In diesem Augenblick rief der Kameramann: »Kleine Pause – Kassettenwechsel!«, griff hastig nach den nächsten hundertzwanzig Filmmetern, verdrehte die Augen und flüsterte mir zu: »Herrlich, Junge – einfach herrlich.«
Helder Camara war, wie ein Profi, an der Stelle stehengeblieben, wo ihn der Ruf getroffen hatte. Dann fragte er: »Darf ich weitermachen? Also – ich bin seit meiner Taufe der festen Überzeugung, daß ich *eins* bin mit Christus, nicht nur *vereint*, sondern eins, wie jeder Christ. Sollte mir etwas zustoßen, dann, weil der Vater es erlaubt ...« Leichtes Beugen nach vorn, Griff auf den Kopf. »Schauen Sie, ich bin kahl, ich habe keine Haare mehr, aber nicht eines davon ist herabgefallen ohne die Erlaubnis des Vaters. Und was er erlaubt, das nehme ich mit Freuden an.«
Wir standen immer noch im Hof, hinter dem Nebeneingang.
»Wir kennen hier ein Lied – ich kann nicht singen«, bedauernder Augenaufschlag, »also werde ich es sagen, ohne zu singen: ›Es gibt keinen größeren Beweis der Liebe, als der Welt das Leben zu schenken.‹ Und weiß Gott – ich würde mein Leben mit Freuden geben für den Frieden der Welt.«

Um uns herum, näher, jetzt Geräusche. Die Nonnen traten heran, halblaute Fragen an die verehrte Person des Erzbischofs, Verneinungen – eine Atmosphäre leidenschaftlicher Zugetanheit, aber ohne Zwang, ohne Befangenheit, ohne Schwüle.
Dann, nachdem wir vor der baufälligen *Igreja das fronteiras* die Ausrüstung in die Wagen verstaut hatten, umarmte Helder Camara plötzlich jeden von uns. Keiner sprach, keiner wollte sich die Bewegung anmerken lassen.
Abfahrt.
Ich schaue aus dem Heckfenster des Wagens zurück. Da steht der zierliche Brasilianer vor der alten Kirche, immer schrumpfender, ferner,

schemenhafter – und winkt. Und da war es wieder! Schon diese kleine Bewegung läßt die winzige Statue zerbrechen, verwandelt Helder Camara in Sekundenschnelle vollständig in schwellende, wachsende Vitalität, macht ihn breiter, höher, mächtiger.
Der Kameramann aber und sein Autor hinter der Heckscheibe wollen schier verzweifeln: die Kamera, jetzt die Kamera, die verfluchte, zu früh weggepackte! Ein Königreich für die Aufnahme dieses gleichsam von uns weggesogenen und doch im Mittelpunkt verharrenden »Jesus von Recife«!
Jedoch wie so oft, wie meist, nein, wie immer: die beste, die allerbeste Aufnahme bleibt ungefilmt.

Rhodesien: »No black rule for our lifetime!«

1.

Im Lichte späterer Ereignisse offenbarte die Begegnung mit Joseph Jaures und John Browning einen persönlichen Irrtum meinerseits, wie man sich ihn wohl öfter wünschen möchte: statt einer mit an Sicherheit grenzender Wahrscheinlichkeit zu erwartenden Katastrophe kam es zu einem unerwarteten historischen Kompromiß.
Es geschah, als Simbabwe noch Rhodesien und Harare noch Salisbury hieß, also als eine weiße Minderheit vornehmlich britischer Herkunft über die schwarze Mehrheit dieses afrikanischen Landes herrschte, damals knapp eine Viertelmillion zu vier Millionen. Zwar knallte es nach Norden zu, gegen den Sambesi, schon an allen Ecken und Enden, aber die Guerilla-Führer Mugabe und Nkomo waren der Weltöffentlichkeit noch kein Begriff.
Wir befanden uns auf einer interkontinentalen Drehreise über Minderheiten in aller Welt und kamen aus Kenia, wo wir uns mit der Minorität der Asiaten befaßt hatten – »Europäer in Rhodesien« war unsere letzte Station, der einzige Fall einer *herrschenden* Minderheit im Rahmen unserer Auswahl.
Wonach wir dort von Anfang an suchten, war ein schon äußerlich als ihr Repräsentant erkennbarer Farmer, ein britischer Prototyp, der hier geboren war und sein ganzes Leben in Rhodesien zugebracht hatte. Das war nicht so einfach, wie ich es mir vorgestellt hatte, denn wenn einer

den äußeren Kriterien entsprach, wollte er nicht gefilmt werden, und wer dazu bereit war, besaß nicht den Habitus, der mir vorschwebte.
Aber dann war er plötzlich doch da. Wir filmten gerade eine Viehherde auf der Straße nach Umtali, Prachtviecher, als uns ein mächtiges »How do you do?« in den Rücken donnerte – um näher an die Tiere heranzukommen, hatten wir einen Zaun überklettert. Und da sahen wir ihn, den wir suchten: ein Baum von einem Kerl, in kurzen Khakihosen steckend, einen breitkrempigen Hut auf und das lange, hagere Gesicht wie aus Holz geschnitzt – John Browning, ein rhodesischer Bilderbuchfarmer, die Erfüllung aller optischen Wunschträume!
Es stellte sich heraus, daß wir auf seinem Grund und Boden filmten und daß er nichts dagegen hatte. Während er uns das erklärte, hockten auf dem Lastwagen, mit dem er gekommen war, etwa zwanzig Schwarze, neugierig, stumm und wie in eingefleischter Hab-acht-Pose.
Auf meine Frage, ob er in unserem Film mitwirken wolle – »Europäer in Rhodesien« –, sagte er »Of course!«, nannte seine Adresse, »Fontainebleau«, und setzte sich wieder hinter das Steuer des Lastwagens: ab übermorgen stünde er uns zur Verfügung.
Joseph Jaures hatten wir schon vor dieser Begegnung kennengelernt, gleich nach unserer erheblich verspäteten Ankunft auf dem Flughafen von Salisbury, wo wir von Nairobi über Blantyre mit einer schwergeschüttelten Turbo-Prop gelandet waren – gegen Mitternacht statt nachmittags. Die vorbestellten Leihwagen waren nicht mehr da, die Büros geschlossen, und es regnete in Strömen. Draußen stand ein einsamer Kombi mit schwarzem Fahrer, der in einer Art Dienstuniform steckte, was den Schluß zuließ, daß es sich um den Angestellten einer Leihwagenfirma handelte. Und so war es – der schwarze Chauffeur hatte jemanden hergebracht, der mit unserer Maschine weiter nach Johannesburg fliegen wollte, und wartete nun mit der Rückfahrt in die Hauptstadt, bis der subtropische Wasserfall von Regen abebbte. Dieser Mann, den uns der Himmel geschickt hatte, war Joseph Jaures. Pitschnaß wie wir, half er uns beim Einladen der Ausrüstung und fuhr uns nach Salisbury hinein bis vor das Hotel »Ambassador«. Dabei stellte sich heraus, daß er nicht nur ein gutes Englisch sprach, sondern für die nächste Zeit auch frei für uns war. Die Sympathien waren von vornherein wechselseitig. Joseph Jaures war siebenundvierzig Jahre alt, höflich, aber nicht devot, von angestammter Würde. Wie schon mehrfach auf Drehreisen erfahren, sollte auch hier die Beziehung zu einem ein-

heimischen Fahrer so eng werden, daß sonst verschlossen gebliebene Zugänge geöffnet und internes Verständnis für zentrale Landesprobleme gefördert wurden.
Am nächsten Tag, einem Sonnabend, bauten wir unser Stativ in der First Street auf, der City von Salisbury. Und da waren sie dann auch, die langmähnigen blonden Mädchen unter afrikanischer Sonne; die Offiziere des Oxford-Typs, in Khaki und mit Stöckchen, das immer noch den Eindruck eines symbolischen Schlaginstrumentes machte; die älteren Damen mit dem unverwechselbaren Schminkteint der Engländerin, graumeliert, zart und unverwüstlich; drahtige Zivilisten, Angestellte der Banken oder der großen Firmen; Besitzer von Ladengeschäften, Flanierer, Jugend – Europäer in Rhodesien!
Wollte man sie allein aufnehmen, so mußten sie punktuell herausgepickt werden, denn immer wieder tauchte schwarze Haut auf, kamen Afrikaner dazwischen – der gewaltige numerische Unterschied zwischen Schwarz und Weiß wurde hier am ersten Drehtag schon wie in einer Sammellinse sichtbar.
Salisbury weist eine Hochhaus-Skyline auf, die weit hinaus ins Land grüßt, aber sein Kern bewahrt etwas von dem einstigen ländlichen Grundriß – in der rechteckigen Anordnung von Straßen und Blocks war immer noch das alte Planmuster für die Holzhäuser der Pioniere zu entdecken, die gegen Ende des vorigen Jahrhunderts, den Spuren des Briten Cecil Rhodes folgend, hier eintrafen.
Was sofort auffiel: Demonstrative Rassentrennung, die brutale Markierung der Apartheid wie in der Republik Südafrika, fehlte. Wer im öffentlichen Verhalten der Europäer gegenüber den Schwarzen Abneigung oder Schlimmeres erwartete (wie es einem so oft in den USA begegnen kann), der sah sich rasch korrigiert. Nirgends war auch nur eine einzige Gebärde der Mißachtung oder gar Verachtung zu bemerken, und in unserem Hotel, dem Ambassador, gingen Schwarze ein und aus. Aber daß die Rassentrennung nicht so auffällig plakatiert war, bedeutete nicht, daß sie nicht existierte. Als wir Joseph Jaures in ein City-Café mitnehmen wollten, blickte er uns steinern an und schüttelte den Kopf. »Das geht nicht«, sagte er in seiner ruhigen Art, »das kann ich nicht, danke.«
Ich könnte mich noch heute ohrfeigen für meine Frage an ihn: »Aber wo steht denn geschrieben, daß Sie draußen bleiben müssen?«
Immer noch habe ich das Bild plastisch vor Augen: Joseph Jaures nahm

seine Chauffeursmütze vom Kopf, wischte das Schweißband ab und sagte dann, ohne mit der Wimper zu zucken, aber mit ununterdrückbarem Tremolo in der Stimme: »Es ist nirgends geschrieben – doch *wir* wissen es trotzdem.«

Es hat auf dieser Drehreise bei mir zwei Kurzschlüsse gegeben – und zwar den ersten gleich nach Joseph Jaures' Erklärung. Ich stürmte ins Café, kaufte eine Übermenge Gebäck und trug es, schäumend vor Wut, dem teils amüsierten, teils verdutzten Joseph Jaures an den Wagen (über den Kurzschluß einer zweiten und ebenso hilflosen Demonstration persönlicher Ohnmacht weiter unten).

Wir wußten inzwischen, daß der schwarze Chauffeur Vater von sieben Kindern war, von denen einige auf die Oberschule für Schwarze gingen. Natürlich war die Rassentrennung auch auf das Schulsystem ausgedehnt, übrigens mit Ausnahme einiger katholischer Organisationen und der Universität von Salisbury, damals der einzigen mehrrassigen Lehranstalt im Süden Afrikas überhaupt (»multiracial«) und liberales Aushängeschild, das für die Rassenpolitik der weißen Regierung nicht typisch war.

Nachdem Joseph Jaures uns zögernd solche familiären Einzelheiten mitgeteilt hatte, setzte er, nach deutlicher innerer Überwindung, hinzu: »Erziehung ist für uns Schwarze alles. Ohne Erziehung gibt es für uns keine – Befreiung.«

Ja, gewiß. Aber, das spürte ich sofort, da mußte es außer dem allgemeinen auch noch einen persönlichen Zusammenhang geben, den Joseph Jaures uns nicht, oder noch nicht, anvertraute.

Dies war der Stand der Dinge:

1964 war die ›Zentralafrikanische Föderation‹, ein Teil des sich auflösenden britischen Kolonialimperiums, zerfallen: aus Nordrhodesien und Nyassaland waren die unabhängigen schwarzen Staaten Sambia und Malawi geworden. In Südrhodesien aber hatte der Führer der herrschenden weißen Minderheit, Ian Smith, von Großbritannien die Anerkennung des Status quo gefordert. Als sie ihm von London verweigert wurde, hatte der Premier 1965 einseitig die Unabhängigkeit vom ›Mutterland‹ proklamiert, mit dem Argument, der Abbau der Rassenschranken sei unzumutbar, und ein Jahr später das Commonwealth verlassen. 1970 schließlich hatte die weiße Minderheit unter ihrem Schlachtruf »No black rule for our lifetime!« die Republik Rhodesien ausgerufen – »Keine Herrschaft der Schwarzen zu unseren Lebzei-

ten«. Den Slogan weitete Ian Smith später übrigens noch folgendermaßen aus: »Not in a thousand years« – Noch nicht einmal in tausend Jahren . . .
Das war die Situation, die wir dort antrafen.

2.

Fontainebleau war schon von weitem sichtbar, ein erhabener Anblick. Das von englischem Rasen und Blumenbeeten umgebene Anwesen lag auf dem höchsten Punkt der sanfthügeligen Umgebung, das wunderschöne Wohnhaus hell und flach, herrschaftlich, gediegen, ja majestätisch. Im Hintergrund, etwa zwanzig Kilometer entfernt, ragte die Wolkenkratzer-Silhouette der Hauptstadt über den Horizont.
Gelassen stapfte John Browning heran, weißhaarig, in Shorts, hochaufgeschossen und von großer Herzlichkeit bei der Begrüßung. Dabei übersah er Joseph Jaures, der uns, wie sonst auch, beim Ausladen der Geräte half, sie aber nur bis an die Schwelle des Hauses brachte. Er setzte seine Last vor der Tür ab und kehrte um.
Der Hausherr, das erfuhren wir jetzt, war 1907 in Salisbury geboren, ging dort bis 1924 in die Schule und hatte seither den Beruf eines Farmers ausgeübt – mit 8 000 Acre Land, Tausenden Stück Vieh, weiträumigem Tabakanbau und über hundert schwarzen Arbeitern der klassische Großagrarier.
»Aber das sah nicht gleich so aus wie heute. Als ich herkam, mit meiner Frau«, er wies auf eine sanfte, sehr scheue Lady, die sich im Hintergrund hielt, »stand hier nichts. Wir lebten in einer Hütte, einer sogenannten ›double-round-hut‹, zwölf Jahre lang, in der Nähe der Tabakfelder, die Sie von der Straße sehen können.«
Der Farmer, tief in den Sessel gesunken, strich sich übers rechte Knie, verzog das Gesicht: »Rheuma – damals hat es mich erwischt.«
Kalte Getränke, lautlos serviert, tadellose Bedienung – durch die einzigen Schwarzen, die ins Haus durften.
»Und warum ›Fontainebleau‹?«
»Dieses Grundstück hat mein Vater von einem der Pioniere erworben, einem Franzosen namens de la Pampanouse. Der war mit einem Treck von Süden heraufgezogen, und Cecil Rhodes hatte ihm eine Farm vermacht. Weil der Gründer ein Franzose war, taufte mein Vater den Besitz *Fontainebleau*, nach dem Ort in der Nähe von Paris.«

John Browning stand auf, durchmaß das Zimmer, trat ans Fenster. Er zeigte auf eine Herde von Bullen, die in einiger Entfernung weideten, nur so strotzend von Gesundheit und Zeugungskraft, und sagte trokken: »Das sind die besten Tiere im Umkreis von 200 Meilen.«
Wir traten hinaus, Joseph Jaures saß im Wagen, die Tür geöffnet.
Da ruhte *Fontainebleau* auf der Kuppe des Hügels, hochmütig, einsam, in ›splendid isolation‹. Gab es keine Nachbarn?
»Doch«, sagte John Browning, »aber außer Sichtweite.«
Da erst bemerkte ich, unten und ziemlich weit entfernt, Rauch aufsteigen, und zwar sowohl auf der einen als auch auf der anderen Seite des Hauses, in entgegengesetzten Richtungen. Also doch Nachbarn?
»Nein«, lachte John Browning, »keine Nachbarn – ›townships‹, Siedlungen für Schwarze«, er streckte die Linke aus, »da unten, in dieser, leben so etwa fünfzehn- bis zwanzigtausend von ihnen, und dort«, seine Rechte fuhr in die andere Richtung, auf Salisbury zu, »etwas mehr, an die dreißigtausend wohl. Davon gibt es viele – Mafakosi, Highfield, Harare. Aber in der Nähe sind nur diese beiden.«
Nur diese beiden ...
Mit dem Glas, das John Browning mir gereicht hatte, entdeckte ich, tief drunten, Hütten – in langen Reihen, schnurgerade, eine Masse uniformer Baracken. Das gleiche auf der anderen Seite: John Browning, der erklärt hatte, er habe keine Nachbarn, war von einem halben Hunderttausend Afrikanern umzingelt!
Das schien ihn nicht im geringsten zu beunruhigen. Er stand da vor seinem Wohnschloß, gelassen, ans Herrschen gewöhnt und völlig unfähig, sich andere als die bestehenden Verhältnisse vorzustellen.
»For a last drink«, langsam ging John Browning ins Haus zurück, hager, das rechte Knie ein wenig durchgedrückt.
Als wir die Geräte wieder einluden, nahm Joseph Jaures sie von draußen an der Tür in Empfang, mit der Miene eines Stoikers.
Auf der Rückfahrt fragte er, wie nebenbei: »Wissen Sie, daß es auch ›wilde townships‹ gibt, die man nicht vorweist?« Und als ich den Kopf schüttelte: »Wollen Sie da so nahe heran, daß Sie filmen können?«

Das war verboten, wie wir erfuhren.
Gleich anfangs hatte uns ein britisches Pokergesicht auf der Pressestelle des Innenministeriums erläutert: »Sie sind in einem freien Land, Sie haben alle Freiheiten – Sie müssen sich nur an die Gesetze halten.«

Dann teilte er uns mit, was und wo wir nicht filmen durften: die Grenze am Sambesi; politische Gefangene; Stämme, die »verfassungsgemäß« verpflanzt worden seien, und – *wilde townships.* Townships dagegen ja . . .
Der Mann begleitete uns sogar dahin, nach Highfield.
Townships – das war die organisierte Trostlosigkeit. Öde Häuserreihen an überfüllten Straßen, erwachsene Männer und Frauen, die untätig umherstanden oder -gingen, und Kinder, Kinder, Kinder. Das Ganze jedoch nicht im Wildwuchs der Slums, wie ich sie bisher in Afrika kennengelernt hatte, sondern mit den Geldern des Staatshaushalts finanziert. Wie die Republik Südafrika ließ sich auch Rhodesien die Apartheid, die Trennung der Rassen, etwas kosten. Unser Begleiter sah das so: »Steinhäuser wie diese sind viel fester als Hütten aus Lehm. Die Schwarzen der Townships kommen außerdem in den Genuß der Zivilisation, auch wenn die Müllabfuhr nicht immer klappt und ein Abwässersystem noch Zukunftsmusik ist. Aber es gibt hier fließendes Wasser und Elektrizität.« Und dann, ich traute meinen Ohren nicht, sagte der Public-Relations-Mann aus Salisbury in einem Ton, als würde er von einer echten Errungenschaft reden: »Übrigens – bei uns sind nicht nur weiße Wohngebiete für Schwarze verboten, sondern auch schwarze für Weiße. *Kein Weißer kriegte die Erlaubnis, in einer township zu wohnen!*«
Ich besah mir den Mann genau, als er das von sich gab – aber es war keine Spur von Ironie oder Zynismus an ihm zu bemerken. Dies beiderseitige Verbot war für ihn offenbar ein Ausdruck unüberbietbarer Gerechtigkeit zwischen den Rassen, und so sah er jetzt auch aus. Der Hohn, der in dieser verlogenen Logik steckte, blieb ihm offenbar völlig verborgen. Als wenn je ein Weißer in dieser Hölle leben wollte und als wenn das Verbot für Weiße, in den Reservaten für Schwarze zu leben, etwas anderes war als das durchsichtige Alibi des Verbotes für Schwarze, in weißen Wohngebieten zu siedeln!
Joseph Jaures stand oder ging bei dieser Fahrt durch Highfield die ganze Zeit mit uns, in seiner Chauffeursuniform, höflich, undurchdringlich, und hörte sich an, was der PR-Mann aus der Hauptstadt von sich gab.
Als wir wieder allein waren, sagte Joseph Jaures: »Ich will Ihnen mitteilen, was Ihnen nicht berichtet worden ist. Die schwarzen Arbeiter sind ihrer organisierten Vertretung beraubt, und ihre Gewerkschaften

sind verboten. Versammlungs- und Meinungsfreiheit sind aufgehoben, ebenso wie das Recht des einzelnen, seine Ideen mündlich zu verbreiten. Viele Führer des afrikanischen Nationalismus werden gefangengehalten, und eine Anzahl von ihnen ist hingerichtet worden. Und die Unternehmer können schalten und walten, wie sie wollen – in den Townships steht ihnen jederzeit jede Menge billiger schwarzer Arbeitskräfte zur Verfügung.«
War dieser Mann wirklich »nur« Chauffeur? Fahrer bei einer weißen Autoverleih-Firma? Seine Intelligenz hätte ihn zu allen möglichen Berufen befähigt, die er hier nicht ausüben durfte. Wurde sie anderweitig wirksam? Unser Team hatte für Joseph Jaures inzwischen einen neuen Namen gefunden, den er mit einem Anflug von Lächeln quittierte, als wir ihn in dem von uns vorgesehenen Zusammenhang nannten: »Erziehungsminister« – nämlich in einer Regierung der schwarzen Mehrheit nach dem Ende der weißen Vorherrschaft in Rhodesien.
»Und die ›wilden‹ Townships?« fragte ich. »Führen Sie uns dahin?«
Es war mit das brutalste Elend, was ich je gesehen hatte, schauriger noch als die *favelas* von Rio – das ließ sich nur messen an der Situation der »Stinkmenschen« von Santiago de Chile! Diese Behausungsverschläge aus Pappe, Wellblech und Holz, die in Abfallkaskaden zu ersticken drohten, verwandelten die Menschen, die sich dort aufhielten, ebenfalls in Abfall, in Ruinen einer aussichtslosen Hoffnung, nämlich doch noch irgendwie an der städtischen Industrialisierung partizipieren zu können. Die ›wilden‹ Townships waren der Ausdruck einer allgemeinen Landflucht, wie man sie überall in Afrika findet, aber hier nun unter den Bedingungen der von oben angeordneten Rassenunterdrückung mit all ihren Beschränkungen und Einengungen. Bauern, vom trügerischen Glanz der Hauptstadt magnetisch angezogen oder durch den kargen Boden von der heimatlichen Scholle vertrieben (45 Prozent des – natürlich besten – bebaubaren Landes waren siebentausend weißen Farmern vorbehalten, während sich die Millionenmasse der schwarzen Bauern in den Rest teilte!), diese Bauern landeten in den Freiluftgefängnissen der ›wilden‹ Townships, wo sie, Krätze auf der Haut der Rassenungleichheit, nun ohne die traditionelle Stammes- und Familiengemeinschaft dahinvegetierten. Viele von ihnen kamen überhaupt nie auch nur in die Nähe ihres Ziels, der Fata Morgana ihrer unrealistischen Träume und Sehnsüchte, da sie sich in ihren Lumpen gar nicht in die große Stadt wagten.

Wir haben ›wilde‹ Townships im weißbeherrschten Rhodesien gefilmt, obschon das bei Strafe verboten war. Joseph Jaures hatte uns gut geführt – wir wurden nicht ertappt. Jetzt sagte er, scheinbar sachlich: »Auch hier dürfen Weiße nicht wohnen ...«
Kameramann Dieter Hoffmann nahm das Auge vom Okular. Der Satz war wie ein Blitz gewesen, der die Szene grell beleuchtete: die Trennung zweier Rassen, von nur *einer* verfügt, wird von ihr als das Gemeinwohl aller ausgegeben!
Hier lief die Spur ...
Es gibt Bilder, die einen gesellschaftlichen Zustand auf drastische Weise symbolisieren, und auf der Rückfahrt von der ›wilden‹ Township begegnete uns eines, unvergeßlich, wie vor das innere Auge gestanzt. Unser Wagen mußte stoppen, weil eine große Schienenlore quer über die Straße gerollt wurde – während hinten drei junge Schwarze sie keuchend schoben, saß vorn, auf einer Plattform, rauchend, das Stöckchen in der Hand, ein Weißer.
Das wird eines Tages explodieren, dachte ich, das wird in die Luft gehen! Nicht heute, nicht morgen, wahrscheinlich erst in ferner Zukunft, aber in einem Meer von Blut und Tränen. Weit und breit war nichts von Kompromißbereitschaft zu spüren, sondern allein Todfeindschaft.
Das weißbeherrschte Rhodesien würde, lange vor der Katastrophe der Republik Südafrika, in einem apokalyptischen Inferno untergehen – von dieser Gewißheit, von dieser felsenfesten, entsetzlichen Überzeugung war ich wie gelähmt.

Sie wurde gleich darauf noch zusätzlich bestätigt.
In einem Schallplattenladen auf der First Street, wo wir afrikanische Folklore suchten, stellte sich uns der Geschäftsinhaber akzentfrei als Deutscher vor, Berliner, der bereits in den dreißiger Jahren – »Hitlers Rassenpolitik wegen« – nach Rhodesien gekommen war: Er habe uns schon seit einigen Tagen beobachtet, kenne auch unser Thema, könne sich vorstellen, daß wir allen möglichen Irransichten verfielen, und trage sich mit der Absicht, uns einzuladen, um »die Wahrheit über Rhodesien« zu verbreiten.
Nennen wir den Mann Adolf F. – der Vorname stimmt übrigens, was in Hinsicht auf kommende Ereignisse nicht ohne Ironie ist. Ich habe die Annahme einer Einladung nie so bedauert wie diese.

Das Haus Adolf F.s lag an der Peripherie von Salisbury, inmitten eines Parks mit rauschenden Palmen und üppiger Vegetation, aus der unsichtbar, aber ohrenbetäubend, eine Million Zikaden zirpten. Der Hausherr, Junggeselle, bewillkommnete uns an der Tür.
Dann, ohne Vorbereitung, ohne auch nur mit einer einzigen Frage die Meinung seiner Gäste eingeholt zu haben, begann der Hausherr dem Fernsehteam aus der Bundesrepublik Deutschland seine »Wahrheit über Rhodesien« einzubleuen: daß die Welt da draußen keine Ahnung habe von dem, was hier vorgehe und notwendig sei im Zusammenleben beider Rassen, daß man nur kotzen könne vor all dem blöden Gefasel und Geschreibsel über die Maßnahmen der rhodesischen Regierung. Schwarze, das stehe nun einmal fest, seien faul, dumm und gierig, von Urbeginn an und bis in alle Ewigkeiten – deshalb müßten sie dann und wann, wohlberechnet, die Peitsche zu spüren bekommen, in des Wortes buchstäblicher wie auch übertragener Bedeutung. An dieser Stelle wagte ich, das fällige Stereotyp »Hart, aber gerecht!« einzuwerfen, was der bebende Adolf F., ohne meinen ironischen Unterton begriffen zu haben, tosend bestätigte: »Hart, aber gerecht!« Der Abstand zwischen Schwarz und Weiß sei unaufholbar, das sei der Status quo zwischen den beiden Rassen, und einen andern werde es nie geben.
Adolf F. war außer sich. Er brüllte, fuchtelte mit den Händen, konnte nicht sitzen bleiben, sprang wie von einer Feder geschnellt immer wieder hoch. Und während er so gegen die Schwarzen wetterte, während er sie beschimpfte und haßvoll als Untermenschen und Kretins denunzierte, huschten die afrikanischen Bediensteten hinein und hinaus, servierten, trugen ab, schenkten ein, brachten neues Geschirr und neue Bestecke – eingeübt, tadellos funktionierend und lächelnd.
Schließlich ging der Mann, der Deutschland wegen der nationalsozialistischen Rassengesetze verlassen hatte, an die offene Tür zum Park und schrie hallend gegen das Zikadenorchester an, als wolle er unter dem glitzernden Kreuz des Südens irgendwelche Zeugen für seine Beschwörungen bemühen: »Es geht nur um eines – um die Macht! Hört ihr?« Er hielt inne, als lausche er seinem eigenen Echo nach, und wiederholte dann mit Stentorstimme, nun jedoch ins Zimmerinnere, uns zugewandt: »Um die Macht, um nichts als die Macht!« Er trat wieder ein, baute sich vor uns auf und stieß, ohne die Lautstärke seines Organs zu mindern, hervor: »Und diese Macht, sage ich, diese Macht geben wir niemals aus den Händen – nie, niemals!«

Wir – der Kameramann, der Kamera-Assistent, der Tonmann und ich – standen auf und verließen, an Adolf F. vorbei, das Zimmer. Schon draußen, aber ohne mich umzuwenden, sagte ich: »Es gibt für mich als Juden nur *eine* Gattung, die ich noch mehr verabscheue als Antisemiten – nämlich *jüdische Faschisten*!«
Zugegeben, ganz wohl war mir so mit dem Rücken gegen Adolf F. nicht dabei. Irgendwie müßte gleich etwas passieren, ein Wurf, ein Hieb, vielleicht gar ein Schuß – die Verfassung des Mannes ließ alles zu. Aber es passierte etwas anderes, wenn eigentlich auch kaum weniger Grauenhaftes. Denn plötzlich dröhnte vom Eingang her zwischen den riesigen Palmen und üppigen Sträuchern die Stimme in das Dunkel hinein:
»No black rule for our lifetime!«
Joseph Jaures öffnete mit unbeweglicher Miene den Wagenschlag. Er, der kein Wort Deutsch verstand, hatte dennoch alles begriffen, auch unsere Demonstration, den grußlosen, eisigen Abschied. Ich spürte das an einer Geste. An diesem Abend wischte der sonst so berührungsscheue »Erziehungsminister«, als wir uns vor dem Hotel verabschiedeten, mit der Hand über meine rechte Schulter, als wolle er Staub oder sonst irgend etwas Störendes von meinem Blazer entfernen – und ließ dabei für Sekunden die Fingerspitzen auf meinem Jackett ruhen.

3.

Aber der Rassismus hat nicht nur seine Obszönität, er hat auch seine Souveränität, und ich weiß nicht, was von beidem infamer ist. Diese Souveränität jedenfalls wurde von John Browning repräsentiert, von der Selbstverständlichkeit seines Herrschaftsanspruches, von seiner ruhigen Reserve gegenüber dem gesamten Problem, seiner Unerschrokkenheit vor der überwältigenden schwarzen Mehrheit und von seiner Unfähigkeit, über all das sich agitatorisch zu äußern.
Da saß er, zum zweitenmal, vor mir in dem Wohnzimmer des nach allen Seiten offenen, unbewachten und leicht anzugreifenden Hauses, als lebe er im englischen Sussex, Devon oder Cumberland, der schmalköpfige, alte, aber wetterfeste Gentleman.
Er war vollkommen mitteilungsbereit.
Bis zu den Wirtschaftssanktionen der UNO gegen Rhodesien hatte John Browning vor allem Tabak angebaut. Als der Absatz zu sinken be-

gann, hatte er nach Auswegen gesucht und auf Viehwirtschaft umgeschaltet. Ob es Einschränkungen gebe? fragte ich. »Well, wir überleben. Der Unterschied zu früher ist nicht groß. Wir müssen den Gürtel vielleicht ein wenig enger schnallen, aber wir kommen auch ohne die –« John Browning stockte, wobei es einen Augenblick schien, als wolle er auffahren, heftig werden, milderte dann aber ab – »ohne die in London aus.«
»Und wenn die Sanktionen noch Jahre dauern werden? Gäbe es dann Probleme für Sie?«
»Nein«, John Browning schüttelte den schmalen Schädel, »auch dann nicht. Es gibt überhaupt keine Probleme, weil ...« er unterbrach sich, da ihm in diesem Moment seine Frau einen Teller mit Porridge brachte, was den Farmer zu einem tiefen Seufzer und einer Hände-hoch-Gebärde veranlaßte – er hatte nicht nur Rheuma, sondern war auch chronisch magenkrank und voller Widerwillen gegen die Speisen, die sein Leiden ihm vorschrieb. Als er ausgelöffelt hatte, setzte er ungerührt da fort, wo er aufgehört hatte: »... weil Rhodesien meine Heimat ist. Ich werde sie nie verlassen. Das macht alle unsere Probleme leicht.«
Ich brauchte mich nur ein wenig von meinem Stuhl zu erheben, um von hier aus den sich aufwärts kräuselnden Rauch der Townships da drunten zu beiden Seiten von *Fontainebleau* zu erkennen, ihre lastende, dumpfe, trügerische Ruhe – fünfzigtausend Schwarze so nahebei, nicht gerechnet die anderen legalen und illegalen Townships, die zwar nicht zu sehen, jedoch ebenfalls nahe waren.
»Und die Zukunft? Sie vertrauen ihr also?«
»O ja – trotz der ... Eindringlinge ...«
Ich mußte innerlich unwillkürlich auflachen, denn dem Farmer hatte ein anderes Wort auf der Zunge gelegen, »Guerilleros« vielleicht, oder einfach »Banditen«.
»Eindringlinge?« tat ich arglos. »Von wo sollten die denn kommen?«
John Browning sah mich eine Weile stumm an aus seinen hellen Augen. Irgendwo im Zimmer tickte eine Uhr.
»Von Norden«, sagte er, »das wäre die Richtung, aus der die Eindringlinge kommen.«
Aber diese Infiltration beunruhigte ihn offenbar so wenig, daß er sie sogleich vergaß, darüber wegging, auf wirkliche Beschwernisse kam: »Verdammtes Rheuma!« grinste er, hieb sich ans Knie und hob sein Glas.

Von Norden – dort lag Sambia, begann das schwarzbeherrschte, unabhängige Afrika, agierte die Guerilla.
Und dort durften wir nicht filmen.

Wohl aber in den *tribal trusts*, den bäuerlichen Reservaten für Schwarze, der ländlichen Variante der Rassentrennung Rhodesiens.
Wir waren nach Hartley gefahren, dem Hauptort des gleichnamigen Distrikts, begleitet von einem Regierungsbeamten. Bei Ankunft das erste »schöne Bild« seit langem: Die Kamera folgte einem Pflug, sehr nahe, zog dann auf und gab den Blick frei auf einen schwarzen Bauern und seine buntbekleidete Frau mit Baby auf dem Rücken – zeitlos, erdig, graziös.
Aber die Zustände waren nicht von gleicher Ästhetik. Hier in Hartley lernten wir einen Teil jenes Systems kennen, das eine dünne Herrenschicht und ihre Administration befähigte, über Millionen Schwarze zu gebieten, nach dem klassischen Prinzip der Weltgeschichte »Divide et impera« – Teile und herrsche –: das loyale Häuptlingstum!
Sein Vertreter an Ort und Stelle war eindrucksvoll genug. Da kam er hervor aus seinem Haus, Tropenhelm über dem ebenholzdunklen, immer noch straffen Gesicht, gehüllt in eine weite rote Robe, ein blinkendes Schild aus purem Messing vor der Brust, gleichsam das staatliche Emblem seiner Häuptlingswürde – *Chief Chinamora*!
Achtzig Jahre zählte er, wie das Gesetz der Europäer, dem er von Jugend auf diente, und so parlierte er nun mit dem Distriktskommissar und dem Regierungsmann aus Salisbury in der Sprache seiner weißen Herren. Sich seines Ranges wohl bewußt, von zwei büchsenbewehrten Söhnen und seiner ebenfalls noch sehr rüstigen Frau flankiert, ignorierte Chief Chinamora die surrende Kamera mit der Nonchalance eines in Ehren ergrauten Berufsschauspielers – der para-militärische Habitus der Sprößlinge gab der Szene einen martialischen Anstrich. Dieser Häuptling war eine der imponierendsten Gestalten, die mir je auf afrikanischem Boden begegnet waren. Das Mienenspiel seines breiten, bewegten Antlitzes widerspiegelte ständige Aufmerksamkeit, List und Würde. Chief Chinamora war bei klarem Verstand und begriff seine lebenslange Aufgabe nur zu gut: das Auge des Distriktskommissars zu sein, lauschendes Ohr am Pulsschlag der schwarzen Landbevölkerung und, seit einiger Zeit, auch Beobachter des bewaffneten Aufstandes gegen das Smith-Regime, der Guerilla, die ihre Fühler von Norden und

Westen bereits in diese Breiten ausgestreckt hatte – es hatte Tote und Verwundete unter den Schwarzen und den weißen Farmern gegeben.
Wir haben nicht erfahren, was Chief Chinamora und seine Standesgenossen im Lande von der Regierung an Gehalt bezogen, um mitzuhelfen, die herrschende Ordnung aufrechtzuerhalten, aber das Salär dürfte, gemessen am hiesigen Durchschnittseinkommen der Schwarzen, erheblich gewesen sein. Eine gerade vom Premierminister veröffentlichte Erklärung, daß die Regierung besonders bei der Observierung der Guerilla auf die Hilfe der Häuptlinge angewiesen sei, bestätigte nur, wie sehr der Umschlag von gewaltloser Passivität der schwarzen Mehrheit in Herde bewaffneter Erhebung gefürchtet wurde. Die auf ihren Besitzungen weit über das Land verstreuten weißen Farmer konnten sich vom Militärgürtel am Sambesi nur so lange geschützt fühlen, wie es südlich davon ruhig blieb.
Die schwarze Kollaboration des loyalen Häuptlingstums mit den weißen Herren aber mußte eine zusätzliche Verschärfung des Kampfes bringen, nämlich zwischen Schwarz und Schwarz, mit einem aufgestauten und weitverbreiteten Haß, für den Chief Chinamora nichts anderes als ein Verräter sein konnte. Guerilleros hatten schon Vertreter des loyalen Häuptlingstums mit dieser Begründung gefangengenommen und hingerichtet.

Aber wir, das bundesdeutsche Fernsehteam, entdeckten uns selbst auch als Profiteure der bestehenden Ordnung – überall, ohne das geringste Zeichen des Widerstandes oder auch nur der Ablehnung, ließen sich die Schwarzen Rhodesiens von uns filmen! Das war ein auffallender Gegensatz zu den Verhältnissen in den unabhängigen Staaten Afrikas, woher wir gerade kamen. In Kenia noch waren wir zusammengestoßen mit den stacheligen Umgangsformen, die sich Einheimische gegenüber filmenden Weißen zugelegt hatten – in Form von unverhüllten Aggressionen, glühendem Sozialhaß oder unerträglichem Bakschisch-Gehabe, dem eigentlich schlimmsten von allem. Diese Reaktionen waren häufig nicht ungefährlich, aber wenigstens ehrlich, wenngleich dadurch Leib und Ausrüstung in Bedrängnis geraten konnten. Welche Motive auch immer die Angehörigen dieser Staaten treiben mochten, sie konnten ihnen gegenüber Weißen Ausdruck verleihen. Ich habe das immer höher eingeschätzt als die Gefährdung oder Beschränkung unserer Arbeit und unseres Spielraumes.

Ganz anders aber war die Situation hier in Rhodesien. Die äußere Willfährigkeit, ja die Demut der Schwarzen gegenüber unserer frechen Kamera erzeugten in uns das Gefühl, unsolidarisch zu sein, denn wir akzeptierten durch unsere Weiterarbeit doch die widerstandslose Hinnahme unseres Anspruches. Wußten wir nicht genau, daß sich ein Schwarzer in Anwesenheit von Vertretern der weißen Herrenschicht oder gar ihrer militärischen Exekutive niemals weigern würde, gefilmt zu werden? Oder sich gar erdreistet hätte, eine Forderung nach Entlohnung zu stellen, vom »Recht am eigenen Bild« ganz zu schweigen?
Die Schwarzen in den *tribal trusts*, den ländlichen Reservaten der Rassentrennung, taten, was sie sollten, als wir filmten, und es nützte gar nichts, daß wir Fernsehleute einander oft nicht mehr in die Augen schauen mochten. Am wenigsten Sinn hat es, unser Verhalten nachträglich mit irgendwelchen progressiven Motivationen zu rechtfertigen – ich würde heute dergleichen nicht mehr machen. Natürlich hatte der weiße Distriktskommissar von Hartley keine Ahnung, was in mir vorging. Er hatte mir zum Abschluß vielmehr einen ganzen Notizblock voll von Informationen gegeben, deren Tenor lautete: die Trennung zweier Rassen, von nur einer verfügt, sei das Gemeinwohl aller!
Als wir wieder allein waren, fragte Joseph Jaures: »Hat man Ihnen auch berichtet, daß kein Afrikaner die ›tribal trusts‹ ohne Erlaubnis der weißen Behörde verlassen oder betreten darf? Und daß Paßzwang herrscht und strenge Aufenthaltsregelung?«
Ich suchte in den Notizen, fand aber nichts.
»Wohl aber, daß auch hier kein Weißer wohnen und leben darf?«
Ich suchte – und fand den Passus in den Aufzeichnungen des Distriktskommissars.
». . . und also auch kein Schwarzer in den weißen Farmern vorbehaltenen Gebieten?«
So war es. Als ich genickt hatte, zuckte es in Joseph Jaures' Gesicht, wobei er mich länger anschaute, als wolle er mir noch etwas sagen. Er tat es dann aber doch nicht.
Eines jedoch war klar – in dem Mann ging etwas vor.

Der dritte Besuch bei John Browning war der aufschlußreichste und gleichzeitig der Abschied – was ich mir nicht ohne eine gewisse Wehmut eingestand. An der Wand des lichten, riesigen Wohnraumes hing ein etwas abgebleichtes Gemälde. »Ihr Vater?«

»Ja, ich sprach schon von ihm. Er wurde, wie meine Mutter, im englischsprechenden Teil Südafrikas geboren und kam hier heraus, als Cecil Rhodes das Land in Beschlag nahm. Vorher, 1903, war mein Onkel schon mit einem Pioniertreck angelangt. Er war es, der meinen Vater überredet hat, seine Farm dort unten zu verlassen und ebenfalls herzukommen.«

»Fühlte Ihr Vater sich als Brite?«

»O ja – er *war* Brite!«

Ich zögerte einen Augenblick. »Und Sie? Fühlen Sie sich als Rhodesier oder als Brite?«

Der lange Mann kam ein wenig hoch aus seinem Sessel, als lege man solches Bekenntnis nicht in bequemer Haltung ab: »Ich bin Rhodesier! Wir kamen in dieses Land und haben es in Besitz genommen. Einmal hier, immer hier! Wir müssen die Schlacht allein schlagen, gegen alle, die von außen kommen.«

Als hätte er sich etwas von der Seele geredet, was ihn bereits länger drückte, sank John Browning in seinen Sessel zurück.

»Einmal hier, immer hier ...« hatte er gesagt. Und die Ruinen dort unten am Lake Kyle, die sagenhafte Simbabwe-Kultur, nach der die schwarzen Befreiungsbewegungen ihre Heimat nannten und von der niemand weiß, wer ihre Schöpfer waren, die sich im Dunkel der Vorzeit verlieren? Und die seltsamen, spindeldürren, geheimnisvollen und ebenfalls uralten Zeichnungen auf den zyklopischen Felsbrocken, die hier überall in den südlichen Himmel ragen? Um wieviel älter waren die Malereien in den Steinfeldern von Melfort als die Hauptstadt Salisbury?

»... gegen alle, die von außen kommen«, hatte John Browning gesagt. Dieser kluge, gebildete, durch und durch britische *landlord* schien absolut unfähig, einzusehen, daß die unaufhebbaren Gegensätze und Widersprüche der weißbeherrschten Gesellschaft des schwarzmajorisierten Rhodesien von innen her kamen, daß der Sprengstoff hausgemacht war und daß auch die Guerilla, von wem immer sie ihre Waffen erhalten mochte, nichts als der militärische Ausdruck der ungelösten Innenpolitik war; unfähig einzusehen, daß es mit Rassentrennung und -unterdrückung, mit Apartheid, keinen nationalen Frieden geben würde. Gleichzeitig aber äußerte sich auch die andere Seite der Tragödie: daß Rhodesien tatsächlich die Heimat John Brownings war, wie für die meisten der in dritter oder vierter Generation ansässigen Weißen.

Nur beruhte ihre Vorherrschaft auf einem Trugschluß, der allerdings keineswegs bloß hier gezogen wurde, sondern sich wie ein roter Faden durch die gesamte Menschheitsgeschichte spinnt – daß beim Zusammenprall zweier verschiedener Rassen die militärisch und zivilisatorisch überlegene auch das Recht habe, die andere zu unterdrücken und auszubeuten. Es war offensichtlich, daß John Browning und alle, als deren Stellvertreter er gelten konnte, nicht begriffen hatten, daß wissenschaftliche, technische, zivilisatorische, logistische Überlegenheit und das sich daraus ergebende Entwicklungsgefälle in der Auseinandersetzung zwischen Rassen, Völkern oder nationalen Gruppen von der öffentlichen Weltmeinung nicht länger als Legitimation für solche Unterdrückung und Ausbeutung hingenommen wird. Und daß gerade die globale Unumkehrbarkeit dieses Standpunktes die Hoffnung der weißen Minderheit Rhodesiens auf unbeschränkte Fortdauer ihrer Herrschaft und ihren Kampf dafür, so aussichtslos machte – wie überall, wo derartige oder ähnliche Verhältnisse bestehen.
»No black rule for our lifetime!« Das war es, was uns auch John Browning erklärt hatte, wenn auch mit anderen Worten, nicht agitatorisch, nicht eifernd, das hätte ihm kaum angestanden, aber nicht weniger starrköpfig und blind.
Dennoch fühlte ich keinerlei Recht in mir, mit ihm besserwisserisch über das Problem zu streiten. Ich würde in Kürze abfliegen, er aber würde bleiben. Aber ich schied in Trauer und Trostlosigkeit – nicht allein, weil ich diesen kantigen Gesellen mit all seinen Allüren und trotz seines unerträglichen Überlegenheitsgefühls gern mochte, sondern auch, weil mich ein bestimmtes Bild verfolgte, nachdem wir uns verabschiedet hatten und der Farmer uns vor der märchenhaften Kulisse von *Fontainebleau* durch die nächste Biegung aus der Sicht gekommen war: daß eines Tages, buchstäblich oder in übertragenem Sinne, die proletarischen schwarzen Massen aus den Townships ringsum hervorstürzen, den Hügel erstürmen und dem weißen Farmer samt seiner Frau, der scheuen Lady, den Garaus machen würden – wie die Guerilla es in größerer Entfernung von der Hauptstadt bereits mit anderen Angehörigen der weißen Minderheit auf dem Lande getan hatte.
Das war das Bild, das mich nicht verlassen wollte.

4.

Und wirklich – rechtfertigten nicht alle Erlebnisse und Begegnungen, die ich in Rhodesien hatte, Schreckensvorstellungen wie diese? Gab es darunter auch nur irgend etwas, das Zuversicht und Optimismus geweckt haben könnte? Waren mir die unüberbrückbaren Gegensätze nicht leibhaftig vor Augen geführt worden?

Da waren sie doch, die weißen Oasen im Ozean der schwarzen Armut, die schmucken Viertel und Anwesen der Europäer in Rhodesien, die gediegenen Staketenzäune, die tadellos gepflegten Gartenhecken, die elegante Bungalowarchitektur, davor wohlgenährte Europäer, in schwankenden Hollywood-Schaukeln, rasenmähend oder müßig, bedient von lautlosen schwarzen Boys, die auf jeden Wink reagierten.

Ich sehe die stolze Hauptstadt noch vor mir, Salisbury, von weitem und von nahem, die steilen Hochhäuser, Zitadellen des Kommerzes, an deren Eingangsschlünden eiserne Wächter in Menschengestalt so genau zu unterscheiden wußten zwischen »Geschäftsfähigen« und »Geschäftsunfähigen« unter den Eintrittheischenden. Wie hatte Frantz Fanon, Algeriens großer Politpsychiater karibischer Herkunft, in seinem Manifest der Dritten Welt, »Die Verdammten dieser Erde«, noch geschrieben?

»Die Stadt des Kolonialherrn ist eine stabile Stadt, ganz aus Stein und Eisen. Es ist eine erleuchtete, asphaltierte Stadt, in der die Mülleimer immer von unbekannten, nie gesehenen, nicht einmal erträumten Resten überquellen. Ihre Straßen sind sauber, glatt, ohne Löcher und Steine. Die Stadt des Kolonialherrn ist eine gemästete, eine faule Stadt. Ihr Bauch ist ständig voll von guten Dingen. Die Stadt des Kolonialherrn ist eine Stadt von Weißen, von Ausländern.«

Und da war das Gegenbild – die Townships und ihre ›wilden‹ Ableger: die uniforme Öde, die dumpfe Atmosphäre einer erzwungenen Stummheit, die langsamen Bewegungen der Bewohner von Harare, Highfield, Makarere, ihre nutzlosen Verrichtungen, um den sinnlosen, arbeitsleeren Tag herumzubringen; das Mißtrauen dort, der Gestank. Wie hatte Frantz Fanon auch das geschildert?

»Die Stadt der Kolonisierten, die Eingeborenenstadt, das Negerdorf, die Medina ist ein schlecht berufener Ort, von schlecht berufenen Menschen bevölkert. Man wird dort irgendwo, irgendwie geboren. Man stirbt dort irgendwo, an irgend etwas. Es ist eine Welt ohne Zwischen-

räume, die Menschen sitzen hier einer auf dem andern, die Hütten eine auf der andern. Die Stadt des Kolonisierten ist eine ausgehungerte Stadt – nach Brot, Fleisch, Schuhen, Kohle, Licht; eine niedergekauerte Stadt, eine Stadt auf Knien, eine hingelümmelte Stadt . . .«
Es hat in Rhodesien Tage gegeben, da hätte ich blind und taub werden mögen.

Dann sagte Joseph Jaures: »Wollen Sie mich für Ihren Film aufnehmen? Ich möchte etwas Persönliches und doch Grundsätzliches sagen, das eine bedingt das andere.« Und als ich sprachlos nickte, fuhr er fort: »Allerdings unter einer Bedingung – ich darf nicht zu erkennen sein! Der rhodesische Geheimdienst hat seine Fühler auch in Europa.«
»Den Vorschlag hätte ich Ihnen ohnehin gemacht.«
Schon seit einiger Zeit hatten wir an dem Verhalten des »Erziehungsministers« bemerkt, daß er außerordentlich verstört sein mußte. Sonst Meister hinter dem Steuer, waren ihm Patzer unterlaufen, die ihn noch unruhiger machten, weil sie an seinen Berufsstolz rührten. Als ich vorsichtig gefragt hatte, was ihn bedrücke, hatte er orakelhaft geantwortet: »Es gibt keine Befreiung ohne Bildung.«
Vielleicht würden wir jetzt des Rätsels Lösung erfahren.
Die Organisierung des Unternehmens nahm Joseph Jaures selbst in die Hände. In der wahrscheinlich berechtigten Annahme, daß wir beobachtet würden, fuhr Joseph Jaures plötzlich in eine Großgarage Salisburys, kurvte dort, wendete und verließ sie durch einen Nebenausgang. Weit draußen im Land dann konnten wir feststellen, daß, wenn es einen Verfolger gegeben haben sollte, wir ihn abgeschüttelt hatten. Dennoch schaute sich der Fahrer immer wieder um.
Er mied die großen Überlandstraßen. Kundig fuhr Joseph Jaures auf sandigen Strecken, ohne uns etwas über das Ziel zu sagen. Der Sonne nach zu urteilen hatte er die nordwestliche Richtung eingeschlagen, dem Sambesi zu, wo der Funke der Guerilla zum erstenmal gezündet hatte. Dann, nach langer Fahrt, stießen wir in einer sonst völlig menschenleeren Gegend auf eine Ansammlung von drei Hütten, aus deren einer ein Schwarzer trat. Er begrüßte Joseph Jaures und uns wortlos mit Handschlag, machte eine kreisende Bewegung mit dem Arm, als wollte er andeuten, daß die Luft rein sei, und war dann, ohne in eine der Hütten getreten zu sein, wie vom Erdboden verschwunden – es war unheimlich.

Wir setzten Joseph Jaures so in einen Eingang, daß die Kamera, in der Hütte aufgestellt, nur seine Profil-Silhouette nachzeichnete – unvergeßlicher afrikanischer Scherenschnitt!
Und das war, was Joseph Jaures dort sagte:
»Es gibt keine Befreiung der Schwarzen ohne Bildung. Wir haben der Apartheid-Politik Oberschulen für Schwarze abgetrotzt, eine Errungenschaft, die von der Regierung natürlich nur widerwillig und widerrufbar gewährt wird. Ich habe seit einiger Zeit einen Sohn auf solch einer Schule. Ich habe für mein Kind bisher etwa 100 rhodesische Dollar im Jahr bezahlen müssen – für die Lehrkräfte kam die Regierung auf. Jetzt aber müssen wir neben mehr Schulgeld auch noch für die Lehrer aufkommen. Ich habe sieben Kinder und werde mir ihren Schulbesuch nicht mehr leisten können.«
»Was wird geschehen?«
»Sie werden zu Hause bleiben müssen, ich kann gar nichts machen. Es tut mir so leid, nicht so sehr für die Mädchen, aber für den Jungen und die jüngeren Brüder in der Vorstufe, die alle gute Schüler sind, stets die ersten in der Klasse. Es wäre schrecklich, wenn ich das Schulgeld nicht mehr zusammenbekäme. Aber die Regierung hilft uns bei der Ausbildung nicht mehr. Es ist herzzerreißend. Ich fühle mich tief getroffen – wie sollte ich anders? Ich fühle mich tief getroffen und weiß nicht, was geschehen soll. Dies ist doch mein eigenes Land. Wenn ich ins Ausland ginge – gut, dann fühlte ich mich wie zweite Klasse, denn da gehöre ich nicht hin. Aber ich werde in meinem eigenen Land als Bürger zweiter Klasse behandelt. Wo eigentlich soll ich hingehen, um als Bürger erster Klasse zu gelten? Wohin sonst auf der Welt? Das ist es, was mich so verletzt. Aber eines Tages wird sich die schwarze Rasse erheben – sonst bringen sie *uns* um. Dabei ist alles, was wir wollen, gleiches Recht.«
»Wann, meinen Sie, wird der Tag der Erhebung kommen?«
»Irgendwann innerhalb der nächsten fünf bis zehn Jahre!«
»Nicht später?«
»Ich glaube nicht. Ich glaube, daß es noch nicht einmal zehn Jahre dauern wird, weil die Situation so furchtbar ist. Sehen Sie – wir unterscheiden uns vielleicht in Besitz und Hautfarbe, aber innerlich sind wir doch gleich, gehören zur selben Menschheit und zum selben Gott. Und deshalb sehe ich den Grund für alle diese Herausforderungen nicht.«
»Sehen Sie irgendeine Möglichkeit, Ihre Gleichberechtigung ohne Gewalt durchzusetzen?«

»Das glaube ich nicht, diese Möglichkeit gibt es nicht, das ist unmöglich!«
So sprach Joseph Jaures am 9. Dezember 1970.

Am 18. April 1980, also nicht ganz zehn Jahre später, wurde das unabhängige Simbabwe ausgerufen, ging die Macht von der rund 230000 Köpfe zählenden weißen Minderheit auf die Repräsentanten der rund sechs Millionen Schwarzen über, wehte zum erstenmal das Symbol des neuen Staates, der Falke, über Harare, dem ehemaligen Salisbury – als Ergebnis von Verhandlungen, als Sieg einer politischen Lösung über die Gewalt.
Die Entwicklung zwischen den beiden Daten sei hier nur kurz gestreift um der viel wichtigeren Schlußfolgerungen willen: der Fall der kolonialen Vorfestungen Angola und Mosambique durch den Sturz der jahrzehntelangen Diktatur in Portugal 1974; der ab 1975 immer höher aufflammende Guerillakampf; die gescheiterten Konferenzen zwecks Beilegung des Konfliktes auf internationaler Ebene in Genf und zwischen dem Smith-Regime und dem Afrikanischen Nationalrat 1976; die halbherzige Einigung der weißen Macht mit einer gemischtrassigen Übergangsregierung des schwarzen Bischofs Muzorewa 1978; das gespenstische, aber erfolgreiche Zwischenspiel der zurückgeholten britischen Oberhoheit, als letzter Instanz, die Dinge friedlich zu regeln – die hundert Tage des Lord Soames 1979; und schließlich die allgemeinen Wahlen vom Februar 1980, aus denen der Guerillaführer Robert Mugabe hervorging als klarer Sieger über Muzorewa und Joshua Nkomo, den andern großen Guerillaführer.
Das Unglaubliche, das Unausdenkbare war Wirklichkeit geworden! Entgegen ihrem Schlachtruf »No black rule for our lifetime!« und der bekräftigenden Prophezeiung ihres Premiers »Not in a thousand years!« hatte die weiße Minderheit ihre Vorherrschaft nicht bis zur letzten Patrone verteidigt – und die schwarze Mehrheit keine Rache für die lange Unterdrückung geübt! Das Allerunglaublichste aber war die verfassungsmäßige Weiterexistenz der europäischen Minderheit im Lande, mit gleichen Rechten und Pflichten sowie der Garantie ihrer Sicherheit und ihres Besitzes!
Dieses Wunder war um so größer, als trotz Verhandlungen und – von beiden Seiten mehrfach gebrochenem – Waffenstillstand das historische Schicksal des Landes bis zuletzt auf des Messers Schneide gestan-

den hatte. Immer noch schien die gewalttätige Alternative wahrscheinlicher als der Triumph von Mäßigung und Vernunft. Aber dann wurde Simbabwe doch das 43. Mitglied des britischen Commonwealth.
Wohl hatte es nach dem Machtwechsel einzelne Gewalttaten von Schwarzen gegen Weiße gegeben, ebenso wie, makabrerweise nun von *dieser* Seite aus dem Untergrund, weißen Terror gegen Schwarze. Aber Extremisten und Fanatiker, dieses Unglück der Welt, Adolf F. und seine schwarze Entsprechung, waren unterlegen.

Ich habe Zeit genug gehabt, um über meinen Irrtum nachzudenken, und bin zu dem Schluß gekommen, daß seine Zusammenhänge komplizierter sind als eine Folge bloßer Fehlbeurteilungen. Denn ich hatte mich nicht *über*, sondern *mit* Joseph Jaures und John Browning geirrt! Mein Porträt von ihnen entsprach durchaus dem Bild, das sie boten und von sich entwarfen und das in Übereinstimmung schien mit den Umständen, in denen sie lebten. Trotzdem hatten beide sich selbst falsch eingeschätzt, und diesen Selbstirrtum hatte ich nachgezeichnet. Sein Wesen bestand darin, daß sowohl der Schwarze als auch der Weiße ihre Gewaltbereitschaft überschätzt hatten. Überträgt man Joseph Jaures und John Browning als Prototypen auf die Gruppen, für die sie exemplarisch waren, so hat die Geschichte erwiesen, daß sowohl die Minderheit als auch die Mehrheit eine Reihe ihr innewohnender produktiver Fähigkeiten dagegen unterschätzt hat. Die weiße jene, ihr Verhältnis zur Realität schließlich doch noch zu korrigieren und auf Kompromisse einzugehen, die sie vorher für undenkbar gehalten hatte; vor allem aber die Fähigkeit, sich selbst zu überwinden, und zwar in einem Ausmaß, das sie, zu ihrer Verblüffung, wohl selbst erst erkannte, als die Stunde dafür geschlagen hatte – sich von Schwarzen beherrschen zu lassen.
Auf die afrikanische Mehrheit der Bevölkerung, und nicht zuletzt auf ihre Führer, traf mit eigenen Vorzeichen die gleiche Fehleinschätzung hinsichtlich ihrer Kompromißfähigkeit und Selbstüberwindung zu, letztere besonders in der Zügelung eines nur zu natürlich gewesenen Vergeltungsbedürfnisses gegenüber ihren ehemaligen Unterdrückern, mit denen sie nun laut Verfassung friedlich zusammenleben sollten.
Dies war es, was die Welt, zumal nach den Erfahrungen im Kongo, am wenigsten erwartet hatte, und was dennoch zu ihrem Erstaunen eintraf.

Und zu meinem. Ich weiß nicht, was aus Joseph Jaures und John Browning geworden ist. Ich weiß nur, daß sie – und ich mit ihnen – diese Zukunft nicht vorausgesehen hatten.

Für mich hat der Weg Simbabwes in die Unabhängigkeit bis heute nichts von seinem Wunder verloren, auch nicht dadurch, daß fast alle Probleme, außer dem unumkehrbaren Machtwechsel, nach wie vor gefährlich unausgestanden sind: die oft blutig ausgetragenen Rivalitäten zwischen den ehemaligen Guerillaführern und -einheiten, was übrigens auch ein Ausdruck alter Stammesgegensätze zwischen der Shona-Mehrheit – Mugabe – und dem zahlenmäßig weit geringeren Stamm der Ndebele – Nkomo – ist; die Auflösung und Eingliederung der ehemaligen Guerilleros in Armee und Gesellschaft unter den veränderten, »unheroischen« Bedingungen des Friedens und der Unabhängigkeit; die Beseitigung der ungeheuren Kriegsschäden; die Arbeits-, Erziehungs- und Ernährungsprobleme einer jährlich um 4 Prozent wachsenden schwarzen Bevölkerung (bei Zustrom hungernder Nachbarn, 1984), die, wie überall in der Dritten Welt, auch in Simbabwe unter dem enormen Druck der »Revolution der Erwartungen« steht und von der Unabhängigkeit sofortige Verbesserungen ihrer sozialen Lage einfordert. Dazu kommt, daß Simbabwe, ein Land mit erklärt sozialistischen Zielen, aus guten Gründen sich das kapitalistische Reservat der weißen Minderheit erhält, ohne deren Know-how zwar die Nationalökonomie noch schlechter dran wäre, deren Privilegierung jedoch auf die Dauer angesichts einer stagnierenden oder gar expandierenden schwarzen Massenarmut keineswegs unproblematisch sein dürfte. Und es kommt, ferner, dazu, daß Simbabwe zum Überleben die Beziehungen zur wirtschaftlichen Großmacht Südafrika braucht, deren Rassenpolitik es gleichzeitig vehement ablehnt. Nun, da es selbst ein Teil Schwarzafrikas ist, werden ihm dieser Bindungen wegen von dort Inkonsequenz und Heuchelei vorgeworfen.
All das sei bedacht und nichts idealisiert – in diesem Teil Afrikas hat sich dennoch etwas ganz Außerordentliches ereignet, haben Rhodesien-Simbabwe einer notorisch friedlosen Welt etwas sehr Seltenes beschert – *das Gegenbeispiel*!

Mit einiger Phantasie läßt sich in den Umrissen des afrikanischen Kontinents ein Revolver oder eine Pistole erkennen. Der Schaft ist der riesige Teil zwischen der Atlantikküste im Westen über die Sahara bis zum Roten Meer; der Lauf der tief nach Osten eingeengte Erdteil von Kamerun bis zum Hoorn, »Schlagbolzen« am Persischen Golf und der Landmasse nach Süden; die Mündung aber, der Teil der Waffe, wo die Pulvergase am heißesten sind und das Geschoß heraustritt, ist – die Republik Südafrika!

Und dort sollte unser Rhodesien-Aufenthalt ein Nachspiel haben, das, so zugespitzt es auch auf die Person des Autors ist, hier doch nicht unterschlagen werden soll – denn Ursache und Auslösung des Nachspiels werden ganz gewiß Gegenwart und Zukunft der Weltpolitik immer heftiger erschüttern. Gleichzeitig ist anzuzeigen, daß es dabei um meinen zweiten Kurzschluß auf dieser Drehreise geht, nach jener ebenso ohnmächtigen wie hilflosen Demonstration, die, wie erinnerlich, Joseph Jaures in der City von Salisbury auf der Straße mit einer Übermenge an Gebäck versorgt hatte, da ihm – damals noch – der Eintritt in das Café verboten war.

Die Geschichte trug sich zu auf dem Flughafen von Johannesburg, im Transit von Salisbury zurück nach Europa. Und da stand es denn, in großen Buchstaben und überall, schon vorher von mir befürchtet, aber in seiner nachlesbaren Wirklichkeit noch grauenhafter als geahnt: Blankets – Non Blankets – Whites – Non-Whites (Für Weiße – Für Nicht-Weiße).

Dieser Anblick provozierte in mir mit elementarer Gewalt eine unverblaßte Erinnerung aus der eigenen Biographie: die Schilder in der Nazizeit »Juden unerwünscht«.

Ich stelle hier keine leichtfertigen Vergleiche zu Hitler-Deutschland an, liefen sie doch allemal auf nichts anderes hinaus als auf die Bagatellisierung des Dritten Reiches, da es in der Weltgeschichte nichts Vergleichbares gibt. Aber dort auf dem Flughafen in Johannesburg wurden meine eigenen Erfahrungen mit dem Rassismus so schockhaft geweckt, daß mir buchstäblich schwarz vor Augen wurde.

Wieso stand denn niemand in der Halle auf gegen das fürchterliche Menetekel? Wieso denn saßen oder standen oder gingen hier Hunderte von Menschen und taten, als ob sie nichts sähen oder als sei nichts geschehen? Hier sitzen und nichts tun? Hatte ich mir vor der Befreiung nicht geschworen, falls ich überleben würde, niemals Äußerungen von Rassenhaß und Inhumanität widerspruchs- und widerstandslos hinzunehmen, sondern ihnen stets zu begegnen, sofort und auf der Stelle und mit aller Kraft, die mir zur Verfügung stand? Wozu denn waren, zum Beispiel, die für Weiße und Nicht-Weiße getrennten Toiletten vor mir anders da, als daß ein Weißer in das Klo für Nicht-Weiße trabte, und das natürlich so, daß es gesehen wurde? Und wie ginge das besser, als vor dem Eintritt das Verbotsschild intensiv zu studieren, um dann durch eben jene verwehrte Tür zu gehen und in ein ausdrücklich Schwarzen vorbehaltenes Becken zu urinieren?

Und so geschah es.

Als ich eintrat, befanden sich zwei Afrikaner in der Toilette. Einer fegte den Boden, der andere wusch sich gerade hingebungsvoll die Hände. Beide erstarrten in jener Bewegung, die ich bei meinem Eintritt vorfand, und zwar so lange, bis ich nach trällernder Verrichtung meines imaginären Geschäftes den Ort wieder verließ. Mein Besuch mag für die beiden Schwarzen *die* Überraschung ihres bisherigen Daseins in der Apartheid-Republik gewesen sein.

Dann die Reaktionen draußen, in der großen Halle des internationalen Flughafens. Wer den Eintritt selber nicht mitangesehen hatte, war davon offenbar während meines Aufenthaltes drinnen unterrichtet worden. Ich hatte jedenfalls den Eindruck, als wenn mich sehr viele Augenpaare erwarteten. Einige junge Leute, Weiße, feixten Zustimmung, ein paar von ihnen applaudierten sogar mit erhobenen Händen. Andere Weiße hatten bitterböse Mienen aufgesetzt und schienen mir nur deshalb nicht an die Gurgel zu fahren, weil sie sich im Zweifel waren, ob ich nicht das Opfer etwa von Kurzsichtigkeit geworden sei – eine bewußte Brüskierung der Apartheid gerade an dieser Stelle durch einen Weißen ging offenbar über ihr Vorstellungsvermögen hinaus. An den Gesichtern einiger Inder (die mit anderen »Farbigen« – *colored people* – hier eine von beiden Rassen ungeliebte Sondergruppe zwischen Schwarz und Weiß bilden, auf die die Rassentrennungsgesetze voll zutreffen), an ihren Gesichtern war keine Reaktion abzulesen, aber sie waren stehengeblieben und starrten mich an. Proteste dagegen, heftige, laute Proteste kamen aus den Reihen der weißen Weiblichkeit, über den ganzen Raum verstreute Rufe und Schreie unmißverständlicher Empörung. Dies war mir Lohn genug für die zweite ohnmächtige Auflehnung, das Signal, sie bei aller Effektlosigkeit gegenüber dem Gang der Dinge doch lieber getan als sie ungetan gelassen zu haben.

Nota bene: die südafrikanische Maschine, die uns von Johannesburg unter Vermeidung des Überfliegens unabhängigen afrikanischen

Staatsterritoriums nach Europa zurücktransportierte, hätte kein Schwarzer oder Farbiger betreten dürfen. Eine Reihe hinter mir aber krakeelten zwei besoffene Weiße ununterbrochen vom Start an den ganzen neunstündigen Nonstop-Sprung bis zur Zwischenlandung auf der Kapverdischen Insel Sal, ehe sie dann über dem Mittelmeer sich und ihre nächste Umgebung von oben bis unten vollkotzten.

Ich habe Zeit genug gehabt, den Irrtum aus der Begegnung mit Joseph Jaures und John Browning auf mich einwirken zu lassen – statt einer mit an Sicherheit grenzender Wahrscheinlichkeit zu erwartenden Katastrophe kam es zu einem unerwarteten historischen Kompromiß!
Noch schwärzer als für Südrhodesien habe ich lange Jahrzehnte für Südafrika gesehen, mit entsprechenden Prognosen für seine Zukunft. Nach den großen Veränderungen unserer Zeit dort habe ich nur *einen* Wunsch: Möge ich mich abermals geirrt haben!

Sardinien: »Wer vom Meer kommt, will uns bestehlen«

1.

Oristano an der Westküste Sardiniens, April 1975.
Ein Gerichtshof unter Presidente Balduzzi eröffnet das Verfahren gegen Giovanni M., mit der Beschuldigung, am 23. April 1972 an der Entführung des Grundbesitzers Giovanni S. beteiligt gewesen zu sein – zwei Mitangeklagte sind flüchtig.
Giovanni M., Schafhirte, steckt in einem eisernen Gitterkäfig, der mitten in den dunklen Saal gestellt worden ist. Sein Verteidiger, *avvocato* Giannino G., hat die Hände an die Stäbe gelegt und spricht mit seinem Mandanten, der, breit und gedrungen, aber mit hängenden Schultern in dem Käfig steht – stumm. Er nickt nur zu allem, was sein Verteidiger sagt.
Auf der vordersten Bank, der Zeugenbank vor der Barriere für die Zuhörer, sitzt eine ganz in Schwarz gekleidete Frau, Giovanna S., die Witwe des Entführten – obwohl das Lösegeld bezahlt wurde, kehrte ihr Mann nie zurück. Der Staatsanwalt geht deshalb davon aus, daß der bei Macomer entführte Grundbesitzer von seinen Geiselnehmern, sardischen Schafhirten, ermordet worden ist.

Ebenfalls im Gerichtssaal, auf einer der Bänke hinter der Schranke – Ananio M., der Vater des Angeklagten, Hirte wie sein Sohn – mager, mit Stoppelbart, übernächtigt, reglos.

Giovanni M. war am Ort der Übergabe des Lösegeldes von *carabinieri* festgenommen, jedoch bald wieder freigelassen worden. Erst als er die Polizei beschuldigte, ihn mißhandelt zu haben, kam er in Untersuchungshaft, vor fast sechsunddreißig Monaten. Er bestreitet jede Beteiligung an der Entführung des Giovanni S.

Hintergrund der düsteren Szene ist eine Tragödie, die auf Sardinien Anfang des 19. Jahrhunderts mit der *chiudende* begann, der Einzäunung des Bodeneigentums durch die Grundbesitzer – wodurch sie den Schafhirten die bis dahin freie Weide nahmen und sie in Pachtabhängigkeit brachten. Diesem sozialen Gegensatz entstammt der sardische *bandito*, der Hirte, der Angehörige der landbesitzenden Kaste entführt, um mit dem erpreßten Lösegeld die Weidepacht bezahlen zu können – ein jahrhundertealtes innersardisches Drama also, und doch nichts anderes als ein Ausdruck für die Gleichgültigkeit der äußeren Herrschaft gegenüber dem Schicksal und den Geschicken der Region Sardinien.

Und so schufen sie sich in den Bergen und in den Tälern zwischen Alghero und Nuoro, Cagliari und Olbia ihr eigenes Recht und ihr eigenes Unrecht – die Hirten, die ihre Herden auf fremdes Land treiben mußten, und die Grundbesitzer, die dafür ihren Preis forderten. Und nichts in unserer Gegenwart läßt darauf schließen, daß schon der letzte Akt dieses Dramas eingeläutet worden sei.

Das war es, was ich wußte, als ich den Boden der Insel betreten hatte, aus Büchern, aus Zeitschriften, aus Erzählungen – ohne eigene Erfahrungen, die nun erst beginnen sollten.

Im Gerichtssaal von Oristano warten alle zur Fortsetzung der Verhandlung gegen Giovanni M. auf den Eintritt von Presidente Balduzzi, der es nicht eilig zu haben scheint. Ich stehe in der Nähe des Käfigs, der den Angeklagten wie ein gefangenes Tier ehern umschließt. Unfähig zu sprechen, als sei ihm die Zunge herausgerissen, starrt er seinen monologisierenden Verteidiger an. Dann plötzlich schaut der Angeklagte nach rechts, mir gerade in die Augen, einem Fremden, der ihm nichts als gleichgültig sein kann.

Meine Begegnung mit Giovanni M. wird nur aus zwei Blicken bestehen. Aber zwischen diesem ersten und dem zweiten Blick werde ich die Tragödie der sardischen Hirten begriffen haben.

Als wir Oristano verließen, um ins Inselinnere zu gehen, lag hinter uns, im Westen, die See da, glatt, blank, in blauer Unschuld.
Aber von dort, vom Meer, kamen sie alle: Ligurer und Etrusker, Karthager, Griechen und Römer; Germanen und Byzantiner, Mauren, Sarazenen, Türken; Pisaner, Genuesen, über vierhundert Jahre hin Spanier; die nationale Monarchie der Piemontesen, deren Repräsentanten sich »Könige von Sardinien« nannten; Mussolinis faschistische Satrapen, und endlich die republikanische Zentralgewalt des demokratischen Italien seit 1944 – sie alle für Sardinien Eroberer, fremde Invasoren. Die Insel hat ihre Bewohner nicht zur Seefahrt erzogen. Ihre Nautik erschöpft sich in Küstenfischerei. Ein jahrtausendealter Fluchtinstinkt weist vielmehr ins Innere. Dort ragen Sardiniens Wahrzeichen aus dem Boden, Nuraghen, Wehrburgen aus prähistorischer Zeit, Wohnstätte und Festung in einem. Der Eingang zu jeder Nuraghe ist so angeordnet, daß ein Eindringling seinen Schwertarm nicht in freiem Schwung gebrauchen konnte – Zeugen uralter Bedrohung durch Feinde von außen: es gibt keine küstennahe Nuraghe! Aus diesen Tiefen ihrer ungeschriebenen und ihrer geschriebenen Geschichte haben die Sarden jenes große historische Insel-Sprichwort herausgestanzt, dessen Sinn zu ergründen wir ausgezogen waren und das der Titel unserer Sendung werden sollte: *Qui viene d'al mare ci vuole derubare – Wer vom Meer kommt, will uns bestehlen.*

2.

Wir hatten in Orgosolo Quartier bezogen, im Herzen des Hirtenlandes, der gebirgigen *barbagia.* Von weitem sieht der Ort aus wie ein überdimensionales Adlernest, aus der Nähe entpuppte er sich als ein originell gewachsenes Gewirr von Häusern, die, aus heimatlichem Naturmaterial, für die Ewigkeit gebaut schienen. Nur unser Hotel, mittendrin, war neu, liederlich hochgezogen und äußerst hellhörig – die offenbar fehlgeschlagene Hoffnung eines Bauherrn, Orgosolo mit Tourismus beglücken zu können, denn außer uns gab es keine Gäste. Was hätten hier auch sonnenhungrige Nordländer zu suchen gehabt? Der Blick aus dem Fenster über das mittelalterlich anmutende Dächerpanorama hin-

über zur steinernen Majestät des Supramonte, eines der wilden Gebirgsmassive Sardiniens, entschädigte denn auch für den Schock über die ganz und gar deplacierte Herberge.
Als wir in Orgosolo eingetroffen waren, wurde gerade ein frisches Grab auf dem Friedhof ausgehoben, Signal für die Allgegenwart von Gewalt und Tod im Hinterland. Wenige Tage zuvor war Mutiano Pietro M. hier auf offener Straße erschossen worden. Der Siebzehnjährige, dessen Mörder entkamen, war das Opfer einer der zahllosen Familienfehden, deren Ursprung niemand mehr kannte. Am Anfang, irgendwann einmal, mag ein gestohlenes Schaf die erste Kugel ausgelöst haben, vielleicht auch ein scharfes Wort oder gar ein mißbilligender Blick verfeindeter Hirtenclans – »la vendetta barbaricina«, Blutrache!
Der Weg von der Bundesrepublik nach Orgosolo war verschlungen gewesen. Um ihn für unsere Absicht freizumachen, hatte es dreier Schlüsselpersonen bedurft: meines römischen Freundes und Mitarbeiters Aniello Verde, der schon oft bei Dreharbeiten in Italien den Cicerone gemacht hatte; der sardischen Sängerin und Schauspielerin Maria Carta, die ich durch ihn kennengelernt hatte; und des Mannes, mit dem wir hier gleich zusammenkommen sollten und der die eigentliche Entscheidung treffen würde, ob wir die Tragödie der sardischen Hirten filmen könnten oder nicht – Peppino M.
Da stand er auf der Gasse vor dem kümmerlichen Hotel, ein älterer Herr, nicht groß, von bäuerischem Aussehen, und musterte uns stumm. Alles, was ich über ihn wußte, war, daß Peppino M. Jahre im Gefängnis zugebracht hatte, natürlich wegen Beteiligung an einer Entführung, wie ihm Anklage und Urteil vorgeworfen hatten. Nähere Einzelheiten kannte ich nicht. Ich fragte auch nicht. Mir war gesagt worden, der Hirte müsse von selbst darauf zu sprechen kommen. Täte er es, so hätten wir nicht nur sein Vertrauen, sondern auch seine Freundschaft errungen.
Jetzt ging es zunächst um Peppino M.s Vertrauen, um jene Minute, die über das Schicksal unserer Dreharbeit entscheiden würde. Sie löste sich auf folgende Weise: oben, zwanzig Meter weiter, dort, wo die Gasse, an der das Hotel stand, in die »Hauptstraße« Orgosolos mündete, erschienen zwei *carabinieri*, stockten, als sie unsere kleine Versammlung erblickten, und setzten dann zögernder ihre Streife fort. Da bekam Peppino M.s ernstes Gesicht plötzlich einen pfiffigen Zug, und er sagte, wörtlich und leise: »Man braucht nur aus Orgosolo zu sein, um der

Obrigkeit verdächtig zu erscheinen...« Darauf machte er eine einladende Bewegung, ihn auf seinem Weg durch den Ort zu begleiten. Der kurze und für eine ganze Zeit einzige Satz Peppinos aber war wie ein Programm, das die Position von Hirten und Staat sozusagen ins Endgültige rückte, für uns jedoch wie ein Ritterschlag.

Während wir langsam und schweigend durch den Nachmittag zogen, wurde der Hirte mit großer Ehrerbietung begrüßt, von allen Seiten, wie eine selbstverständliche, eingeborene Autorität. Das traf auch auf Antonio B. zu, der sich, von Peppino M. untergehakt, dazugesellte. Nach ein paar Schritten, auf einer Kreuzung, einem freien Platz, geschah etwas Bezeichnendes: Peppino sprach über die Spur, der wir folgten, jedoch nicht im Zusammenhang mit seiner eigenen Person, sondern mit der Antonio B.s, in knappen, dürren Stichworten, eine Vorstellung à la *barbagia*: Antonio B. sei, kurz vor unserer Ankunft, nach 25 Jahren Zuchthaus in seinen Heimatort zurückgekehrt.

Das war alles. Kein Wort von Schuld oder Unschuld, keine näheren Daten, keine Ortsbezeichnungen, kein Anklagetenor – der war ohnehin klar, denn auch Antonio B. war Hirte.

Natürlich stellten wir auch jetzt keine Fragen, außer der einen: Würde Antonio B. uns später, wie wir es von Peppino M. erhofften, seine Geschichte erzählen?

Dann wurde der Gang durch Orgosolo fortgesetzt.

In dieser unvergeßlichen Stunde entdeckte ich zweierlei: daß Peppino M. ein feines, fast schüchternes Lächeln aufsetzen konnte, durch das sein sonst so verschlossenes Gesicht in ein Antlitz von fast strahlender Güte verwandelt wurde; daß aber Antonio B., ein Mann von etwa fünfzig Jahren und damit rund zehn Jahre jünger als Peppino, überhaupt nicht mehr lächeln konnte. Ich hatte Zeit genug, zu dieser Erkenntnis zu gelangen.

Es gibt Situationen, da ist man konfrontiert mit Schicksalen, die einen erdrücken wollen, so daß man die Augen niederschlägt und nicht zu sprechen wagt, weil jedes Wort falsch wäre – obwohl man genau weiß, daß der andere weder bewundert noch bedauert werden will, sondern nur verstanden. Dies war so eine Situation.

Peppino M. hatte seine eigene Methode, sie aufzuheben. Er lud uns in eine Cafeteria ein und versuchte sich an einem der Spielautomaten, die ihren klirrenden Weg auch nach Orgosolo gefunden hatten.

Ohne das Vertrauen dieses Mannes hätte unser Team in der Barbagia nichts als Folklore und im Massiv des Gennargentu und des Supramonte keinen einzigen Hirten vor die Kamera bekommen.

3.

Das Grün von Vorbergen, ein gischtender Wasserfall, Hütten auf einer Hügelkuppe, überall ringsum Schafe auf den Hängen, und mitten in der Herde, klein, drahtig, fröhlich die Arme schwenkend – *zio* (Onkel) Andrea – der erste Hirte, den wir in seinem Beruf erleben!
Der Alte freute sich geradezu kindlich, als Peppino M. unerwartet mit drei anderen Hirten und uns eintraf. Man sah ihm an, daß er glücklich war, ohne seine Würde zu verlieren – nur seine Stimme schwankte verräterisch. Neunundsechzig von seinen fünfundsiebzig Jahren hütete *zio* Andrea Schafe, oft bis zu vier Monaten allein mit den Hunden und den weitverstreuten, wandernden Herden. Von seinen drei Söhnen kam nur der neunzehnjährige Giuseppe dann und wann zu ihm herauf. Aber auch der wollte, wie die beiden anderen, kein Hirte werden. Unser Besuch hatte den Alptraum der Hirten durchbrochen – ihre Einsamkeit. Schlaglicht auf diese Art von Isolation: *zio* Andreas rechte Körperhälfte war von der Hüfte bis zur Schulter fürchterlich verbrannt. Er war vor einiger Zeit ohnmächtig geworden und ins offene Feuer gefallen. Niemand fand ihn, niemand half ihm. Er mußte selbst mit der grausigen Wunde fertig werden.
Aber jetzt waren Freunde gekommen, Nachbarn aus Orgosolo, und mit ihnen Fremde, die der Begleitung für würdig befunden worden waren – ein Festtag! Wenn *zio* Andrea vielleicht auch nicht ganz begriff, wozu sich die Kamera auf ihn, seine Schafe, seine Hütten richtete und was die Deutschen, die *tedeschi*, wollten – Peppino M. hatte sie hierher gebracht, und damit war es gut. Nach einer Stunde wurde uns zugeraunt, der Alte habe innerhalb dieser Frist mehr gesprochen als sonst während eines ganzen Monats – obgleich, wie wir bemerkt hätten, auch das nicht eben viel gewesen sei.
Bedächtig, gemessen, der Gangart seines Berufes gemäß, verrichtete *zio* Andrea sein Tagwerk, verfolgt von den Zurufen und Scherzworten seiner Freunde, bis hinein in die Hütte, wo Schafsmilch zu Schafskäse verarbeitet wurde – eine wabernd-weiße Masse, die in Formen von unterschiedlicher Größe langsam trocknete. Das Handlicht in dem dunklen Raum; *zio* Andreas gleichmütiges Gesicht (die plötzlich bei ihm

eingefallene TV-Technik konnte ihn nicht im mindesten erschüttern), das glitschige, harmlose Produkt, das doch ein Teil des ganzen Sozialleids der Hirten war; der scharfe Geruch in der Hütte – Bilder und Eindrücke, die wie gestochen in der Erinnerung blieben. Dann ging *zio* Andrea zum Wasserfall und wusch sich dort Hände und Unterarme. Aber seltsam, es kam keine Idylle auf, nichts Romantisches, nichts von Rousseau, obwohl doch alle äußeren Ingredienzien beisammen waren – lachende Sonne, ein von hellen Wolken betupfter Blauhimmel, das wunderbare Grün des Frühlings auf Sardinien, der strömende Wasserfall, eine Luft zum Kosen und Schmecken und der ungeheuer friedliche Anblick von weidenden Schafen. Wir waren mit der Tragödie schon zu vertraut, um uns täuschen zu lassen.
Gegen Mittag griff *zio* Andrea sich ein Lämmchen aus der Herde, schnitt ihm blitzschnell und ohne hinzusehen, die Halsschlagader auf und ließ das immer schwächer schreiende Tier ausbluten. Dann zog er es ab und begann es zu braten. Ich genierte mich später tüchtig, vermochte aber keinen Bissen herunterzukriegen – was die anderen nicht störte.
Gegen Abend setzten sich die Hirten um das niedergebrannte Feuer und begannen zu singen. Obwohl ich die Vorbereitungen dazu beobachtet hatte, fuhr ich bei den ersten Tönen heftig zusammen. Nicht, weil es ein wildes Lied war, aufsässig und eigensinnig, sondern weil durch eine bestimmte Bewegung der gebogenen Handfläche vor dem Mund ein zuvor nie gehörter Effekt hervorgerufen wurde – das Blöken von Schafen! Das war dumpf und wuchtig eingearbeitet in den Gesang, in die menschliche Stimme, ein unerwarteter, unglaublicher Effekt, der in unseren Ohren völlig neu klang und Kameramann Dieter Hoffmann dazu brachte, sein Gerät einen Augenblick verblüfft abzusetzen. Was da die grünen Hänge hochdröhnte, waren sogenannte *motetti*, und es war, als hätte die ganze Herde miteingestimmt in die Strophen:

»Auch wenn du Hirte im Supramonte bist,
laß dich nicht zum Tier machen.
Zwei Dinge vermeide:
in den Abgrund zu schauen und
den Grundbesitzer zu respektieren
– denn er beutet dich aus . . .«

». . . denn er beutet dich aus . . .«

Es war an der Zeit, etwas über das eigentliche Motiv der Geiselnahmen in Erfahrung zu bringen – die soziale und wirtschaftliche Situation der Hirten. Zwei von ihnen machten uns die Rechnung auf.
Der erste war Pasquale D., dessen Hof noch in Sichtweite Orgolos lag. Er besaß dreihundertfünfzig Schafe, deren weibliche Tiere, die überwältigende Mehrzahl, zweimal am Tag gemolken wurden. Neunzig Prozent der Milch aus Schafseutern werden auf Sardinien für die Produktion von Käse verwendet, wie wir es bei *zio* Andrea gesehen hatten, und an Großhändler verkauft.
Für jedes seiner Schafe mußte Pasquale D. pro Jahr an Weidepacht 8000 Lire bezahlen – 1000 Lire auf kommunaler Weide, 7000 auf der von privaten Grundherren. Da der Winter nicht genügend hergibt, mußte Extrafutter dazugekauft werden, das sogenannte »grano turco«. Löhne für Hilfskräfte und Steuern trieben die Unkosten pro Schaf auf 16000 Lire. Diese Summe mal dreihundertfünfzig ergab rund sechs Millionen Lire, die als Selbstkosten aus der Herde herausgewirtschaftet werden mußten (nach damaligem Umwechslungsstand etwa 25000 Deutsche Mark). Zwar durfte nach dem Gesetz auch der private Grundherr nur 1000 Lire pro Schaf an Weidepacht fordern, aber wenn Pasquale D. die 7000 Lire nicht bezahlen würde, könnte er seine Schafe auch nicht auf diese Weide treiben. Und da nicht genügend kommunale Weide vorhanden war, müßten die Tiere verhungern.
Während uns der Hirte diese Angaben machte, molk er unverdrossen ein Tier nach dem andern. Schließlich beugte er sich zurück, eine Geste der Resignation, und sagte: »Die Weide – immer ist die Weide unser Hauptproblem gewesen – bis heute.«
Als wir an diesem Tag nach Orgosolo zurückkehrten, war der Hirte Nicolino D. wegen Entführung verhaftet worden.
Den zweiten Hirten, Giovanni S. aus Urzulei, trafen wir am Ostabhang des Gennargentu-Massivs, ebenfalls bei seiner Herde, die über das hügelige Vorland verstreut graste.
Giovanni S. lag auf dem Boden, als wir eintrafen. Er stand zur Begrüßung auf, legte sich jedoch gleich wieder hin, als wäre jede Energieverschwendung sträflich. Giovanni S., den wir nie zuvor gesehen hatten, dessen Handflächen aus Schmirgelpapier zu sein schienen und den ich auf etwa fünfundvierzig Jahre schätzte, lächelte uns freundlich an – Peppino M.s Empfehlung hatte genügt, zwischen uns eine Atmosphäre der Unbefangenheit zu schaffen. Jetzt fragte er von der Erde aus: »Sagt

mir, was ihr inzwischen erfahren habt, dann werden wir sehen, was noch dazukommen muß.«
Nachdem ich wiederholt hatte, was wir an wirtschaftlichen Fakten von Pasquale D. erfahren hatten, richtete der Hirte sich etwas auf und sagte: »Das sind auch meine Zahlen, bei einer Herde, die etwas kleiner ist. Ich kann sie also nur bestätigen. Auch, daß es immer nur um die Weide ging und geht.« Giovanni S. kam noch etwas höher, stützte sich mit ausgestrecktem Arm auf der Handfläche auf und fuhr in einer Art Beschwörung fort: »Das erste und wichtigste ist, daß die Weidepacht zu hoch ist, viel zu hoch! Auch die 1000 Lire für die kommunale Weide, weil noch so viele andere Ausgaben dazukommen.« Der Hirte ließ den Arm durchknicken und rammte seinen Ellbogen in die Erde: »Es heißt, zwei von den sechs Millionen Schafen Italiens weiden auf Sardinien, also ein Drittel. Und daß jeder vierte Sarde zur Familie eines Hirten gehört, also etwa dreihunderttausend Menschen. Es geht also um viel. Aber die in Rom tun, als ob es uns gar nicht gibt.«
Selbst auf die Gefahr hin, Hohn und Spott zu ernten, fragte ich: »Aber die Regierung hat doch etwas getan für die Hirten. Jedenfalls ist mir das berichtet worden.«
Giovanni S. sah mich überrascht an, als hätte ich etwas völlig Abwegiges geäußert. Dann faßte er sich und sagte, fast nachsichtig: »Die Regierung hat überhaupt nichts getan, alles Propaganda, daß etwas getan wird. In den letzten drei schweren Jahren waren es sage und schreibe ganze 50 Lire pro Schaf! Kann man das als Hilfe verstehen?«
Später begleiteten wir Giovanni S. zu seinem Haus und seiner Familie in Urzulei – niedrige Räume, die ganze Wohnung wie durchtränkt von den heißen Dämpfen gekochter Tomaten; »la mamma«, Giovannis Frau, die Tochter Paola, sehr jung und sehr reif, ein gänzlich erwachsenes Geschöpf, das auf unsere Frage, wie sie über den Hirtenberuf ihres Vaters denke, so antwortete: »Ich denke, daß es ein hartes Leben ist, so monatelang im Gebirge, weit weg von der Familie, die er nur dann und wann besuchen kann. Immer da draußen in Hitze und Kälte, in Regen uund Schnee und immer allein ...«
Und Giovanni S.: »Jetzt bin ich ein paar Tage hier, aber bald geht es wieder hinaus mit der Herde. Und was kommt bei alldem heraus? Was kann ich meinen Kindern schon bieten? Ein Stück Käse, ein Stück Fleisch – das ist alles.«
Schweigen. Dieter Hoffmann ließ die Kamera sinken. Tatsächlich,

wenn jetzt gefilmt worden wäre, hätten wir alle den Eindruck gehabt, als würden wir mit etwas freiwillig Entblößtem Mißbrauch treiben.
Was uns hier in Urzulei, und überhaupt unter den Hirten bisher, begegnete, war kein Jammern. Es war etwas ganz anderes, etwas, das tief drin in diesen Sarden saß und sie völlig beherrschte: Grimm! Grimm über das, was sie strangulierte, reglementierte, peinigte, was ihnen das Atmen erschwerte und bei alldem eine totale Gleichgültigkeit gegenüber den Lebensproblemen der Hirtengesellschaft zeigte, immer gezeigt hatte – das Externe, das von außen Kommende, das Fremde, Feindliche, Hand in Hand mit dem Gesetz, das immer und von vornherein gegen die Hirten gerichtet war, eine Urerfahrung, die im Blute dieser Sarden mitkreiste.
Die Konkretisierung des Feindes, seine Materialisierung aber, sie waren in zwei Begriffe gefaßt – Polizei und Gefängnis!

4.

Pepe C. hatte seinen besten Anzug an, als er in Arbata, einem Ort an der Ostküste Sardiniens, die lokale Carabinieri-Station aufsuchte. Der Hirte aus Orgosolo mußte jeden Ortswechsel angeben. Hierher war er gekommen, um mit einem Freund, der seine Herde hütete, die Pepe C. selbst nicht mehr beaufsichtigen durfte, zu reden.
Als wir nach der Ankunft in Arbata seinen obligatorischen Weg zum Polizeirevier filmten, fragten wir uns, warum Pepe C. sich wohl in seinen Sonntagsstaat geworfen hatte, wußten aber die Antwort nicht. Was wir dagegen erfahren hatten, war, daß er als Hirte Arbeitsverbot und von den letzten zehn Jahren fünf in Untersuchungshaft zugebracht hatte.
Nach der Anmeldung fuhr Pepe C. mit uns hinaus zu seiner Herde, weit draußen vor der Ortschaft. Sein Freund, den er mit zurückhaltender Herzlichkeit begrüßte, war dabei, als Pepe C. uns sagte:
»Ich habe zweihundert Schafe, aber Giuseppe muß sie hüten, weil ich es nicht darf. Ich fühle mich ruiniert. Früher habe ich frei gearbeitet, in den Bergen, als Hirte, und mir eine Herde geschaffen. Aber dann mußte ich wegen der Prozesse einen Teil davon verkaufen, um die Anwälte zu bezahlen. Ich darf nicht arbeiten, mich nicht frei bewegen. Man hat mir den Führerschein entzogen, und ich stehe unter Hauskontrolle. Es geht mir schlecht wie nie.«

Einen Augenblick sah es so aus, als wolle Pepe C. abbrechen, aber dann fuhr er fort: »Dabei möchte ich arbeiten und mit meinen fünfunddreißig Jahren eine Familie gründen. Doch ich wage nicht zu heiraten. Die Gerechtigkeit ist tot, ich bin, wie meine Verwandten, erledigt, moralisch zerstört. Das ist meine Geschichte. Ich habe mit der Polizei, mit den Gerichten zu tun, weil ich Hirte bin – darum, aus keinem andern Grund.«

Ich zweifelte keine Sekunde daran, daß Pepe C. an einer oder mehreren Entführungen und Geiselnahmen von Grundbesitzern beteiligt war – worüber er natürlich nie mit uns gesprochen hätte. Jedoch nicht etwa, weil er Entführungen und Geiselnahmen für einen kriminellen Akt hielte – für ihn waren sie soziale Notwehr. Das Gesetz interpretiert es anders, ohne sich um die Ursachen des Tatbestandes zu kümmern – das war der Gegensatz zwischen Sardiniens Hirten und dem italienischen Staat. Auf eine Diskussion darüber hätte sich keiner von ihnen eingelassen – warum über Selbstverständliches, Unabänderliches diskutieren?

Immerhin aber verriet uns Pepe C. dann doch noch, warum er bei Anmeldungen auf Polizeistationen stets sein bestes Zeug angelegt hatte. »Weil die nicht glauben sollen, daß ich zu Kreuze krieche!«

In unserem Rücken die verschwimmende Gebirgssilhouette der Insel; um den geächteten Schafhirten herum ein Teppich von bunten Blumen, in einer Landschaft, deren Hügel zum Meer hin gleichsam sanft zu verhallen schienen: Mein Gott – welch unerträglicher Gegensatz zwischen Sardiniens Schönheit und seiner sozialen Problematik!

Nuoro, die Metropole der Barbagia, wächst, kommt man von Süden, wie eine Zitadelle empor – trutzig, abweisend, uneinnehmbar. Droben entpuppte es sich sich als eine moderne italienische Stadt, allerdings mit einem, wie mir scheinen wollte, überdimensionalen Gerichtskomplex. Unwillkürlich fragt man sich, ob die Ausmaße etwas damit zu tun haben, daß sich die strafrechtlichen Konsequenzen der Hirtenkriminalität in Nuoro bündelten. Vor der Stadt, ebenfalls überaus wuchtig, das Gefängnis, ein langgestreckter Bau mit allen Insignien seiner Menschenfeindlichkeit – hohen Mauern, kleinen Gitterfenstern und einem ehernen, schwerbewachten Tor. Davor warten stets, einem Schwarm schwarzer, summender Hummeln gleich, Mütter, Schwestern, Ehefrauen von Inhaftierten.

An diesem symbolischen Platz lernten wir den »Anwalt der Hirten« kennen, Giannino G., im Gespräch mit einer Mutter, deren achtundzwanzigjähriger Sohn gestern wegen Entführung zu neunzehn Jahren Gefängnis verurteilt worden war. Sie hatte den Anwalt bei ihrem ersten Besuch um seine Begleitung gebeten.
Giannino G. war ein Mann von etwa fünfundvierzig Jahren, mit einem gutgeschnittenen Gesicht, klein und bei all seiner vibrierenden Dynamik doch voll auf die Mutter des verurteilten Hirten konzentriert. Sie sah zu ihm auf wie zu einem höheren Wesen.
Es hatte gerade ein kennzeichnendes Ereignis gegeben, das überall in der Barbagia, aber auch weit darüber hinaus, die Runde gemacht hatte. Eine von der italienischen Regierung zwecks Untersuchung der Hirtenproblematik einberufene Parlamentarische Kommission war aus Rom gekommen, um sich in Nuoro, also an Ort und Stelle, ein Bild machen zu können. Den Anwälten der Hirten, die sprechen, aber auch gefragt werden sollten, war vorher erklärt worden, daß pro Anwalt zwanzig Minuten nicht überschritten werden dürften. Giannino G. sprach drei Stunden vor den Mitgliedern der Kommission, ohne auch nur ein einziges Mal unterbrochen zu werden, vom Vormittag bis hinein in den Nachmittag. Niemand von den hauptstädtischen Parlamentariern hatte auf die obligatorische, die heilige Stunde der Siesta gepocht – über Giannino G.s Plädoyer für die Hirten Sardiniens hatten sie ihre knurrenden Mägen einfach vergessen.
Wir durften nicht hinein ins Gefängnis und warteten deshalb vor dem Tor auf den Anwalt.
Sein Büro im Zentrum Nuoros war rationell ausgestattet – keine Schnörkel, kein Dekor, der Arbeitsplatz eines Mannes, der gewohnt war, schnell zur Sache zu kommen. Dazu paßte auch der Elementarunterricht, den er uns nun gab:
»Die Ursachen des sardischen ›Banditismus‹ gehen eindeutig aus Studien von Kriminologen hervor. Danach hat dieser ›Banditismus‹ seine Wurzeln in der sozialen Struktur der Hirtengesellschaft selbst. Ich erkläre: Die Hirtenkriminalität erwächst aus der ungleichen Verteilung des Reichtums. Der Hirte lebt in ständiger Unterdrückung, Ungleichheit und Ungerechtigkeit. Daher kommt es auch, daß die Menschen der Barbagia diese Art von Kriminalität akzeptieren. Angehörige einer unterdrückten Klasse vergreifen sich an Angehörigen einer anderen Klasse, der sie ihre Unterdrückung verdanken. Man müßte den ›Bandi-

tismus‹ mit politischen, nicht mit repressiven Mitteln bekämpfen. Der Staat muß sich Reformen einfallen lassen: Schluß mit dem Nomadenleben der Hirten; Modernisierung und Industrialisierung ihrer Wirtschaft; Förderung der natürlichen Schätze Sardiniens – Tourismus und Landwirtschaft.«

Giannino G. war ein faszinierender Redner, von brillanter Intellektualität, sprühend vor Temperament. Ich konnte mir gut vorstellen, wie gebannt die römischen Parlamentarier ihm gelauscht hatten. Was er uns eben aus seiner kompletten Kenntnis heraus hatte wissen lassen, war in elementarer Einfachheit einleuchtend. An den Zusammenhängen zwischen Ursache und Wirkung konnte es gar keine Zweifel geben. Und doch störte mich, fehlte mir etwas, ohne daß ich schon hätte sagen können, was eigentlich. Ich kam auch nicht dazu, weiter darüber nachzudenken, denn Giannino G. sagte: »Übermorgen findet im Rahmen eines Entführungsverfahrens ein Lokaltermin statt – bei Dorgali. Die Genehmigung für eure Teilnahme habe ich schon. Wollt ihr mitkommen?«

Macchia, Hitze, Staub, Leid. Die Akteure des Trauerspiels waren vollzählig versammelt. Francesco C., um die zwanzig, von zwei *carabinieri* in Handschellen vorgeführt und angeklagt, an der Entführung des Giovanni S. teilgenommen zu haben, der im vorigen Jahr drei Monate gefangengehalten und dann gegen ein Lösegeld von umgerechnet 160 000 Mark unversehrt freigelassen worden war. Giovanni S. selbst, die seinerzeitige Geisel, nicht sehr viel älter als der Angeklagte und Sohn eines Großgrundbesitzers aus der Gegend von Cagliari ganz im Süden der Insel. Der Richter, ein ebenfalls noch junger Mann, in Begleitung zweier Staatsanwälte. Mehrere Anwälte der Hirten (drei Mitangeklagte waren flüchtig), darunter Giannino G., der Verteidiger des Vorgeführten. Ferner eine Anzahl Pressereporter, das deutsche Fernsehteam und – Mariancia C., Francescos Mutter, mit zwei Töchtern, Mädchen von siebzehn, achtzehn Jahren.

Der »Lokaltermin« war vollständig.

In der Ebene von Dorgali war es brütend heiß, als sich der Troß in Bewegung setzte, auf ein Haus zu, das in Sichtweite einsam und halbverfallen dastand, Eigentum der Familie des Angeklagten. Auf dem Wege dahin versuchten Mutter und Schwestern mit dem Sohn und Bruder Kontakt aufzunehmen, was ihnen jedoch verwehrt wurde. So rief ihm

Mariancia C. aus der gebührenden Entfernung, in der sie und ihre Töchter von stummen, aber unerbittlichen Polizisten gehalten wurden, ständig etwas laut zu. Dabei hatte sie eine Miene aufgesetzt, daß man nicht mehr hinsehen mochte.
Auch Francesco C., in der Mitte dieses seltsamen Zuges durch die verfilzte Macchia, immer noch in Handfesseln, zeigte ein stark verzerrtes Gesicht. Damit starrte er einmal den Richter an, der vor ihm ging, ohne ihm die geringste Beachtung zu schenken, dann wieder seinen Verteidiger, der hinter ihm ging, aber offenbar die Weisung hatte, nicht mit seinem Mandanten zu sprechen. Giannino G. machte beschwichtigende Zeichen, sein Ausdruck jedoch war sorgenvoll – es schien nicht gut zu stehen um Francesco C.
Manchmal fügte es sich, daß die Geisel vom Vorjahr in die Nähe ihres damaligen Entführers geriet, ohne daß Giovanni S. auch nur die kleinste Bekundung von Haß, Feindseligkeit oder auch bloß Abneigung äußerte.
Dann war das öde Anwesen erreicht, in dem alle Teilnehmer an dem Lokaltermin, eingeschlossen das publizistische Gefolge, verschwanden. Allein Francesco C. mußte zwischen seinen beiden uniformierten Bewachern draußen bleiben. Hier, an einer von insgesamnt sechs verschiedenen Stationen, sollte Giovanni S. im Vorjahr wochenlang festgehalten worden sein.
Drinnen erklärte er: Obwohl seine Entführer ihm das Unterteil eines Hosenbeins über den Kopf gezogen hatten, so daß er nicht viel mehr sehen konnte als seine Füße, bestehe für ihn kein Zweifel, daß er in diesem Haus längere Zeit gefangengehalten worden sei. Licht, Atmosphäre, akustischer Widerhall, all das sei ihm damals im Laufe der Zeit, wenn auch auf unheimliche Weise, vertraut geworden.
Giovanni S. stand da, im Halbdunkel, und trug seine Aussagen bestimmt, aber ohne jede persönliche Anklage vor. Der Richter hielt die ganze Zeit den Kopf gesenkt. Mariancia C. und ihre Töchter, hier auf eigenem Grund und Boden, schwiegen, hielten einander aber so krampfhaft an den Händen, als wollten sie sich gegenseitig daran hindern, loszuschreien. Dumpf hallten die Stimmen von Richter, Staatsanwälten und Verteidigern von den kahlen Wänden wider. Jeder begriff – es stand schlecht, sehr schlecht um Francesco C.
Dann verließen alle das Haus, Giannino G. als letzter. Hinter seiner steinernen Miene arbeitete es, bevor er heraustrat. Offenbar machte er

den Versuch, sich einen anderen Ausdruck zuzulegen. Aber dann wollte der »Verteidiger der Hirten« seinen Mandanten doch nicht täuschen – vor der Tür schüttelte er, fast unmerklich, den Kopf. Da zog Francesco C. hörbar die Luft durch die Zähne, kippte erst nach hinten über und klappte dann, die beiden *carabinieri* an den Handschellen mit sich ziehend, in sich zusammen, wie eine Marionette, deren Fäden plötzlich losgelassen worden waren.

Mariancia C. stieß hohe Schreie aus, wie die Laute einer Totenklage, während ihre Töchter an ihr hingen. Giannino G. machte verzweifelte Zeichen, still zu sein.

Aber diese sardische Mutter konnte von niemandem zum Verstummen gebracht werden. Nach längerer Autofahrt hinauf in die Bergwildnis des Supramonte, zum sechsten und letzten Versteck vom Vorjahr, beim Aufstieg zu Fuß hinter dem Troß, der den steilen Pfad hochächzte, beschwor Mariancia C. grell und klagend, in dem harten Dialekt des einst griechisch besiedelten Süditalien, die Unschuld ihres Sohnes. Jedoch unbeirrt, scheinbar taub, setzte der Zug seinen Anmarsch auf die Höhe fort, während Mutter und Töchter von den Polizisten unterhalb des Gipfels zurückgehalten wurden.

Dort oben gab Giovanni S. zu Protokoll, daß er von den neunzig Tagen und Nächten, die seine Entführung gedauert, viele hier verbracht habe, wenngleich er nicht genau wisse, wie viele. Auch diese Aussagen machte er mit klarer Stimme, sachlich und präzise, darunter Einzelheiten, die mit der Beschaffenheit der Höhle exakt übereinstimmten, bis zu den Windgeräuschen, die von dem Richter, den Staatsanwälten und den Verteidigern vorgeneigt abgelauscht wurden. All das in der Nähe des Angeklagten, der mit gesenktem Kopf und geschlossenen Augen zerbrochen, gleichsam knochenlos, vor der Höhle zwischen den *carabinieri* hing. Er brauchte nur einen Schritt nach rechts zu tun, um über die Felsbrüstung hinab einen Blick auf Mutter und Schwestern zu werfen, deren weiße Gesichter nach oben gerichtet waren, aber Francesco C. tat es nicht.

Dann ging es zurück, wieder hinab in die Ebene, wo der Troß noch eine Weile verharrte – Zeit genug, daß sich die Nachricht verbreiten konnte: Der Vater des Angeklagten, Mariancia C.s Mann, liege, den Aufregungen des Prozesses nicht länger gewachsen, im Sterben. Einen jähen Moment schien es, als wollte sich der Gefangene, eine einzige schreckliche Grimasse, in seinen Fesseln von den Bewachern losreißen

und zu Mutter und Schwestern stürzen. Aber noch in der Bewegung stießen die *carabinieri* ihn in den Gefängniswagen und schlossen die Tür ab.
Dann fuhr die Kavalkade los. Der Lokaltermin war beendet.
Noch heute sehe ich, wie Mariancia C. die Rechte in die Luft warf, Hand und Arm dort erstarren ließ und so in ihrer dunklen Tracht durch das Gebüsch eilte, weg von dem Ort des Abtransportes und hinaus in die Ebene, ohne daß dort ein Ziel sichtbar geworden wäre.
Macchia, Hitze, Staub, Leid. Und über allem der Himmel des Odysseus und der Magna Graeca, dieses durch die Jahrtausende hindurch unveränderte Licht des Mittelmeers – wir waren zu Zeugen einer antiken Tragödie geworden.

5.

Schon der Anblick der Stahlplantage des staatlichen Konzerns ›Montedison‹ bei Ottana am Rande der Barbagia war furchterregend – und wirkte doch nur wie ein Vorposten von Porto Torres. Dort hat der italienische Großindustrielle Nino Rovelli das Petro-Imperium SIR aufbauen lassen – »società italiana resine«, eine gewaltige Anlage, die den ganzen Nordwesten der Insel wie ein Geschwür vergiftete.
Sardiniens Petrochemie . . .
Ein alter Fischer im Hafen von Porto Torres: »Ich bin jetzt einundsechzig Jahre alt und fische seit meinem achten Lebensjahr. Früher hatte ich mit jeder Fahrt viele Zentner Fische gefangen, jetzt sind es nur noch wenige Kilo. Seitdem die Petrochemie hier ist, geht es nicht mehr. Der Fisch wird immer seltener und ist oft sogar ungenießbar, weil das Meer so verschmutzt ist. Und damit wird es immer schlimmer.«
Am Strand von Porto Torres, der einst zu den weißesten Sardiniens zählte, traten wir nun überall auf kleine gelbe Kügelchen – millionenfache Granulation aus Polystyrol, ein körniges Abfallprodukt. Die See, die Luft, das ganze Hinterland bis hinab zum Grundwasserspiegel – alles war verdorben.
Aber das waren nur äußere Anzeichen einer verfehlten Entwicklungspolitik, die, trotz vielen warnenden Beispielen in der Dritten Welt, von der Zentralgewalt in Rom durchgesetzt worden war – schnellrentable Projekte zu fördern statt herkömmliche Strukturen.
»Hier ist eine Industrie errichtet worden, die das Problem des ›Banditis-

mus‹ nicht lösen kann«, hatte Giannino G. uns in seinem Anwaltsbüro erklärt. »Die Petrochemie wird ein Fremdkörper auf Sardinien bleiben, der nicht nur die Hirtengesellschaft tötet, sondern auch jede Entfaltung des natürlichen Reichtums verhindert. Was da errichtet worden ist, das sind nicht ›Kathedralen in der Wüste‹, wie das bei uns genannt wird, sondern ›Skelette in der Wüste‹.«

In der Tat, schon ein Bruchteil der Lire-Billionen, die vom Staat, das heißt also vom Steuerzahler, in die Petrochemie investiert worden sind, hätte ausgereicht, Sardiniens Landwirtschaft zu modernisieren und damit den Fortbestand der Hirten zu garantieren.

Neue Arbeitsplätze waren durch die importierte Industrie auf der Insel nicht geschaffen worden. Nahezu alle Tätigkeiten in Ottana und den Anlagen von Porto Torres wurden von Angehörigen sogenannter »verlassener Berufe« – verrichtet, nämlich Hirten und Bauern. Der erste Ölschock 1973 hatte bereits die hohe Krisenanfälligkeit dieser von äußeren Zufuhren abhängigen Großindustrie aufgedeckt. Die Petro-Arbeiter, die wir am frühen Morgen an den Busstationen in Ottana befragten, gestanden offen ein, daß sie sich wurzellos und unsicher fühlten. Entlassungen hatten ihnen immer wieder bestätigt, daß sie keinerlei Vertrauen in die Beständigkeit ihres Arbeitsplatzes haben konnten. So boten sie denn auch alles andere als das Abbild klassischer Industriearbeiter.

Scheiterten die ehemaligen Hirten und Bauern aber, so kehrten sie nicht in ihre Heimatorte zurück, sondern verließen die Insel, aus Verzweiflung oder aus Scham, zu Hause als Versager zu gelten. Die Auswanderung, diese langsame biologische Ausblutung Sardiniens, war keineswegs aufgehalten, sondern eher noch verstärkt worden. Wir haben im Hinterland der Nordwestküste viele Ortschaften, ja ganze Landstriche gesehen, die der Verödung und Entvölkerung anheimgefallen waren.

Die leeren Gehöfte und Hirtenhütten erinnerten mich lebhaft an die Ruinen des ländlichen Westirlands, dessen Bevölkerung vor etwa hundertfünfzig Jahren unter dem Londoner Joch durch Industrialisierung, Hungersnöte und Bodenspekulationen von Haus und Hof getrieben worden waren, ohne daß sich bis heute an dem Anblick namenloser Verlassenheit Nennenswertes geändert hätte.

Wie dicke Spinnen hockten die Großanlagen der Petrochemie an den Küsten der Insel, mit den blinkenden Stelzbeinen weit hinten im Land, riesigen Kapillaren gleich, durch die der Lebenssaft aus dem Innern abgesogen und fortgeblasen wurde. Erst wer das gesehen hat, versteht die moderne Bedeutung des alten sardischen Sprichwortes: *Wer vom Meer kommt, will uns bestehlen.*

Und dann, ein Naturtraum aus Samt und Seide, keine hundert Kilometer nördlich des Supramonte und doch die Landschaft eines andern Sterns – Costa smeralda, die »Smaragdküste« im Nordosten! Klare See, schaukelnde Boote, Bungalows, sanft gewellter Boden, wie gemacht für phantasievolle Architekten, ohne Begrenzung der Mittel Unterkünfte für verwöhnte Ansprüche der vorgefundenen Topographie anzupassen. Dies ist die Domäne Seiner Hoheit Prinz Aga Khans und des von ihm gegründeten »Konsortium Costa smeralda« – 55 Kilometer Küste, sardischen Hirten und Bauern billig abgekauft und an eine Ästhetik der Schönheit und des Duftes teuer weitergereicht. Ihr Mittelpunkt ist Porto Cervo, mit seinen Hunderten von Ankerplätzen, einer der bestausgerüsteten Yachthäfen des Mittelmeers.
Wenn man aus der Barbagia kommt, will man zuerst nicht wahrhaben, was hier geschah. Derselbe italienische Staat, der, wenn überhaupt, für die Hirten nur kümmerlichste Almosen übrig hat, ließ an der Costa smeralda mit ungeheuren Summen staatlicher Kreditinstitute Straßen und Kanalisation bauen, Strom- und Telefonleitungen legen, und all das zugunsten eines Nobeltourismus, der in seinen kostbar aufgemachten Selbstanpreisungen von sich erklärt, zum Wohle der Einheimischen dazusein.
Unwillkürlich durchschießt mich ein Gedanke: ein Paradies ganz in der Nähe der Hölle! Der Golfplatz von Cala di volpe – auf elektrischen Kleinmobilen glitten wir über den untadeligen Rasen. Die »greens« und »fairways« wurden durch unterirdische Bewässerung stets in erstklassigem Zustand gehalten. Vorn, der Küste zu, erhoben sich Herbergen erlesenen Stils.
Hatte ich geträumt? War der Lokaltermin in der Macchia bei Dorgali und im Supramonte eine Halluzination gewesen? Befand ich mich hier bei Porto Cervo auf dem Boden ein und derselben Insel, wo dort im Osten, in Oristano, Giovanni M. auf das Urteil wartete? Wo wir nach der Rückkehr in Orgosolo erfuhren, daß in der Ortschaft Orune ein junger Hirte von einem *carabinieri* erschossen worden war? Hatten mich die Phantasien einer mediterranen Novelle von Prosper Mérimée

aus dem 19. Jahrhundert bis in den Schlaf verfolgt, oder geschah all dies tatsächlich im letzten Viertel unseres, des 20. Jahrhunderts?
Wir wurden nicht daran gehindert, in dem feudalen Reich des Aga Khan zu filmen. Im Gegenteil, ein deutscher Vertrauensmann des Prinzen, smarter Typ im Stile maskulin betonter Zigarettenwerbung, kutschierte uns durch den Yachthafen und an der Küste entlang, daß es eine Lust war. Gleichzeitig allerdings drückte der Landsmann immer wieder sein tiefes Mißtrauen gegenüber Presse und Fernsehen aus, was er in zwei erhabene Sätze goß: »Es ist nichts als der blasse Neid der Besitzlosen. Sie verstehen uns einfach nicht.« Ich gebe gern zu, daß mir darauf nichts zu entgegnen einfiel.
Es war Giannino G. gewesen, der Tourismus zu den »natürlichen Schätzen« Sardiniens zählte. An dieses halbe Hundert Kilometer »Smaragdküste« hat er dabei nicht gedacht. Es dürfte dem Prinzen und seinem »Konsortium« auch schwerfallen, den Verdacht zu entkräften, daß sich der Jet-Set unter dem Deckmantel eines Arbeitsplätze fördernden Tourismus ein weiteres Refugium für seine Lieblingsbeschäftigung errichtet habe, nämlich nun auch hier ganz unter sich zu sein. Selbstverständlich benötigte man dazu Köche, Stubenmädchen, Laufburschen, Gartenpfleger, aushilfsweise und saisonbedingt . . .
Was sich hier breitmachte, war nichts anderes als ein weiterer, wenn auch hochpolierter Eindringling.

Bei den *tombi dei giganti,* steinzeitlichen Riesengräbern in der Nähe von Arzachena, trafen wir Giovanni Maria G., der dem Aga Khan einen Teil seines Grundbesitzes verkauft hatte. Unmittelbar nach der Transaktion war der Zweizentner-Mann entführt, siebenunddreißig Tage gefangengehalten und dann gegen ein Lösegeld von umgerechnet 400 000 Mark wieder freigelassen worden.
Giovanni Maria G., der nach allen Erfahrungen eine zweite Entführung nicht zu fürchten brauchte und deshalb bei unserem Gespräch keinerlei Maßnahmen zum Schutze seiner Person getroffen hatte, vertrat eine eigene Theorie über den sardischen »banditismo«:
»Die unmittelbar Beteiligten sind zwar Hirten, Leute aus der Barbagia, aber deren Hintermänner sind große Leute, die die Entführungen lediglich von Hirten durchführen lassen. Wie mein Prozeß ergeben hat, waren elf Personen beteiligt. Aber die Ausführenden waren nur drei Hirten.«

»Meinen Sie damit, daß die Entführungen auf Sardinien nicht von den Hirten selbst ausgeheckt und geplant werden?«
»Die Organisatoren sind meiner Meinung nach Leute mit großem Besitz, außerordentlich intelligente Leute übrigens, Profis, unter denen es sogar solche mit Doktortiteln gibt. Nur – die Ausführenden sind immer die Hirten, Arme, die Mittel für die Weidepacht brauchen. Die Profis nutzen deren Situation aus. Ihnen geht es nur ums Geld, ausschließlich ums Geld.«
Wir hatten inzwischen Informationen, daß seit einiger Zeit Banden aus den größeren Städten Sardiniens, aber auch vom Festland her, Hirten vor den Karren einer Großkriminalität gespannt haben sollten, die mit der traditionellen Motivation der Geiselnahmen seit der *chiudende* vom Anfang des vorigen Jahrhunderts keine Ähnlichkeit mehr hatte. Zwar ginge es, wie Giovanni Maria G. gerade bestätigt hatte, den beteiligten Hirten immer noch um die Begleichung der Weidepacht, der Löwenanteil des erpreßten Lösegeldes jedoch sollte in die Taschen der städtischen Kriminellen fließen. Es hieß ferner, daß im Laufe der Zeit von Sardinien gekommene oder von dort vertriebene Hirten entweder Mitglieder solcher Banden geworden seien oder diese ganz aus Sarden bestünden. Die Entführung der beiden Töchter und des Neffen von Dieter Kronzucker, Korrespondent des Zweiten Deutschen Fernsehens, während eines Urlaubs in der Toskana, und die Ergebnisse des gerichtlichen Nachspiels, kommen Meinungen entgegen, daß das uralte Erpressungsmotiv verdrängt sei und sich bis in internationale Verzweigungen hinein sozusagen modernisiert habe.
Der »Verteidiger der Hirten«, Giannino G., den wir darüber befragten, winkte ab: So etwas mochte es wohl geben, doch werde es weit überschätzt. An dem Grundcharakter der Hirten-Tragödie könnten Eingriffe urbaner und von außen gesteuerter Kriminalität gar nichts ändern. »Wir Rechtsanwälte, die jeden Tag damit zu tun haben und alle diese Fälle genau studieren, wir behaupten, daß es einen organisierten ›Banditismus‹ solchen Stils nicht gibt auf Sardinien. Was es wirklich gibt, ist diese gewisse Anfälligkeit der Hirten für Kriminalität, die aus ihrer Mentalität erwächst. Und die wiederum ist das Produkt der Umwelt, in der sie leben und die es ihnen leichtmacht, kriminell zu werden.«
Ich habe nie genug davon bekommen können, Giannino G. zuzuhören, wenn er über »das Thema« sprach. Es war, als würde er ganz darin le-

ben und die Berechtigung seines Daseins einzig aus dieser Aufgabe beziehen. Giannino G. war einer Klasse von Zeitgenossen zugehörig, der ich den internen Titel »Internationale der Ideologiefreien« zugelegt hatte, ganz bei mir und für mich. Diese Menschen, bei denen es keiner Vorverständigung bedurfte, um mit ihnen eines Geistes und eines Sinnes zu sein. Die entscheidende Voraussetzung dafür aber war eben ihre Ideologiefreiheit. Im Gegensatz zur »Internationale der Einäugigen«, deren Angehörige entweder auf dem rechten oder auf dem linken Auge blind sind und die je nach ideologischem Standort also in einem Teil der Welt Verbrechen rechtfertigen, die sie im andern zu bekämpfen vorgeben, hatte »meine« Internationale beide Augen weit aufgerissen, so daß sie überall hinblicken und ihre Schläge gegen Verletzungen der Menschenrechte nach *allen* Seiten austeilen konnte, ohne Rücksichten zu nehmen auf Ideologien, Doktrinen oder Taktiken.
Ich hatte sofort den Eindruck gehabt, daß Giannino G. dazugehörte. Und dennoch gab es an diesem engagierten Juristen, diesem tief humanen Italiener, der die gesellschaftlichen Ursachen der Hirten-Tragödie beseitigen, nicht aber an ihren Symptomen herumdoktern wollte, irgend etwas, das mich störte oder das mir fehlte – immer noch ohne genau zu wissen, was. Erst ganz gegen Ende der Drehzeit sollte ich dahinterkommen – und das war nahe.

6.

Und Peppino M. erzählte uns seine Geschichte, auf einem Spaziergang irgendwo in Orgosolo. Er, der ständig ehrfurchtsvoll gegrüßt wurde, blieb plötzlich stehen und teilte wie nebenbei mit, daß er als Hirte wegen Entführung acht Jahre im Gefängnis gesessen habe. Wieder kein Wort von Schuld oder Unschuld, gemäß den zwei Arten von Justiz, die die Bevölkerung hier kennt – eine staatliche und die eigene, zweite, der *codice barbarino* genannt, »Verfassung der Barbagia«. Nach ihr ist Peppino M. unbescholten, obwohl er es, dessen war ich sicher, nach der »ersten Justiz« nicht war.
Eigentlich hatten wir von ihm nicht viel mehr erfahren, als das, was uns stichwortartig bereits vor unserer Ankunft zugeraunt worden war. Aber daß Peppino es bestätigte, wenn auch dürr und knapp, das hieß, daß er uns neben seinem Vertrauen nun auch seine Freundschaft angeboten hatte.

Die große Überraschung der Drehreise wurde Antonio B., von dem Peppino M., sein eigenes Schicksal zurückstellend, zu Beginn gesagt hatte, dieser Hirte sei nicht lange vor unserer Ankunft auf Sardinien aus dem Zuchthaus entlassen worden – nach fünfundzwanzig Jahren. Jetzt bekamen wir mehr zu wissen – von ihm selbst. Antonio B. war der einzige verurteilte Hirte, der uns gegenüber von seinem Fall sprach – aus einem sehr aufschlußreichen Motiv: Er hatte unschuldig gesessen.

1948 einer Entführung beschuldigt, war Antonio B. zunächst geflüchtet. Zu dieser Zeit wurden bei Monte Mauro vier Polizisten im Kampf mit Hirten getötet. Antonio B. stellte sich kurz darauf, wurde von der Beschuldigung der Entführung freigesprochen, nun aber wegen Mordes an den vier Polizisten angeklagt. Obwohl zahlreiche Zeugen bestätigten, daß der Angeklagte nicht am Tatort gewesen sei, wurde Antonio B. nach vierjähriger Untersuchungshaft 1953 zu lebenslangem Zuchthaus verurteilt, nun vor kurzem jedoch schließlich entlassen.

»Ich bin unschuldig gewesen an dem Tod der Polizisten«, sagte Antonio B., der ungefähr die Hälfte seines bisherigen Lebens hinter Mauern zugebracht hatte.

Ich glaubte ihm aufs Wort. Der hiesige Ehrenkodex ließ keine andere Deutung zu. Hier vor Peppino, der zu seinem eigenen Verfahren schwieg, etwas anderes zu sagen als die Wahrheit? Unmöglich – soviel hatte ich vom *codice barbarino* begriffen.

»Was hat unter diesen Umständen das Zuchthaus bedeutet?«

»Es bedeutete den zivilen Tod, nichts anderes. Faktisch haben sie mich vor fünfundzwanzig Jahren ermordet, aus dem Leben gestoßen – ich wiederhole: zu Unrecht! Denn ich trug keine Schuld. Heute bin ich nicht mehr der Mensch von damals. Ich bin ein zerstörter Mann, körperlich und seelisch. Was mir in jenen fünfundzwanzig Jahren Hoffnung gab, das war die Liebe und die Treue meiner damaligen Verlobten und jetzigen Frau, die auf mich wartete; die Wärme meiner Familie und überhaupt aller, die mich kannten, mich und meine traurige, grausame Geschichte ...«

Giannino G. schätzte die Zahl der schuldlos verurteilen Hirten auf die Hälfte aller Angeklagten – denen niemand ein Monument setzte. Da es ein Ausdruck der »zweiten Justiz« wäre, hat die »erste« es verhindert. Dafür hat sie sich selber eines errichtet: Das einzige Denkmal in Orgo-

solo ist einem im Kampf mit Hirten erschossenen Offizier der örtlichen Polizeistation gewidmet.
Antonio B. hat nie einen Blick darauf geworfen.

Giovanni S. kehrte in unserem Wagen zu seiner Herde im Supramonte zurück. Wir hatten damals, nach dem Interview, versprochen, ihn die dreißig Kilometer von Urzulei nach Norden, die er sonst zu Fuß, per Anhalter oder Bus hätte hinter sich bringen müssen, mitzunehmen.
Bei dem Straßenposten Cantoniera Bidicolai stieg Giovanni S. samt Hund aus, eilte leichtfüßig den steil abfallenden Berghang hinunter und wich dabei geschickt den schweren Steinen aus, die überall aus der Erde ragten. Dann und wann, immer kleiner, immer ferner, drehte der Hirte sich um und winkte uns zu. Mann und Hund, zwei bewegte Punkte in der Steinwüste – ein eindrucksvolles Bild. Aber mag dem Schein nach die sardische Hirtenwelt oft romantisch aussehen, wir wußten inzwischen, daß sie es in Wirklichkeit nicht war.
Giovanni S. würde nun wieder wochen-, vielleicht monatelang in der Gebirgswelt der Barbagia bei seinen Schafen bleiben, wie die Hirten vor hundert, vor zweihundert Jahren. Keine der elementaren Forderungen war erfüllt worden: feste, klimatisierbare Hütten in den Bergen für den längeren Aufenthalt; Aufhebung oder jedenfalls Einschränkung der Vereinzelung durch Genossenschaften; Einbeziehung der Hirten und ihrer Familien in das italienische Sozial- und Rentensystem; mittlere, mechanisierte Betriebe bei der Verarbeitung der tierischen Produkte; vor allem aber: Aufhebung der wucherischen Pachtgesetze, das zentrale Problem überhaupt, die freie Weide!
Nichts davon galt für Giovanni S.
Hirte und Hund hatten die Talsohle erreicht und schickten sich an, den gegenüberliegenden Berghang zu erklimmen, hinter dessen Kamm die Herde graste – weit, weit weg von der Straße, auf der Giovanni S. uns zurückgelassen hatte inmitten der majestätischen Kulisse des Supramonte und des unbeschreiblichen Duftes der Macchia, der bis hierher hochstieg. Von unserer Kamera mit »langer Tüte«, einem raumraffenden Objektiv, verfolgt, verloren sich Hirte und Hund auch für das künstliche Auge bald zwischen wildem Busch und Felsgeröll.
Die Spur hatte uns zu drei großen Feinden der sardischen Hirtengesellschaft von heute geführt.
Der erste und dauerhafteste – die staatliche Obrigkeit, von der Zentral-

gewalt in Rom gesteuert und von der Bevölkerung der Barbagia wie ein ausländischer Zwingherr empfunden. Tatsächlich hat sich keine der republikanischen Regierungen nach dem Sturz der italienischen Monarchie 1946 je über Theorien hinaus um ein neues Verhältnis zu den Hirten Sardiniens bemüht. Und ganz folgerichtig sind sie alle, ihre legislativen und ihre exekutiven Organe auf der Insel, für die Einheimischen Invasoren geblieben.

Der zweite große Feind ist die Petrochemie. Mit dieser verfehlten Industrialisierung ist den Hirten ein neuer und wahrscheinlich nicht mehr vertreibbarer Eindringling erstanden, und zwar einer der gefährlichsten in ihrer an gefährlichen Widersachern gewiß nicht armen Geschichte.

Eine weitere Bedrohung bedeutet jener dritte Invasor, der zwar zunächst erst an den Küsten Fuß gefaßt hat, der aber seiner erheblichen Auflösungskraft gegenüber herkömmlichen Strukturen wegen sehr ernst genommen werden muß, wenn er Schule macht in einer auf Fremdenverkehr angewiesenen Region – ein Nobeltourismus ohne soziale Funktion und Absicht.

Dem vereinten Ansturm dieser zeitgenössischen Invasoren ist etwas gelungen, was die Eroberer früherer Epochen nie geschafft hatten: Hunderttausende von Sarden aus ihrer Heimat zu vertreiben und eine Bevölkerung zu hinterlassen, die mit ihrer eben über eine Million Menschen kaum noch dreimal so groß ist wie die Zahl der Emigranten.

Und so lassen sich denn alle Erfahrungen, die die Hirtengesellschaft der atemberaubend schönen Insel auch mit der modernen Demokratie Italien gemacht hat, trostloserweise in ein einziges Wort zusammenfassen: Repression!

Chi viene d'al mare ci vuole derubare – Wer vom Meer kommt, will uns bestehlen.

Oristano, 25. April 1975, Tag der Urteilsverkündung im Prozeß gegen Giovanni M., angeklagt, am 23. April 1972 an der Entführung des Grundbesitzers Giovanni S. bei Macomer beteiligt gewesen zu sein. Die Geisel tauchte seither nicht mehr auf und galt als ermordet.

Wieder sind alle Akteure der Tragödie in dem geräumigen Gerichtssaal versammelt. Der angeklagte Hirte in seinem metallenen Gitterkäfig – dumpf, gedrungen, mit geschlossenem Mund, wie verplombt. Davor,

beide Hände an den Stäben, sein Verteidiger, *avvocato* Giannino G. Auf der vorderen Bank, der Zeugenbank, in Schwarz, den Kopf gesenkt, jeden Blick nach rechts zu dem Mann im Käfig vermeidend, blaß und tränenlos – Giovanna S., die Witwe. Hinter der Barriere, in ihrem Rücken, inmitten etwa fünfzig anderer Zuhörer – Ananio M., der Vater des Angeklagten, ein weißes, eingefallenes, wettergegerbtes Altmännergesicht, das in seiner Bewegungslosigkeit dem einer Statue gleicht. Vorne die Staatsanwälte, die Verteidiger, Gerichtsdiener und das deutsche Fernsehteam, die Kamera schußbereit – der Gerichtspräsident, *onorevole* Balduzzi, fehlt noch.
Ich stehe in der Nähe des Gitterkäfigs, vor dessen Stäben Giannino G. leise monologisiert. Und plötzlich weiß ich, was mich an dem »Verteidiger der Hirten« stört, mehr noch, was mich im Laufe der Zeit tief enttäuscht hat, weil ich vergebens auf etwas wartete, das dann doch nicht gekommen ist – ein Wort, ein einziges Wort nur der Anteilnahme auch an dem Schicksal der Entführten und ihrer Angehörigen!
Ich mag ihm unrecht tun, diesem unerschrockenen italienischen Juristen, dessen tiefhumanen Antrieb bei der Verteidigung der sardischen Hirten ich keine Sekunde in Zweifel ziehe – ich mag ihm unrecht tun, denn möglicherweise existierte eine solche Anteilnahme in Giannino G. Nur – gesagt, erwähnt hat der große *avvocato* davon in all den Wochen unseres Aufenthaltes auf Sardinien nichts.
Ich mache hier einen Einschub in das laufende Geschehen, nicht, um die Spannung der Urteilsverkündung künstlich zu verlängern, sondern weil ich kurz auf ein interessantes und wichtiges Phänomen eingehen möchte, das mir schon früher begegnet war und sich nun bestätigte.
Ich hatte bei Menschen, die sich juristisch oder moralisch oder politisch für bestimmte Gruppen anderer Menschen engagierten, bemerkt, daß sie ihre Humanitas in gewisser Weise spalteten, ohne dabei ihr gutes Gewissen zu verlieren. Die Situation, in der das geschah, war immer die gleiche: Sie engagierten sich für Gewalttäter, die selbst Opfer bestimmter Zwänge und oft biographisch tiefverankerter Verkettungen waren und aus ebendiesen Zusammenhängen heraus ihrerseits andere zu Opfern gemacht hatten (so daß man im Sinne der Kausalfolge von Primär- und Sekundäropfern sprechen könnte). In diesem Konflikt zwischen zwei Arten von Opfern nehmen viele human Motivierte einseitig Partei für das Primäropfer, und zwar ohne jede Beziehung zum Sekundäropfer – bei dem es sich schließlich häufig um einen Ermorde-

ten handelt. Diese seltsame Indifferenz von Kämpfern für Primäropfer gegenüber den Sekundäropfern erlebte ich sehr deutlich am Beispiel eines befreundeten Dokumentarfilmers, der sich zum Anwalt zu lebenslanger Haft Verurteilter gemacht hatte und mit bewunderungswürdiger und überzeugender Sorgfalt die Ursachen aufdeckte, die seine »Klienten« zu Mördern gemacht hatten. Dieser Kollege und Freund war so beherrscht von seiner Teilnahme, seiner Forschungsarbeit am Primäropfer, er war beim Graben nach den Wurzeln der Bluttat so sehr Partei geworden, daß ihm jeder Sinn für das Sekundäropfer verlorengegangen war. Diese Spaltung einer humanen Persönlichkeit durch subjektives Engagement hatte mich damals so erschreckt, wie sie mich nun auch im Falle von Giannino G. irritierte. Im Sinne der Kausalfolge, und in keinem andern, waren die Hirten die Primär-, die Entführten die Sekundäropfer – aber die Aufdeckung der gesellschaftlichen Zusammenhänge konnte mich nicht daran hindern, mit der Witwe in diesem Gerichtssaal, Giovanna S., um ihren toten Mann zu trauern und gegenüber dem furchtbaren Los des Entführten Anteilnahme zu bekunden.

Es geschah in jener halben Stunde, da alle auf den Eintritt des Vorsitzenden warteten, daß ich meine eigene Position fand. Als Autor einer Fernsehdokumentation über die Tragödie der sardischen Hirten konnte, wollte und durfte ich nicht für die Berechtigung von Entführung und Geiselnahme plädieren. Ich weigerte mich, die Gefühle des Mitleids und des Schreckens angesichts dieser gebrochenen Frau auf der Zeugenbank in mir zu unterdrücken. Entführungen und Geiselnahme sind schwere Verbrechen, auch auf Sardinien, und meine Dokumentation würde kein einziges von ihnen rechtfertigen.

Aber ebenso weigerte ich mich, die sozialen Ursachen der Tragödie, die Motive der sardischen Hirtengesellschaft seit der *chiudende* in einem Atemzug zu nennen mit den Antrieben jener modernen Erpresserpest, die persönlichen Luxus ernten oder die Ziele ihres politischen Fanatismus durchsetzen will. Ich weigere mich bis heute ganz entschieden, beides für ein und dasselbe zu halten.

Der Zwang zu überleben führt auf dieser Insel zum Zusammenstoß zwischen der »ersten« und der »zweiten Justiz« – das ist der Kern der Tragödie.

Im Gerichtssaal verbreitet sich durch das lange Warten eine Atmosphäre der Unruhe.
Nur Giovanni M. zeigt keine Bewegung. Bis zuletzt hat der Angeklagte erklärt, er sei nur zufällig am Ort der Übergabe des Lösegeldes gewesen. Dort festgenommen, aber wieder freigelassen worden, sei er erst dann verhaftet und angeklagt worden, als er die Polizei beschuldigte, ihn mißhandelt zu haben. Ob dies die Wahrheit ist oder nicht – auch wenn Giovanni M. wüßte, wer die Entführer sind, er würde sie nie verraten, selbst um den Preis der eigenen Freiheit nicht.
Dann, endlich, betritt Presidente Balduzzi den Saal, den nun das gespenstisch fahle Licht unserer Handlampen erhellt. Ich stehe neben dem Gitterkäfig und bleibe dort, während Giannino G. zu seinem Platz eilt. Als das Strafmaß verlesen wird, geht ein Raunen durch den Raum. In diesem Moment begegnet mir zum zweitenmal der Blick des Gefangenen und nun verurteilten Hirten. Seine Augen öffnen sich weit, und so starren sie mich an, nahe und doch unendlich fern, mit Irrlichtern von Unglauben, Wehrlosigkeit und Trotz, wie eine Frage an den, der ihm zufällig am nächsten ist. Dann fallen die Lider und machen diese Augen zu Schlitzen, die nichts bieten als Verschlossenheit und Abriegelung, ehe sie sich von mir wenden. Nie im Leben war mir ein solcher Blick begegnet.
Während der Urteilsverkündung weint die Witwe Giovanna S. auf der Zeugenbank still vor sich hin. Ananio M., der Vater des Verurteilten, schwankt mitten unter den Zuhörern, wie blind, nur seine Lippen bewegen sich, als singe er ein Lied oder murmele Beschwörungen.
Giovanni M., sardischer Hirte und Sohn eines sardischen Hirten, wird das Gefängnis erst verlassen, wenn er fünfzig geworden sein wird. An diesem Tag, dem Tage des Urteils, war er neunundzwanzig Jahre, zehn Monate und zwei Wochen alt.

Portugal: »Und da soll ich den Juden herauskehren?«

»Marranen, (Schimpf-)Name für jene span. und portugies. Judenchristen, die unter dem Druck mittelalterlicher Judenverfolgungen ohne innere Bekehrung die Taufe empfangen hatten.« *(Lexikon für Theologie und Kirche, Freiburg 1962)*

»Marranen (hebräisch anussim, ›Gezwungene‹), Bezeichnung für die zur Verleugnung ihrer Religion gezwungenen Juden.« *(Jüdisches Lexikon, Berlin 1929)*

»Marranen (span. ›Schweine‹, hebr. anussim, ›Gezwungene‹), im 16. Jahrhundert eingeführte Bezeichnung für zwangsgetaufte Juden.« *(Lexikon des Judentums, Gütersloh 1967)*

1.

Ursprünglich, ehe ich noch Marranen selbst begegnet war, sollten die Dreharbeiten über ihr Problem im Portugal von heute sozusagen ein Nebenprodukt der spanischen Hauptreise sein. Aber es kam anders. Denn das Schicksal der Marranen trat durch seine erregende historische Aktualität weit vor das größere, geschichtlich jedoch in sich abgeschlossene Thema: *reconquista* – die Rückeroberung des maurischen Spanien durch Kreuz und Schwert der Christen. Das bedarf der Erklärung.
Sechs Wochen waren wir, von Norden nach Süden quer über die Pyrenäen-Halbinsel, den Spuren gefolgt, die der gigantische Kampf von der Mitte des 8. bis ans Ende des 15. Jahrhunderts überall hinterlassen hatte. Die Höhle von Covadonga in Asturien, legendärer Ausgangsort der *reconquista*, ein nationaler Wallfahrtsort durch alle Jahreszeiten, wie die mächtige Kathedrale von Santiago de Compostela, die dem Schutzheiligen der Rückeroberung geweiht ist. Die »Zitadellen Gottes«, wie der Dom von León; die waffenstarrenden Festungsigel der unaufhaltsam nach Süden drängenden Christen – Coca, Lugo, Avila, eine überwältigende Militärarchitektur. Die Symbolfigur der *reconquista*, Kastiliens Bannerträger, aber auch Gefolgsmann von Moslemkönigen, der *condottiere* Rodericus Didaci Campidoctor, besser bekannt als »El Cid Campeador« – Roß und Reiter im Zentrum von Burgos scheinen jeden Moment mit verheerenden Folgen auf das vielbefahrene Straßenpflaster niederschmettern zu wollen. Das Schwert des Cid im Armee-

Museum zu Madrid und der ›Poema del Cid‹, eine unhistorische Glorifizierung des Recken, aber das erste auf unsere Tage überkommene Werk in spanischer Hochsprache.
Und dann die Gegenseite, die Mauren, Verlierer schließlich, jedoch Träger einer Kultur, deren hochmütige Überlegenheit selbst noch von ihren Restbauten souverän widergespiegelt wird, allem voran die Pracht aus Japsis, Granit und farbigem Marmor, der unvergleichliche »Säulenhain« in der *mezquita*, der alten, von Karl V. später architektonisch verhunzten Moschee von Córdoba. Der »Puppenhof« im Alcázar von Sevilla, eine Schöpfung der Almoraviden, und die Giralda dort, das Minarett der ehemaligen großen Moschee, das bedeutendste Baudenkmal der Almohaden. Und das märchenhafte Schlupfloch der letzten Mauren auf spanischem Boden, Granada, mit seiner Krone, der Alhambra, und ihren Kleinodien, »Löwenhof« und »Generalife«, dem Wundergarten der Nasriden.
Wir waren in der mythischen Hauptstadt Gesamt-Iberiens gewesen – Toledo, unter Mauren und Christen dreihundert Jahre lang die geistige Metropole auf europäischem Boden und eigentliche Geburtsstätte der Renaissance. Und in Córdoba vor das bescheidene Denkmal des Moshe ben Maimon, genannt *Maimonides*, getreten, größte unter den vielen großen Geistesgestalten der spanischen, der sephardischen Juden.
An ihnen wird sich innerhalb des universalen Dramas zwischen Christen und Mauren auf der Halbinsel im Endstadium der *reconquista* jene Sondertragödie vollziehen, deren Ausläufer bis in unsere Gegenwart wir dann in Portugal filmen wollten.

Der siegreiche Islam erwies sich als duldsame Obrigkeit nicht nur für Christen, sondern auch für Juden. Jahrhundertelang konnten sie unter dem Kalifat und den Taifas, den Teilfürstentümern, Sabbat und hohe Festtage angstfrei feiern. Weder mit Güte noch mit Gewalt haben die spanischen Moslems Andersgläubigen je Allah aufzwingen wollen.
Aber auch in den von den Christen wiedereroberten Gebieten hielten die Herrscher lange ihre schützende Hand über die starke Minderheit der Juden, deren Vorväter hier schon in der »Hispania romana« ihre Gemeinden hatten. Unter König Alfons VI. gegen Ende des 11. Jahrhunderts wird Toledo für die Juden Spaniens so etwas wie ein zweites Jerusalem, Traditionen, die noch zweihundertfünfzig Jahre später von »El Sabio«, dem Weisen, König Alfons X., fortgesetzt wurden. Der Ge-

lehrte auf dem Thron ließ die Bibel, den Talmud, den Koran ins Kastilische übersetzen und wurde zum Schöpfer der spanischen Schriftsprache. Sein Denkmal hoch über dem Tajo ist dem letzten Humanisten auf dem Königsthron der *reconquista* geweiht. Mit ihm endete nicht nur das Glück von Toledo, sondern auch das der iberischen Judenheit. In den langen Jahrhunderten maurischer und christlicher Toleranz waren viele der Söhne und Töchter Abrahams wohlhabend, ja reich geworden, oft als Bankiers der Könige und als Steuereinnehmer für die Herrscher. Ein gefährlicher Reichtum, denn keine Toleranz hatte die Beschränkung der Juden auf bestimmte, vor allem Geldberufe, aufgehoben. Ein religiös inspirierter Funke würde genügen, um die soziale Wut der armen christlichen Massen gegen die herausgehobene und oft verhaßte Minderheit zu lenken.
Dieser Funke wurde ausgelöst durch die Schwertspitze der *reconquista* – die katholische Kirche.

Es gibt keine Erklärung ihres unvergleichlichen Einflusses auf die Volksmassen Spaniens ohne die Kenntnis ihrer Rolle bei der Rückeroberung. Die Kirche ist ihre Seele, ihr Herz, ihr geistlicher Generalstab, und sie gewinnt im Laufe des Kampfes immer mehr an Gewicht und Macht, bis sie *über* den Königen steht. Vom Ende des 13. Jahrhunderts an ideologisiert sie die *reconquista* zu einem Glaubenskampf, einem Religions-, einem heiligen Krieg, und ergreift als »Ecclesia militans« die Gewalt über Menschen und Waffen.
Der Untergang der spanischen Judenheit wurde 1313 eingeleitet, durch das Konzil von Zamorra: Es untersagte den Christen jeden Verkehr mit Juden. Dieser Funke glomm scheinbar harmlos achtzig Jahre vor sich hin. Dann, 1391, machte er zunächst Sevilla zum Explosionsherd. Der Mob stürmte die reichen Judenviertel. Dasselbe wiederholte sich in Toledo, in Córdoba, in Segovia und zahlreichen anderen spanischen Städten und Ortschaften.
Unter dem Druck dieser Verfolgungen ließen sich viele Juden taufen, ein erzwungener Glaubenswechsel, der sich über die ganze Halbinsel verbreitete und von der Kirche, zum Teil in Massen, organisiert wurde. Diese *conversos* – Bekehrte – oder »Zwangschristen«, die sich Rettung für Leib und Leben erhofften, blieben zunächst verschont. Viele von ihnen stiegen sogar auf in hohe und höchste Ämter. Bekehrte Juden hatten Vertrauensposten bei den christlichen Königen, ja waren sogar

deren Beichtväter. Das Herrscherpaar der End-*reconquista*, Ferdinand von Aragón und Isabella von Kastilien, waren umgeben von *conversos*. Unabhängig von diesen Erscheinungen in der Creme des Feudalstaates richtete sich die Judenfeindschaft der christlichen Massen im Verlaufe des fünfzehnten Jahrhunderts immer heftiger gegen die »Bekehrten«, die »Neu-Christen« oder »Krypto-Juden«, weit stärker als gegen die Juden, die ihrem Glauben auch unter der Verfolgung treu geblieben waren.

Volk und Kirche warfen den Zwangsbekehrten vor, daß sie in Wahrheit gar keine Christen seien, sondern unter der christlichen Etikette heimlich ihrer alten Religion weiter anhingen und deren Gebräuche, verborgen vor den Augen der Öffentlichkeit, ausübten (was sicherlich, wie bei Zwangstaufen nicht anders zu erwarten, häufig genug tatsächlich der Fall gewesen sein dürfte). Andererseits gibt es die Gegenbeispiele, daß »Bekehrte« zu den gnadenlosesten Feinden ihrer ehemaligen Glaubensgenossen und der *conversos* wurden, allen voran ein ehemaliger Rabbiner, der den christlichen Namen Pablo da Santa María annahm, und der schreckliche General-Inquisitor Torquemada, der ebenfalls einem Geschlecht bekehrter Juden entsprang.

Er konnte sein grausiges Amt antreten, weil die katholischen Könige, Isabella von Kastilien und Ferdinand von Aragón, 1479 dem Druck der Kirche und der Massen nachgaben und die Inquisition in Spanien gründeten. Sie richtete sich nicht gegen Juden, sondern gegen *die* Christen, die einst Juden waren. Im Laufe des fünfzehnten Jahrhunderts waren bereits Tausende solcher Bekehrten unter der frenetischen Zustimmung christlicher Massen öffentlich erdrosselt, erschlagen, bei lebendigem Leibe verbrannt worden – als »Ketzer« gebrandmarkt und ohne jede Hoffnung auf Erbarmen. Der Gerichtshof war niemandem Rechenschaft schuldig, niemals wurde ein Verhafteter freigesprochen, Sippenhaft war selbstverständlich. Ab 1480 aber begannen die Scheiterhaufen der »Autodafés« den Himmel über Spanien immer greller anzuleuchten.

Dann folgte der nächste, der endgültige Schlag. Am 31. März 1492, zwei Monate nach dem Fall von Granada, unterschrieben die katholischen Könige das Dekret, das alle Juden, die sich der Bekehrung widersetzten, vom spanischen Boden vertrieb. Der Erlaß erging, obwohl sich während des vergangenen halben Jahrhunderts, besonders aber seit Gründung der Inquisition durch Isabella und Ferdinand, erwiesen hatte, daß der Glaubenswechsel der überwältigenden Mehrheit der Bekehrten weder Nutzen noch Sicherheit bringen konnte. Das Schicksal dieser Judenheit, der Sephardim, vollzog sich am Ende der *reconquista* und am Vorabend der *conquista*, der Eroberung der Neuen Welt durch die Entdeckung Amerikas. Kolumbus, die Ermächtigung der Könige zum großen Abenteuer endlich in der Tasche, muß unweigerlich auf seinem Weg an die Küste den bleichen Elendszügen enteigneter, gedemütigter und hoffnungsloser Juden zu den Häfen von Puerto Santa María und Cádiz begegnet sein. Es wurde ein Exodus, der bis dahin ohnegleichen war. Viele starben, bevor sie auf abgewrackten Seelenverkäufern für teures Geld in die ungewisse See stachen, andere ertranken auf der Fahrt an fremde Gestade, falls sie nicht das noch schlimmere Los ereilte, Piraten in die Hände zu fallen. Noch bevor der Genueser von seiner ersten Entdeckungsreise im Frühjahr 1493 zurückkehrte, war Spanien »judenrein«.

Der Kampf gegen die Zwangsbekehrten aber ging weiter. Vom Volk wurden sie »marranos« genannt – Schweine, ein Ausdruck tiefster Verachtung und äußersten Mißtrauens, der sich im Laufe der Jahrhunderte, wie aus den Zitaten weiter oben zu ersehen war, einbürgerte, ohne daß damit gleichzeitig auch der Diskriminierungscharakter der Bezeichnung übernommen wurde. In diesem Sinne wird das Wort auch von mir verwendet werden. Tatsächlich hat sich der Sammelbegriff »Marranen« von seinem Ursprung gelöst und als internationales Kennwort durchgesetzt.

Ein Teil von ihnen floh im ausgehenden fünfzehnten und zu Beginn des sechzehnten Jahrhunderts aus Spanien nach Portugal. Dessen Königshaus hatte sich zwar 1497 dem Austreibungsdekret angeschlossen, dann aber die *conversos* offenbar nicht mit der rigorosen Perfektion der nachbarlichen Inquisition verfolgt. Denn während es im heutigen Spanien überhaupt keine Marranen mehr gibt, leben im nördlichen Portugal noch zwischen dreißig- bis fünfzigtausend Nachkommen der seinerzeit zwangsgetauften Flüchtlinge aus Spanien.

Ihr Schicksal, ihr Dasein heute, ihr Leben in unserer Gegenwart war es, was uns nach den Dreharbeiten für »Reconquista – die Wiedereroberung des maurischen Spanien durch das Kreuz« nach Portugal führte.

2.

Einiges hatte ich vorher in Erfahrung bringen können – aus jüdischen und nichtjüdischen Lexika, aus verschiedenen Enzyklopädien, aus Artikeln in jüdischen Zeitungen und Zeitschriften und durch jüdische Zeitgenossen, die als Emigranten aus Hitlerdeutschland lange in Portugal gelebt hatten.

So etwa, daß sich die Marranen vor allem in den nördlichen Provinzen des Landes erhalten haben – in Porto, Braga, Braganza, in Miranda, Mirandella und Villa Real tras os montes. Daß die Revolution von 1910 Portugal zwar Glaubensfreiheit brachte, es aber noch fast anderthalb Jahrzehnte dauerte, bis eine gewisse Wirkung auf die Marranen durchschlug. In den zwanziger Jahren schien es eine Renaissance unter den Marranen zu geben, gestützt auf eine nationale und eine internationale Bewegung. Haupt der Erneuerung war Arthur Carlos de Barros Basto (Ben Rosch), der erste portugiesische Marrane, der sich wieder öffentlich zum Judentum bekannte. Mit Hilfe ausländischer Komitees wurde in Porto ein jüdisch-religiöses Zentrum errichtet, ›Mekor chajim‹, 1926. Zwei Jahre später gründeten Marranen eine Jüdische Gemeinde in Braganza, ›Pidjon Schewujim‹ und 1929 eine andere in Covilha. De Barros Basto gab damals eine jüdisch-portugiesische Monatszeitschrift heraus, um die Kenntnis des traditionellen Judentums unter den Marranen zu verbreiten – ›Halapid‹. Aber in einem autoritär regierten Portugal, inmitten der Aufstiegsperiode des klassischen Faschismus in Europa, war diesem Aufbegehren kein Erfolg beschieden.

Nach meinen Vorstudien sollte die Masse der Marranen aus kleinen Leuten bestehen – Straßenhändlern, Schustern, Spediteuren, Maultiertreibern und Angehörigen anderer wenig geachteter Berufe. Obwohl offiziell Christen, sollten sie dennoch Bräuche bewahrt haben, die sich von denen ihrer Umwelt unterschieden – neu gesetzte Obstbäume nicht zu beschneiden und die ersten Früchte nicht zu essen. Ferner als Wöchnerin das Gesetz der Reinlichkeit innezuhalten, vierzig Tage lang kein Gotteshaus zu betreten und sieben Tage lang »schiwe sitzen« – Totenwache zu halten, das alles ohne Zweifel Reste jüdischer Traditionen. Auch hieß es, daß viele Gesänge der Marranen von den »Kindern Israels« handelten, von ihrem Zug durchs Rote Meer, vom Leben Isaaks und Jonas'. Und daß ab Freitagabend die Arbeit ruhe, bis am nächsten Tag der erste Stern aufglimme.

Einiges davon hat sich mir später bestätigt, anderes nicht. Aber kein Vorstudium, keine Vorlektüre konnte mir tatsächlich vermitteln, was es noch heutzutage heißt, ein Marrane zu sein. Ich mußte es erst selbst erleben.

Die Wahl war auf *Belmonte* gefallen, eine Stadt an der Grenze der Provinzen Beira Baixa und Beira Alta, an den östlichen Ausläufern der fast 2000 Meter hohen Serra da Estrelas – in ihr sollte der Anteil der Marranen an der Gesamtbevölkerung besonders hoch sein.
Wir kamen dorthin mit einer portugiesischen Dolmetscherin, einer jungen Frau, ohne deren Einfühlungsvermögen, Takt, Engagement und Sprachkenntnisse wir keinen Meter hätten drehen können – Maria da Luz Moita.
Sie sondierte das Terrain zunächst allein. Wir blieben, etliche Kilometer von Belmonte entfernt, in einem Hotel mit phantastischer Fernsicht, einer gerade eröffneten Gebirgsherberge. Am Abend kam Maria da Luz Moita mit zwei Grundinformationen zurück: Von den etwa dreitausend Einwohnern Belmontes seien sieben- bis achthundert Marranen, tatsächlich ein ungewöhnlich hoher Anteil, und zweitens – die Haltung der Marranen, an einer Selbstdarstellung im Deutschen Fernsehen teilzunehmen und mitzuhelfen, sei undurchsichtig. Immerhin habe sie Leute gefunden, die bereit seien, mit uns zu sprechen und sich auch filmen zu lassen.
Belmonte reckt sein Wahrzeichen weithin sichtbar über die Landschaft – eine mächtige Burgruine, Sitz des untergegangenen Fürstengeschlechts der Cabrals, deren berühmtester, Pedro Alvares Cabral, im Jahre 1500 den Seeweg nach Südamerika gefunden hatte.
Wir begaben uns an diesem ersten Tag ohne Geräte in die Stadt hinein, hielten uns in den Straßen auf, besuchten Restaurants und kleine Bars und zollten dem Denkmal des Entdeckers, dem großen Sohn und Stolz der Stadt, unsere Reverenz. Der Fürstensproß war just in jenem Jahr auf die weiße Küste des Subkontinents in der Nähe des Orinocodeltas gestoßen, als die ersten Marranen-Flüchtlinge nach Belmonte kamen.
Was zuerst auffiel, waren die vielen Hakenkreuze, auf Häuser und Mauern gemalt, davon manche erst kürzlich, der Frische der Farbe nach zu urteilen.
Am nächsten Morgen betrat das Team das älteste Viertel der Stadt, ge-

duckte Häuser im Schatten der dräuenden Feste. In einem von ihnen lernten wir Beilinda und Carlos Henriques kennen – er dreiundachtzig, sie achtundsiebzig, für mich beide unverkennbar Juden.
In den dumpfen Stuben mit der niedrigen Decke roch es nach Armut und Elend. Die Möbel waren verschlissen, überall standen, lagen oder hingen Insignien eines kleinbürgerlichen Geschmacks: Spiegel, Bilder, gestickte Tücher, Kitsch-Reproduktionen. Und dennoch lebte hier eine uralte, stallwarme Wohnlichkeit, die mir für einen Augenblick die malerische Ghettoatmosphäre des untergegangenen Ostjudentums heraufbeschwor.
Die beiden Alten standen da und starrten uns an, seltsam erregt, mißtrauisch und doch voller Bereitschaft. Ich schwankte einen Augenblick und beschloß dann, kein Versteck zu spielen. Ich ließ fragen, ob Beilinda und Carlos Henriques sich als Juden oder als Christen fühlten. Noch während Maria da Luz Moita sprach, malte sich in den zerfurchten Gesichtern ein gewisser Schrecken, ehe Carlos Henriques dann, rasch und doch auch wieder zögernd, antwortete: sie seien, wie ihre Kinder, wie alle Henriques, getaufte Katholiken.
Und dann begann der alte Lederarbeiter, der einst hier und in den umliegenden Ortschaften Schuhe verkauft und repariert hatte, von Moses und Abraham zu sprechen, von Daniel in der Löwengrube und von Isaak, der bereit gewesen sei, auf Gottes Geheiß den Sohn zu töten, dann aber von Jehova doch zum Lammopfer begnadigt worden sei. So mochte er länger als zehn Minuten gesprochen haben, gerade als müsse er vor uns mit seinen Kenntnissen den Beweis des katholischen Glaubens antreten – ohne auch nur ein einziges Mal das Neue Testament zu erwähnen! Eine erste, blitzhafte Erkenntnis: Wenn sich Carlos und Beilinda Henriques wirklich als Christen fühlten, so war es ein Christentum ohne Jesus, ohne die Mutter Gottes oder den Heiligen Geist, ohne Evangelium – es war die Welt des Alten Testaments!
In der stickigen Stube hatte sich die Erregung des alten Ehepaares sichtlich gesteigert. Nach einer Weile nahmen sie Maria da Luz Moita beiseite und redeten gedämpft auf sie ein, als behandelten sie etwas Verbotenes, bestanden dann aber audrücklich darauf, daß es uns mitgeteilt wurde: Die kürzlich in Portugal ausgestrahlte Fernsehserie »Holocaust« vom Leben und Sterben der jüdischen Familie Weiß habe seine Frau und ihn, seine ganze Familie, sehr beeindruckt.
Darauf warteten sie, fast ängstlich, wie wir reagieren würden.

Als mir nichts Besseres einfiel, als auf die beiden Alten zuzugehen und ihnen die Hände zu drücken, geschah etwas, was uns allen den Atem verschlug. Carlos Henriques, groß, hager, gebeugt, ging an einen Schrank, zögerte, holte etwas heraus und legte es auf den Tisch: jüdische Schriftzeichen, Szenen aus dem Alten Testament, Bücher in hebräischer Sprache und ein Tuch, offenbar ein Stück von einer Thora-Umhüllung. Dann schaute er uns an, als wollte er fragen: Und was sagt ihr nun?

Wir sagten gar nichts, weil hier nichts zu sagen war. Beilinda und Carlos Henriques, die beide weder lesen noch schreiben konnten, die fünfhundert Jahre getrennt waren von der ursprünglichen Religion ihrer Vorfahren, die ganz offenbar nicht wußten, was diese Schriftzeichen zu bedeuten hatten oder was die Bücher mit der fremden Schrift erzählten, bewahrten all das auf wie ein Heiligtum, hüteten es wie Reliquien, verbargen es in aller Regel und machten heute – aus Vertrauen zu uns – eine Ausnahme. Schließlich stellte sich im Verlaufe des Vormittags heraus, daß das Ehepaar zwar nichts vom Verlust der portugiesischen Kolonien wußte, aber exakt, wie Historiker, genau auf Jahr und Tag, aufzählen konnte, wann und wo Israel Krieg gegen die Araber geführt hatte.

Dann, erst beim Abschied, erfuhren wir, daß Beilinda und Carlos Henriques vor langer Zeit nach Lissabon gefahren waren und dort die Synagoge aufgesucht hatten. Sie hätten sich, berichtete Carlos, dort auf die Bank gesetzt, in der Hoffnung, daß jemand kommen und sie ansprechen würde. Aber es sei niemand gekommen, man habe sie einfach sitzen lassen und gar nicht beachtet. Niemand habe sich in der Synagoge ihrer angenommen . . .

Der erste Grundeindruck, beklemmend genug: ein Funke Vertrauen unter einer dicken, jahrhundertelang angesammelten Ascheschicht des Mißtrauens. Das wurde bestätigt durch die zweite Begegnung mit Marranen in Belmonte, dem Kleiderhändler Antonio Nunes Diogu, der seinen schmalbrüstigen Laden gleich neben dem Stadtzentrum hatte, der Plaza mit der Statue des feudalen Entdeckers Pedro Alvares Cabral.

Diogu empfängt uns mit einer Miene, als würde er seine leichtfertige Zusage an Maria da Luz Moita schon wieder bereuen. Dieser Eindruck bleibt auch, als er dann doch zu erzählen beginnt. Daß schon sein Vater Kleiderhändler gewesen sei und er selbst bis vor kurzem noch seine Wa-

ren auf Märkten angeboten habe. Daß er hier geboren sei, einen Sohn habe und seine Frau die Wohnung über dem Laden nie verlasse, weil sie geisteskrank sei (erster Hinweis auf die Inzucht der Marranen).
Ob er jüdische Riten befolge?
Nein, o nein! Das tue er nicht, das tue er ganz und gar nicht. Antonio Nunes Diogu hob abwehrend die Hände, als hätten wir ihn etwas völlig Absurdes gefragt.
Der Mann hatte Furcht, das lag offen zutage, und er scheute sich fortzuführen, worauf er sich eingelassen hatte, ohne daß er den Mut fand, das auch auszusprechen. Es war nicht nötig, wir packten die Kamera auch so ein. Hier, in dem kümmerlichen Laden mit den uneleganten Textilien und ihrem verschüchterten Besitzer, kam mir zum erstenmal der Gedanke, ob nicht unser ganzes Unternehmen verfehlt sei, da wir in einer alten, aber immer noch offenen Wunde rührten.
Antonio Nunes Diogu war sichtlich froh, als wir die Filmarbeit abbrachen, und jetzt wurde er geradezu lebhaft: Er sei vor Jahren in Lissabon gewesen und habe da die Jüdische Gemeinde aufgesucht. Der Empfang sei aber nicht gut gewesen, man habe ihn nicht beachtet, ja sei ihm aus dem Wege gegangen. Er führe das darauf zurück, daß die Herren in der Synagoge wohl gelehrte Leute gewesen seien, er aber nur ein kleiner Händler vom Lande, dem man seine Herkunft angesehen habe.
Draußen, auf der gegenüberliegenden Häuserwand, neben einer Bar, prangte ein riesiges Hakenkreuz, neu gemalt, schwarz, aggressiv – ohne daß sich die Passanten daran zu stoßen schienen.

Die Situation war, gleich zu Anfang also, peinlich, mein innerer Konflikt schwierig. Ich fühlte mich hin- und hergerissen zwischen meinem Engagement für das Thema und der sichtlichen Not, die es den Marranen von Belmonte brachte – eine Zumutung für beide Seiten. Aber ich hatte mich bereits zu tief eingelassen mit dem Schicksal dieser Menschen, um eine rasche Entscheidung zu fällen. Sie mußte vom weiteren Gang der Dinge abhängig gemacht werden, ohne sie lange aufzuschieben.
Das konnte sich schon morgen klären, an »Christi Himmelfahrt«. Die Marranen würden, wie jedes Jahr, ihr eigenes Fest feiern, das sie »Himmelfahrt der Tochter Jakobs« nannten, und zwar weit außerhalb der Stadt. Da war sie wieder, die Bindung an das Alte Testament, und das an einem Tag, an dem Christen Jesus feierten – hier lief die Spur.

Das Fest fand etwa fünfzig Kilometer von Belmonte entfernt statt, unter freiem Himmel zwar, aber irgend etwas hatte hier Katakomben-Charakter. Es hatten sich ungefähr hundert Männer, Frauen und Kinder dort versammelt, die in Gruppen standen oder spazierengingen, sangen, aßen oder nach Regeln, die dem französischen Boule ähnlich schienen, mit Kugeln spielten.
Die Reaktionen auf unsere Ankunft waren unterschiedlich. Die einen wandten sich demonstrativ ab, andere gaben sich gleichgültig, während dritte wieder, meist junge Leute, sich förmlich vor die Linse drängten. Einer von ihnen, der durch längeren Aufenthalt in der Bundesrepublik des Deutschen mächtig war, forderte den Kameramann auf, das Objektiv auf ihn zu richten, und erklärte: Obwohl er getauft sei und in der Kirche geheiratet habe, fühle er sich nicht als Katholik. Sicher würde er nach katholischem Brauch eines hoffentlich sehr fernen Tages begraben werden, aber er sei sich vollkommen bewußt, daß sein Christentum ein erzwungenes sei.
Die ganze Gesellschaft, die sich hier zur Feier der »Himmelfahrt der Tochter Jakobs« versammelt hatte, starrte zu uns herüber. Es war nicht möglich, aus ihrer Haltung abzulesen, was sie dachte.
Dann drängte sich ein anderer junger Mann heran, vergewisserte sich, daß Kamera und Ton liefen, und sagte: »Ich halte mich für einen Juden – ich *bin* Jude!« Er sagte es laut, fast herausfordernd, auf portugiesisch, und fuhr fort: »Ich fürchte mich nicht, mich als Jude zu bezeichnen. Ich bin sogar ein antifaschistischer Jude, und ich finde die Hakenkreuzschmierereien in Belmonte widerwärtig. Leider handeln andere Juden hier nicht so wie ich, auch junge nicht.« Es schien, als könnte er das Wort *»Jude«* gar nicht oft genug hervorstoßen, wobei er herausfordernd in die Runde sah. Da er die Landessprache benutzte, konnten ihn alle ringsum verstehen. »Ich glaube an den Gott der Juden – er ist mein Gott, nicht der christliche. Ich bin kein Christ, ich bin Jude! Bringt das in eurer Sendung, bringt, was ich hier gesagt habe!«
»Wollen Sie uns auch Ihren Namen sagen?«
»Ich heiße Eli Antonio Diogu.« Es war der Sohn des Kleiderhändlers.
Ich war so benommen von seinem Bekenntnis, daß ich nicht bemerkt hatte, was sich inzwischen gegen uns zusammenbraute. Der Ring der Marranen hatte sich enger geschlossen, und jetzt waren die Zeichen des Zorns, der Wut und der Furcht deutlich in den Gesichtern abzulesen. Einer der Boule-Spieler, ein Mann in mittlerem Alter, die Kugel noch

in der Hand wie eine Waffe, kam nahe heran und schrie etwas, unmißverständlich auch für den, der seine Sprache nicht verstand. »Er fordert im Namen der Mehrheit den sofortigen Abbruch der Dreharbeiten«, sagte Maria, »sonst würden er und seine Freunde zu anderen Mitteln greifen müssen.«
Kein Zweifel, die meisten der anwesenden Marranen standen hinter dem Ultimatum. Einige schwiegen, andere wandten sich ab, offenbar unangenehm berührt von der Szene. Was mir von dieser Minute in unvergeßlicher Erinnerung bleiben wird, das war der Ausdruck, mit dem Elias Antonio Diogu seine protestierenden Mitbürger musterte – voll abgrundtiefer, ja haßerfüllter Verachtung, mit glitzernden Augen, die ganze Erscheinung ein einziger Hohn. Aber an den Machtverhältnissen war nicht zu deuteln – der Neunzehnjährige war mit seinen Gesinnungsgenossen fast völlig isoliert.
Wir packten wortlos ein, endgültig willens, den Film abzubrechen, obwohl ich gerade in seine Tiefenschichten einzudringen begann. Noch nie hatte ich mich während meiner Arbeit als Fernsehdokumentarist so elend, so hilflos, so notwendig und doch auch wieder überflüssig gefühlt wie hier unter den Marranen.

Daß wir dann doch nicht abreisten, sondern in Belmonte blieben, hing mit einem Umstand zusammen, den wir zuallerletzt erwartet hatten – zwei Familien baten uns, zu ihnen zu kommen.
Die eine gehörte zu den wenigen wohlhabenden Marranen von Belmonte. Ihr Oberhaupt, ein Mann von etwa fünfzig Jahren, erklärte nach unserer Ankunft sofort, daß er sich und seine Angehörigen weder filmen lasse, noch daß sein Name genannt werden dürfe. Lediglich gegen Tonaufnahmen habe er nichts einzuwenden – und das auch nur, weil er gehört habe, daß der Autor des Teams Jude sei. Aber er wolle uns reinen Wein einschenken. In der Übersetzung lautete das folgendermaßen:
»Vor einem halben Jahrtausend, als die Inquisition herrschte, wurde hier die Synagoge in Brand gesteckt. Sie ist nie wieder aufgebaut worden. Das ist lange her, aber wir können bis heute nicht zeigen, wie wir wirklich denken, und zwar nicht nur wegen vergangener Erfahrungen. Während des israelisch-arabischen Sechstage-Krieges sagte ein Nachbar in Gegenwart meiner Frau und meiner Kinder: ›Wenn die Juden in Israel besiegt werden, dann wird es bald auch in Belmonte keine Juden

mehr geben.‹ Das liegt weit zurück, aber ich kann es nicht vergessen, und meine Frau und meine Kinder auch nicht. Wissen Sie, warum wir uns fürchten vor Leuten, die aus Deutschland kommen? Während des Zweiten Weltkrieges tauchte hier ein Deutscher auf, ein Angehöriger der Hitlerbotschaft in Lissabon, und zog Erkundigungen über uns ein. Warum tut er das? fragten wir uns damals, und gaben uns selbst die Antwort: um uns nach dem Einmarsch deutscher Truppen in Portugal zu greifen, zu deportieren und umzubringen, so wie es überall im besetzten Europa geschah. Damals, als der Spitzel in der Stadt war, passierte etwas sehr Merkwürdiges in Belmonte. Plötzlich liefen viele von uns in die Kirche! Wir gehen sonst selten oder gar nicht in die Kirche, obwohl wir getaufte Katholiken sind. Aber damals tat es mancher von uns, in der Hoffnung, sich für den Fall eines Falles schützen zu können, indem er sich als Christ besonders hervortat. Es war furchtbar und beschämend zugleich. Sie, Alemão«, er deutete auf mich, »sind unter Hitler zwölf Jahre lang verfolgt worden, und ich kann mir vorstellen, was das bedeutete – ich will keine unpassenden Vergleiche ziehen. Aber können Sie sich vorstellen, was es heißt, fünfzigmal länger unterdrückt zu werden, sich fünfzigmal länger zu verstellen, fünfzigmal länger jemanden vorzutäuschen, der Sie gar nicht sind?« Er stockte, als wollte er etwas verschlucken, das ihm auf der Zunge lag. Aber dann stieß er ihn doch hervor, diesen einen, diesen entsetzlichen Satz, der mir noch in den Ohren dröhnt:

»Und da soll ich den Juden herauskehren?«

Wir hatten alles mitbekommen, dank Maria da Luz Moitas Fähigkeit, nicht nur rasch, fast simultan, sondern auch so gedämpft zu übersetzen, daß der Redefluß nicht gestört wurde.

Niemand von uns rührte sich.

Ich erinnerte mich nicht an eine vergleichbare Situation. Auf welchem Stern, in welchem Zeitalter befand ich mich? Da reckte sich eine Riesenkraft aus den dunklen Tiefen der iberischen Geschichte in Gestalt einer ungeheuerlichen Verfolgten-Kontinuität vor einem auf: Sowenig wie die Revolution von 1910, sowenig hatte der große Umbruch nach der langen Salazar-Diktatur von 1974 etwas wirklich Grundlegendes an der Lage der Marranen in Portugal geändert. Da saß sie vor uns, diese Familie, gegen Ende des zwanzigsten Jahrhunderts, aber mit den Ängsten des fünfzehnten!

Hier, in diesem Raum, in einer Atmosphäre uralter Verzweiflung, sozusagen Auge in Auge mit der konservierten Marranen-Tragödie, trat deren zentrale Wahrheit für mich plötzlich weit nach vorn: Diese Menschen sind heimatlos, weil sie ihre jüdische Identität verloren, ohne eine andere erlangt zu haben.

Die zweite Einladung war erfolgt von João Diogu und seiner Schwester Messias, er neunundzwanzig Jahre alt, ein dunkler, leiser Mann, sie von einer schweren Mütterlichkeit, älter wirkend als ihre vierzig Jahre – beide aber trugen den gleichen Ausdruck von Entschlossenheit im Gesicht.

Auf dem Fußboden der Stube spielte ein vielleicht anderthalbjähriges Kind. Die Mutter, Joãos junge Frau, hatte uns, im Gegensatz zu ihrem Mann und ihrer Schwägerin, nur flüchtig begrüßt, und sie sagte auch während der Stunden, die wir blieben, kein Wort mehr.

Auch hier, wie bei den alten Henriques, mit denen beide verwandt waren, die Zeichen eines kleinbürgerlichen Stils – Color-Drucke, Trockenblumen, Tierfiguren aus Glas. Nur fehlte hier die Patina des Inventars und der Behausung. Was uns entgegenschlug war Offenheit, Freundlichkeit, Bereitschaft – jedenfalls von dem Mann und seiner Schwester.

Ich gebe ihre Antworten und die Fragen unserer portugiesischen Mitarbeiterin in wörtlicher Übersetzung wieder:

»João, fühlen Sie sich als Jude oder als Christ?«

»Weder als der eine noch als der andere. Ich bin kein praktizierender Jude. Ich bin Jude, weil man sagt, daß ich Jude sei und weil meine Eltern Juden sind. Es ist ein bißchen schwierig, das anderen zu erklären.«

»Und Sie, Messias? Sie sind auch keine praktizierende Jüdin, aber fühlen Sie den Drang in sich, die Riten, die Zeremonien, den Kult der jüdischen Religion kennenzulernen?«

»Ich würde sie gern kennenlernen! Ich bin in diesem Punkt neugierig. Ich würde gern zuschauen und auch mitmachen. Dann könnte es sogar sein, daß ich praktizierende Jüdin werden würde.«

»Fühlen Sie sich als Jüdin?«

»O ja!«

»Und wie drückt sich das aus? Wie zeigt sich das bei Ihnen?«

»Das – ist einfach in mir, und danach richte ich mich.«

»Heiligen Sie den Sabbat?«

»Ja – seit einem Jahr.«

»Und nun zur Taufe. Wird sie unter Druck erzwungen? Wenn ihr druckfrei entscheiden könntet, würdet ihr eure Kinder katholisch taufen lassen oder nicht?«
João, zögernd: »Also ich – ich würde sie lieber taufen lassen.«
Messias nahm einen Anlauf, blieb aber stumm.
»Gibt es dabei nun Zwang, oder gibt es keinen Zwang?«
João: »Ja, schon – Zwang ist im Spiele, vor allem, weil die Gesellschaft von Belmonte klein ist. Wenn der Ort größer wäre, wie Porto oder Lissabon, würde der Zwang vielleicht nicht so bestehen. Es ist wie mit Hochzeit und Begräbnis – wir lassen die Kinder taufen, um in die Gesellschaft aufgenommen zu werden.«
Auf der Erde spielte das Anderthalbjährige. Die Mutter hatte sich in die Küche verzogen. Weder stellte Maria die Frage, ob das Kind getauft sei, noch forderte ich sie dazu auf. Wir haben es einfach nicht gewagt.
Es blieb aber etwas seltsam Ungesagtes in der Luft, das sich nicht nur darauf bezog. Man sah Messias an, daß sie mit sich kämpfte. Dann, nach merklicher Überwindung und unter der Bedingung, daß es nicht aufgenommen werde, war sie bereit, uns etwas zu erzählen.
Dies ist die Geschichte: Vor drei Jahren hatte sie zwei Kinder gehabt, eines von einem Jahr und eines von zwei Monaten. Der Säugling war eines Tages krank geworden, und da hatte Messias in ihrer Not die Nachbarin gerufen. Die Frau besah sich das acht Wochen alte Kind und holte sofort einen Arzt. Der erklärte nach kurzer Untersuchung unumwunden, daß das Kind sterben werde. Darauf fragte die Nachbarin Messias, ob das Kind schon getauft worden sei. Als sie verneinte, sei die Frau sehr schockiert gewesen und habe eine feindliche Haltung eingenommen. Da hatte Messias – »ich fühlte mich plötzlich bodenlos unsicher und war vollkommen verschreckt« – die Frage der Taufe in die Entscheidung der Nachbarin gelegt. Und die war dann mit Kind und Mutter noch nachts zum Priester gelaufen, der die Taufe vornahm. Bald darauf war es gestorben.
Als Messias geendet hatte, weinte sie. Mimiklos, ohne äußere Bewegung, ließ sie ihren Tränen freien Lauf.
Nach einer geraumen Weile fragte Maria da Luz Moita: »Hätten Sie Ihr Kind auch taufen lassen, wenn die Nachbarin nicht dazugekommen wäre?«
Darauf Messias, schnell, entschieden: »Nein, gewiß nicht – das hätte ich nicht getan.«

3.

Es war an der Zeit, mit dem Repräsentanten des Katholizismus in Belmonte zu sprechen – Pater Registo.

Es wurde ein kurzes Rendezvous. Ich traf den kleinen und äußerst unlustig wirkenden Seelsorger in der Kirche. Natürlich wußte er, worum es gehen würde, und machte ganz den Eindruck, als sei er des Marranen-Problems leid, noch bevor ein Wort dazu gesagt worden war. Er legte auch gleich los: Die »Neuchristen« oder »sogenannten Juden« integrierten sich nicht in die Gesellschaft. Man könne in keiner Weise mit ihnen rechnen, sei es im Sport, in der Musik oder sonst einer sozialen Aktivität, zum Beispiel der Freiwilligen Feuerwehr.

Ob er denn, so fragte ich, schon einmal mit den »Neuchristen« (so nannte Pater Registo sie also noch nach einem halben Jahrtausend Taufe!) über ihre Probleme gesprochen habe? Nein, das habe er nicht getan, erwiderte er, weil er der Meinung sei, daß sie sich, darauf angesprochen, noch mehr abschließen würden. Wenn er den Gedanken an eine solche Zusammenkunft irgendwann vielleicht doch einmal gehabt habe, so habe er jedenfalls nicht gewußt, wie, wann und wo sie stattfinden sollte. Schon gar nicht aber wisse er, ob es überhaupt angebracht sei, darüber offen zu reden. Das könnten die »Neuchristen« ja selbst tun, wenn ihnen daran gelegen sei, hätten sie doch die freie Entscheidung.

Auch bei der Taufe? Werde bei der Taufe nicht immer noch Druck auf sie ausgeübt?

Jetzt gab sich der katholische Priester entrüstet: Druck? Es gebe keinerlei Druck von kirchlicher Seite! Nicht *er* zwinge sie, ihre Kinder taufen zu lassen, sondern *sie* ihn. *Sie* bäten darum, und zwar gegen seinen Wunsch. Er habe ihnen vielmehr angeboten, eine Synagoge zu bauen – das würde er befürworten. Im übrigen habe es hier seit Jahrhunderten keine Zwangstaufe mehr gegeben.

So gab Pater Registo doch, wenn auch unfreiwillig, zu, daß sie einst stattgefunden hatte ...

Im übrigen hatte er nicht die Wahrheit gesagt: Es hatte sehr wohl Zwangstaufen gegeben, und zwar vor wenigen Jahrzehnten noch. 1948/49 hatte ein strenger Geistlicher das Kirchenregiment in Belmonte geführt, und eine seiner Maßnahmen bestand darin, daß er die Taufe der Marranen-Kinder abhängig machte vom Taufnachweis der

Eltern. Dabei stellte sich damals heraus, daß einige ältere Marranen nicht getauft waren. Und deren Kinder zu taufen, war der Priester nicht zu bewegen. Kein Einspruch, auch von klerikaler Seite, vermochte ihn zu beeindrucken. Und so wurden denn die letzten ungetauften Bürger Belmontes mit katholischem Weihwasser besprengt – Zwangstaufe noch im 20. Jahrhundert, auch ohne Inquisition.
Welche Verlassenheit! Nach fünfhundert Jahren Zwang, den ursprünglichen Glauben zu verleugnen und sich zu verstellen, nach der Zerstörung zahlreicher Synagogen auf der ganzen Pyrenäen-Halbinsel damals und massenhafter Verbrennung von »Neuchristen«, »Krypto-Juden« oder »marranos« – macht ein Christ mal eben so en passant den Vorschlag, doch wieder lieber eine Synagoge zu bauen, damit man von dem ganzen Problem nicht mehr behelligt werde! Indes Juden von den Marranen ebensowenig wissen wollen – was mir schon bekannt war, bevor wir nach Belmonte kamen. Denn auf dem Wege dahin hatten wir die Synagogengemeinde in Lissabon aufgesucht.

Sie ist nicht groß, die jüdische Gemeinschaft Portugals, kaum vierhundert Mitglieder, und in der Hauptstadt sind sie auch schon fast vollzählig versammelt. Der Gemeindevorsteher von Lissabon, Joshua R., gab uns, nicht ohne Bedenken, in einem Nebenraum der Synagoge ein Interview.
Ob die Marranen im Bewußtsein der Juden Portugals irgendeine Rolle spielten, und ob ihre religiöse und geschichtliche Tragik in den Reihen der Juden bekannt sei?
»Nein. Die Marranen oder ›Krypto-Juden‹ sind eine Gemeinschaft für sich. Sie spielen keine Rolle für die Israelitische Gemeinde in Lissabon und haben es nie getan. Was nicht heißt, daß gar nichts passiert ist in dieser Richtung. Es hat schon Kontakte gegeben zwischen Marranen und unseren Gemeinden, sogar mit dem Erfolg, daß einige nach Israel wollten und auch dorthin emigriert sind, um sich als Juden zu bekennen. Aber das waren nur sehr wenige, etwa zehn, mehr nicht.«
Ob er, Joshua R., persönliche Begegnungen mit Marranen gehabt habe?
»Ich habe vor einigen Jahren zum erstenmal eine Marranen-Familie in der Synagoge gehabt. Was mich damals neugierig machte, war ihr bäurisches Aussehen, ein Typus, dessen Erscheinung in der Synagoge von Lissabon ziemlich ungewöhnlich war. Ich habe sie gefragt, was sie hier

zu Jom Kippur machten. Darauf sagten sie mir, nachdem sie sich davon überzeugt hatten, daß ich Jude bin: sie seien Marranen und wollten den Tag hier feiern, weil sie dazu sonst keine Möglichkeit hätten. Das waren also zwei Marranen mit jüdischem Bewußtsein, die sich mit ›echten‹ Juden in Verbindung setzen wollten.«
Auf die Ereignisse der zwanziger und dreißiger Jahre angesprochen, als es so schien, als würde es eine jüdische Wiedergeburt der Marranen geben, antwortete Joshua R. mit der Geste eines Historikers, der von der Antike spricht:
»Diese Bewegung unter ›Kapitän‹ Barros Basto – so wurde er genannt – hatte Erfolg, obwohl sie nur sehr klein war. Damals wurden Synagogen und Gemeinden errichtet – von Marranen. Dann jedoch traten, im Zusammenhang mit dem Zweiten Weltkrieg und Hitlers Politik der Judenverfolgung, hier in Portugal Ereignisse ein, die Barros Basto ins Gefängnis brachten. Er wurde krimineller Dinge beschuldigt, die er nie begangen hatte, und ist dann gestorben. Danach haben sich die Marranen wieder in ihre alte ›Heimlichkeit‹ verkrochen, woher sie gekommen waren. Das war ihr wichtigster Versuch, wieder als Juden an das Licht der Öffentlichkeit zu treten. Danach hat es keinen mehr gegeben.«
Und auf die letzte Frage, ob eine etwaige Verbindung zwischen den Juden Portugals und den Marranen auch in unserem Jahrhundert noch politisch und religiös problematisch und deshalb ausgeblieben sei, antwortete Joshua R., der Vorsteher der Israelischen Gemeinde zu Lissabon:
»Können Sie sich vorstellen, daß in einem Land, in dem die katholische Kirche eine so große Macht ist – und die Marranen nach außen immer mit ihr verbunden waren –, können Sie sich vorstellen, daß der Versuch einer Annäherung von jüdischer Seite an die Marranen als Einmischung in die Angelegenheiten der Kirche gedeutet worden wäre? Und das hätte zu Konflikten führen können!«
In der Tat – also unterblieb es.
Der Schutzheilige von Belmonte heißt San Antão, und der Tag, an dem er gefeiert wird, war auch unser letzter hier.
Noch im Morgendunst, vor dem Hintergrund der düsteren Burgruine, wurden unzählige Raketen sprühend und zischend in den verhangenen Himmel geschossen. Bei diesem alljährlichen Brauch war kein Marrane anwesend.

Am Nachmittag filmten wir von einem hohen hölzernen Podest aus eine Prozession, die auf endlosen Umwegen, gemächlich und unter fortwährendem Abgesang frommer Lieder, ihren Pfad zu einer kleinen Kapelle am Rande von Belmonte suchte und fand. Auch an dieser Zeremonie der lokalen Christenheit nahm kein Marrane teil. Das sagte uns ein Nicht-Marrane, den wir kennengelernt hatten, ohne daß er Stellung bezog. Er war schon am Morgen mit uns gewesen. Jetzt, nachdem die Prozession vorbeigezogen war und ihr Kopf gerade das Portal der Kapelle erreicht hatte, antwortete der Mann auf unsere Frage, woher er denn wisse, wer Marrane ist und wer nicht: »In Belmonte weiß das jedes Kind ab sechs Jahren.«

Am Abend verabschiedeten wir uns von den beiden alten Henriques, deren Bereitschaft, sich von uns filmen zu lassen, ein jüngerer Marrane so kommentiert hatte: »Die sterben ohnehin bald und haben nichts mehr zu verlieren. Deshalb haben sie zugestimmt.«
Der Mann irrte sich. Beilinda und Carlos Henriques hatten anfangs zugestimmt, weil sie noch nicht wußten, wie tief unser Filmvorhaben die Gemeinschaft der Marranen spalten würde. Als wir nun das älteste Viertel der Stadt unterhalb der dräuenden Cabral-Feste aufsuchten und das wurmstichige Haus der Henriques betraten, hatten sie von diesem Konflikt längst erfahren. Und so waren sie höflich zu uns, wortkarg und wie gelähmt, daß wir noch einmal bei ihnen auftauchten.
Nach fünf Minuten waren sie wieder allein. Aber von uns brachte lange keiner ein Wort heraus.

Die Bilanz war niederschmetternd.
An der Situation der Marranen im Portugal unserer Tage gibt es nichts zu deuteln. Ein großartiger und zugleich bestürzender Geschichtsabschnitt – das Ende der *reconquista* – wirft seine langen Schatten bis an die Jahrtausendwende!
Israels uralte Katastrophenerwartung gehört fest zum Lebensgefühl der Marranen. Die Furcht, verfolgt und mißhandelt zu werden, ist allgegenwärtig.
Marranen leben zwischen mosaischem Stamm und christlicher Borke. Der augenfällige Verlust ist der ihrer religiösen Identität. Erst am Beispiel der Marranen ist mir so plastisch wie nie zuvor klargeworden, welche zentrale Rolle die mosaische Religion in den vielen Jahrhunder-

ten der Diaspora zur Erhaltung des Judentums in aller Welt gespielt hat.
Die katholische Kirche erweist sich gegenüber den Marranen nach wie vor als Repressionsmacht, ebenso wie die christliche Umwelt, und sei es durch Gleichgültigkeit. Marranen fürchten, daß sie jederzeit in Aggression umschlagen könnte.
Ihre Tragödie wird aber auch von Juden geringgeschätzt. Es kümmert sich niemand um sie, weder national noch international. Sie bleiben unter sich. Die Inzucht hat beängstigende Ausmaße angenommen.
Auch hier sehen wir einen schrecklichen Mechanismus in voller Kraft: daß die Verhaltensweise einer Mehrheit gegenüber der Minderheit dieser genau jene Züge aufprägt, die das Vorurteil der Mehrheit zu bestätigen scheinen. So werden, von beiden Seiten, Ghettomauern geschaffen – die unsichtbarsten haben sich als die dauerhaftesten erwiesen.
Der Prozeß der jüdischen Erneuerung ist embryonal und ungefördert, auch durch die Marranen selbst. Denn das oberste Gebot für sie heißt: nicht auffallen! Dieses traditionelle Mimikry-Bedürfnis aus Notwehr macht sie organisationsunfähig. Sie sind ohne zentrale Autorität, ohne Vorstand, ohne Interessenvertretung. Diese verlorenen und vergessenen Menschen sind nur ein Tupfer in der langen Leidensgeschichte der Juden, aber einer, der bis auf unsere Tage überkommen ist. Die Kriminalgeschichte der Inquisition, die unbewältigte Vergangenheit einer Weltkirche, hat dort im nördlichen Portugal immer noch keinen Abschluß gefunden.
Marranen – das ist das Synonym für Flüchtlingsschaft und Wurzellosigkeit durch alle Zeiten.
Ich habe selten einen Drehort mit solchen Gefühlen von Trostlosigkeit, persönlicher Betroffenheit und hilfloser Wut verlassen wie Belmonte, diese Ortschaft an der Grenze der Provinzen Beira Baixa und Beira Alta auf den Vorhügeln der Serra da Estrela.

Am Morgen unserer Abreise, schon in unseren Wagen, sahen wir in einer Seitenstraße, noch ziemlich weit entfernt, eine gekrümmte, aber dennoch hohe Gestalt – Carlos Henriques. Da ging es, das personifizierte Schicksal Israels – Moses, der Golem, Ahasver, der *Ewige Jude* in einer Person, vereint in *einem* Menschen. Er schritt aus mit den festen und doch tastenden Gehbewegungen von Greisen, deren Rüstigkeit erstaunt, der man aber dennoch nicht recht traut. Wir hatten angehalten und konnten dem Alten lange mit den Augen folgen. Von einem bestimmten Punkt an versuchte Carlos Henriques schneller zu gehen, was jeder von uns bemerkte, sich aber niemand erklären konnte. Unseretwegen, so meinten wir, habe der Wechsel der Gangart nicht stattgefunden, da er uns gar nicht wahrgenommen habe. Er hatte nicht einmal in unsere Richtung geblickt.

Aber kurz bevor Carlos Henriques verschwand, bevor er sich hinter einer Ecke verlor, wandte er sich um und starrte zu uns zurück...

Ich bete meinen Beruf an, dem Leser wird es nicht verborgen geblieben sein. Aber in diesem Augenblick, in diesen Sekunden, habe ich ihn verflucht: In die Furcht der Marranen – war ich eingeschlossen.

Von der großen Angst und der großen Hoffnung

Prolog

Überall sind wir ihr begegnet, der Großen Hoffnung – in den Gesichtern afrikanischer Schulkinder, die uns umkreist-, umjauchzt- oder still gefangenhielten; in der rührenden Geste eines kleinen Chinesen, der uns am Straßenrand in Hongkong aus seiner Reisschale abgeben wollte; in der Ausdauer, mit der ein nordirischer Katholik inmitten der sozialen und politischen Kraterlandschaft seiner Heimatstadt Londonderry Witze erzählte; in der stummen Würde, Freundlichkeit und distanzierten Bereitschaft einer Anden-Indianerin, sich von uns filmen zu lassen.

Überall hat uns die Große Hoffnung gefragt: »Woher kommt ihr?« – in den Straßen von Katmandu, Lagos und Dakar, in der Kasbah von Algier, noch in der Hinwendung eines Bettlers in Valparaíso. Hoffnung auf Anteilnahme, auf Erwiderung, auf ein wenig Wärme; Hoffnung auf einen Funken Liebe, auf ein offenes Ohr auch gegenüber der fremden, unverständlichen Sprache.

Hoffnung prägte das Jungenlächeln in den Slums von Glasgow, seinen Hinterhöfen, den finsteren Schächten seiner Durchgänge, auf dem trostlosen Pflaster. Hoffnung führte dem chilenischen Arbeiter im Kupferbergwerk *El Teniente* die Hand, die er uns entgegenstreckte; und eine einzige Hoffnung war das fast sakrale Kolleg, das uns ein somalischer Berater vor der Kulisse der modernen Universität von Daressalam, Tansania, über die Notwendigkeit eines neuen Verhältnisses zwischen Afrika und Europa hielt.

Überall sind wir der Großen Hoffnung begegnet – auf ein gutes Wort, einen originellen Rat, eine interessante Mitteilung, auf Unbefangenheit, Ehrlichkeit, persönliche Achtung.

Und überall begegnete uns gleichzeitig auch die Große Angst – in den Augen eines Indiokindes, das nie gelernt hat zu lächeln; in den harten Gesichtern der *campesinos,* die mit dem Holzpflug Kolumbiens Erde aufrissen, Chiles Boden umgruben, Perus steinige Gebirgsäcker bearbeiteten. Überall war die Angst groß – vor dem Heute, größer noch vor dem Morgen, am größten vor der immmer wiederkehrenden Frage von Frau und Kindern in der häuslichen Hütte aus Lehm, Schilf oder Blech, der Frage nach Nahrung.
Überall stießen wir auf die Große Angst – in den Dörfern des italienischen *mezzogiorno* und des algerischen Atlas, im heißen Neapel wie im kalten Setif; in den Kordillerennestern zwischen Quito und Antofagasta, in der Masai-Steppe – Angst vor Behörden und Polizei, vor Gesetzen, Autorität, Willkür, Mißhandlung, vor Krieg und Bürgerkrieg. Die Große Angst zog hinter den Wasserbüffeln auf den Reisfeldern Südostasiens her, stand wie eine Säule über den filigranen Dörfern des überbevölkerten Java und über Guams Bunkertrümmern aus dem Zweiten Weltkrieg.
Angst und Hoffnung – das sind die beiden Gewalten, die für mich immer plastischer im Laufe der Jahre aus ihrer spirituellen Unsichtbarkeit hervorgetreten sind. Ihre höchste Konzentration, unmittelbar nebeneinander, erfahren sie dort, wo Menschen von Menschen gedemütigt, Menschen von Menschen vertrieben, Menschen von Menschen gequält werden. Davon berichtet dieses Kapitel.
Ihm werden zwei eigentlich zugehörige Komplexe fehlen: der Welthunger – weil seine Problematik weiter vorn schon gesondert behandelt worden ist – und die Gefahr einer nuklearen Weltapokalypse – weil dieses Buch ein einziges Plädoyer für den Frieden und gegen die globale Hochrüstung ist, deren Wahnsinn, Anachronismus und Dummheit es von der ersten bis zur letzten Zeile belegt.

Die weiße Gefahr – Hypothek unserer Tage

1.

Der schwarze Ministerialbürokrat machte sich einen Spaß aus der Sache, frei nach dem Motto des ihm unbekannten Kurt Tucholsky: der *vor* dem Schalter und der *hinter* dem Schalter. Der *vor* dem Schalter war ich, und das Ganze spielte sich ab in der City von Nairobi, irgendwo zwischen Uhuru-Highway, Kenyatta Avenue und Government Road. Ich war vor zehn Tagen zum erstenmal eingekommen um eine Drehgenehmigung auf dem Territorium der ehemals unter britischer Kolonialherrschaft sogenannten ›White Highlands‹, dem fruchtbarsten und entwickeltsten Teil der ostafrikanischen Republik. Wie immer, stand auch diese Drehreise unter Zeitdruck.

Der Kenianer hinter seinem mächtigen Arbeitstisch wußte von unserer Not. Ich hatte ihm, von dessen Entscheidungen viel abhing, unser Programm und seine Termine genau dargelegt. Der etwa Vierzigjährige hatte auch schon etliche Genehmigungen erteilt, aber just diese, auf die es besonders ankam, noch nicht. Es war keine generelle Ablehnung, sondern eher ein Katz-und-Maus-Spiel mit Vertröstungstendenz. Nur rückte das Ende unseres Kenia-Aufenthaltes bestürzend rasch näher. Aber der Afrikaner wiederholte mehrfach: »Heute nicht, kommen Sie ein anderes Mal wieder.« Eine Begründung gab er nicht, und ich beging auch nicht den Fehler, ihn danach zu fragen. Ich blieb äußerlich, obwohl es in mir brodelte, ruhig, wußte ich doch, was hier gespielt wurde, da ich es bereits oft, wenngleich nicht derart offensichtlich wie hier, erlebt hatte. So sortierte ich meine Reaktionen vom Standpunkt des höchsten Nutzeffektes her, und der gebot – Geduld! Aber nun, unvorbereitet auf diese ihm anscheinend ungewohnte Haltung, wurde der *hinter* dem Schalter nervös: Wieso brachte die Verweigerung mich nicht auf?

Endlich, nach vierzehn Tagen, gab er mir den Stempel, nicht ohne einen gewissen Triumph, aber auch mit einer Frage in den kühlen Augen. Ich gab ihm unaufgefordert die Antwort, unsicher, ob nach ihr nicht die Drehgenehmigung zurückgezogen werden würde.

»Sie hätten mir den Stempel natürlich auch schon vor zwei Wochen geben können. Aber Sie haben es nicht getan. Sie haben es nicht getan, weil Sie mich zappeln lassen, weil Sie es auskosten wollten, Macht über einen Europäer zu haben, ihn zum Bittsteller zu degradieren – nachdem Weiße so lange Ihr Volk schikaniert hatten. Nun spielen Sie den Schikanierer. Aber es gibt einen Unterschied, von vielen, zwischen den Kolonialherren von damals und Ihnen, den einst Kolonisierten, und dieser Unterschied ist prinzipieller Natur: Die Weißen behandelten Afrikaner, und tun es oft genug auch jetzt noch, auf diese Weise aus eingefleischtem Höherwertigkeitsempfinden. Sie aber, mein Herr, haben mich aus Minderwertigkeitsgefühl stranguliert. Sie haben Ihren überkommenen Unterlegensheitskomplex gegenüber dem weißen Mann an mir – und ganz sicher nicht nur an mir – aggressiv abreagiert. Offenbar haben Sie diesen Krückstock nötig – und genau darüber hätte ich gern mit Ihnen gesprochen.«

Nach dem letzten Satz schob ich ihm die Drehgenehmigung über den Tisch zurück – unter diesen Bedingungen wollte ich sie nicht haben.

Der Kenianer hatte mich weder unterbrochen, noch verwies er mich jetzt des Raumes. Vielmehr hatte er mich im Verlaufe meines Monologs mit einer immer erstaunteren Verwunderung angeblickt. Als ich geendet hatte, schwieg er eine Weile, musterte mich mit einem Ausdruck von Spannung und Neugierde und sagte, die Genehmigung wieder zu mir herüberschiebend, lakonisch: »Well, let's talk about it – in my home.«

Und so geschah es. Wir haben es beide nicht bereut.

Worüber wir da am Rande von Nairobi bis in die Morgenstunden hinein sprachen, was wir individualisierten und personalisierten, war *das* Problem der farbigen Welt, ausgelöst und konserviert durch die jahrhundertelange Vorherrschaft des weißen Mannes – der Verlust der eigenen Identität und der Versuch, sie wiederzugewinnen.

2.

»Es ist der Befehl ergangen, die Bewohner eines annektierten Gebietes auf die Stufe von höheren Affen herabzudrücken – Rechtfertigung für den Kolonialherrn, sie wie Arbeitstiere zu behandeln.«

Diesen programmatischen Satz schrieb Frantz Fanon in seinem großen Manifest der Dritten Welt, »Die Verdammten dieser Erde«, Standardwerk über die Selbstentfremdung der farbigen Völker und deren Aufhebung durch den revolutionären Krieg. Der 1925 unter französischer Herrschaft auf der Karibikinsel Martinique geborene Afroamerikaner, später naturalisierte Algerier, Arzt, Praktiker und Theoretiker des antikolonialen Befreiungskampfes, fährt fort:

»In dieser Gesellschaft gilt der Kolonisierte von vornherein als ein Schuldiger, der als allererstes lernt: auf seinem Platz zu bleiben! Das rassistische Stereotyp lautet: ›Der Kolonisierte ist faul‹ – die Legitimation für ›Strafaktionen‹. ›Er ist triebhaft und wild‹ – was Polizeigewalt und ›gerechte Strenge‹ erfordert. ›Er ist nicht rentabel‹ – deshalb also niedrige Löhne. Der Augenschein gibt dem Kolonisierer recht. Die Masse der Kolonisierten, ohne Selbstbewußtsein, ohne Identität, bietet einen deprimierenden Anblick. Lernt sie doch von Kindesbeinen an, die Ursache ihrer Unterdrückung in der eigenen Minderwertigkeit zu sehen! Der Eingeborenenstatus ist eine Neurose, die vom Kolonialherrn in den Kolonisierten mit dessen Zustimmung eingepflanzt und aufrechterhalten wird. Und so zeugt und verewigt denn der Unterdrücker ein Elend, das den Unterdrückten immer mehr zu *der* Kreatur macht, die ein solches Schicksal verdient hat. Dieser Mechanismus führt zum Selbsthaß. Wo immer der Kolonisierte in überreizter Stimmung mit anderen zusammentrifft – er stößt auf seinesgleichen, auf andere Kolonisierte, die ihm sein Elend widerspiegeln. Gegen sie entlädt sich sein Haß auf den Kolonialherrn und das System. Die zurückgestaute Wut dreht sich im Kreise und richtet sich gegen den anderen Unterdrückten, weil der eigentliche Feind nicht angegriffen werden kann. Die letzte Zuflucht des Kolonisierten besteht darin, seine Würde gegen seinesgleichen zu verteidigen.«

Seit dieser Niederschrift sind fast dreißig Jahre vergangen, und seit Frantz Fanons Tod fast fünfundzwanzig – er starb 1961 an Leukämie. »Die Verdammten dieser Erde« entstand also mitten im Feuer des antikolonialen Befreiungskampfes – Indochina, Algerien, Mau-Mau –, aber vor der Kette historischer Unabhängigkeitserklärungen vieler asiatischer und afrikanischer Staaten. Heute gilt die oben zitierte klassische Zustandsschilderung nur noch für eine erheblich geschrumpfte Zahl von Rassengesellschaften, darunter ohne jede Einschränkung die Republik Südafrika. Die Auswirkungen der oft Jahrhunderte dauernden Kolonialherrschaft jedoch – in Wechselbeziehung mit einer modernen, weniger offensichtlichen, aber gleichwohl äußerst wirksamen Vorherrschaft durch eine ungerechte Weltwirtschaftsordnung –, diese Auswirkungen haben sich nahezu ungebrochen bis in unsere Tage hinein erhalten. Seelische Schäden pflegen jene Systeme, die sie verursacht haben, lange zu überdauern.

»Wer bin ich?« Das ist die Sammelfrage, in der sich das Problem der Identitätslosigkeit immer wieder artikuliert.

Keiner hat den ursächlichen Zusammenhang zwischen Kolonialherrschaft und der Massenhaftigkeit psychischer Störungen so aufgedeckt wie Frantz Fanon. Ich hatte unzählige Male Gelegenheit, die Wahrheit seiner Worte an den überzeugendsten Beispielen von Identitätsverlust

in Form sowohl von heimlicher Bewunderung, ja Anbetung des weißen Mannes als auch von deren aggressiver Kehrseite sozusagen am eigenen Leibe bestätigt zu finden.
Meine Übereinstimmung mit dem ersten Teil des Fanonschen Kolonialfreskos – Zerstörung des Selbstbewußtseins farbiger Völker durch den übermächtig-gewalttätigen und noch andauernden Eingriff der Weißen in ihre Welt – ist durch meine empirischen Erfahrungen über nahezu zwei Jahrzehnte hin vollständig. Dieser ersten, »passiven« Seite der Janus-Theorie von Verlust und Wiedergewinnungsmöglichkeit der Identität möchte ich mich zunächst zuwenden, ehe ich mich mit der zweiten, der »aktiven« von der »Befreienden Gewalt« auseinandersetze.
Doch zuvor sei noch dies eingeschoben: Ungeachtet der historischen Unvermeidlichkeit der Kolonialepoche, ungeachtet auch ihrer Dialektik von Entwicklungsvortrieb und Ausbeutung, von Fortschritt und Unterdrückung, belegen nach meiner Auffassung die Tatsachen, die der Fanonschen Theorie zugrunde liegen, sehr wohl, daß seit der Epoche Heinrichs des Seefahrers in der ersten Hälfte des 15. Jahrhunderts, neben anderen Bedrohungen der Menschheit, die *weiße Gefahr* die größte war – und bis in unsere Tage ist! Ist es doch gespenstisch, daß beide Supermächte, die vor allen anderen das Schicksal des Globus in ihren waffenstarrenden Händen halten, *weiße* Mächte sind! –, und zwar unbeschadet der von Moskau aus zentralbeherrschten farbigen Nationalitäten am Rande der Sowjetgesellschaft und unbeschadet auch des etwa zehnprozentigen Anteils schwarzer und roter Amerikaner an der Gesamtbevölkerung der USA.

Am Morgen des 1. November 1954 explodierten überall im französisch beherrschten Algerien Bomben. Buchstäblich über Nacht hatte sich die farbige Bevölkerung des Landes der Antikolonialistischen Nordafrikanischen Front (ALN) angeschlossen. Wenige Monate nach der entscheidenden Niederlage bei Dien Bien Phu in den Dschungeln Südostasiens befand sich Frankreich von einem Tag auf den andern in seinem zweiten großen, nun aber europanahen Kolonialkrieg.
Genau ein Jahr vorher, im November 1953, war Frantz Fanon Chefarzt der Psychiatrischen Klinik von Blida geworden, einem Ort 50 Kilometer südwestlich der Hauptstadt Algier. Dort sollte er zu dem werden, was seine Einzigartigkeit, seinen unverwechselbaren Rang ausmacht – zum Pathologen des antikolonialen Befreiungskampfes!

Fanon schrieb: »Schon die Kolonialperiode, die noch keinen bewaffneten Aufstand kennt, hat sich als große Lieferantin für psychiatrische Kliniken erwiesen. Heute aber ist der algerische Befreiungskampf, seine blutige und unbarmherzige Atmosphäre, der Nährboden für die psychischen Störungen. Der Kolonialkrieg hat bis in die Pathologie hinein sein eigenes Gesicht.«
Die Lektüre seiner Krankenaufzeichnungen wirkt wie ein Nachtmahr.
Da war der Fall eines siebenunddreißigjährigen Fellachen. Sein Dorf war von Franzosen zerstört, er selbst schwer verwundet worden. Neunundzwanzig Bewohner hatten sie vor seinen Augen erschossen. Von der ALN entdeckt und aufgenommen, schoß er plötzlich wahllos auf seine schlafenden Kampfgefährten. Im Krankenhaus griff er Patienten und Pfleger an, wobei er schrie: »Ihr seid alle als Araber verkleidete Franzosen! Ich werde euch umbringen, die Kleinen, die Großen, Frauen, Kinder, Hunde, Vögel, Esel, alle ...«
Da war ein ehemaliger Student, der im Affekt die Frau eines als besonders brutal bekannten französischen Kolonialherrn erstochen hatte – unmittelbar nachdem seine Mutter von Franzosen getötet worden war. Unentwegt wiederholte er in Blida: »Jeden Abend kommt die Frau, um mein Blut zu verlangen, jeden Abend. Und wer fragt nach dem Blut meiner Mutter?« Schließlich, als der Student nicht mehr sprechen konnte, schrieb er auf einen Zettel: »Ich habe keine Stimme mehr, das ganze Leben flieht aus mir. Die Frau ... meine Mutter ... die Frau ...«
Ich habe viele Jahre nach Frantz Fanons Tod und der Ausrufung der Republik Algerien die nun nach ihm benannte Psychiatrische Klinik von Blida aufgesucht. Von ihrem Leiter, Makhlouf Longo, begleitet und von ihm instruiert, stießen wir überall auf die immer noch unmittelbaren Folgen des kolonialen Großkrieges. Überall, auf dem ganzen Gelände, konnte Makhlouf Longo uns aufmerksam machen auf Schäden, die ihren Ursprung in jener so lange vergangenen Zeit hatten.
Ein Patient folgte uns ständig, verschwand aber sofort hinter einem Busch, einem Baum oder einem Leidensgenossen, wenn wir uns umdrehten. In dumpfer Erinnerung an den Befreiungskampf und seine Gesetze glaubte er, einen Feind zu beobachten, zu verfolgen und sich vor ihm verstecken zu müssen. Es war fast fünfzehn Jahre her, daß er sein Gewehr aus der Hand gelegt hatte.

Eine Gruppe Frauen, unverschleiert, singend. Man hätte denken können, es seien Bäuerinnen, die von der Arbeit auf dem Felde in ihr Dorf heimkehrten. Nur – sie sahen nichts, weder uns noch andere. Sie nahmen überhaupt keine Notiz von ihrer Umwelt, wie Blinde, die mit dem Instinkt ihrer inneren Sehorgane dennoch jeden Zusammenstoß mit anderen vermeiden.
Eingeschlossene hinter Gittern, die Hände in die Drahtmaschen gekrallt und keinen Blick von uns wendend.
Aus der Mitte eines Menschenknäuels, von dem man nichts als gebeugte Rücken sah, kam fortwährendes Stöhnen, ein erst dumpfer, dann immer heller, immer höher aufsteigender Laut, der urplötzlich abbrach und nach wenigen Sekunden von vorn begann.
Hinter Draht auch Frauen, darunter eine tanzende Gruppe. Rhythmisches Klatschen in die Hände, als werde Geburtstag oder Hochzeit gefeiert, Scherzen, Lachen, Fröhlichkeit. Plötzlich löste sich aus dem Reigen eine einzelne Frau, lief ein paar Schritte auf uns zu, die sich jenseits des Drahtes befanden, duckte sich, wie eine Wölfin, die ihre Beute beschleicht, trippelte noch näher heran und fuhr dann mit einem Sprung auf das Gitter zu, in das sie ihre verkrallten Finger schlug, lallend, die Augen irr verdreht, die Stirn gegen das Metall gepreßt – so blieb die Frau im Draht hängen. Vor Jahren hatten französische Legionäre ihre drei Kinder in Gegenwart der Mutter mit Gewehrkolben erschlagen.
Ich habe während all meiner Aufenthalte in der Dritten Welt nie grauenhaftere Bilder gesehen als dort in Blida.
Fanon hatte sich nicht auf die Psychiatrie beschränkt, sondern aktiv am Befreiungskampf teilgenommen. Seine Position in Blida war dafür günstig. Er bildete heimlich Krankenpfleger für die Armee aus, versteckte Verwundete und leitete Informationen und Waffen weiter. Er lehrte die Kämpfer, wie sie ihre Reaktionen beherrschen und welche körperliche und geistige Haltung sie einnehmen sollten, um die Tortur besser zu ertragen.
»Heute steht die sengende Sonne der Folter am Zenit und blendet alle Länder. Heute genügt es, daß sich zwei Franzosen treffen, und eine Leiche ist zwischen ihnen. Frankreich war einst der Name eines Landes, passen wir auf, daß es nicht Name einer Neurose wird.«
1956 mußte Fanon erkennen, daß der Befreiungskampf sich der Individualtherapie entzog. Als Konsequenz demissionierte er als Chefarzt von Blida. In einem berühmt gewordenen Brief heißt es:

»Ich bin durch meine Erfahrungen in die Lage versetzt worden, das volle Ausmaß der Unterdrückung beurteilen zu können. Wenn die Psychiatrie dem Menschen ermöglicht, seine Umgebung nicht mehr als fremd zu empfinden, dann muß ich gestehen: der Araber, in seinem eigenen Land stets als Unterdrückter behandelt, lebt in einem Zustand ständiger Entpersönlichung.«
Aus ihr entsteht der Verlust der Identität.

3.

Aber dann entwirft Frantz Fanon die andere Hälfte des Riesengemäldes – die Theorie von der »befreienden Gewalt«, vom Aufstand des Kolonisierten gegen den Kolonisierer, um dessen Vorherrschaft zu brechen und das Schicksal selbst in die Hände zu nehmen – aufwiegelnd, visionär, noch in der deutschen Übersetzung von großer literarischer Schönheit:
»Die Entkolonisierung ist immer ein Phänomen der Gewalt. Ohne Übergang findet ein totaler und vollständiger Austausch statt. Die Entkolonisierung läßt durch alle Poren glühende Kugeln und blutige Messer ahnen, ein entscheidender und tödlicher Zusammenstoß. Die kolonisierte Masse, entschlossen zur aktiven Geschichte zu werden, stürzt sich auf die verbotenen Städte. Sie investiert ihre Gewalt in die kolossale Aufgabe der Zerstörung des Kolonialsystems.«
Das ist die Gewalt, die nach Frantz Fanon *entgiftend* wirkt. Sie befreit den Kolonisierten von seinem Minderwertigkeitskomplex und heilt ihn von seiner Neurose. Erst aus dieser Gewalt schöpft er seine Menschlichkeit, sie gibt ihm seine Identität zurück, sie hebt die Entfremdung auf. Das ist das Testament des Doktors der Psychiatrie, Frantz Fanon, das Zentrum seiner Gewalttheorie, der humane Kern einer aufgezwungenen Inhumanität!
Das ist die andere, die aktive Seite dieses Manifestes der Dritten Welt: »Mit dem Rücken zur Wand, das Messer an der Kehle oder, um genauer zu sein, die Elektroden an den Genitalien, wird der Kolonisierte begreifen, daß die alten Geschichten ihre Macht verloren haben ...«
Leider nicht. Denn hier wird es kritisch. Bei seinen Schlußfolgerungen aus der Theorie von der »befreienden Gewalt« steht Fanon nicht mehr so sicher auf dem Boden nachweisbarer Tatsachen wie bei seiner glänzenden und unwiderlegbaren Analyse vom Verlust der Identität. Es

gibt zu viele Widerlegungen und Fehlprognosen durch die Entwicklung seit seinem Tod im Jahre 1961, und heute kann gesagt werden, daß dem Frühverstorbenen zweifellos Desillusionierung, ja Verzweiflung über den Gang der Dinge erspart geblieben sind.

Auch wenn die Kolonialepoche die Wurzel der nachkolonialen Situation in weiten Teilen der Dritten Welt bleibt, hat dennoch für die farbigen Völker eine neue Phase der Eigenverantwortlichkeit begonnen, und deren Bilanz ist niederschmetternd. Die Geschichte der Unabhängigkeit ist eine blutige Kette des Massakers von Farbigen an Farbigen, von Krieg und Bürgerkrieg – wie zwischen Iran und Irak –, von Völkermord – wie in Kamputschea –, von Politfiguren, die selbst alten Eingeborenenfressern aus der Ära des Kolonialismus das Gruseln beibringen könnten – so Idi Amin Dada von Uganda oder Jean-Bedell Bokassa von der Zentralafrikanischen Republik. Das geht bis zu einem internen Rassismus der Farbigen unter sich. Fanon hatte die Symptome dafür erkannt und voller Trauer und Verachtung beim Namen genannt: »Es ist leider nicht ausgeschlossen, daß nördlich der Sahara schwarze Afrikaner gefragt werden, ob es bei ihnen Häuser gibt; ob sie Elektrizität kennen oder ob sie in ihrer Familie noch Menschenfresser haben ...«

Da gibt es vor allem die »Neue Klasse« einheimischer Ausbeuter und Parasiten, korrumpierter Regierungschefs und Militärs, die ihren inneren Beitrag leisten, den ursprünglich von außen verursachten Verlust der Identität zu verlängern. Dieser Schicht, die sich in nahezu jeder der unabhängig gewordenen ehemaligen Kolonien etabliert hat, eingeschlossen jenen, die sich sozialistisch nennen, widmete Frantz Fanon den kältesten und verächtlichsten Abschnitt der »Verdammten dieser Erde«:

»Wenn diese Kolonisierten-Bourgeoisie die Macht ergreift, bleibt alles Karneval und Tralala! Dann wird der neue Staat in den Händen der Imperialisten bleiben. Als verwöhnte Kinder, gestern des Kolonialismus, heute der neuen Staatsmacht, organisieren sie die Plünderung der Reichtümer, die im Lande geblieben sind – habgierig und gefräßig, eine kleine Kaste mit langen Zähnen, Geschäftemacher, die sich mit den Dividenden abfinden, die die ehemalige Kolonialmacht ihnen sichert. Diese Schmalspur-Bourgeoisie muß ins Meer geworfen werden – *von den Bauern*!«

Auch diese Visionen haben sich nirgends erfüllt. Nirgendwo ist die bürgerliche, die »nationale« Phase der Unabhängigkeit schon umgeschlagen in eine wirklich revolutionäre mit Volksherrschaft oder gar den Bauern als tonangebender Klasse, und es sieht auch nicht so aus, als halte die überschaubare Zukunft solche Umwandlung der tatsächlichen Machtverhältnisse bereit. Die Kolonisierten-Bourgeoisie hat in erster und zweiter Generation fast überall das Zepter übernommen, und wenn Frantz Fanon mit »Karneval und Tralala« persönliche Bereicherung einer dünnen Privilegiertenschicht meinte, so dürfte zum Beispiel Kenia zu einem klassischen Beispiel seiner Befürchtungen geworden sein.

Was würde Frantz Fanon zur Rolle der algerischen Frau von heute sagen – dreißig Jahre nach Erringung der Unabhängigkeit? Was ist aus ihr geworden, von der Fanon schrieb:

»Die Franzosen lächeln der entschleierten Algerierin zu und machen Komplimente über ihr Aussehen. Sie ahnen noch nicht, daß sie Waffen und Munition transportiert. Der Tabu-Charakter, der dem Schleier während der Kolonialsituation anhaftet, wird durch den Befreiungskampf aufgehoben. Der Taktik entsprechend wechselt die Algerierin mehrmals zwischen europäischer Kleidung und Schleier.«

Jeder kennt die Antwort. Ausgehend von einem der fürchterlichsten Blutregime nach dem Zweiten Weltkrieg, der iranischen Mullah-Diktatur des Ajatollah Khomeini, richtet sich eine künstlich von oben entfachte, aus der Realität unserer Gegenwart völlig unbegründete, längst vergangenen imperialen »Glanzzeiten« nachgreinende Renaissance des Islam mit voller Wucht gegen die optimistischen und progressiven Thesen des Frantz Fanon. Der Vormarsch der fanatisierten Mullahs, der die Frauen in die Klausur wie vor fast fünfzehnhundert Jahren schickt, müßte ihm wie eine Auferstehung des tiefsten Mittelalters vorgekommen sein.

An der Primärverantwortung der »weißen Gefahr« ändern die postkolonialen Zustände noch auf lange Zeit hinaus nichts. Die Kolonialepoche, dieser direkte und gewaltsame Eingriff des weißen Mannes auf seinem Wege zur Weltherrschaft, bleibt die Hauptquelle aller Schwierigkeiten in den Entwicklungsländern bis in das nächste Jahrhundert hinein. Wobei komplizierterweise an jener Weltwirtschaftsordnung, die die Reichen immer reicher und die Armen immer ärmer macht, auch eine nicht-weiße Macht partizipiert – nämlich Japan. Aber das ändert an den historischen Grund- und Ausgangspositionen nichts.

Fanon hat den Feind schlechthin »Europa« genannt, aber darin auch die

USA eingeschlossen, deren Engagement in Vietnam sich bereits abzeichnete. Sein Verhältnis zur Sowjetunion war, nach einem enttäuschenden Aufenthalt dort bestätigt, eher distanziert. Er war zu intelligent, um sich über den wahren Charakter dieser Weltmacht und das System, auf dem sie basiert, zu täuschen. Es bleibt eine Hypothese, aber nach meiner Auffassung kann kein Zweifel bestehen, welche Reaktion Frantz Fanon nach dem sowjetischen Angriffskrieg gegen Afghanistan und dessen militärischer Besetzung zur Stützung eines volksfremden Regimes eingenommen hätte.

Es sei unbestritten, daß die großen Siege des antikolonialen Befreiungskampfes den farbigen Völkern auf ihrem beschwerlichen Weg zur Wiedergewinnung ihrer Identität ein Stück vorangeholfen haben – aber es kann nicht die Rede davon sein, daß dieses Ziel gegen Ende des zwanzigsten Jahrhunderts schon erreicht wäre. Wir, die Weißen, haben ihnen, den Farbigen, zunächst einmal das Rückgrat gebrochen – und das ist ein Zustand, aus dem man nur schwer herauskommt. So stauen sich weiter Haß und Aggression als unmittelbare Äußerungen der fehlenden Identität, aus denen wiederum der Minderwertigkeitskomplex wächst. Und es gibt in unserer Epoche ein Volk, einen Staat, der die weltweiten Strahlen dieses farbigen Unterlegenheitsgefühls, wie in einem Brennglas gebündelt, in einer konkreten historischen Situation als Dauerkonflikt auf den Pelz gesengt bekommt – *Israel*!

Aus meiner selbstgewonnenen Sicht im Vorderen Orient und in Nahost kam mir der arabische Haß auf Israel immer viele Nummern zu groß vor, um allein aus dem Palästinenserproblem erklärt werden zu können – hat es doch, gemessen an anderen Weltproblemen, verhältnismäßig geringe Ausmaße, sowohl was das betroffene Territorium angeht als auch die Zahl der betroffenen Menschen – wobei hier nicht untersucht werden soll, was vor allem Araber Arabern angetan haben und was die islamischen Staaten selbst dazu beitrugen und beitragen, in ihrem Kampf gegen Israel das Volk der Palästinenser zu Dauernomaden zu machen.

Dieser Haß lebt ganz unabhängig von dem, was Israel falsch und gefährlich unternimmt – eine Erklärung aus Israels Fehlern, Irrtümern und Mißgriffen packt ihn nicht an seiner irrationalen Wurzel. Ihr pathologischer Charakter hat für mich spätestens offen gelegen nach einem Erlebnis, das mich wie selten eines erschütterte, weil es so entlarvend dem tiefen arabischen Inferioritätsgefühl gegenüber Israel entsprang.

Es geschah bei einer Begegnung mit einem Mitarbeiter der UNO-Hilfsorganisation UNRWA, die seit Jahrzehnten dafür sorgt, daß die Palästinenser nicht schlicht verhungern. Der Mann war etwa fünfzig Jahre alt, von großer Bildung, ein Liebhaber nordafrikanischer und asiatischer Archäologie. Er hatte viele Ausgrabungsstätten im mediterranen Raum gesehen, von Baalbek bis zu den Trümmern von Karthago, war aber auch zu Hause in der griechischen Mythologie und bekannt mit dem Licht der Ägäis und der Sonne über Rhodos und Sizilien. Er war gelehrt, souverän in der Unterhaltung und sehr höflich, bis – ja, bis das Gespräch auf das arabisch-isaraelische Verhältnis kam.

Die Verwandlung des Arabers war bestürzend. Eben noch das Urbild des Selbstbewußtseins, begann er nun so stark zu zittern, daß er unfähig war, sich eine Zigarette anzuzünden. Und dann entlud sich eine wahre Wortkanonade gegen Israel und die Israeli, ein Gewitter, das immer wieder förmlich zerblitzt wurde von einem Aufschrei, einem hysterischen Diskant: Israels Überheblichkeit! Israels Arroganz! Israels Hochmut!

Aus dem beherrschten Mann war in Minutenfrist ein zitterndes Rohr aus Haß und Schwäche geworden. Wir wurden Zeugen der Selbstzerstörung einer eindrucksvollen Persönlichkeit durch ein nicht mehr zu steuerndes Minderwertigkeitsgefühl. Und das bei einem Menschen, der ganz zweifellos den meisten Israeli an Wissen und Bildung weit voraus war. Wie sollte es erst *den* Arabern ergehen, auf die dieser Vorsprung nicht zutraf?

Es war eine niederschmetternde Stunde, ein Lehrbeispiel dafür, was die »weiße Gefahr« und die Synonymisierung dieses Begriffes mit Israel angerichtet hatten. Es blieb einfach kein Spielraum, dem bis an den Rand einer Ohnmacht erregten Araber den anwachsenden Konflikt Israels zwischen den Bevölkerungsteilen westlichen und orientalischen Ursprungs entgegenzuhalten. Auch jeder andere Einwand wäre von diesem Ausbruch des Irrationalismus verschlungen worden.

Ich habe immer wieder die Beobachtung gemacht, daß der Verlust der Identität und der Kampf um ihre Wiedergewinnung geradezu durchtränkt sind mit der Großen Angst und der Großen Hoffnung. Aber die beiden spirituellen Kräfte sind nicht jedesmal gleichgewichtig verteilt, nicht in jeder Situation ebenbürtig proportioniert.

Hier, in diesem Fall, dominierte bei weitem die Angst und deren selbstverständliche Mißgeburt – der Haß.
Das Ganze spielte sich in dem Palästinenserlager Balata bei Nablus auf der Westbank ab, dem israelisch besetzten Ostteil des Haschemitenreiches Jordanien.

Flüchtlinge – Odyssee unserer Tage

1.

In Balata hausten zweihundertsiebzigtausend Menschen dicht zusammengedrängt. Wir erklommen mitten in dem Lager ein Dach und bauten dort oben die Kamera auf. Ein Bauer mit einer Kuh auf der unbefestigten Straße zu unseren Füßen; die Silhouette junger Mädchen auf anderen Dächern; Frauen, die Wäsche aufhängten; Schattenkringel; ein riesiger Berg im Hintergrund; und eine Atmosphäre wie Verwesung.
Dasselbe Bild, derselbe Geruch, dieselbe Trostlosigkeit im Gazastreifen. In einem Landstrich von etwa 40 Kilometer Länge und durchschnittlich 10 Kilometer Breite vegetierten über dreihunderttausend arabische Flüchtlinge in acht Lagern, darunter Jabaglia.
Wir wurden Zeugen, wie die Monatsrationen verteilt wurden, und zwar unmißverständlich im Stile von Almosenempfang. Da standen sie hinter dem Gitter, eine lange Schlange von Männern und Frauen, beladen mit Behältern, Kisten, Kästen, Pappkartons. Einer nach dem andern schob sich an den Schalter, um die Lebensmittel entgegenzunehmen – Mehl, Zucker, Reis, Hülsenfrüchte, Öl. Unvergeßlich: das Knallen des Stempels, der erst die Berechtigung zur Entgegennahme verschaffte, die stickige, dicke, staubgeschwängerte Luft, und der Araber, der das gemahlene Getreide ausgab! In groben Kleidern und ungeheuren Schuhen, über und über weiß gepudert, hantierte er mit großen Säcken. Er öffnete die Schlaufen, grub sein Meßgerät tief in das pulverige Gut, die Augen rotleuchtend in dem wie geschminkten Gesicht. Sein Blick blieb nur eine winzige Sekunde auf uns haften, dann hieb er den Füllbecher wieder in den Sack und schüttete das Mehl in hingehaltene Hände, Eimer, Körbe – ich habe dieses leichenhaft verschmierte Antlitz stets vor Augen seither.

Am Vortage waren wir an der Allenby-Brücke am Jordan gewesen, als Bauwerk ebenso enttäuschend wie der Heilige Fluß: ein bräunliches Rinnsal von mäßiger Breite, in dem ein wenig Schilf schwamm, und drüberhin die zwar dauerhafte, aber primitive Brückenimprovisation. Jedoch die Bilder drauf und drum herum, hier, an der Grenze zu Jordanien . . .

Auf der israelischen Seite, in einem Haus, das kahl war, ohne Fenster, das Dach von wer weiß welcher Detonation weggeblasen – eine arabische Mutter, ein Kind auf dem Arm. Sie saß auf irgend etwas, kippte immer wieder nach vorn, fing sich, wachte auf, nickte wieder ein. Jedesmal sah es so aus, als würde ihr der Säugling aus den Armen purzeln. Sie wartete seit fünf Tagen hier. Aber die jordanischen Grenzer drüben am anderen Ende der Allenby-Brücke in ihren dunklen Uniformen mit den schweren Hauben ließen sie nicht durch.

Das gleiche Schicksal teilte ein ganzer Schwarm von Palästinensern beiderlei Geschlechts, die an der Brücke auf israelischer Seite gelagert hatten. Sie kamen aus dem Gazastreifen und wollten hinüber. Die einen, um Verwandte zu besuchen, andere, um weiterzureisen, in die arabische Welt, nach Kuweit und anderen Staaten am Persischen Golf, wo es Arbeit geben sollte, gutbezahlte, und wo für jedermann Nahrung da wäre.

Es herrschte reger Verkehr, zu Fuß und motorisiert, hochbeladene Lastwagen, die aus den fruchtbaren, israelisch besetzten Westbanks Obst und Gemüse in das östliche, trockenere Jordanien transportierten oder leer von dort zurückkehrten.

Aber diesen Schwarm von Arabern ließen die jordanischen Grenzer ebenfalls nicht durch – weil, wie es hieß, Israel sie und Tausende anderer ausgeschickt habe, die arabischen Länder zu überschwemmen und sozial zu belasten.

Verzweiflung lag über der Gruppe. Eine Frau erhob sich daraus, mitten auf der Brücke, laut klagend, dabei aber ein wenig zurückgebeugt, als wolle sie nach hinten überkippen oder flüchten, falls die verbal attakkierten Jordanier von drüben sie angreifen würden. Mit hoher Stimme, doch von niemandem beachtet, sprach sie gen Osten. Dann, nach einer Weile, setzte sie sich wieder still zu den anderen. So machte die Frau es etwa jede halbe Stunde.

Ich habe das Elend der Palästina-Flüchtlinge in vielen Ländern und noch mehr Lagern gesehen – immer waren sie gepfercht, immer auf

dem Sprung: im Jordantal, im Libanon, in Syrien, auf den kahlen Hügeln um Amman, König Husseins Residenz und Hauptstadt, wo der Herbst Regen und Sandsturm bringt, der Winter aber, entgegen europäischen Vorstellungen vom »Morgenland«, das Hochland tief verschneit sieht. Viele Flüchtlinge aus der Küstensenke des Mittelmeers haben dort zum erstenmal in ihrem Leben Schnee wahrgenommen.
Manche Lager waren von Haß und Furcht leergefegt, wie das von Ain Sultan bei Jericho, eine gespenstische Ansammlung heller Häuser, in denen keine Seele mehr lebte. 1967, in der ersten Stunde des Sechs-Tage-Krieges, waren die Flüchtlinge panisch aufgebrochen. Wo sind sie heute? Wie viele Stationen haben sie inzwischen hinter sich? Wer 1948, bei Ausbruch der Feindseligkeiten durch die Gründung des Staates Israel, geboren wurde, ist heute über vierzig Jahre alt.

Ich habe mich nie entschließen können, mit israelischen Militärpatrouillen durch die Palästinenserlager zu ziehen – ich habe es nicht fertig gekriegt, unter den Gewehren zu filmen. Dabei liebe ich Israel, es ist meine zweite Heimat – es gibt kein vergleichbares Gefühl.
Tel Avivs weiße Fläche, vom Park-Podest vor Jaffa aus; die See türkis, das Band der Gischt silbrig; auf der Strandstraße die Ölspuren zahlloser Füße; der Springbrunnen am Ende der Dizengoff; die Abgasschwaden der Bus-Armada!
Der Anblick der Hebron-Berge auf der Fahrt nach Jerusalem, näher, immer näher, und höher, immer höher hinauf die steile Schleifenkurve auf der Mitte der Strecke; die ausgebrannten Kriegsfahrzeuge – von welchem Kampf?
Haine vor Ashdot, vorbei an prallen Orangenplantagen, gelbrotes Gefunkel zwischen all dem Grün; der erste Sand, Dünen, eine verirrte Wüste, längst abgeschnitten von ihresgleichen; Masada, gigantischer Felsbrocken am Toten Meer, grollend, bebend, atmend in der flirrenden Mittagshitze; die alte Römerschanze niedergewittert in neunzehn Jahrhunderten; von dort oben die biblische Oase Ein Ghedi; die bizarren Salzgebilde drunten am Ufer des Toten Meers, der schwere Spiegel blau bis hinüber zu Moabs Bergen; auf dem Rückweg Jerusalems Türme und Kuppeln, noch von Judäas Wüste her – Israel!
Das runde Auge des Sees Genezareth; die Linienmaschine nach Tel Aviv hoch über der Meerwasser-Entsalzungsanlage von Eilat; der Zipfel des Roten Meers, Licht bis auf den grünen Grund. Und Haifa an den

Hängen des Carmel! Und Akko, in der Morgensonne, die Festungsnase tief in der See! Und das riesige, nie ausgebesserte Schlagloch an der Ausfahrt eines Hotels in Ramat Aviv, der dröhnende Flughafen nebenan – »Domestic flights« – und das rote Licht am Hochmast des Elektrizitätswerkes gleich daneben in der Nacht.
Und, schließlich, das Kamel vom Dienst vor dem Hotel am Rande von Beer Sheva – dümmlich mampfend, gutmütig und unsterblich.
Israel!
Aber das Problem der Palästinenser muß gelöst werden. Und es bedurfte nicht erst der *Intifada*, um mich zu dieser Erkenntnis zu bringen. Denn alles, was hier empirisch geschildert worden ist, hat sich lange vor ihrem Ausbruch im Dezember 1987 zugetragen.

Dies ist nicht der Platz, es ist nicht die Aufgabe dieses Kapitels, um über den israelisch-arabischen Konflikt zu meditieren. Keine individuelle Deutung, die Kenntnisse und Erkenntnisse keiner Einzelperson könnten ihm gerecht werden. Aber eines kann ich nicht für mich behalten in diesem Zusammenhang, etwas, das mich verfolgt, nein besser, noch jedesmal mich angefallen hat, wann immer ich israelischen Boden betrat oder verließ – eine Frage. Sie war allgegenwärtig, immer anwesend zwischen Ankunft und Abreise. Jede Begegnung, jeder Anblick, alle Erlebnisse sind unweigerlich mit ihr verknüpft und von ihr beherrscht, ein schwerer, fast unerträglicher Druck. Die Frage lautet: Was wäre mit Israel und seinen Menschen geschehen, wenn die arabische Militärmacht nur einmal, ein einziges Mal nur gesiegt, wenn ihre Waffen über Israel triumphiert und es besetzt hätten?
Ich gebe mir selbst die Antwort darauf – und erblasse, heute wie damals, vor Jahrzehnten, als ich sie mir zum erstenmal stellte, diese Frage. Ich erblasse, weil ihre furchtbare Vision immer noch im Schoße der Zukunft möglich ist.

2.

Hongkong.
Da liegt es vor einem, vom höchsten Punkt, dem »peak top« der Insel, die der britischen Kronkolonie den Namen gab, fast spielzeughaft anzusehen: die Rückseite der Hochhäuserfront von Victoria Island, weiß, gewellt, der bergigen Topographie angeschmiegt; die Armada der See-

schiffe, auf offener Reede, weit hinaus aufs Meer, mangels eines natürlichen Hafens und genügender Piers draußen ankernd, ganze Schiffskarawanen zwischen Insel und Festland; dazwischen überall Dschunken, die Frachter leichternd, Laster, unersetzliche Transportmittel hier, und, unbeirrbar und unermüdlich, die pausenlos verkehrenden Fähren der »star ferry«.
Drüben aber, gegenüber, von hier oben anzusehen wie eine steinerne Spielzeugschachtel, wie ein von Riesenkräften zusammengeschobener Baukasten von Wohn- und Geschäftssilos, der dichtest bevölkerte Flekken der Erde, ein Über-Manhattan – *Kaulun*!
Mit der Kamera auf dem Dach des *station car* hinein in das Gewimmel, in den Hexenkessel der Nathan, Jordan und Gascogne Road, mitten in den Menschendschungel zwischen Kwun Chung und Pilkem Street, der Austin und der Minden Road!
Häuserhoch die Werbung in chinesischen Schriftzeichen, für uns kunterbunte, unleserliche Anpreisungen, bis hinauf ins x-te Stockwerk von Auspuffgasen umwölkt. Die Inflation der Uhren- und Juwelierläden; die prangenden Farbkleckse der Obststände; die Majestät renommierter Althotels und die aufbrausenden Fassaden der neuen Unterbringungsbunker. Die große Atzung der kleinen Angestellten zwischen zwölf und ein Uhr mittags, wenn Hunderttausende aus den Fabriken und Büros strömen und Kaulun in eine einzige öffentliche Garküche verwandeln. Um diese Zeit gibt es keinen freien Platz, keine Atempause, kein stummes Fleckchen.
Hongkong!
Herz des letzten Außenpostens einstiger Empire-Größe in Fernost, abhängig von Handel, Umschlag und Tourismus, angewiesen auf den ungehinderten Zugang zu überseeischen Märkten und Häfen, bedeutendes Tor für Chinas Export und Import, einer Macht, deren Gunst so wetterwendisch sein kann wie Südostasiens Taifune – das sind die seidenen Fäden, an denen die Atlasbürde der gewaltigsten Flüchtlingskonzentration auf unserem Globus hängt . . .

Sechshunderttausend Seelen zählte die britische Kronkolonie, als die Japaner 1945 abziehen mußten. Dann, seit 1949, dem Siegesjahr Mao Tse-tungs, kamen die Flüchtlinge, Millionen, meist gegen den Willen der Pekinger Machthaber, manchmal aber auch von ihnen gefördert, wenn es galt, Druck abzublasen, wie damals, 1962, als das vom »Großen Sprung nach vorn« krisengeschüttelte »Reich der Mitte« zu Land und über See bis zu sechstausend Flüchtlinge ohne Widerstand entließ – kollektive Demonstration sowohl gegen das Elend der Agrarkommunen in der Provinz Kwantung mit ihrer Hafenstadt Kanton als auch für Hongkongs schillernde Anziehungskraft bis hinein in die Eingeweide Volkschinas. Der britischen Verwaltung des felsigen Winzlings blieb angesichts der Überbevölkerung bei Strafe des totalen Chaos nur eines übrig: zu bauen, zu bauen und abermals zu bauen – und zwar in die Höhe.

Von weitem sehen sie fast elegant aus, großzügig, schmal und hoch – die *resettlements,* wie die Wohnwaben für die Flüchtlinge genannt werden, achtzehn bis zwanzig Stockwerke, mitten in Kaulun, an seiner Peripherie und auf der Insel zwischen Victoria City und dem Dschunkenhafen Aberdeen. Von außen immer das gleiche Bild: Wäsche an Stangen zum Fenster hinaus, Kaskaden intimer Art, die, ihrer stets neuen Varianten wegen, von oben nach unten und von unten nach oben zu filmen, einen ganzen Drehtag in Anspruch nahmen.

Näher heran – Lärm, Dünste, Kinder, ganze Legionen kleiner Chinesen und Chinesinnen, wo man auch hinsieht und hintritt. Auf Spielplätzen, Schulhöfen und Treppen, kreischend, flink, unersättlich tollend. Peng – peng – peng! In den Läden am Fuße der Betongebirge neben hohen Stapeln von Comic strips erbsenverschießende Pistolen als favorisiertes Spielzeug. Nirgendwo habe ich Kinder, Knirpse erlebt, die sich so erschreckend stilgerecht und vorbildnah schießend und erschossen gezeigt haben wie die Resettlement-Gören von Hongkong!

Fahrt entlang der endlosen Front der Hochhäuser, Milliarden-Investitionen der öffentlichen Hand, ein Sozialprogramm ohnegleichen. Zeitweise soll hier alle neun Tage ein solcher Klotz entstanden sein, einzige Chance für das gepferchte Gemeinwesen, nicht an sich selbst zu ersticken.

Aus der Nähe sieht das alles gar nicht mehr postkartenglatt aus, sondern schmutzig-grau, abgegriffene Riesenfinger, die in den dröhnenden Himmel über dieser Megalopolis stoßen. Grelle Stimmen aus offenen Fenstern, im dreizehnten Stockwerk ein neugieriges Mädchengesicht, das nicht müde wird, den Europäern da drunten regungslos zuzuschauen.

Dann hinein in das Halbdunkel der Treppenhäuser. Lichtbündel auf glänzendem Schwarzhaar; Lifte, die funktionieren – Quelle unversieg-

baren Staunens: Welche Technik nur hält diesen Dauerbetrieb Tag und Nacht aus? Es war kalt, wir befanden uns mitten in der Betonhöhle. Und nun in eine solche einzellige Standardwohnung von 11 Quadratmeter für durchschnittlich acht Personen – erdrückt von der Enge, frage ich mich fassungslos: Wo wird hier gegessen, geschlafen, geliebt? Und doch – mit ihrer Liebe zu Blumen, Vögeln und Aquarien; mit ihrer Schwäche für Pflanzen, Grünzeug, Stauden; mit ihrer wunderbaren Fähigkeit, selbst dieser Bedrängnis, dieser Parzellierung, diesem Zwergenheim noch einen Hauch jener fliederfarbenen Atmosphäre einzuhauchen, die altchinesische Landschaftsmalerei so zauberhaft macht –, mit all solchem Genie gelang es den chinesischen Flüchtlingen, diesem Alptraum menschlicher Behausung noch Geborgenheit abzugewinnen – die Geborgenheit allerdings von überfüllten Käfigen. Und überfüllt ist Hongkong immer und überall, auf den Straßen, an Arbeitsstätten, in den öffentlichen Verkehrsmitteln. Hier gibt es keine private Rückzugsmöglichkeit mehr für das Individuum, kein auch noch so kleines Refugium irgendeiner persönlichen Absonderung. Das Drama unentrinnbarer Öffentlichkeit ist perfekt – es sei denn, man zählt zu den Begüterten und Reichen, deren es nicht wenige gibt, die aber dennoch nur einen mikroskopisch kleinen Bruchteil der inzwischen wohl vier Millionen zählenden Bevölkerung ausmachen.
Es ist eine Legende des weißen Hochmuts, daß Chinesen nur glücklich sind, wenn sie »crowded« leben, zusammengepfercht, gepreßt wie die Sardinen, und daß sie es gar nicht anders haben wollen. Es sind die Umstände, die es erfordern. Und dennoch möchten wohl nur wenige zurück nach China. Das macht Hongkong zu einem besonderen Flüchtlingsplatz. Da liegen auch seine Gefahren.
Hongkong hat die Grenzen seiner Aufnahmefähigkeit längst erreicht. Zwar, wer bis zur amtlichen Registrierstelle vorzudringen vermag, der läuft kaum mehr Gefahr, abgeschoben zu werden. Wer hier, im Herzen der Kronkolonie, um einen Ausweis einkommt, dem wird das Papier mit einem Minimum bürokratischer Formalitäten ausgestellt. Niemand fragt dann nach dem Woher und Wohin. Das amtliche Hongkong hat keinen offiziellen Flüchtlingsstatus. In den nüchternen Räumen, die wir betraten, herrschte ein fast entspanntes Klima.
Aber obwohl die Formel vom Flüchtling geleugnet wird, es gibt ihn natürlich doch, und immer wieder aufs neue. Immer wieder versuchen Festlandchinesen in die gleißende Metropole an den Küsten Südchinas

zu gelangen, deren Lichtermeer vom nächtlichen Himmel so hell reflektiert wird, daß ihr Schein noch hundert Kilometer landeinwärts sichtbar sein soll. Da es auf der Landgrenze, am nördlichen Rand der »New territories«, unmöglich geworden ist, durchzuhuschen, kamen und kommen sie übers Wasser, nicht gar so bedrängt von einheimischen Verfolgern und lauernden Piraten wie die vietnamesischen Flüchtlinge (deren Zahl sie auch nicht erreichen), aber oft genug nicht minder waghalsig in Kähnen, Nachen und auf Flößen. Sie sind ständig in Gefahr, den Stürmen eines subtropischen Ozeans zu erliegen und, sollten sie diese Risiken überstanden haben, von den Patrouillenbooten beider Seiten abgefangen zu werden. Die Marine der Volksrepublik verhaftet sie auf der Stelle, und von den Briten werden sie zurückgeschickt, wenn sie in flagranti ertappt werden. Das verstößt zwar eindeutig gegen die Charta der Menschenrechte, aber dem Wohl und Wehe dieser so ganz von Pekings Gnaden abhängigen Kronkolonie ist schon so manches individuelle Schicksal geopfert worden.

London verfolgt die strikte Politik, den auf 99 Jahre – bis Juni 1997 – abgeschlossenen Pachtvertrag möglichst nicht zu gefährden. Die 1983 aufgenommenen Verhandlungen zwischen der britischen und der chinesischen Regierung über den Status Hongkongs nach Ablauf des Vertrages haben bisher keineswegs zur Stabilisierung der Situation beigetragen, jedoch auch keine Panik ausgelöst. Hongkongs Zukunft, und damit die einer Bevölkerung, die zu 98 Prozent aus Flüchtlingen oder deren Nachkommen stammt, ist völlig offen. Sie hält drei Möglichkeiten bereit – zwei katastrophale und eine friedliche.

Die erste Katastrophe könnte darin bestehen, daß Peking zu einem Zeitpunkt und unter Vorwänden, die ganz in seinem Belieben stünden, die Landgrenzen nach Hongkong öffnet – und damit die Kronkolonie in ein rasendes, brüllendes Tollhaus verwandeln würde. Die zweite darin, daß der neue Status tatsächlich, de facto und de jure, die Einverleibung Hongkongs in das gesellschaftliche, politische und militärische System Chinas bedeutete – was eine der ungeheuerlichsten Flüchtlingslawinen der Geschichte nach sich ziehen würde, und zwar, einzige Möglichkeit, übers offene Meer zu den sehr fernen Küsten nichtkommunistischer Länder in Südostasien und im südwestlichen Pazifik. In diesem Falle würden wir Horrorszenen über das Fernsehen geliefert bekommen, gegen deren Inferno sich das Elend der Vietnam-Flüchtlinge wie ein bloßes Vorspiel ausmachte.

Die dritte, friedliche Möglichkeit könnte darin bestehen, daß Peking zwar formal die Oberhoheit über Hongkong ausüben wird, in Wirklichkeit aber den Status quo, zu seinem eigenen Vorteil, beibehält. Alle drei Möglichkeiten sind ungewiß. Bis zur Gewißheit werden sowohl die große Angst als auch die große Hoffnung in Hongkong Hochkonjunktur haben.

3.

Vom Osten, von Bangkok anfliegend, schon im Absinken auf Katmandu, Nepals Kapitale, präsentiert sich die maßlose Pracht rechter Hand: Sieben- und Achttausender ohne Zahl, ihre Schründe und Klüfte, ihre Gletscher und Schneehäupter. Und mitten unter ihnen, dahinten, an der Grenze zu China, der höchste von allen, der König der Weltberge, trotz ringsum fast gleichhohen Felstürmungen grimmig herausgehoben in seiner Majestät, die Krone im Eisdiadem des Himalaja – der Mount Everest!
Hinter dieser gigantischen Kulisse hatte die Tragödie begonnen. Von dort, von der andern Seite der Grate, waren sie gekommen, als chinesische Armeen ihre Heimat, die buddhistische Theokratie Tibet, angriffen und besetzten – und achtzigtausend Tibetaner zu Flüchtlingen werden ließen.
In dünner Luft waren sie über verschneite Pässe südwärts geflohen, nach Bhutan, Sikkim, Indien und Nepal, und hatten, dort angekommen, gehorsam ihre Waffen niedergelegt, meist uralte Vorderlader, oft das einzige, was sie außer ihren zerfetzten Kleidern und ihren Gebetsmühlen überhaupt noch besaßen. Aber sie hatten auch eine Genugtuung: Ihr religiöses Oberhaupt, der Dalai Lama, war mit ihnen gekommen! Nach abenteuerlichem Fußmarsch und durch eine gelungene Täuschung der Okkupanten hatte er am 31. März 1959 unversehrt indisches Territorium erreicht.
Das war Jahrzehnte her, und wir wollten nun wissen, wie es tibetanischen Flüchtlingen inzwischen ergangen war.

Die goldene Kuppel des Stupa von Swayambunath leuchtet weithin ins Land. Der halbkugelförmige Tempel, eines der zentralen Heiligtümer des Buddhismus, liegt etwas außerhalb von Katmandu auf einem Hügel. Von dort oben drangen absonderliche Töne an unser Ohr. Sie

rührten von riesigen Blasinstrumenten her, die von geflohenen Priestern nach uralten Riten bedient wurden. Da hatten sie sich aufgereiht, die Lamas aus Tibet, mit nacktem Oberkörper neben der gewaltigen Kuppel, und bliesen aus Leibeskräften.
Ein Kommen und Gehen war hier oben – tibetanische Wallfahrer, nicht nur aus Nepal, sondern viele von weiter her, aus anderen Aufnahmeländern. Nun drehten sie zu Ehren Buddhas die großen, abgegriffenen und quietschenden Gebetsmühlen aus Metall, die sich an eisernen Staketen um den ganzen Podest des Stupa hinzogen.
Wie eine scharfe Momentaufnahme in der Erinnerung geblieben ist mir ein junges tibetanisches Paar: große Gestalten mit breiten Gesichtern; die Kleidung wattiert, wie ausgestopft für den Aufenthalt in kalten Zonen und, wenn nötig, für Nächte unter freiem Himmel. Unter der gespannten Haut hohe Backenknochen, und beide in ihrer bizarren Originalität trotz Geschlechtsunterscheid einander ähnelnd. So umkreisten sie die Kuppel von Swayambunath, murmelnd, festen Trittes, stark riechend, voller Wärme und gesund verwittert!
Dann standen sie an der Brüstung, lächelten einen Lidschlag lang über die »heiligen Affen«, die hier oben in ganzen Horden unantastbar herumtobten, und schauten regungslos nach Norden, dorthin, wo ihre Heimat lag, die sie als Kinder verlassen hatten.
Die Nepalesen haben die Flüchtlinge aus dem Hochgebirge, den Hochtälern und Hochplateaus, wortlos und unzeremoniell aufgenommen. Aber diese äußere Gelassenheit täuscht über Risiken hinweg, die mit den Flüchtlingen kamen. Auch in dieser Weltecke sind sie ein delikates Problem.
Die Friedfertigkeit fast aller bisher von unserem Throne stürzenden, Jahrhunderte verschont gebliebenen Monarchien trifft auch für dieses amtlich Sri Nepala Sarkar genannte Land zu. Sein konstitutioneller Herrscher aber weiß genau, daß Frieden hier vor allem Frieden mit China bedeutet – und Konzessionen unerläßlich sind, soll der gigantische Nachbar bei Laune gehalten werden. Es ist sehr fraglich, ob die nepalesische Regierung begeistert war von dem chinesischen Angebot, eine moderne Straße von der Nordgrenze bis nach Katmandu bauen zu lassen – abschlagen jedenfalls konnte sie es nicht. Und so gibt es denn die Trasse, mit fester Decke und auch von Panzern befahrbar...
Aber die Tibetaner brachten Nepal nicht nur außenpolitische Probleme.

Keiner Flüchtlingsgruppe ist soviel internationale Anteilnahme entgegengebracht worden wie dieser, keine hat, nicht zuletzt durch romantische Sympathien, soviel Hilfswilligkeit hervorgebracht, bis in die Schweiz. Selbst ein Bergvolk, haben die Eidgenossen nicht nur tibetanische Flüchtlinge in ihr Land geholt, sondern ihnen auch in Nepal tatkräftig geholfen.
Jawalakel beweist es.
Als wir dort eintrafen, zog eine lange Schlange von Frauen und Männern aus einem nahe gelegenen Dorf im Schatten großer Bäume über die staubige Straße in steinerne Gebäude oder unter überdachte Schuppen. Auf der Erde sitzend, begannen sie an zahllosen Spindeln zu arbeiten. Es wurden Teppiche hergestellt, Jacken, Pullover aus Schafswolle, manchmal auch aus dem Fell des heimatlichen Yaks. Alle Produkte wurden kommerziell vertrieben.
Da saßen sie in den hallenartigen Fabrikationsräumen von Jawalakel, trotz der Hitze in ihrer schweren, bis oben geschlossenen Nationaltracht, bedienten gewandt und selbstverständlich Spindeln und Webstühle, lachten und schienen guter Dinge zu sein.
Viele der Tibetaner waren in ihrer Heimat Nomaden gewesen, in Zelten lebend und gewohnt, mit ihren Herden frei umherzuschweifen. Hier in Nepal, als Flüchtlinge, mußten sie Seßhaftigkeit ebenso erlernen wie regelmäßige, termingebundene Arbeit und gemeinsame Planung. Und sie schafften es besser, als sie es wohl selbst geglaubt haben mochten. Wenn man dabei ihre und nicht unsere Maßstäbe anlegt, so könnte man sagen, daß es ihnen materiell gutging.
Das hatte Folgen.
Das Dorf Jawalakel mit seinen etwa sechshundert tibetanischen Bewohnern bestand aus massiven Häusern, in denen wohlgenährte Menschen lebten. Auch wurden die eigenen Kulturtraditionen gepflegt. Schulkinder tanzten selbstvergessen die Tänze ihrer Heimat, die sie nie kennengelernt hatten, eine von unseren nepalesischen Begleitern nicht ungern gesehene Demonstration dafür, daß den tibetanischen Flüchtlingen große Freiheiten gelassen werden (wenngleich die Hauptsprache in der Schule für tibetanische Kinder Nepalesisch ist).
Dennoch war Jawalakel ein Beispiel dafür, daß die Anwesenheit größerer Flüchtlingsgruppen immer und überall Probleme aufwirft, die wohl erwogen werden müssen, von der einheimischen Regierung ebenso wie von internationalen oder nationalen Hilfsorganisationen. Denn was ge-

schieht, wenn der Lebensstandard der Flüchtlinge sich sichtbar über das soziale Durchschnittsniveau des Wirtsvolkes hebt? Welche Spannungen ergeben sich zwangsläufig daraus zwischen der eingesessenen Mehrheit und der aufgenommenen Minderheit?

Solche Fragen hatten sich auch hier gestellt, wo guter Wille des Monarchen, der Behörden und der Allgemeinheit sich über lange Jahre hin bestätigt haben. Und doch war es zu öffentlichen Schmähungen gegen die Tibetaner gekommen, ja sogar zu tätlichen Angriffen, wenngleich, wie uns eine Schweizerin in Jawalakel versicherte, kein Grund zu tieferer Beunruhigung gegeben sei.

Tatsächlich wurde auch dort eine Wahrheit erkennbar, die überall zu gelten scheint: daß Flüchtlinge sich stets in einer Ausnahmesituation befinden, ganz gleich, ob es ihnen nun besser oder schlechter geht als ihrer Umgebung. Beides ruft ungute Reaktionen hervor.

Den meisten Flüchtlingen in der Dritten Welt geht es schlechter als den Einheimischen. Das gilt im großen ganzen auch für die Tibetaner in Nepal, vor allem was ihre Gesundheit anbetrifft. Als wir einem nepalesischen Arzt folgten, der ein halbes Hundert Frauen, Männer und Kinder auf eine grassierende Grippe untersuchte, fiel mir auf, daß viele von ihnen den typischen Gesichtsausdruck der Migränegeplagten vorwiesen – und ehe ein Tibetaner oder eine Tibetanerin überhaupt nach außen Schmerz zeigt, muß viel geschehen sein. Tatsächlich traf die Beobachtung zu. In ihrer Heimat an Höhen von 4000 Meter und mehr gewöhnt, wurden die Flüchtlinge vom Dach der Welt in dem kaum halb so hoch gelegenen Exil am Fuße des Himalaja von chronischen Kopfschmerzen heimgesucht. Während in der brütenden Mittagssonne ein Patient nach dem andern geduldig an den Tisch des Arztes herantrat, dachte ich: Wie erst muß es den Zigtausenden von Tibet-Flüchtlingen in Indien ergehen! Wer die Hitze der Ganges-Ebene kennt, vor allem in den Monaten März bis Juli, bevor der Monsun einsetzt; wer dieses mörderische Klima erlebt hat, bei dem die Sonne wie ein boshaftes Tier auf die Erde herabschreit und mit ihrer Glut förmlich alles einzuschmelzen droht, der kann sich vorstellen, was die Masse der tibetanischen Flüchtlinge, die noch südlicher gezogen ist als Nepal, chinaferner, auf dem Subkontinent zu erdulden hat.

Jedoch trotz allem – solange die Gründe, die so viele Tausende Tibetaner in die Flucht geschlagen haben, in ihrer Heimat andauern, solange

wird kaum einer von ihnen und ihren Nachkommen den Weg zurück nach Norden wandern. Dabei wirkte keine andere Flüchtlingsgruppe auf der Welt so verlassen auf mich wie diese.
Dennoch fiel in all der Zeit, die wir unter den Tibetanern weilten, das Wort *Heimat* nicht. Ausgenommen bei einer Begegnung am Fuße des Stupa von Bodnath, wo ganz plötzlich der Schleier des scheinbaren Gleichmuts, des Stoizismus und des Fatalismus weggerissen wurde.
Das buddhistische Heiligtum in Bodnath ist ein gewaltiges rundes Bauwerk, dessen Kuppel wie der überdimensionale Erhitzer auf dem Kessel einer Dampflok wirkt. Vor diesem Riesenmonument entdeckten wir ein altes tibetanisches Ehepaar, das, in tiefe Meditation versunken, murmelnd die Gebetsmühlen drehte. Zuerst reagierte es überhaupt nicht auf die Frage unseres Dolmetschers: Ob sie hofften, noch einmal in ihre Heimat zurückkehren zu können? Aber dann wurde das Gemurmel leiser, das Drehen der Mühlen müder, und schließlich flüsterte der Alte etwas, was seine Frau mit fast unsichtbarem Kopfnicken bestätigte und der Dolmetscher, ebenso leise, an uns weitergab: »Ja, wir hoffen eines Tages unsere Heimat wiederzusehen – *nach dem Tode.*«

4.

Ich habe aber auch das Wunder geschaut, daß die Hoffnungen von Flüchtlingen auf Rückkehr in die Heimat sich erfüllten – und zwar zweimal.
Bei der ersten Gruppe handelte es sich um Bakongos aus Angola, die nach Zaire geflüchtet waren. Anfang der sechziger Jahre war dort ein vehementer Aufstand gegen die portugiesische Kolonialmacht losgebrochen, aber von der Armee blutig niedergeschlagen worden. Damals flüchtete eine Viertelmillion Bakongos panisch in die gerade unabhängig gewordene Republik Zaire, das ehemalige Belgisch-Kongo. Mehr als ein Dutzend Jahre später, unmittelbar vor dem Sturz des autoritären Systems in Portugal durch die »Bewegung der Streitkräfte« am 25. April 1974, hatten wir diese kamerascheuen Menschen entlang dem großen Strom aufgesucht, bei Luardi.
Wir bekamen dann sehr schnell heraus, warum sich die erwachsenen Bakongos nicht filmen lassen wollten: Die Flüchtlinge fürchteten, daß unsere Aufnahmen den Portugiesen in die Hände fallen und in Angola zu Repressalien gegen Verwandte mißbraucht werden könnten.

Wir fanden diese Furcht überall auf der langen Fahrt, vorbei an den für die angolesischen Flüchtlinge typischen Exil-Dörfern: langgestreckt, tief gestaffelt und fast jede Hütte mit Gartenland umgeben. Auf einer Strecke von rund hundert Kilometern hatten sich hier im grenznahen Teil Zaires zu Angola mehr als hunderttausend Bakongos angesiedelt. Außer Kindern, die offenbar von den Regeln der Konspiration ausgenommen waren, bekamen wir nichts auf den Film.
Wenn die Kamera eingepackt blieb, wurden die Flüchtlinge gesprächig. Sie waren geblieben, was sie in ihrer Heimat waren – Bauern. Aber sie fühlten sich nicht auf Dauer verpflanzt. Alles, was sie sagten, temperamentvoll und so rasch, daß der Dolmetscher kaum nachkommen konnte, waren die Variationen ein und derselben Hoffnung: auf baldige Rückkehr nach Angola! Unter keiner Flüchtlingsgruppe war diese Hoffnung, nein Gewißheit, so stark wie bei dieser, und zwar zu einer Zeit, als niemand den raschen Fall der portugiesischen Kolonialfestungen in Afrika voraussehen konnte.
Da hatten sie sich um die rauchenden, prasselnden Feuer versammelt und beschworen lautstark ihre Heimkehr, mit feierlichen Eiden, aufspringend, weil es sie nicht am Boden hielt, und dann und wann gellten Laute dazwischen wie Kriegsgeschrei. Und doch war es, als horchten sie ständig geräuschlos hinüber, über den mächtigen Kongofluß, nach Süden, woher sie gekommen waren und wohin sie bald – bald! – wieder zurückkehren würden.
Und auch tatsächlich zurückkehrten, als jene Macht verschwunden war, deren Militärpatrouillen wir, gegen den ängstlichen Ratschlag unseres kongolesischen Regierungsbegleiters, unmittelbar an der Grenze filmten, von einem Hügel aus, der uns weit nach Angola hineinblicken ließ. Ungeachtet der Aufforderung, hier keinerlei auffällige Handlungen vorzunehmen, bauten wir dort oben die Kamera auf: endloser Schwenk von den Grenztafeln, die das geographische Ende Zaires zu unseren Füßen verkündeten, über die wellige Landschaft und die weite Ebene, bis zur schnellen Ranfahrt mit dem 240er Objektiv an die portugiesische Patrouille da vorn – langsame, fast kriechende Geländewagen, obendrauf bewaffnete Uniformierte. Alles, was geschah, war, daß die weißen Soldaten uns aus der Buschniederung des Kongounterlaufs freundlich zuwinkten.
Ein Jahr später waren sie entweder gefallen oder im »Mutterland«.

Die zweite Gruppe von Flüchtlingen, die später in ihre Heimat zurückkehrten, ohne daß ihre Hoffnung darauf so gewiß war wie die der Angolesen, kam aus dem Sudan – Südsudanesen. Ich begegnete ihnen in Uganda, am Fuße des wilden Kadam-Gebirges, dort, wo die Turkana schon ihren glühenden Wüstenatem gegen die äquatoriale Zone schickt.

Die schwarzafrikanische Bevölkerung des Sudans hatte sich aufgelehnt gegen den Herrschaftsanspruch der islamischen Regierung in Karthum, Repräsentanten der arabischen Mehrheit, und war dafür blutig bestraft worden. 1964 flohen Tausende dieser meist christlichen Südsudanesen, drei große Wellen, in mehrere Nachbarländer, darunter auch nach Uganda. Als wir in Nakapiritpirit eintrafen, lagen Flucht und Schrekken für die Lagerbewohner viele Jahre zurück, aber die Massaker und Verfolgungen kehrten in ihren Träumen immer wieder. Das berichtete uns eine junge Schwedin, die die Flüchtlinge medizinisch versorgte und von ihnen bei unserer Ankunft mit allen Zeichen des Willkommens, der Freude und des Vertrauens begrüßt wurde. Völlig auf sich allein gestellt, leitete die Skandinavierin die Gesundheitsstation, ein immerwährender Kampf gegen Malaria, Würmer, gegen durch das harte Gras entstandene Beinwunden und gegen die Folgen ständiger Unterernährung. Ohne ausländische Hilfe wäre hier kein Flüchtling mehr am Leben gewesen.

Scharen von Kindern, in Reihen angetreten, ganze Regimenter kleiner Schwarzer, auf einem Platz vor der Baracke, Behälter in den Händen, Tassen, Becher, Teller. So warteten sie in der glühenden Sonne, ohne daß wir uns schon ein Bild machen konnten, worauf.

Dann, auf ein Zeichen – Laufen, Stürmen, Vorwärtsdrängen. Zunächst noch in leidlicher Disziplin, dann aber ungestüm, gierig, das ganze Bedürfnis in voller Nacktheit bloßlegend – *Milch*!

Da floß sie, sorgfältig gegossen, daß kein Tropfen vorbeigerate – was doch geschah, beim Trinken, schon drei, vier Schritt rückwärts nach Empfang, sobald man aus der Reihe derer war, die noch anstanden. Die weiße Flüssigkeit rann den jugendlichen Südsudanesen an Gesicht, Hals und Schultern herab, tropfte auf die Erde, versickerte, verdampfte dort.

Im Hintergrund: die ungeheure Felsmasse des ragenden Kadam, eine schroffe, schreckenerregende Gebirgssilhouette. Wie konnte man es hier jahrelang aushalten?

Eine zweite Begegnung mit Flüchtlingen aus dem Südsudan fand bei Ibuga statt, am Fuße der Ruwenzori-Kette. Dort hatte sich die Lagerjugend, Jungen und Mädchen, klassenweise aufgestellt, um uns in ihrer Heimatsprache mit einem kräftig gesungenen Lied zu begrüßen.
Die Klassenräume: rohe Baracken, in denen die Schüler auf der nackten Erde hockten. Sie ließen sich ganz selbstverständlich nieder und suchten nicht nach Sitzgelegenheiten – es hatte hier nie Stühle gegeben.
Ich werde das Gesicht Raymond Mukandas nie vergessen – wie er durch diese Dürftigkeit schritt, streng darauf bedacht, niemandem über den krausen Kopf zu streichen, obwohl ihm danach zumute war. Der Mitarbeiter des »Hohen Kommissars für Flüchtlingswesen«, eine UNO-Hilfsorganisation, war Tansanier von Nationalität, ein junger Mann mit exzellenten Sprachkenntnissen und uns als Begleiter beigegeben – einer von denen, über die nicht viel gesprochen und geschrieben wird, die meist nichts von sich hermachen, ohne die aber nichts, gar nichts laufen würde. Ich bin manchem der unscheinbaren und unersetzlichen Helfer begegnet, aber Raymond Mukanda hat einen besonders starken Eindruck auf mich gemacht: eine Mischung von aufloderndem Enthusiasmus und fast verfrosteter Sachlichkeit, von dynamischer Aktivität und einer grenzenlosen Fähigkeit, zuzuhören.
Er stand da in dem Klassenzimmer und ließ sich berichten. Berichten von verzweifelten, resignierten, ausgelaugten und unterbezahlten Lehrern, die jede Hoffnung aufgegeben hatten, je auch nur das geringste Inventar zu erhalten. Das Gesicht des Tansaniers wurde grau bei den Schilderungen ihrer Nöte. Aber als die Südsudanesen geendet hatten, atemlos, erregt, ausgepumpt, stieß Raymond Mukanda hervor: »You will get your chairs, damned, you will get them!« – Ihr kriegt eure Stühle, verdammt noch mal, ihr kriegt sie!
Und sie bekamen sie tatsächlich, etwa ein halbes Jahr später. Ich hatte einem der Lehrer meine Adresse gegeben und ihn gebeten, mir zu schreiben, ob das Versprechen eingehalten worden sei.
Er war einer von drei Südsudanesen gewesen, die sich bereit erklärt hatten, uns etwas über jene Erlebnisse, die zur Flucht geführt hatten, in die Kamera zu berichten: Massenmord durch Regierungstruppen, Exekutionen, Verstümmelungen, Massenvergewaltigungen.
Der von Karthum ausgeschickte Militärterror trieb Hunderttausende zur Flucht, nach Zaire, in die Zentralafrikanische Republik, nach Äthiopien – und siebzigtausend nach Uganda.

Um uns dreihundert Kinder, schweigsam, unaufdringlich. Im Gegensatz zu all unseren Erfahrungen auf der Welt mit Kindern drängte sich hier niemand von ihnen vor die Kamera. Die Luft schien trotz der Hitze wie eingefroren über die Stummheit der Schülerinnen und Schüler, deren Jahrgänge bis auf die oberste Klasse sämtlich in der Fremde geboren worden waren.
Der Himmel hatte sich etwas gehoben und ließ im Westen eine Ahnung des Ruwenzori-Gebirges sichtbar werden. Der letzte der drei Lehrer, die uns ein Statement gegeben hatten, stand noch an seinem Platz: »Mein Bruder und mein Onkel wurden von Arabern getötet. Es war früh am Morgen, gegen fünf Uhr. Wir schliefen noch. Es war eine Patrouille von Regierungstruppen, die darauf aus war, Leute zu finden, die Schuhe besaßen – weil sie meinten, das sei Lehrpersonal, von dem die Dorfbewohner erzogen würden...«
Ibuga – es hat Stunden gegeben, da wollte mein Beruf mir die Kehle abdrücken, wollte auch die *Aufgabe* nicht ausreichen, ihn zu ertragen. Dies war eine davon. Da war nichts als das schiere Verlangen, aus einem bösen, unerträglichen Traum zu erwachen.
Was, dachte ich, wird mit diesen Kindern geschehen? Werden sie ihr Leben lang im Exil bleiben müssen?
Um so unerwarteter dann das, was später geschah und was ich gerade bei dieser Flüchtlingsgruppe nicht geglaubt hatte: die Südsudanesen konnten in ihre Heimat zurückkehren! Der Stärkere hatte sich als klug erwiesen: Karthum beendete den langjährigen Konflikt mit dem vorwiegend christlichen Süden des Landes, indem ihm ein Autonomiestatut gewährt wurde. Es ist schwierig herauszufinden, was Präsident al-Numeiri zu dieser Schwenkung veranlaßt hatte – vielleicht die hohe Zahl von Flüchtlingen, die der Sudan seinerseits aufgenommen hat, besonders aus Eritrea. Also gleichzeitig, wie viele andere afrikanische Staaten, fremde Flüchtlinge zu beherbergen und eigene Einwohner zu Flüchtlingen zu machen.
Die Autonomie des Südsudans hat zwar keineswegs alle Probleme zwischen arabischer Macht und schwarzer Minderheit dieses flächenmäßig größten afrikanischen Landes gelöst. Gerade in jüngster Zeit ist es erneut zu Spannungen gekommen. Aber die große Hoffnung hat wieder einmal ihre Existenzberechtigung nachgewiesen.

Doch es gibt auch Flüchtlinge, deren Schicksal nichts als die große Angst zu rechtfertigen scheint – zum Beispiel das der Watutsi oder Tutsi im östlichen Zentralafrika.

Diese nilotischen Völkerschaften, hochgewachsene Rinderhirten, waren mit ihren riesigen Herden im 15. und 16. Jahrhundert in das Zwischenseengebiet eingewandert, hatten sich die Ackerbau treibende Bantubevölkerung, meist kleinwüchsige Hutu, unterworfen und mit einem König an der Spitze monarchisch-aristokratische Reiche gegründet, darunter auch Ruanda und Burundi, die 1890 Teile von Deutsch-Ostafrika wurden. Die europäische Kolonialmacht ließ die Herrschaft der Tutsi über die Hutu unangetastet.

Die gleiche Politik betrieb Belgien, das das Gebiet ab 1920 treuhänderisch als Völkerbunds-, ab 1946 als UNO-Mandat verwaltete. Noch während dieses Mandats, 1961, ein Jahr bevor Ruanda unabhängig wurde, stand dort die Hutu-Mehrheit auf und entledigte sich in einem rasenden Ansturm der hochmütigen Minderheit – die Weltpresse war damals voll von keineswegs übertriebenen Greueln. Tausende von Tutsi wurden auf Hutu-Maß verkürzt, indem die kleinwüchsige, aber siegreiche Mehrheit ihnen lebendigen Leibes zwanzig Zentimeter vom Unterschenkel mit der Panga, dem Haumesser, abhackte, ehe die Gehunfähigen den Krokodilen zum Fraße vorgeworfen wurden.

Die Tutsi flohen in hellen Scharen mit ihren Langhorn-Herden aus Ruanda – nach Uganda, Zaire, nach Tansania und Burundi, das 1962 unabhängig wurde und in dem die Tutsi-Oberschicht von kaum fünfzehn Prozent der Gesamtbevölkerung bis zur Stunde dieser Niederschrift trotz mehrfach blutiger Unruhen ihre Herrschaft über die Hutu-Mehrheit bewahren konnte. Seither, also seit drei Jahrzehnten, stehen die Tutsi-Herren der Republik Burundi mit den Tutsi-Flüchtlingen aus Ruanda unter dem Trauma, daß sie hier das gleiche Schicksal wie dort ereilen könnte. Gleichwohl ziehen viele Tutsi Burundi als Exil anderen Ländern vor, zählen sie doch selbst als Flüchtlinge noch zur Herrscherschicht, auch wenn sie von den bisher glücklicheren Verwandten als nicht ganz gleichberechtigt betrachtet werden.

Um über ihr Schicksal mehr zu erfahren, waren wir nach Bujumbura geflogen, Burundis Hauptstadt. Sie ist ganz nach dem Muster des Zwergstaates zugeschnitten (kaum größer als das Bundesland Hessen), aber ihre Umgebung, die Region ist herrlich!

Wir hatten einen Tag Aufenthalt, bevor es ins Innere weitergehen sollte. So bestieg ich an der Peripherie Bujumburas einen riesigen Kran. Hinter mir, im Norden, Ruanda zu, das malerische Hochland der Feuchtsavanne; drüben rechts, im Westen, das Grenzgebirge zu Zaire, ein mächtig-dunkler Buckel, an dessen Abhängen noch der tropische Regenwald emporkletterte; links unten die dürftige, arg zusammengepreßte Klein-Metropole; vor mir aber, von einem ungeheuren Horizont in weiter Ferne messerscharf abgeschnitten, der Spiegel des Tanganjika-Sees, der sich von hier, seinem Nordufer, siebenhundert Kilometer weit nach Süden erstreckt.

Am nächsten Morgen machten wir uns auf nach Mugera, zweihundertfünfzig Kilometer entfernt, einer Siedlung mit Tausenden von Tutsi. Wir brauchten sieben Autostunden dafür, auf einer Straße, die bald schon ihre Asphaltdecke verlor und, vorbei an alten Bomas, Festungen aus der Kolonialzeit, zu einem sandigen Pfad wurde.

Die Dörfer der ausgedehnten Siedlung machten den Eindruck von Reinlichkeit und Disziplin, ihre hochgewachsenen Bewohner wirkten zurückhaltend, stolz, obwohl die Viehhirten von einst hier zu Ackerbauern geworden waren.

In einer der Ortschaften stießen wir auf eine Runde, der Saatgut zugeteilt wurde – Männer, verhalten palavernd, die Gesichter markant geschnitten, Intelligenz verratend, Bildung. Viele dieser Neubauern waren drüben in Ruanda Lehrer, Beamte, Ärzte gewesen. Nun bearbeiteten sie den Boden, taten im Exil das, was sie in ihrer Heimat die Hutu verrichten ließen. Aber niemals soll aus dem Munde eines Tutsi auch nur die geringste Klage gedrungen sein; die Entwurzelung, die Verpflanzung, sie werden ertragen ohne Selbstmitleid, der Verlust der Heimat ohne öffentliche Trauer.

Wie zur Bestätigung: Eine Gruppe junger Frauen, geschart um eine schwarze Hoheit von kaum zwanzig Jahren, die sie lehrte, Gemüse anzubauen, eine Arbeit, die in Ruanda für jeden Tutsi eine knechtische Zumutung gewesen wäre. Hier nun jedoch nichts als aufmerksame, interessierte, wunderschöne Zuhörerinnen. Falls es andere Gefühle gegeben haben sollte, niemand verriet etwas davon. Sie umstanden die gleichaltrige Lehrerin, besahen sich ernsthaft die Pflanzen, gruben die zarten Gebilde mit sanften Händen ein und ließen sich dabei lässig nieder in ihren bunten, langen Gewändern – ein Anblick von atemberaubender Anmut.

Wir haben die Tutsi von Mugera nur einmal lächeln sehen – auf unsere

Kosten. Das war an einer der festen Wasserstellen, die hier mit Metallhähnen installiert worden sind. Dort befand sich das Team plötzlich inmitten mehrerer Marschsäulen von Millionen und aber Millionen Ameisen! Was wir erst bemerkten, als die Tiere uns unter den Hosen an den Beinen hochkrabbelten und nach Überwindung der bestrumpften Zone ein munteres Beißfest begannen. Ich habe selten Afrikaner so herzlich lächeln, nein lachen sehen wie die Tutsi! Diese hüpfenden, entsetzten, aufbrüllenden Europäer, die sich da mitten unter ihnen wie die Irrsinnigen die Beine abklopften, müssen wohl in der Tat einen sehr komischen Anblick geboten haben.

Aber wir haben auch Tutsi erlebt, die Viehhirten geblieben waren – in Nakivale, Uganda.

Da zogen ihre Herden heran, durch Busch und Gras, von weither sichtbar, mit schaukelnden Hörnern, schwankendem Rist, Staub aufwirbelnd und das nahe Ziel schon von weitem erriechend – die Tränke.

Am Ufer die hohen Gestalten der Tutsi-Hirten, malerisch auf den Stab gestützt. Ein paar Zurufe, als die neue Herde nachdrängte, und die Unruhe legte sich unter den prächtigen Tieren, Stolz eines ganzen Volkes und in der Heimat Ruanda nichts gewesen als repräsentativer Selbstzweck! Aber hier hatten die *longhorn cattles* eine Erwerbsfunktion bekommen, hier sollten sie Milch produzieren, eine ungewohnte Aufgabe.

Auch manches andere noch war ungewohnt für die einst absolutistischen Herrscher, zum Beispiel selbst nach Wasser zu graben. Die Tränke, nicht immer verbunden mit dem Grundwasser des Victoria-Sees, dieses riesigen Binnenmeeres, war oft schlammgetrübt, senkte ihren Spiegel, schien verdunsten zu wollen, ehe die Quellen aufs neue sprudelten und die Ufer überschwemmten. Um sich der Willkür einer unberechenbaren Natur zu entziehen, hatten die Tutsi-Hirten keine fünfzig Meter entfernt einen Brunnen gegraben, tief hinab, breit, immer wasserreich. An der Wand waren Treppen und Nischen, und da standen sie, einer immer einen Meter über dem Kopf des nächsten, und hoben die gefüllten Eimer nach oben, wo das Wasser in eine steinerne Rundtränke entleert wurde: gierig schlürfendes Vieh, Schreie aus der Tiefe des Brunnens, Staub auf der Erde und in der Luft.

Die jungen Tutsi hatten keine Erinnerung mehr an die Heimat Ruanda, konnten sie nicht haben, denn sie waren in der Fremde geboren worden. Aber sie kannten die alten Gesänge und Tänze.

Wir haben das gefilmt, in einem Dorf von etwa zweihundert Einwohnern. Mädchen zwischen zwölf und sechzehn Jahren hatten mit unnachahmlicher Grazie einen Kreis gebildet und begonnen, mit geschlossenen Augen zu summen und sich rhythmisch zu bewegen. Die glatthäutigen jungen Menschen, ernsthaft, geborene Akteure, ließen die Arme dabei schwingen wie Flügel – ein ästhetischer Genuß. Sie schritten vor und zurück, drehten sich geschmeidig und weich, immer wieder mit diesen schwingenden Armen. Denn dies war der Sinn der Darbietung: Ein großer Vogel wollte zur Sonne fliegen und hatte sich weit, weit von seinem Nest entfernt. Als das Tier erkannte, daß es sein Ziel nie erreichen würde, flog es mit fliehender Kraft zurück – aber niemand weiß, ob der Vogel es schaffen würde, sicher in seinem Nest zu landen.

Schwächer und schwächer wurden die Bewegungen der Mädchen, immer ermatteter der wunderbare Rhythmus ihrer Arme, bis sie, die Hände vorgestreckt, in die Knie sanken und den Kopf mit einem letzten kleinen Laut zur Seite fallen ließen.

Wer von den Tutsi während des großen Massakers in Ruanda floh, lebt inzwischen seit drei Jahrzehnten im Exil.

5.

Wollte man die Brennpunkte und Flächenbrände des Weltflüchtlingsproblems grafisch darstellen, so entstünde eine Mondsichel wahrhaft interkontinentalen Ausmaßes: von Fernost, Südost- und Zentralasien über den Mittleren und den Vorderen Orient bis tief hinein in das Herz Afrikas. Lateinamerika bleibt unberücksichtigt, obwohl seine Diktaturen ebenfalls immer wieder Menschen vertreiben, jedoch ohne die Großproblematik und die Massendimensionen der Flüchtlingsströme Asiens und Afrikas zu erreichen. Eine Geringschätzung der Schicksale lateinamerikanischer Exilanten bedeutet diese Aussparung natürlich nicht. Das gleiche gilt für die zahlreichen Flüchtlinge europäischer Nationalitäten, die sich im wesentlichen von Osten nach Westen bewegen, aber ganz andere Elementarbedingungen vorfinden als die Entwurzelten der Dritten Welt.

Ihr Flüchtlingsdrama wirft drei Grundfragen auf. Die erste lautet: Warum flüchten große Menschenmassen?

In Asien sind es nicht ausschließlich, aber vor allem kommunistisch re-

gierte Staaten, die in Vergangenheit und Gegenwart als große Fluchtauslöser wirkten und wirken. Ihre Widersprüche, ihr Elend, ihre Spannungen und Aggressionen haben Millionenmassen über die eigenen Grenzen getrieben – China, Vietnam, Kamputschea – und die Sowjetunion. Ihr Angriff auf Afghanistan führte übrigens zu einer der stärksten Fluchtbewegungen in der Geschichte des zwanzigsten Jahrhunderts, eingeschlossen den ostdeutschen Massenexodus am Ende des Zweiten Weltkrieges. Dabei leistete sich die Historie dort am Hindukusch einen grimmigen Schlenker: Sonst der allzeit bereite Subventionsspezialist des Guerillakampfes in der Dritten Welt, sah sich die Sowjetunion in Afghanistan nun selbst mit ihren regulären Truppen als Okkupationsarmee den mörderischen Gesetzen des revolutionären Krieges und der Strategie und Taktik von Guerilleros ausgesetzt!
Neben politischen Repressionen sind es aber auch der nackte Hunger und die trostlosen Zukunftsaussichten, die Menschen zur Flucht treiben, so etwa Hunderttausende von Bangla Desh in das widerstrebende Westbengalen der indischen Republik Bharat hinein, in der irrigen Erwartung, bessere Lebensbedingungen vorzufinden. Oft genug kommt dabei nichts anderes heraus, als daß sich bei gleichbleibendem sozialem Elend noch die zusätzliche Sorge um Leib und Leben gesellt.
Diese ganze Region – von Hongkong im Osten über den gewaltigen Landblock des ehemaligen Indochina und Hinterindien, mit so unruhigen Staaten wie Laos, Thailand, Kamputschea und Burma, bis zu den ragenden Massiven des Pamir und des westlichen Himalaja –, dieses Areal von ungeheurer Ausdehnung bleibt auch weiterhin das Reservoir potentieller Flüchtlingsströme.
Ein anderer Schauplatz großer Flüchtlingsmassen sind der Mittlere und der Nahe Osten, wobei viele Komponenten zusammenspielen: so der innerarabische Zwist, infiziert und potenziert durch den missionarischen Anspruch eines in mittelalterliche Denk- und Verhaltensweisen zurückgefallenen Ajatollah-Iran islamisch-fundamentalistischer Fanatiker – und der israelisch-arabische Konflikt, dessen Ende ebenfalls nicht abzusehen ist, der den Libanon zugrunde gerichtet und die Palästinenser zu Flüchtlingen mit Dauerstatus gemacht hat.
In vielen, wahrscheinlich den meisten Fällen politischer Ereignisse, die in Asien zu Fluchtbewegungen führten, hatten die Supermächte Sowjetunion und USA ihre Hand im Spiele, und das gilt auch für den anderen Kontinent, ein wahres Flüchtlingskarussell – Afrika!

Flüchtlingskarussell, weil nahezu jedes Land des Schwarzen Erdteils, das Flüchtlinge aufnimmt, gleichzeitig auch welche entsendet – so Uganda, Zaire, Angola, Äthiopien und andere. Ein ganzer Katalog von Ursachen führt in Afrika zur Flucht: die Apartheidpolitik in dem noch weißbeherrschten Südafrika und in Namibia; die offenbar unausrottbaren Traditionen der Stammesfehden, die Eifersüchte ebenbürtiger Völkerschaften, von denen jedoch nur eine die politische Macht und die wirtschaftlichen Schlüsselpositionen innehat wie der schlummernde, aber nichtsdestotrotz gefährliche Vulkan Kenia, in dessen unergründlichen Tiefen die sich von den Kikuyus benachteiligt fühlenden Luos auf den befreienden Ausbruch warten; die Spannungen an den Nahtstellen zwischen Schwarz- und Weiß-Afrika (was hier die arabisch-berberische Nordhälfte meint); Schreckensregime, wie das des Idi Amin Dada in Uganda oder das des Jean-Bedell Bokossa in der Zentralafrikanischen Republik, beide Massenmörder, die über Jahre hin die Macht innehielten; und auch hier die Einmischung der beiden Supermächte, teils mit wechselnden Günstlingen, wie im Falle Äthiopien und Somalia, die ihre Bundesgenossen austauschten: Das nunmehr sowjetorientierte Äthiopien verjagte Hunderttausende in das inzwischen US-protegierte Somalia, eine der erschütterndsten zeitgenössischen Flüchtlingstragödien überhaupt.
Das sind einige der wesentlichen Ursachen, durch die immer wieder unübersehbare Kolonnen Heimatloser die Weiten Afrikas auf der Suche nach einem Asyl durchwandern, ohne daß irgendeine begründete Aussicht bestünde, daß sich in der überschaubaren Zukunft daran etwas ändern könnte.
Neuerdings kommen auch die Auswirkungen der weltweiten Rezession dazu, die zu bisher untypischen Formen der Vertreibung führten – wie im Nigeria des Jahres 1983. Als der Ölboom versiegte und die wirtschaftliche Lage dieses volkreichsten Staates in Afrika kritisch wurde, verjagte die nigerianische Regierung in des Wortes buchstäblicher Bedeutung von heute auf morgen Hunderttausende vor allem ghanesische Gastarbeiter, ohne die das Land in der Prosperität und Konjunktur nicht ausgekommen wäre. Unter drakonischen Umständen wurden sie wie Vieh in Eisenbahnwaggons und auf Lastwagen verfrachtet und in Nachbarländer abgeschoben, die die Besitzlosen auch nicht haben wollten. Dabei droschen Schwarze auf Schwarze ein wie in den besten Kiboko-Zeiten des weißen Kolonialismus.

Die zweite der drei Grundfragen: Rückkehr oder Integration?
Von einigen wenigen Beispielen abgesehen, scheinen in Asien und Afrika Herrschaftsverhältnisse, von denen die großen Fluchtbewegungen ausgelöst wurden, so dauerhaft zu sein, daß das Problem der Flüchtlinge, will man diesen Status nicht auf unabsehbare Zeit prolongieren, nur durch ihre Eingliederung in die Gesellschaft der Aufnahmeländer gelöst werden kann – wo dann jedoch die Problematik der zweiten und dritten Generation beginnt, die sich, im Gegensatz zu Eltern und Großeltern, weder der Heimat noch dem neuen Land ganz zugehörig fühlen. Eine realistische Sicht läßt bei vielen Flüchtlingsgruppen tatsächlich nichts anderes als die Integration zu, wollen die Vertriebenen nicht ein Schicksal auf sich nehmen, wie das palästinensische Volk es seit nunmehr vierzig Jahren ertragen muß, dahinvegetierend zwischen der Borke der israelischen Furcht vor den Folgen eines Palästinenserstaates an ihren Grenzen und dem Baum einer arabischen Politik, die das Elend dieses Volkes als moralische Trumpfkarte im Kampf gegen Israel seit ebenfalls vier Jahrzehnten ausbeutet und damit auf ihre Weise zur Verewigung des Flüchtlingsdaseins beiträgt.

Das leitet zur dritten Grundfrage über: Wie leben Flüchtlinge in den Asylländern?
Nach meinen Erfahrungen sind Gastfreundschaft und Hilfsbereitschaft der meist armen Aufnahmeländer eindrucksvoll. Man könnte fast sagen: um so eindrucksvoller, je ärmer das Land ist. In Afrika kommt dabei den Flüchtlingen zugute, daß es dort immer noch weite Flächen fruchtbaren, aber unbebauten Landes gibt. Ohne diese agrarische Tatsache wären längst Millionen afrikanischer Flüchtlinge schlicht verhungert. Denn keine internationale Unterstützung könnte die Selbsthilfe der Heimatlosen ersetzen – obschon es oft genug Situationen gab, in denen der »Hohe Kommissar für Flüchtlingswesen« die Rettung in letzter Stunde war.
Diese UNO-Organistion ist jedoch in ständiger Geldnot. Ihr Budget aus freiwilligen, unregelmäßig einlaufenden Beiträgen ist im allgemeinen nicht höher, als der Bau eines modernen Opernhauses das Kultusministerium eines bundesdeutschen Landes belasten würde.
Hier bestätigt sich eine Beobachtung, die auch auf anderen Gebieten der sogenannten Entwicklungshilfe immer wieder getroffen werden kann: wenn die Mittel der internationalen Organisationen zur Be-

kämpfung von Hunger, Wohnungs- und Flüchtlingsnot in der Dritten Welt so etwas wie ein Barometer für das soziale Gewissen der von der Weltwirtschaftsordnung begünstigteren Nationen darstellen, dann muß es um dieses Gewissen skandalös bestellt sein! – ungeachtet honoriger, aber nicht typischer Gegenbeispiele. Und »reich« bleiben die von Wirtschaftskrisen und Massenarbeitslosigkeit heimgesuchten Industrienationen angesichts des Meßmodells *Weltarmut* immer noch.
Gewiß könnte ein so vielschichtiges Globalproblem wie die »Odyssee unserer Tage« nicht durch Geld allein gelöst werden. Aber mehr Mittel würden stets auch weniger Leid bedeuten.

Flüchtlinge! – in mir Bilder wie eingebrannt: die Chinesin auf der amtlichen Registrierstelle in Hongkong, der das Unglaubliche geglückt war und die nun vor dem Schalter, der ihr den Ausweis bescherte, die rechte Hand unendlich behutsam auf den sanften Kopf eines Säuglings in ihrem Arm legte.
Das verkrampfte Gesicht einer Angolesin vor dem dunklen Fensterschlund einer Hütte in Luardi, nur für den Bruchteil einer Sekunde sichtbar.
Die Tutsi-Riege über die ganze Breite einer Dorfstraße, Stöcke in der Hand und Geräte, die Gewänder wie Fahnen um die hageren Gestalten flatternd.
Und der kleine Araber in dem Lager unterhalb der Hügelmetropole Amman, der innehielt, als sein Blick sich in dem Lächeln eines Europäers verfing, und darüber heftig erschrak, ehe er Unglauben und Mißtrauen überwand und erst scheu, dann immer breiter, schließlich mit gebleckten Zähnen und vibrierenden Nasenflügeln zurücklächelte.
Flüchtlinge! – sie sind die Zeitgenossen einer Menschheit, die den Mond betreten hat und Raumkörper über die Sphäre unseres Sonnensystem hinaus entsendet – ohne sich bisher auch nur zur Sittlichkeit eines international anerkannten Asylrechts durchgerungen, geschweige denn die Ursachen für Flucht in das Museum für Geschichte verbannt zu haben.
Flüchtlinge! – fast jeden Tag werden wir am Rande der Nachrichten zu Zeugen ihrer Not in immer neuen Exilen. Sie sind Signale unserer Barbarei, die gefährdetsten und verletzbarsten Individuen einer Gegenwart, die ihren trügerischen Waffenstillstand mit Frieden verwechselt – Asiens und Afrikas Golems, Nomaden der Weltpolitik …

Folter – Schmach unserer Tage

1.

Die Folter war oft Gegenstand meiner Arbeit als Dokumentarfilmer. Zwei Sendungen aber befaßten sich ausschließlich mit ihr: »Zwischen Nobelpreis und Irrenhaus – Menschenrechte in der Sowjetunion« (1973) und »Im Jahr der Folter« (1974), über die Tortur in der nichtkommunistischen Welt.
Dabei stellte ich fest, daß manche von denen, die mir nach der Ausstrahlung des Films über die Folter in der Sowjetunion auf die Schulter geklopft hatten, stumm blieben oder mich der antiwestlichen Hetze bezichtigten, nachdem sie »Im Jahr der Folter« gesehen hatten. Und ebenfalls, daß mancher von denen, die zum »Jahr der Folter« applaudierten, zuvor »Zwischen Nobelpreis und Irrenhaus« als antisowjetisches Machwerk in Grund und Boden verdammt hatten.
Welch brüderliche Einheit unter den angeblichen Gegnern von links und rechts – wenngleich mit unterschiedlichen Vorzeichen! Welch gemeinsame Blindheit – wenngleich bei dem einen auf dem rechten, bei dem andern auf dem linken Auge! Welch einigende Bereitschaft, in einer Hemisphäre zu verurteilen, was man in der andern rechtfertigt oder einfach leugnet – wenngleich in umgekehrter Himmelsrichtung! Und welch übereinstimmende Fähigkeit, die Humanitas ohne schlechtes Gewissen zu teilen – wenngleich natürlich auch in diesem Punkt gespalten in Ost und West!
Da waren sie, die »Internationale der Einäugigen«, das Haupthindernis bei der Schaffung einer bewohnbaren Welt – Ideologen. Machen wir uns darauf gefaßt, daß sie auch weiterhin zu allem fähig sind.

Alle Gefolterten, die damals vor unserer Kamera aussagten, waren Flüchtlinge, bei beiden Filmen. Aber sonst waren die Zeugen sowohl unterschiedlicher Herkunft als auch Opfer unterschiedlicher Foltermethoden: aus der Sowjetunion vor allem Juden, die emigrieren konnten und die hauptsächlich der psychiatrischen Folter unterworfen waren; aus der nichtkommunistischen Welt Griechen, Südafrikaner, Bolivianer, Brasilianer und Chilenen, die der körperlichen und der seelischen Tortur anheimgefallen waren.
Zunächst zur sowjetischen Folter, die neben der physischen Konstante

als eigentliches Charakteristikum psychiatrisch war. Sie schloß ihrem Wesen nach körperliche und seelische Folter mit ein, war also nicht im Sinne von Milderung mißzuverstehen, sondern als Psychologisierung der Folter zum Zwecke sowohl einer höheren Effizienz als auch zur Vermeidung äußerer Spuren. Dazu sagte Michael Tschepschilowitz, zwei Jahre »Strenges Lagerregime« in Mordwinien, einem riesigen Häftlingskomplex vierhundertfünfzig Kilometer südlich von Moskau:

»Es gibt Veränderungen, sogar nicht unbeträchtliche, aber nur darin, *wie* die Gefangenen behandelt werden, nicht in den Zielen der Obrigkeit. Vor zwanzig, dreißig Jahren war alles einfacher. Ein Menschenleben kostete gar nichts im Lager, es wurde ausgelöscht. Heute ist das insofern anders, als die Obrigkeit sich eine schnelle Abrechnung mit den Gefangenen, den unerwünschten Personen, nicht erlauben kann. Was sie braucht, ist Verzicht der Gefangenen auf ihre politische Überzeugung, auf jede künftige politische Aktivität. Das ist das Ziel. Jeder politische Gefangene in den Lagern ist, vom Standpunkt der Obrigkeit betrachtet, ein Beispiel für Menschen draußen, die ihrerseits an irgendeine Art von Kampf, von Widerstand denken.« Und Michael Tschepschilowitz in seiner Schilderung weiter:

»Die wichtigste Methode, die Menschen zu brechen, ist der Hunger, eine ständige Erscheinung in den Lagern von heute, die Hauptmethode für den Druck auf die Gefangenen. Daneben: ständige Schikanen, Erniedrigungen, eine Atmosphäre dauernder Anspannung. All das führt mit den Jahren unausweichlich zu diversen Krankheiten. Ich habe Dutzende von Beispielen erlebt, wie wirksam solche Methoden sind, wie die Gefangenen mit der Zeit, allmählich, zermürbt und ausgehungert wurden, wie ihre Nerven nachgaben – und manche dem Wahnsinn verfielen.«

Anatoli Martschenko, für mich bis heute einer der großen Chronisten des Lagerdaseins unter den sowjetischen Dissidenten, schilderte in seinem Erlebnisbericht »Meine Aussagen«, wie Gefangene sich selbst verstümmelten, in der Hoffnung, ins Krankenhaus zu kommen oder wenigstens für kurze Zeit der stinkenden Zelle und der menschenunwürdigen Nahrung zu entrinnen. Sie verschluckten Löffelstiele und Drahthaken, streuten sich Glassplitter in die Augen und schnitten sich einen Finger oder ein Ohr ab. Es ist die unerträgliche Lektüre einer unerträglichen Wahrheit.

Das alles aber gipfelte in den sogenannten »Sonder-Kliniken«, in denen geistig gesunde politische Gefangene mit Geisteskranken zusammengesperrt wurden.

Dazu ein Zeuge, jüdischer Emigrant, der ungenannt bleiben wollte und sich auch nur als Silhouette filmen ließ, weil er noch Verwandte in der Sowjetunion hatte:
»Sonder-Klinik, das bedeutet faktisch völlige Isolierung von der Außenwelt, unbegrenzte Haftzeit, stark wirkende medizinische Mittel, die den Geist und Willen des Betroffenen zerbrechen. Das bringt es mit sich, daß Menschen, die sich auf einen Kompromiß einlassen, nach Ablauf einer bestimmten Zeit wirklich wahnsinnig werden oder jedenfalls bei Verlassen der Klinik Invaliden sind – moralische Invaliden.«
Grischa Feigin, der seine sämtlichen Kriegsauszeichnungen an den Obersten Sowjet zurückgeschickt hatte, als ihm die Auswanderung nach Israel verweigert worden war, machte seine Erfahrungen in der »Sonder-Klinik« von Riga, wo er wegen »zionistischer Propaganda« eingeliefert worden war:
»Sie stießen mich in ein Zimmer, in dem eine Badewanne war. Dann entkleideten sie mich gewaltsam und steckten mich in die Wanne. Danach zogen sie mir einen jener blauen Anstaltskittel an, den alle Irren tragen müssen, sowie weiße Unterwäsche. Dann gaben sie mir eine Spritze und brachten mich in das Krankenzimmer Nr. 1, wo Geisteskranke waren. Ich erinnere mich nur daran, daß ich Fieber bekam, beinahe 40 Grad. Was man mir gespritzt hatte, weiß ich bis auf den heutigen Tag nicht. Ich kann mich nicht erinnern, wie es hieß. Als ich am nächsten Morgen erwachte, war ich in eine Zeltplane eingewickelt und ans Bett gebunden worden. Das war die sogenannte ›Zwangsjacke‹. Sie wurde mir dann abgenommen. Ich weigerte mich, zu frühstücken oder zu Mittag zu essen und verlangte nach Ankläger und Freilassung. Aber ich bekam wieder nur eine Spritze, durch die das Fieber stieg. An meinem Bett hielten zwei großgewachsene Sanitäter ständig Wache. Eines schönen Tages traten zwei Männer an mein Bett heran. Ich weiß nicht, wer sie waren, sie stellten sich mir jedenfalls als Ärzte vor und erklärten: ›Sagen Sie Ihren Freunden, sie sollen mit den Demonstrationen aufhören. Falls das nicht geschieht, bringen wir Sie in einer Woche in das Serbskji-Institut. Und dort, Feigin, kämen Sie niemals wieder heraus.‹«

Das Serbskji-Institut liegt in Moskau und war eine der berüchtigsten gerichtspsychiatrischen Anstalten in der Sowjetunion.

2.

Die Gefolterten aus der nichtkommunistischen Welt für meinen Film »Im Jahr der Folter« waren heterogener zusammengesetzt und die Folter-Varianten zahlreicher. Sie alle aber bestätigten jene schreckliche Wahrheit, die der 1978 durch Freitod aus dem Leben geschiedene Schriftsteller Jean Amery in seinem Essay »Die Tortur« so formuliert hatte:

»Mit dem ersten Schlag der Polizeifaust, der Faust des Folterers, gegen den es keine Wehr geben kann, endigt ein Teil unseres Lebens und ist niemals wieder zu erwecken.«

Zunächst zur Phantasie der körperlichen Folter.

Dazu die Aussagen von Clemens Schrage, einem Deutschbrasilianer, der in São Paulos Proletarier- und Industriedistrikt mit den Arbeitern gegen soziales Unrecht kämpfte, verhaftet und von Militärpolizei und Geheimdiensten gefoltert wurde:

»Ich mußte die Maschine selber bedienen, die mir Elektroschocks gab. Dann hat man mir die Kleider ausgezogen und fing an, ganz brutal, mit den Schlägen und mit den Drähten an allen sensiblen Teilen. Am Anfang erst an den Füßen, dann mit den Stäben, die Elektroschocks produzieren, hauptsächlich an den Augen, an den Ohren und am Mund. Das war eine halbe Stunde Elektroschocks, eine Art Zeremonie, die immer mehr gesteigert wird. Die Instrumente werden einem gezeigt und vorgeführt. Ich mußte auch meinem Freund Elektroschocks geben. Am Ende waren wir dann auch alle drei nackt auf dem Boden, angeschlossen an zwei Elektroschock-Maschinen, die wir dann abwechselnd bedienen mußten.«

»Was ist die ›Papageienschaukel‹?«

»Die Papageienschaukel ist eine Prozedur, wo man mit den Knien an einer Stange hochgehoben wird, die Hände sehr stark angebunden. Dann wird die Stange an zwei Tischen aufgehängt, und man verliert dann zuerst einmal den Kontakt mit dem Boden, verliert eine Referenz. Man hat erhebliche Schmerzen im Rückgrat und überhaupt keine Bewegungsmöglichkeit mehr. Die Geschlechtsteile werden dann ganz exponiert, und daran hängen die Drähte, auch im After – überall, wo es nur möglich ist, werden Drähte draufgehangen, drangehangen. Man verliert mit der Zeit auch die Zirkulation – sie ist hauptsächlich in den Beinen gebremst – und nach etwa zwei Stunden das Gefühl, bis man ohnmächtig wird, weil der Kopf ja nach unten liegt.«

»Sind Sie auf diese Weise behandelt worden?«

»Ja, insgesamt wurde ich in dieser Art siebenmal gefoltert.«

Die bolivianische Journalistin Mirna Gonzales, eine Frau, die mit ihren Kindern in Paris lebt, war in La Paz verhaftet und verhört worden. Dabei geschah folgendes:

»Sie steckten mir Nadeln unter die Fingernägel, schleiften mich an den Haaren über den Boden und schlugen meinen Kopf gegen die Wand. Als ich schrie, versuchten sie die Schreie mit einem Lappen zu erstikken. Da ich den Mund nicht freiwillig öffnete, taten sie es, mit einem Stück Holz von einem Besenstiel. Dabei zerschlugen sie mir fünf Zähne. Dann stopften sie mir den Lappen in den Schlund. Ich wurde ohnmächtig, konnte aber noch als letztes hören, wie einer von ihnen rief: ›Holt den Lappen raus, sonst erstickt sie daran.‹– Als ich zu mir kam, schlugen sie mich wieder, diesmal mit Holzstücken, Holzscheiten, besser gesagt. Die Schläge, von einem starken Mann ausgeführt, prasselten auf meinen ganzen Körper. Dabei brachen sie mir drei Rippen und das Schlüsselbein.«

Abdullah Jassat aus der Republik Südafrika war als Mitglied des oppositionellen »African National Congress« im Johannesburger Polizeigebäude der Elektrofolter unterzogen worden. Was am Ende der langen Tortur geschah, schilderte Abdullah Jassat uns in seinem Londoner Exil so:

»Zwei Polizisten stellten Stühle am Fenster auf und hielten mich dann hinaus, kopfüber, wobei sie je eines meiner Fußgelenke gepackt hielten und mich im Freien hin und her schwingen ließen. Einer von ihnen, Leutnant van Wegh, streichelte dabei sanft mein Bein und fragte: ›Möchtest du jetzt plaudern, Abdullah?‹ – worauf er plötzlich das Bein losließ, so daß ich dachte, ich würde abstürzen. Aber der zweite hielt das andere Bein fest – bis er es ebenfalls losließ und diesmal van Wegh wieder nach meinem Gelenk griff. So spielten sie mit mir herum, in der Luft, drei Stockwerke hoch. Ich halte das für eine wichtige Information, weil zwei meiner Kameraden auf diese Weise umgekommen sind – obwohl offiziell behauptet wurde, sie wollten fliehen.«

Griminda Sánchez, eine Widerstandskämpferin gegen das Pinochet-Regime, war in der chilenischen Kupfermine Chuquicamata mit Mann und Sohn verhaftet worden:

»Sie fragten mich alles mögliche, wovon ich keine Ahnung hatte. Dann führten sie, um mich weichzumachen, meinen Sohn vor, zogen ihm die Schuhe von den Füßen und rissen ihm die Zehennägel aus, in meiner Gegenwart, einen nach dem andern . . .«

Griminda Sánchez hatte ins Exil nichts als die Todesurkunden ihres Sohnes und ihres Mannes gerettet. In beiden Fällen geben die Papiere als Todesursache an: standrechtlich erschossen!

Zur seelischen Folter der Brasilianer Angelo Pezutti, der selbst schwer gepeinigt worden war, auf die Frage nach seinem schlimmsten Erlebnis jedoch erwiderte:

»Das Fürchterlichste, das Unerträglichste war, mitanzusehen, wie Freunde von mir gefoltert wurden – und die eigene Mutter. Sie schlugen ihr dabei die Zähne ein und hängten sie, wie vorher mich, auf die ›Papageienschaukel‹. Und das malten sie mir in allen Einzelheiten aus, von denen ich aus eigener Anschauung wußte, daß sie wahr sind. Das war für mich das Fürchterlichste.«

Ein weiteres Beispiel seelischer Folter gab die Bolivianerin Mirna Gonzales:

»Nachdem sie mich so gefoltert hatten, daß ich meinen Tod herbeiwünschte, führten sie meine Schwester herein, die in einer Nebenzelle alles mitangehört hatte und glaubte, ich sei bereits tot. Dann erklärten die Folterer mir, daß sie all das auch mit ihr machen würden, wenn ich nicht spräche. Da ich mir nicht die geringste Schwäche anmerken lassen durfte, tat ich so, als sei es mir gleichgültig, was mit ihr geschähe. Darauf sagten die Folterer: ›Was für eine Hyäne – sie empfindet nichts für ihre Schwester!‹ Das war für mich das Schlimmste.«

Die bisher wohl modernste Form der Folter wurde übrigens nicht in einer Diktatur, sondern in der Provinz einer klassischen Demokratie, des Vereinigten Königreiches, erprobt: Nordirland. Die britische Öffentlichkeit, in diesem Bürgerkrieg an Gewalt gegen Gewalt gewöhnt, reagierte eher gelassen, als bekannt wurde, daß Mitglieder der katholischen Terrororganisation IRA bei Verhören durch britisches Militär mißhandelt worden seien. Das schlug jedoch sofort in Entsetzen um, als Einzelheiten der sogenannten *Tiefenverhöre* bekannt wurden, die in der ersten Hälfte der siebziger Jahre stattgefunden hatten. Mit den Fingerspitzen gegen eine Wand gestützt, eine Haube über den Kopf ge-

stülpt, wurden die Opfer in einer Sechs-Tage-Folter ohrenbetäubendem Schall ausgesetzt. Die Auswirkungen: bleibende Angstzustände, allgemeine Depressionen, Anzeichen von Geistesverwirrung.
Untersuchungen ergaben, daß die überwältigende Mehrheit der britischen Bevölkerung diese Art von Folter wohl in der Dritten Welt oder in der östlichen Sphäre, der sowjetischen Hegemonie, für möglich gehalten hätten, nicht aber innerhalb ihrer eigenen Grenzen.

Zur Psychologie der Folterer:
In diesem Zusammenhang gab es einen Zeugen von besonders hohen analytischen Graden – Giorgios Mangakis, im Griechenland der Obristen schwer gefoltert und nach deren Sturz Minister für Öffentliche Arbeiten im ersten Kabinett Karamanlis:
»Ich kann Ihnen da eine Geschichte erzählen. Der Verhörer schimpfte sehr und schlug mich mit einem eisernen Lineal auf den Kopf. Plötzlich läutete sein Telefon – es war seine Frau. Ich merkte: Sie sprachen über ihr Kind, das krank war. Und er benahm sich wie ein normaler Vater. Ich dachte dabei: Diesmal sind wir das Schlimme los, denn ich nahm an, nachdem er irgendwie menschlich geworden ist, daß er hier nicht weitermache. Als er den Hörer ablegte, schien er so ein bißchen mit dem Ausdruck eines Beamten, der fragt: ›Ja, wo sind wir stehengeblieben?‹, nachzudenken. Dann begann er wieder von vorn zu schimpfen – das brauchte er seelisch, und dann ging es wieder los. Den ersten Schmerz, den empfindet man als Erniedrigung, denn man ist ja darüber hinausgewachsen, daß man körperlich berührt wird, und zwar durch Schmerzen auf diese Weise. Aber dann war der Schmerz da, der alles überdeckte. Ich wurde sehr schwer auf die Genitalien geschlagen. Dann wurde ich am Hals gepackt, als ob man mich erwürgen würde. Das ging sehr weit, ich war halb bewußtlos. Aber das ist mit sehr großer Technik und Erfahrung gemacht. Man weiß genau, wo man lockerlassen muß. Und dann das Schlimmste war, daß mein Kopf an die Wand geschlagen wurde, man spielte mit mir ein bißchen Ball. Ich wurde von einem zum andern geschmissen, alle schrien, ich konnte nicht mehr unterscheiden, was da los ist und was da gesagt wird. Einiges ist mir in Erinnerung geblieben: ›Du kommst nie aus unseren Händen weg!‹, und ›Glaube nie, daß du in ein Gefängnis kommst.‹ Und tatsächlich, in diesem Zustand scheint einem das Gefängnis eigentlich etwas Wohltuendes zu sein. Denn man ist wirklich im Urwald, im menschlichen Urwald.«

Ein weiteres Beispiel zur Psychologie der Folterer lieferte Angelo Pezutti, der in Rio de Janeiro von Militärpolizei vor Folteranwärtern als Schulungsobjekt gequält worden war. Was geschah, als er nach stundenlanger Tortur mit Elektrizität an Mund, Nase und Geschlechtsteilen auf dem Flur wieder zu sich kam, schilderte er so:

»Nach mir folterten sie meinen Bruder. Ich hörte seine Schreie, und plötzlich stürzte aus dem Saal ein Unteroffizier heraus, einer der ›Schüler‹, und übergab sich. Er hatte den Anblick nicht ausgehalten. Nach einiger Zeit aber verlieren diese Leute ihre Hemmungen und betrachten die Folter wie einen Job. Das geht zu wie bei einem Totengräber, der sich daran gewöhnt hat, Leichen zu sehen. Oder wie bei einem Gerichtsarzt, für den es nichts Besonderes ist, Leichen zu sezieren. Geradeso verliert der Folterer seine Gefühle und gewöhnt sich daran, den Gefolterten als Sache zu betrachten. Im Stadium des ›Lehrlings‹ aber, da kann es, wie ich erlebt habe, vorkommen, daß einer von denen aus dem Saal rennt, weil er es da drinnen nicht mitansehen konnte.«

Und Giorgios Mangakis:

»Nein, ich glaube, das sind keine ›verdrehten Persönlichkeiten‹ in dem Sinn, daß sie Sadisten sind. Es sind labile Leute, das ist das Fürchterliche, übliche Leute. Sie sind überzeugt, daß sie dadurch Karriere machen, was sie auch tun. Sie sind also ersetzbar. Das ist wieder das Fürchterliche. Die ›Idee‹ können sie gar nicht begreifen, können überhaupt keine Handlung verstehen, die nicht von engem Eigennutz bestimmt ist. Ich wurde immer wieder gefragt bei diesen Verhören: ›Warum haben Sie denn das gemacht?‹ Und das war ehrlich als Frage. Sie konnten es nicht begreifen. Sie verdienten, sie hatten ihre Stellung. Und als ich sagte: ›Aus politischer Überzeugung‹ – das war das einzige, was ich sagte –, da konnten sie es nicht begreifen: ›Ach, laß den Quatsch!‹ war die Antwort.«

Die Folter hat viele Motivationen. Politischer Haß, Angst vor einem suggerierten Feindbild, persönliche Rachegefühle, unpersönliche Mordlust, Sexualperversionen ebenso wie Gleichgültigkeit gegenüber fremdem Schicksal, Willfährigkeit gegenüber dem System und Vorgesetzten, blanke Dummheit, die überall manipulier- und mobilisierbar ist – all das ist im Spiele, kann aber den Mechanismus des Folterns trotz Vielfalt nicht erklären.

Entscheidend ist vielmehr, daß der Gefolterte – übrigens ohne Unterschied des Geschlechts, des Alters und der sozialen Stellung – aus der

Gesellschaft ausgestoßen und zur Bestie erklärt worden ist. Erst das befähigt den Folterer, den Gefolterten als bloßes Objekt zu betrachten und ihn damit zu ent-menschlichen – um vor sich selbst keine Verantwortung zu tragen. Diese Haltung ist bei allen Folterern auf der Welt gleich.

Sind solche Voraussetzungen geschaffen, dann bedarf es nicht einmal überall des ausdrücklichen Befehls zum Foltern. Eine der deprimierendsten Erkenntnisse besteht darin, daß all diesen Gendarmen, Soldaten, Sicherheits- und Militärpolizisten bereits die »Erwartung von oben« genügt. Sie reicht schon aus, um die Eigenverantwortung von sich zu weisen, die wichtigste Voraussetzung für den Folterer.

Giorgios Mangakis meint aber, daß nicht der Gefolterte, sondern der Folterer den höheren Preis zu zahlen hat:

»Der Gefolterte erleidet Fürchterliches. Es ist, als ob man durch die Hölle gegangen ist, das ist ein fürchterliches Erlebnis. Aber schließlich, in dem Moment, wo es vorbei ist und wo man es auf irgendeine Weise überstanden hat, fühlt man sich innerlich auch ein bißchen gestärkt. Man weiß irgendwie die Stärke seines Metalls. Eine Erniedrigung in diesem Sinne gibt es nicht bei dem Gefolterten. Nur in den Fällen, wo er genötigt war, durch die Folter Aussagen zu machen, zu Lasten anderer Personen – dann hat er ein großes Gewissensproblem, das allerdings überwindbar ist. Wir haben unseren Kollegen, denen so etwas geschehen ist, geholfen. Und sie waren dann wieder seelisch auf die Beine gestellt. Aber der Folterer – wie kann er sich rechtfertigen? Wenn ihm irgendwann bewußt wird, was er da tut – das ist eigentlich das Schlimmste, was es auf der Welt gibt. Das Schlechteste, was ein Mensch machen kann. Wie kann er sich rechtfertigen? Wie kann er sich moralisch, seelisch wiederaufbauen? Der Folterer zahlt, glaube ich, den höheren Preis.«

Ich weiß nicht, ob diese These stimmt. Ich weiß nur, daß ihre Überlegung den Abstand zwischen Folterern und Gefolterten nicht mehr meßbar macht.

3.

Warum wird gefoltert?

Die Frage nach der *Funktion* der Folterer beantwortete der Deutschbrasilianer Clemens Schrage so:

»Erstens als Methode, um jeden Widerstand zu brechen und Informationen zu bekommen. Zweitens zur Einschüchterung. Man gibt auch indirekt bekannt, daß gefoltert wird, bis zu Tode gefoltert. Man ruft die Familie an: ›Ihr könnt die Leiche eures Sohnes abholen.‹ Das macht ein Klima von Terror. Und das ist wichtig für die Militärdiktatur, um sich politisch zu erhalten.«
Diese These wird bestätigt durch eine Mordorganisation wie die brasilianische »Todesschwadron«, Polizisten, die in Selbstjustiz foltern, töten und dann bei Zeitungen anrufen: da und dort sei wieder ein ›Schinken‹ – presuntos – zu besichtigen.
Auch Mangakis ist der Ansicht, daß die Folterregime, jedenfalls in der nichtkommunistischen Welt, ein gewisses Interesse daran haben, Folternachrichten wohldosiert in die Öffentlichkeit zu bringen:
»Ich glaube, der tieferliegende und ausschlaggebende Grund der Folter ist der Terror. Die Folter ist eben die Grundsäule eines Terrorregimes. Deswegen ist auch eine Tendenz bemerkbar, daß sie sich eigentlich nicht scheuen, daß das Foltern bekannt wird, manchmal fördern sie es sogar. Es gibt Fälle, wo sie gefolterte Leute freigelassen haben, als sie noch Spuren der Folterungen zeigten – damit es die anderen sehen ...«
Die Folter hat überall dieselbe Ursache – die Aufrechterhaltung sozialer Ungleichheit mit allen Mitteln. Die Verteidigung des Status quo, sie prägt jedem Folterregime, ungeachtet aller sonstigen Unterschiede, den gemeinsamen Stempel auf.

In der Dritten Welt zeigt sich offener, noch zugänglicher und weniger verbergbar als in der Sowjetunion der stalinistischen Ära, was das gemeinsame und zentrale Charakteristikum der Weltfolter ist: die wütende Reaktion *von oben* auf einen verzweifelten Änderungswillen *von unten*! Der Angriff der Armen in Asien, Afrika und Lateinamerika auf ihren unerträglichen Status quo liefert überall den Vorwand zur Tortur. Dabei lassen die jährlichen Listen von »amnesty international« keinen Zweifel daran, daß in der Dritten Welt Farbige von Farbigen gefoltert werden und zum Beispiel in Afrika keineswegs etwa nur im noch weißbeherrschten Süden des Kontinents. Das Foltercharakteristikum arbeitet unabhängig von der Hautfarbe.
Da aus diesem Zusammenhang geschlossen werden kann, daß sich die Weltfolter immer wieder aus der Weltarmut regeneriert, dürfte den

Folterregimen ein langer Atem sicher sein – zumal bisher kein einziges von ihnen international geächtet worden ist, weder ökonomisch noch politisch. Oft sind es ja gerade Folterregime, die ausländischen Investoren mit umfangreichen Gesetzeswerken maximale Bedingungen schaffen, wie den fortgesetzten Zugang zu den Bodenschätzen, zu billigen Arbeitskräften und offenen Märkten. Von den ausländischen Geldgebern gewollt oder ungewollt – die Folter wird zur Garantie für die Rendite!

Zur Stabilisierung von Folterregimen in der Dritten Welt tragen auch noch andere internationale Faktoren bei. Zum Beispiel, daß die Demokratien keinen Anstoß daran nehmen, wenn Bundesgenossen oder Wirtschaftspartner, die ihnen wichtig genug erscheinen, die bürgerlichen Freiheiten und die Menschenrechte total mißachten.

Dem folgt die Haltung der klassischen Diplomatie. Am Beispiel unseres eigenen Landes, der Bundesrepublik, läßt sich unabhängig von der jeweiligen Regierungspartei klar erkennen, daß die Repräsentanten notorischer Folterregime wie demokratische Staatsmänner behandelt werden. Und das mit der Begründung, daß alles andere Einmischung in die inneren Angelegenheiten eines fremden Staates bedeute, oder – fürchterliches Argument hinsichtlich des Ausmaßes der Weltfolter – »weil man sonst das halbe Exportvolumen oder mehr abschreiben könnte ...«, wie jüngst ein Politiker verhalten gestand. Tatsache bleibt, daß handfeste politische, militärpolitische und wirtschaftliche Eigeninteressen moralischen Reaktionen übergeordnet werden.

Erst all diese strukturellen Verflechtungen, Abhängigkeiten und Anpassungen ökonomischer, macht- und bündnispolitischer Art zusammengenommen machen begreiflich, warum internationale Abkommen, die die Folter verbieten und unter Strafe stellen wollen, bis heute Papier – und die Hauptverantwortlichen ungeschoren geblieben sind, als hätte es die Nürnberger Prozesse nie gegeben.

Über diese Verantwortlichen sagte Giorgios Mangakis:

»Man kann sich vorstellen, daß man eventuell diesem oder jenem Folterer verzeihen könnte, rein menschlich. Wem man aber nicht verzeihen kann, das ist der Machthaber, der das Foltersystem in Gang gesetzt und die Leute bestimmt hat, die anderen zu foltern. Ihm kann man nicht verzeihen – nicht aus Rache, sondern weil seine Bestrafung für die Gesellschaft lebensnotwendig ist. Geistig und moralisch kann eine Gesellschaft nicht leben, nicht weiterleben, wenn Menschen, die die

Folter als eine Methode des Regierens angewandt haben, ungestraft ausgehen.«

Von wenigen Ausnahmen abgesehen sind nicht nur die Folterknechte, sondern auch die Folterverantwortlichen in der Geschichte unseres Jahrhunderts so gut wie davongekommen – übrigens auch im demokratischen Griechenland nach der Obristenherrschaft. Das gleiche gilt für Portugal und Spanien, die aus der Weltfront der Foltermächte herausgebrochen und deren Diktaturen von einer bis heute nicht völlig stabilisierten Demokratie abgelöst worden sind. Von Bestrafung der Folterer keine Spur, auch in der Sowjetunion der Perestroika und Glasnost nicht. Aber nicht nur diese, sondern nahezu alle bisherigen Beispiele, in denen ein totalitäres oder autoritäres Regime mit Foltervergangenheit durch den Parlamentarismus abgelöst wurde, lassen bis zur Stunde keine andere Schlußfolgerung zu, daß die Henker davonkommen – im Namen der Demokratie: zu ihrer »Ruhe«, zur ihrer »Harmonie«, zu ihrer »Stabilität«. Und diese Bilanz ist vielleicht eine der bestürzendsten Tatsachen unseres Jahrhunderts überhaupt.

»Die Folter hat für immer aufgehört zu existieren!«

Es war der große französische Schriftsteller Victor Hugo, der das fortschrittsgläubig und zukunftssicher ausrief – 1874.

Welch ein Irrtum!

Was aber wird, von heute ab gerechnet, in abermals hundert Jahren sein mit der Folter? Hat sie auch weiterhin Zukunft?

Nach Jahren zermürbender Beschäftigung mit ihr wage ich darauf keine verneinende Antwort zu geben. Gesichert scheint mir allein die Erkenntnis, daß die Folter, diese Schmach unserer Tage, *einen Todfeind* hat, an den sie sich nie gewöhnen und der ihr nie gleichgültig sein wird, das, wovon auch dieses Kapitel ein Teil sein will – *Öffentlichkeit*!

Epilog

Es war in Tansania, auf dem Wege zum Victoria-See, irgendwo zwischen Dodoma und Manyoni. Ich hockte auf den Stufen eines alten Kolonialgebäudes, am Abend eines langen Drehtages über »Ujamaa«, den Versuch eines tansanischen Sozialismus.

Nach einer Weile setzte sich ein junger Schwarzer zu mir, grußlos,

schaute mich an und begann, auf schüchtern-unsichere Art zu grinsen. Plötzlich streckte er mir, in die Augen nun das Licht einer dreisten Scham, die Rechte entgegen mit dem Wort: »*Shillingi!*«
Ich sollte ihm Geld geben, er bettelte mich an.
In diesem Augenblick war sie zum erstenmal an der Oberfläche meines Bewußtseins, nach langer Aufbereitung im Unterbewußtsein, gewiß, durch Hunderte von ähnlichen vorangegangenen Erlebnissen – aber erst in dieser Minute, an dieser Stelle in Ostafrika, artikulierte sie sich mir, hingeschrieben vor meinem inneren Blick, diese Frage an mich selbst: Wie lange hältst du solche Demütigungen anderer vor dir noch aus? Wie lange erträgst du, der einst rassisch diskriminiert wurde und lange nach seiner Identität suchen mußte, deren Verlust und seine Folgen bei anderen, zum Beispiel diesem Zwanzigjährigen, der sich um eines Vorteils willen vor einem Weißen erniedrigt?
Ich erinnere mich, daß der Tenor dieser ersten Frage vor allem Erstaunen war. Ich hatte vorher nie an die Grenze meiner Belastbarkeit gedacht. Sie schien unerschöpflich. Hatte ich mich geirrt?

In einem Flüchtlingslager des Mekong-Deltas, kurz vor Ende des Vietnam-Krieges:
Die Ansammlung von Bruchbuden für etwa zweitausend Menschen war errichtet worden in einer herrlichen und scheinbar so friedlichen Landschaft von unbeschreiblichem Grün. Der Abort befand sich nicht im Lager, sondern ein wenig außerhalb als langgestreckter hölzerner Verschlag drei Meter über der Wasserfläche eines nahen Sees, der wie ein blaues Auge in der zartgrünen Umgebung ruhte.
Unter den luftigen Klosetts jedoch war es weder blau noch ruhig. Wo der ununterbrochene Strom von Fäkalien und Urin auf den Wasserspiegel traf, wühlte, toste und schäumte es in unsäglichen Farben; spritzte eine trübe Flut hoch, aus der mächtige Tierkörper schnellten, rasend um sich selbst kreisend, schnappend, schlingend, wie Riesenaale anzusehen: bis an den Rand des Platzens aufgeblähte Fische, die sich in unersättlicher Freßgier das nie versiegende Nahrungsangebot einverleibten. Des stetigen Andrangs wegen kamen und gingen die gleichmütigen Spender möglichst rasch, in einer Gestankswolke, die von der Höllenbrut da drunten in alle Himmelsrichtungen verteilt wurde.
Hinten aber, in nicht allzu großer Entfernung, an den Ufern des Sees, holten die Flüchtlinge die so gemästeten Fische aus ihrem Element,

dort, wo es wieder blau war – mit Angelruten, Netzen und Keschern. Ich bemerkte die Anglerei erst eine Weile später, weil das infernalische Schauspiel hier vorn meine ganze Aufmerksamkeit beansprucht hatte.

Links das Lager, eingehüllt in einen Bratdunst von undefinierbarer Scheußlichkeit und voll von Menschen, die nicht wußten, wohin, eine von zahllosen Varianten der globalen Odyssee. Und da, bei diesem Anblick, war sie wieder da, die Frage: Wie lange hält das Hirn eines Menschen das Elend anderer aus, wenn er dessen immer wieder Zeuge wird?

Das dritte Mal stellte sich diese Frage, als Griminda Sánchez im Pariser Exil berichtete, wie dem Sohn vor ihren Augen die Zehennägel ausgerissen worden waren, einer nach dem andern: Wie lange kann der Chronist die Qualen anderer speichern, ohne irgendwann selbst unter ihnen zusammenzubrechen?

Das war keine Umkehr der Opfer-Situation, in der der Berichterstatter sich an die Stelle des tatsächlich Leidenden stellt, wie sie mir oft begegnet war und wie ich sie haßte – widerlich!

Jener bettelnde Tansanier zwischen Dodoma und Manyoni; die Flüchtlinge im Mekong-Delta; der junge Chilene, der unvorstellbare Qualen erdulden mußte, und alle, für die sie Stellvertreter waren – sie waren die Opfer, nicht ich. Aber ich war auch nicht derselbe wie vor zehn Jahren, als ich die Dritte Welt zum erstenmal betreten hatte – die Begegnung mit den Opfern hatte mich durchaus zu ihrem Sekundär-Geschöpf gemacht. Genau das war mit mir geschehen, unter einer atemabdrückenden Last, die sich aus unzähligen Einzelgewichten zusammensetzte. So, in diesem Kontext, kam es nach den Unterfangen zu der summarischen Hauptfrage: Wie lange kann ein Mensch, durch seinen Beruf als Dokumentarfilmer zu einer Art *Prisma* des Weltschreckens geworden, den Strahlenbündeln des Fremdschmerzes ausgesetzt sein, ohne schließlich selbst heillos versehrt und überwältigt zu werden?

Ich gebe *meine* Antwort: durch eine erlebte Doppelkenntnis, die ich für eine biographische Errungenschaft halte, jedoch mit einem gefährlich mißzuverstehenden Namen ausgestattet habe: *Mit-Leid*!

Mit-Leid nicht im Stile von Caritas oder Wohltätigkeit; nicht in der Manier, das eigene Gewissen durch »gute Taten« beschwichtigen zu wollen, indem man Gaben verteilt und sich problemlos von Waren oder

Geld aus eigenem Überfluß trennt – natürlich ist dieses Gebaren nicht gemeint. Gemeint ist Mit-Leid im Dostojewskischen Sinne: Mit-Leiden in gleichzeitig trauernder wie auch solidarischer Kenntnis der ständigen Niederlagen; der nicht abreißenden Verstoßungen; der erbärmlichen, vor sich selbst und den Angehörigen nicht verbergbaren Schwäche; Kenntnis der hilflosen Anläufe und der ausgestreckten und nicht ergriffenen Hände – Kenntnis also von Verhältnissen, die das Dasein der großen Mehrheit der Menschen ausmachen. Doch ebenso Kenntnis von ihrer schlaflosen Erwartung, ihrer nie versiegenden Sehnsucht nach Wärme, Zuspruch und Bruderschaft; Kenntnis ihrer eigenen Bereitschaft anzupacken; Kenntnis ihres ungestümen Lebenswillens auch unter den elendsten Bedingungen noch. Mit anderen Worten: *Kenntnis ihrer ewigen Angst und ihrer unsterblichen Hoffnung!*
Das ist es, was aus langjähriger *Nachbarschaft* endlich *Verwandtschaft* hergestellt hat. Dieses Amalgam hat in mir den Triumph von Resignation, Pessimismus und Fatalismus – deren Berechtigung die Wirklichkeit immer wieder suggerieren will –, hat den *Sieg meiner* Angst über *meine* Hoffnung verhindert. Aber auf dieser Strecke haben alle Ideologien, alle Ismen für mich Glaubwürdigkeit und Glanz verloren.
Dies ist eine persönliche Bilanz.

Es gibt auch eine historische.
Was die Stunde geschlagen hat, läßt sich ablesen an einer Vorstellung, die völlig utopisch, absolut unrealisierbar ist, durch deren Vergleich mit der Realität aber gerade die Gefahr verdeutlicht wird.
Gesetzt den Fall, die Supermächte würden ihren ideologischen Streit begraben, ihr Rivalitätsdenken aufgeben, ihre Armeen minimalisieren und die Blockpolitik zum Teufel jagen; gesetzt den Fall, ihre Bundesgenossen würden ihre Nationalismen überwinden, der Rassenhaß hauchte sein Leben aus und das notorische Mißtrauen und die uralte Furcht der Menschen voreinander würden fallen; gesetzt den Fall, all das würde geschehen, und zwar zu dem Zweck, den Welthunger und die Weltarmut zu besiegen, die Güter gerecht zu verteilen, den Frieden zu verewigen und die Erde also für unsereinen bewohnbar zu machen – selbst angesichts dieser ins Unermeßliche potenzierten Kraft der gesammelten Menschheit wäre es zweifelhaft, ob das Ziel dieser Anstrengung erreicht werden würde, ohne daß es zu den Katastrophen käme, die im Schoße unserer Epoche längst vorbereitet sind.

Aber jene gemeinsame Anstrengung ist, trotz der gewaltigen Veränderungen inn der Sojetunion sowie in Ost- und Mitteleuropa, historischer Konjunktiv. Der beharrliche und unveräußerliche Indikativ der Geschichte sieht anders aus und wird geprägt durch die Tatsache, daß die Aufwendungen zum Wohle der Völker in diametralem Gegensatz stehen zu denen ihres Wehes.

Eine andere Wirklichkeit gibt es nicht. Welche Frage stellt sich darauf für uns? Keine andere, als das Ausmaß der durch unsere Versäumnisse bereits unvermeidlichen Großkatastrophen wenigstens einzudämmen.

Wie?

Die Weltarmut ist der Grundkonflikt unserer Epoche. Die Metastasen dieses zentralen Spannungszustandes sind fast über die ganze Erde verstreut, und die Supermächte und ihre Bundesgenossen sind ein Teil des verheerenden Krankheitsbildes.

Angesichts der Gefahr der Selbstvernichtung ficht das Atomzeitalter – lassen wir einmal davon ab, die nukleare Apokalypse eines Dritten Weltkrieges als unvermeidbares Schicksal anzunehmen – seine Kriege nicht mehr auf der Höhe seiner Waffentechnik aus. Das macht es dem revolutionären Krieg, seinen regulären Truppen wie seinen irregulären Verbänden, der Guerilla, möglich, die eine Supermacht zu unterlaufen, während sie mit der andern als Anlehnungsmacht verbündet ist. Der regionale Waffengang ist bereits heute die häufigste Kriegsart und die wahrscheinlichste der Zukunft. Wie die Weltfolter, so ist auch die Weltguerilla ein Geschöpf der Armut in Asien, Afrika und Lateinamerika. Mit ihrer eindeutigen Motivation stellen die Guerilla, ihr soziales Umfeld und ihre politische Idee eine der größten Herausforderungen an die Phantasie des Westens, dar.

Wir haben nur die Alternative, *mit* der Umgestaltung der Dritten Welt zu überleben – oder gemeinsam mit ihr unterzugehen.

O Marseille! O Dorumertief!

1.

Die Welt kennengelernt zu haben, oder doch große Teile von ihr – ihre Menschen, ihre Farben, ihre Geräusche und Gerüche –, das ist, jenseits aller politischen und sozialen Problematik, wie ein süßes Gift, das süchtig macht und unverlierbar in den eigenen Kreislauf eingegangen ist. Die Erdkugel ist umfangreicher, der Himmel höher geworden. Es ist, als seien imaginäre Pforten aufgestoßen worden, die sich nie wieder schließen werden. Das ist die Art von Fernweh, das einen gepackt hält und das Leben einteilt in ein »Vorher« und ein »Seither«, zwei sehr unterschiedene Epochen im Dasein ein und desselben Individuums.
Aber wie unvergeßlich doch ist das alles auch!
Hongkong, Victoria-Island, Dschunkenhafen Aberdeen: die wriggenden Chinesinnen zwischen acht und achtzig auf ihren hölzernen Nußschalen inmitten dieses phantastischen Durcheinanders von Bugs, Mastbäumen, Segeln, Daus und Sampans. Die Hühnerkäfige an den hohen Hecks der Dschunken. Überall Kinder an Deck, die kleinsten vorsorglich angebunden, die größeren in ständig lebensgefährlichem Spiel. Die Rufe und Schreie von den Versorgungsbooten, der ganze nur scheinbar regellose, in Wirklichkeit jedoch mit bewunderungswürdiger Geschicklichkeit und Rücksicht gesteuerte Verkehr der »waterborn people«! Das Ghetto der segel- und motorlosen Hausboote, deren improvisierte Bedachung und windschiefe Planken weder Regen noch Wind abhalten, so daß ihre Bewohner, trotz der neuen Schutzdämme gegen die Wut der offenen See bei Taifun und Monsun an Land gehen müssen. Und Leong, der freundliche Sampan-Fahrer, mit seinem Wasser-Taxi – Vater von fünf Kindern, die ein amphibisches Leben zwischen der Schule auf festem Boden und ihrer wellengeschaukelten

Heimstatt führen. Und, vor allen, der alte Kiong! – Herr einer Fischersippe von dreißig Söhnen, Töchtern, Enkeln und Urenkeln an Bord dreier Familiendschunken, ein chinesischer Pascha, dessen scharfe Augen keines der glocken- und schellenbehangenen Kinder an Deck unbeobachtet lassen; der seine Hand auf jeden einzelnen Hongkong-Dollar hält und der uns Tag und Nacht willkommen hieß. Unvergeßlich das Bild, wie die Großdschunke, von einem seiner Söhne gesteuert, aus dem Hafen Aberdeen zum Fischfang in die Weite des Südchinesischen Meeres hinausrauscht – der alte Kiong breitbeinig aufgebaut vor dem Mast, eine Hand an der Brust, das elfenbeinerne Gesicht entrückt auf den Horizont gerichtet – ein seefahrender Konfuzius!
Unvergeßlich auch, tief zu Herzen gehend, die Gläubigkeit der Menschen überall: Kefa Ayubu Maburu, Hohepriester der »African Church of Holy Spirit«, an jenem Sonntagmorgen in Lulaga, Distrikt Kakamega, Kenia! Achtzig Jahre alt, die Figur eines Olympia-Athleten, mit Bart und Turban, auf dem wehenden, weißen Umhang ein rotes Kreuz, begleitet von Trommeln und Gesang – so tanzt er, vor einer Kulisse schwarzer Gesichter mit geschlossenen Augen, seine Träume, seine Erscheinungen, seine Ängste und seine Gebete mit großen Bocksprüngen ekstatisch aus.
Die Gemmengesichter verschleierter Kreolinnen in den Betnischen der San-Francisco-Kirche von Bogotá – Botticelli in Kolumbien! Der Einzug des Kardinals in die Basilika Santa Fé – brüllende Orgelfluten, die Gewänder des geistlichen Gefolges schwer wie Rüstungen und die bebende Menge von der Hochzeremonie durch ein hauchdünnes, aber unüberwindliches Seil getrennt.
Der Landpriester von Curacaví, hoch zu Roß auf den staubigen Straßen Mittelchiles, kerzengerade wie ein Kavallerist, unterwegs zu Trauung, Sakrament, Geburtshilfe und bald schon für unsere Kamera nichts als ein beweglicher Punkt am Fuße der Kordilleren.
Die niedergekniete, händefaltende, Rotz und Tränen ausscheidende Schwarze auf der Avenida Rio Branco – Fronleichnam in Brasiliens alter Hauptstadt!
Vom Zócalo Mexico Citys, von den Festungen der ecuadorianischen Kathedralen und einer Indio-Prozession in der gläsernen Stille des bolivianischen Hochlandes über die von Kolibris umschwirrte Maria-Statue Santiagos bis vor den steinernen Christus-Redemptor von Rio de Janeiro – monatelange Fahrt in Form einer Ellipse durch diesen men-

schenwimmelnden, todtraurigen, endlos hoffenden und katholischsten aller Kontinente.

Unvergeßlich die Landschaften der Welt: die Ergs der Sahara, wie von Künstlerhand geformte Sanddünen; der durchbrochene Hartlack der Hamadas, schwarzverbrannte, steinige Plateaus; Judäas Wüste, wilder als die Gobi, urtümlicher als die indische Tharr – und unenträtselbar in dem Gegensatz zwischen ihrer begrenzten Ausdehnung und dem Eindruck ihrer Unendlichkeit!

Das Dach des tropischen Regenwaldes, Myriaden von Baumwipfeln dicht an dicht über den Lianen, den Orchideen, dem Mahagoni, Tingan, Makoré – ungeheurer Grünpelz von den Quellflüssen des Kongo an den Seen Ostafrikas bis an die Atlantikküste im Westen.

Der Urwaldplanet Amazoniens, äonenalt, riesenweit – und so bedroht durch den Menschen, daß es schwerfällt, bei seinem Anblick die Fassung zu bewahren!

Die gewaltigen Wassersäulen, die der Nil bei Jinja aus dem Victoria-See drückt, schleudert, schießt – nach Norden, dem Sudan zu, der Vereinigung des Weißen mit dem Blauen Nil aus dem Hochland Äthiopiens entgegen.

Masai-Mara-Game, Fortsetzung der Serengeti, mit dem unbeschreiblichen Geschenk seiner erhalten gebliebenen Tierwelt. Die isolierte Löwenmutter mit ihren großprankigen Jungen, denen sie im Morgengrauen, ganz in der Nähe der Keekoro-Lodge, lautlos einen ausgewachsenen Büffel riß, bis Sonnenaufgang ein halb aufgefressener, verlassener Kadaver. Die Rundköpfe der drei Geparden, außerhalb des Reservats, über Gräserspitzen witternd, stumm, herrlich schön.

Und das Filigran der Frauen und Mädchen auf den Reisfeldern Javas, die wasserbedeckten Füße, der schwingende Rhythmus der gebeugten Rücken, das zärtliche Grün der Vegetation, und über allem die verwehenden Töne einer Gamelan-Musik – unvergeßlich!

2.

Aber dann, eines Tages, nach all den überwältigenden, unerschöpflichen Eindrücken, diesen Farben, Geräuschen und Gerüchen, nach all der allmählich so vertraut gewordenen Ferne, dem trunkenmachenden Anblick so vieler Wüsten, Tropen, Subtropen, Hochgebirge und grenzenlosen Ozeane, war es plötzlich da, mit der Grelle eines unerwarteten

Blitzes, wie etwas lang und heimlich Gegorenes, das unterbewußt gewühlt und gebrodelt hatte und sich nun Durchbruch verschaffte, zuerst noch fast verschämt, wie etwas Verbotenes, das sich aber nicht aufhalten ließ, weil es stark war und echt – der Gedanke: wie wunderbar doch die Lüneburger Heide mit ihren Wacholderbeeren im Duft eines Augustmorgens bei Undeloh! Die von dauerndem Seewind gebogenen Bäume an Schleswig-Holsteins Westküste, die organisch gewachsene Ordnung der »Knicks« – Hecken, Windschutz, die es so nirgends sonst gibt. Hamburgs vertraute Türme-Silhouette, von der Lombardsbrücke aus, gegen den violettroten Abendhimmel, jäh an die Seele greifend! Der plötzliche Blick auf die Drachenfels-Ruine, von Rolandseck her, erst klein und bedeutungslos, dann, immer näher, immer wachsender, wie ein verharschter Riesenfinger über dem Rhein!

Das alte Fachwerkhaus am Waldrand, hundertmal gesehen von der Autobahn Hannover–Oberhausen, kurz vor der Abfahrt Porta Westfalica – an die Stämme geschmiegt, abends leuchtend, tagsüber verlassen, Träume weckend.

Wie wunderbar das Panorama des Schwarzwaldes von Osten her! Über den Neckar, hinein in die Spielzeuglandschaft, hinauf auf den Kamm. Hinten die Kette der Vogesen, davor das Tal des Oberrheins, und später, ganz nah, dämmernd, wie gemalt, von fast unwirklicher Schönheit – die Ruine von Burg Staufen.

Und dann, zwischen Cuxhaven und Bremerhaven, auf dem Deich: hinten die schlickige Tafel des Wattenmeers, hier vorn aber, neben den schaukelnden Kuttern, mit wallenden Schwaden, heißem Zischen und betäubend dickem, beizendem, nasenverschließendem, unvergleichlich großartigem Gestank – die Krabbenkocherei von *Dorumertief*!

3.

Dann, eines anderen Tages, wenig später, von Kinshasa kommend, nach nächtlichem Start und endlosem Flug über die Sahara, beim ersten Anblick von *Marseille* an der Nordküste des mir nun badewannenklein erscheinenden Mittelmeers, ein neuer, ein abermaliger Blitz, nicht weniger heftig, nicht geringer durchschlagend als der erste – *Europa*!

Ja, Europa, herrliches Europa!

Herbst in den Cevennen! Waldbepelzte Einsamkeit, Explosion nie erlebter Farben, Bäume wie in Goldlack getaucht.

Blick von Schloß Marcay über das abendliche Poitou, in der vielhundertjährigen Eiche vor meinem Fenster ein unermüdlicher Kuckuck, hinterm Abhang die Patina der geduckten Dorfdächer, in der Luft Stallwärme, die Fetzen eines harten Bauerndialekts, und irgendwo da vorn die Ahnung der windgekräuselten Loire – Frankreichs wundervolle, unzerstörbare Provinz!
Aus dem Fenster in einem Abruzzennest, der ungeheure Kegel von windschiefen Läden eingerahmt wie eine Miniatur – Italiens höchster Gipfel, das granitene Haupt des Gran Sasso!
Die dunkle Schlucht des Lago di Garda von Rovereto, von Norden her, hoch über Torbole, die Wasserfläche von den Fallwinden der Bora beharft und bunt betupft von hundert Segeln! Im Osten, an der *gardesana orientale*, die alte Skaligerfeste Malcesines, geschichteschwer, erdrückend mächtig aus der Nähe – und doch nichts als ein steinernes Streichholz am Fuße des Alpenausläufers Monte Baldo.
Das stille Toskana-Tal seitab von Greve in Chianti. Droben, auf der alten Landstraße zwischen Florenz und Siena, tonlos und fern, bewegliche Käfer, Wagen in beiden Richtungen. Und hinterm Haus, vorbei an dem Feigenbaum mit den reifen Früchten, und unter einem Himmel, dessen Licht nördlich der Alpen nicht möglich ist – die schlanke Phalanx der Zypressen!
Ja, Europa – die Windmühlen hoch auf den Karsten Zentralspaniens, die Flügel stumm wie Skelette in die schwermütige Luft stechend; das irische Connemara, mit seinen aprilschneebedeckten Bergen über dem Nebel; Inseln im Glast der Ägäis, Buckeln von Riesenschildkröten gleich, uralte Augen, die allen Erobererflotten, von Xerxes bis Suleiman dem Prächtigen, entsetzt und gelassen entgegengesehen haben – Naxos, Pharos, Thera!
Und die Skiläufer auf dem zugefrorenen Kilpisjärvi-See an der Grenze zu Norwegen, drei dunkle Stecknadelköpfe auf der endlosen Fläche. Und im schon winterfreien Süden die flach aus dem Boden wachsenden Steingiganten, lauter Einzelfelsen, und doch eine zyklopische Barriere, Hinterlassenschaft jenes eiszeitlichen Gletscherhobels, der die Phantastik dieser Seen, Wälder, Berge und Flußläufe geschaffen hat – Finnland, deine Schönheit!

4.

O Marseille! O Dorumertief!

Die Begegnung mit der Dritten Welt hatte nach lange unbemerkter Wandlung zu einem neuen Verständnis der eigenen Heimat und Europas geführt, die Fremde die Sinne für die eigenen, die näheren Laute, Dünste und Farben zu größerer Vertrautheit geschärft. Die ungeheuren Flächen Asiens, Afrikas und Lateinamerikas hatten ein tieferes Bewußtsein geweckt für die Vielfalt Europas, für die unvergleichliche Konzentration nationaler Kulturen auf verhältnismäßig kleinem Raum; hatten Hitze, Kälte und Trockenheit die Vorzüge der eigenen Klimazone angenehm hervortreten lassen.

Aber der Status quo ante war noch in anderer Hinsicht tot. Von einem bestimmten Zeitpunkt an spürte ich, daß ich unfähig war, vom »Zeitalter der Entdeckungen« zu sprechen, jener historischen Ära also im fünfzehnten und sechzehnten Jahrhundert, deren verbesserte Nautik Europa bis dahin unbekannte Kontinente aufspüren ließ, die nichtsdestotrotz für ihre Bewohner immer dagewesen sind, so daß man durchaus auch fragen könnte, wer hier wen »entdeckt« habe.

Europa? – gewiß wichtig, kostbar, ohne Parallele, Kleinod und Licht immer noch, aber nicht mehr Mittelpunkt der Welt! Ich habe das begriffen wie eine persönliche Errungenschaft, die unwiderufliche Niederlage dieses eingefleischten, unsere Geschichtsbücher nach wie vor befleckenden Weltnabelbewußtseins eines ebenso hochmütigen wie dümmlichen Eurozentrismus in mir selbst.

Erst der Umweg über den Globus hatte, nach soviel Dickicht, Schirmakazien und Palmen, den Pfad zu den eigenen Wurzeln gewiesen, hatte die Schale weggeschlagen, hinter der sich die süße Frucht eines bescheidenen, aber nun nur um so inniger empfundenen Stolzes auf die eigene Herkunft allzu lange hartnäckig verborgen gehalten hatte.

O Marseille! O Dorumertief!